JN329537

平和の架け橋

人間教育を語る

創価学会名誉会長
池田大作
中国教育学会会長
顧　明遠

東洋哲学研究所

まえがき

顧 明遠

池田大作先生は、著名《ちょめい》な学者、社会活動家であり、教育家でもあります。

二〇〇八年十月、北京《ペキン》師範《しはん》大学が私の〝教師生活六十周年《しゅうねん》を記念する会〟と〝教育思想シンポジウム〟を開催《かいさい》した折《おり》、池田先生はわざわざ代表を派遣《はけん》してくださったばかりか、熱意《ねつい》あふれる祝賀《しゅくが》のメッセージまで託《たく》してくださり、深い感動《かんどう》を覚《おぼ》えました。

池田先生はこれまで数多くの国際的に著名な学者、社会活動家と対話を展開され、対談集を編《あ》んでこられました。中国の学者では、小説家の金庸《きんよう》氏、歴史家の章開沅《しょうかいげん》氏などが挙《あ》げられます。このたび、池田先生と対話をさせていただいたことは、私にとってこれにまさる栄誉《えいよ》はありません。

池田先生が平和を熱望《ねつぼう》し、中日友好《ちゅうにちゆうこう》を貫《つらぬ》き通されているそのご精神は、まことに敬服《けいふく》に値《あたい》するものです。二〇〇九年秋、創価《そうか》大学を訪問した折、池田先生よりご高配《こうはい》を賜《たまわ》り、創価大学名誉《めいよ》博士号《ごう》を授与《じゅよ》していただきました。もちろんこれはたんに私個人の栄誉にとどまるものではなく、池田先生の中国の教師に対する尊重《そんちょう》の表明《ひょうめい》であると受け止めています。

創価大学を訪問中、美しいキャンパスを見学するなかで、周恩来総理《しゅうおんらいそうり》を偲《しの》ぶ「周桜《しゅうざくら》」を仰《あお》ぎ、その記念碑《きねんひ》を見た瞬間《しゅんかん》、私は池田先生の周恩来総理への深い敬愛《けいあい》の念《ねん》と中国人民《じんみん》への厚い友情をこの身で深く実感《じっかん》することができました。

二〇〇九年から今日《こんにち》まで、私たちは三年の長きにわたって対話を繰《く》り広《ひろ》げてきました。二人とも高齢《こうれい》のため、北京と東京を往来《おうらい》し、膝《ひざ》をつきあわせてじっくりと対話を行うことはかないませんでしたが、現代のインフォメーション・テクノロジーをかりて、きわめて迅速《じんそく》かつスムーズに書簡《しょかん》をやりとりすることができました。対談の内容は、平和と友好、東洋の伝統文化《でんとうぶんか》や青年の教育の話題にまで及び、書簡のやりとりをするたびに、親《した》しみが増《ま》していきました。

私と池田先生は、ほぼ同年代《どうねんだい》で、戦争の時代、それぞれに異《こと》なる傷《きず》を受けてきました。私たちは平和を熱望していることから、平和は私たちの対話の主題《しゅだい》になりました。

平和のためには、友好往来を進める必要があります。池田先生はすでに一九六〇年代から〝中日両国は正常な近隣《きんりん》友好関係を築《きず》くべきである〟と提言《ていげん》され、中日友好を促進《そくしん》するため、東京と北京の間を奔走《ほんそう》してこられました。私も中日国交正常化《こっこうせいじょうか》が実現してほどなく、日本を訪《おとず》れることができました。この三十数年来《すうねんらい》、二十数回にわたって日本を訪問し、多くの日本の教育界の友人と親交《しんこう》を結び、さまざまな会議に参加し、多様《たよう》な教育協力のプロジェクトに取り組んできました。私たちはともに中日友好のために奔走し、世界平和のために努力を重《かさ》ねてきたといえるのではないでしょうか。

世界の恒久平和《こうきゅうへいわ》のため、中日友好の末永《すえなが》い持続的《じぞくてき》発展のため、私たちは両国に共通する文化の起源《きげん》や悠久《ゆうきゅう》の友好の歴史を振り返りました。中日友好は隋《ずい》、唐《とう》代以前から今日に至るまで、すでに千五、六百年の歴史をもっています。そのなかで、わずかに数十年間、不愉快《ふゆかい》なできごと、すなわち一部の軍国主義《ぐんこくしゅぎ》の野《や》心家《しんか》がもたらした侵略《しんりゃく》戦争が起こりました。歴史を正視《せいし》するとき、この百年来の苦痛《くつう》の歴史を忘れてはなりませんが、それ以上に、悠久の友好の歴史を忘れてはなりません。私たちはこのような共通認識《にんしき》に立つことができました。

青少年は私たちの未来です。しかも私たちは教育者でもあることから、教育問題も対話の重要なテーマとなりました。私たちは青少年の教育に関心《かんしん》を寄《よ》せています。現在、伝統《でんとう》と変革《へんかく》のはざまにあって、多くの青少年は前進する方向性を見失《みうしな》い、困惑《こんわく》のなかで生きています。そのことを私たちは心から心配しています。

私たちはともに東洋文化の優秀《ゆうしゅう》な伝統教育を強化《きょうか》する必要があると考えています。

中日両国は悠久《ゆう》の歴史を有し、同じような儒教文化《じゆきょうぶんか》の背景《はいけい》を有しております。儒教の優秀な文化の伝統を宣揚《せんよう》し、心を養《やしな》い身《み》を修《おさ》め、志《こころざし》を高くもち、民族のため、国家のため、世界平和のために学ぶことは、青少年を教育する眼目《がんもく》といえるでしょう。そのために、私たちはともに努力をし続けているのです。

このたびは、この上なく愉《たの》しく、有益《ゆうえき》な対話を行うことができ、池田先生から多くのことを学ばせていただきました。

対談集出版にあたり、私は重ねて池田先生に敬意《けいい》を表《ひょう》するとともに、『東洋学術研究』誌の編集スタッフの皆様方にも感謝の意《い》を表します。さらに創価大学北京事務所の友人の皆様、とくに池田先生とのやりとりでご尽力《じんりょく》くださった川上喜彦《かわかみよしひこ》氏に感謝します。また、北京師範大学の国際・比較教育研究院の高益民《こうえきみん》先生にも感謝します。高益民先生による熟練《じゅくれん》した翻訳《ほんやく》がなければ、私たちの対談はこれほどまでに首尾《しゅび》よく進めることはできなかったでしょう。

二〇一二年六月一日

池田大作（いけだ だいさく）

創価学会名誉会長。創価学会インタナショナル（ＳＧＩ）会長。東洋哲学研究所創立者。１９２８年、東京生まれ。

創価大学、アメリカ創価大学、創価学園等の教育機関、民主音楽協会、東京富士美術館等の文化機関、戸田記念国際平和研究所、池田国際対話センター（旧・ボストン21世紀センター）等の学術・平和機関を創立。１９６８年に「日中国交正常化提言」を発表。自らも10回の訪中を重ね、一貫して両国の文化・教育交流を推進してきた。

『人間革命』（全12巻）『新・人間革命』（２０１２年10月現在、23巻まで刊行）『法華経の智慧』など著作多数。また世界各国の識者・指導者と対話を重ね、『二十一世紀への対話』（Ａ・Ｊ・トインビー）『二十世紀の精神の教訓』（Ｍ・Ｓ・ゴルバチョフ）など約60点の対談集が発刊されている。モスクワ大学、グラスゴー大学、中国の北京大学、清華大学、北京師範大学等、世界の大学・学術機関から３３０を超える名誉博士号・名誉教授等の称号を受けている。

顧　明遠（こ めいえん／グー ミンユアン）

中国教育学会会長、北京師範大学教育管理学院名誉院長。1929年、江蘇省江陰に生まれる。北京師範大学に学んだのち、モスクワの国立レーニン師範大学教育学部を卒業。北京師範大学第二附属中学校校長、北京師範大学教授、同大学外国教育研究所所長、同大学副学長、中国教育国際交流協会副会長、世界比較教育学会共同会長、『比較教育研究』誌主幹、『高等師範教育研究』誌主幹などの要職を務め、中国教育界をリードしてきた。

1991年に「全国優秀教師」に選ばれ、99年に北京市から「人民教師」称号を、2001年に香港教育学院から名誉教育博士の学位を受ける。20回以上日本を訪問し、小中高等学校や幼稚園を数多く参観している。『比較教育学』『教育：伝統と変革』『国際教育新理念』など著作は多く、邦訳『魯迅―その教育思想と実践』（同時代社）『中国教育の文化的基盤』（東信堂）もある。

平和の架け橋　人間教育を語る

目次

第5章 教育と平和 東洋の精神文化の使命 347

装丁 渡辺弘之

第1章
教育と人生
激動の時代を生きる

『東洋学術研究』第48巻第1号・第2号に掲載
（2009年5月・12月発刊）

「中国教育の現代化」を提唱した顧会長の先見

池田　このたびは、中国教育界の高邁《こうまい》な指導者であられる顧明遠《こめいえん》先生と、往復書簡《おうふくしょかん》という形で対話させていただくことになり、幾重《いくえ》にも喜びを感じているところであります。

思えば、一九七四年（昭和四十九年）、北京《ペキン》市内《しない》の三〇五病院で周恩来総理《しゅうおんらいそうり》にお迎えいただき、日中《にっちゅう》両国そして世界の友好の未来を展望したのは、寒風《かんぷう》吹きすさぶ十二月五日の夜のことでした。[1]

あれから三十五星霜《せいそう》。周総理の志《こころざし》を受け継いで、両国の教育交流、青年交流の道も大きく開かれました。総理も必ずや喜んでくださるであろうと思いを巡《めぐ》らせながら、顧先生との対話を進めさせていただきます。

昨年（二〇〇八年）、貴国《きこく》で開催《かいさい》された北京オリンピック・パラリンピックは、私もテレビや新聞などの報道を通してうれしく拝見《はいけん》させていただきました。昇竜《しょうりゅう》のごとき貴国の前進を象徴《しょうちょう》する「平和《へいわ》の祭典《さいてん》」の一大絵巻《いちだいえまき》は、世界に大きな感動《かんどう》を与えました。その背景《はいけい》にも、青年の力を引き出してこられた貴国の教育の勝利があったことを、私は感じ取った一人です。

光栄《こうえい》にも、二〇〇六年の十月、顧先生が奉職《ほうしょく》しておられる北京師範《しはん》大学から、私は「名誉教授《めいよきょうじゅ》」の称号《しょうごう》を拝受《はいじゅ》しました。この場をお借りして、改めて御礼《おんれい》申し上げますとともに、誉《ほま》れある貴大学の一員とさせていただいた御恩《ごおん》に、生涯《しょうがい》かけてお応《こた》えしゆく決心を新《あら》たにしております。

2006年10月、北京師範大学から池田名誉会長へ名誉教授称号が。世界から「200番目」の名誉学術称号となった（創価大学で。右は葛建平副学長）

昨秋、貴大学で開かれたシンポジウムでは、私の「日中国交正常化提言《こっこうせいじょうかていげん》」[2]（一九六八年）の四十周年《しゅうねん》を記念する意義《いぎ》も込めていただき、恐縮《きょうしゅく》の至《いた》りであります。とりわけ、人人の相互《そうご》理解《りかい》の促進《そくしん》への方途《ほうと》を洞察《どうさつ》された顧先生の基調講演《きちょうこうえん》の内容をうかがい、深く感銘《かんめい》いたしました。

講演で顧先生は、先ごろ亡《な》くなられた米国ハーバード大学のサミュエル・ハンチントン博士《はかせ》が十六年前（一九九三年）に提起《ていき》した「文《ぶん》明《めい》の衝突《しょうとつ》」論を、改めて議論の土台として取り上げられました。顧先生は、「文明の衝突」論ではもはや現在の危機《きき》の要因《よういん》を正しく説明できないとされつつも、「一つの文明が他のすべての文明に一方的に影響《えいきょう》をおよぼす段階から、あらゆる文明のあいだで激しく持続的《じぞくてき》

2008年10月、北京師範大学で開催された「平和と教育——池田大作思想国際学術シンポジウム」。47の大学・機関から180人の研究者が参加し、顧会長（左から4人目）らが基調講演を行った

かつ多方面《たほうめん》にわたって相互作用《そうごさよう》する段階へと移行してきた」[3]との見方については、これを首肯《しゅこう》されました。

さらに顧先生は、各国、各民族間の相互依存《そうごいそん》が不可避《ふかひ》な現代においては、〝平和的な対話によって、ともに勝ち抜いていく関係性《かんけいせい》〟の構築《こうちく》こそ必要であると論じておられます。そして、教育をはじめとした多元的《たげんてき》な交流を重《かさ》ねることで、寛容《かんよう》と理解の心を学び合っていかねばならないと結論されました。私もまったく同じ信念《しんねん》です。

だからこそ私は、創価《そうか》大学の創立者《そうりつしゃ》として、世界の大学・教育機関との交流の道を切り開いてまいりました。現在（二〇〇九年）、創価大学が結んだ学術交流協定《がくじゅつこうりゅうきょうてい》は、四十四カ国・地域、百五大学にまで広がっております。

貴大学とも協定を結ばせていただきました。貴大学と創価大学が友誼《ゆうぎ》の交流を重ねるなかで、一人でも多くの青年たちが信頼感《しんらいかん》を深め、両国に架《か》かる友好の「金《きん》の橋《はし》」を一段《いちだん》と輝《かがや》かせていくことを念願《ねんがん》してやみません。

ともあれ、教育こそ時代の急所《きゅうしょ》です。教育こそ、人間を創《つく》り、未来を築きゆく最も尊《とうと》き聖業《せいぎょう》です。ゆえに教育の交流こそ、人類を結び合い、永遠の平和と調和を紡《つむ》ぎ出す原動力《げんどうりょく》だと確信《かくしん》します。その意味で、あの文化《ぶんか》大革命後《だいかくめいご》の混乱《こんらん》のなか、いち早く「教育の現代化」を提起され、一貫《いっかん》して貴国の教育の発展に尽《つ》くしてこられた顧先生の先見性《せんけんせい》は高く評価されるべきものです。多くの方から、この対談への期待が寄せられています。

人類の未来を見すえ、両国の教育をはじめ、哲学、文化、そして世界平和について、率直《そっちょく》に意見交換できればと思っております。どうかよろしくお願い申し上げます。

「平和の勇者」との対話は大いなる光栄

顧　池田先生は中国で名高《なだか》く、私が心から尊敬《そんけい》する方です。

一九六〇、七〇年代から、私はすでに先生のお名前を耳にしており、その後、周総理《しゅうそうり》と会見《かいけん》されたこともうかがいました。創価学会《そうかがっかい》は中日《ちゅうにち》の友好《ゆうこう》と国交回復《こっこうかいふく》に尽力《じんりょく》され、池田先生は重要な役割を果《は》たされました。周総理は創価学会と先生が中日国交回復において果たされた貢献《こうけん》を高く評

価してお　りました。私どもは、当時の先生の先見性《せんけんせい》と勇気に深く敬服《けいふく》しております。池田先生との教育対談は、身《み》に余《あま》る光栄《こうえい》です。

　昨年一年間、私は先生のご著作《ちょさく》、たとえば小説『新《しん》・人間革命《にんげんかくめい》』（「金《きん》の橋《はし》」「友誼《ゆうぎ》の道《みち》」の各章）、『「教育の世紀」へ』（中国語版書名『子どもは未来の宝――教育箴言録《しんげんろく》』）、世界的美術史家ルネ・ユイグ氏との対談集『闇《やみ》は暁《あかつき》を求《もと》めて』、『私の世界交友録《せかいこうゆうろく》』、および世界的に著名《ちょめい》な歴史家トインビー博士や中国の小説家・金庸《きんよう》氏との対談集などを読ませていただき、先生のご精神に大きく心を揺《ゆ》さぶられました。先生が生涯《しょうがい》にわたり、世界平和、中日友好に尽力してこられたことに敬服いたしました。

　とくに、最も早い時期に中国との国交回復を提唱《ていしょう》され、友好を深めるために民間《みんかん》の往来《おうらい》を展開してこられたことは、先生が中日に友誼の金の橋を架《か》けてこられた何よりの証拠《しょうこ》であります。先生の優《すぐ》れたご見解《けんかい》に心から尊敬の念《ねん》を覚《おぼ》えるとともに、それ以上に、先生の智慧《ちえ》と勇気に心から感服《かんぷく》しております。

　この勇気はどこから来るのでしょうか。それは、先生が自《みずか》ら苦難《くなん》に遭《あ》われてきたこと、真理の追究への先生の恐《おそ》れなき精神、仏教で説《と》く善《ぜん》から来るのではないかと思っております。

池田　恐縮《きょうしゅく》です。顧先生こそ、教育の偉大《いだい》な先駆者《せんくしゃ》であられます。この対談を通して、私は先生の哲学と実践《じっせん》から多くのことを学ばせていただきたいと願っております。

1

郷土と人格形成

「自己の足下から」の着実な認識

池田　対話を進めるにあたり、読者のためにも、まず互《たが》いの自己紹介を兼《か》ね、これまでの人生《じんせい》の歩《あゆ》みについて語り合えればと思います。

私は一九二八年の一月二日、東京・大田区《おおたく》の海沿《うみぞ》いの町で、江戸《えど》時代から続く海苔屋《のりや》の家に生まれました。潮《しお》の香《かお》りに満ちた砂浜で遊んだことや、早朝に起きて冷たい海に手を浸《ひた》し、海苔づくりの手伝いをした幼《おさな》き日の光景は、今もって忘れておりません。郷土《きょうど》とは、たんなる思い出の地ではなく、その人を育《はぐく》んだ母なる環境でもあります。

創価学会の牧口常三郎《まきぐちつねさぶろう》初代会長(4)は地理《ちり》学《がく》の大家《たいか》でもありました。人間や社会と地理との連関《れんかん》を総合的に論じた、一九〇三年発刊の自著《じちょ》『人生地理学《じんせいちりがく》』のなかで、「吾人《ごじん》は郷土を産褥《さんじょく》として産《うま》れ且《か》つ育ち」(5)等と、郷土が人格形成《じんかくけいせい》に与える影響《えいきょう》の大きさを指摘《してき》しております。世界地理の理解・観察《かんさつ》の基点《きてん》としても、「郷土」を重視しました。

同書の「緒論」で牧口会長はいいます。

「根本的なる、一段の観察方面あるを忘るべからず。他《ほか》なし、各自《かくじ》の郷里是《きようりこれ》なり」

すなわち、「世界」の前に「国」、さらにその前に「郷里」で衣《い》・食《しよく》・住《じゆう》を営《いとな》んでいることを深く認識《にんしき》してこそ、はじめて〝一郷民《ごうみん》である上に、一国民、一世界民《せかいみん》である〟という自覚《じかく》が得られ、「正当にして着実なる立脚地点《りつきやくちてん》」がわかると主張したのです。(6)

自己の足下《そつか》から社会の認識を開始しようとする、このアプローチは、「知識の切売《きりうり》や注入《ちゆうにゆう》ではない。自分の力で知識することの出来る方法を会得《えとく》させること、知識の宝庫《ほうこ》を開く鍵《かぎ》を与へること」(7)を目指《めざ》し、地域社会を重視した牧口会長の教育方法に通底《つうてい》するテーマでありました。

顧先生の郷里といえば、江蘇《こうそ》省江陰《こういん》市のご出身であられます。江陰は、北は長江《ちようこう》（揚子江《ようすこう》）に面《めん》し、南に太湖《たいこ》を臨《のぞ》む要衝《ようしよう》として古くから発達し、悠久《ゆうきゆう》の歴史を刻《きざ》む天地です。現在は、近代的なビルが立ち並び、目覚《めざ》ましい発展をしていることも存じております。

長江は、あまりにも雄大《ゆうだい》です。牧口会長は、貴国《きこく》を訪問する機会はありませんでしたが、長江への大《おお》いなる憧《あこが》れを「規模狭小《きようしよう》なる島国人の殆《ほと》んと(ど)想像し得ざる所にあらずや」(8)と記《しる》しております。

唐《とう》代の大詩人・白居易《はくきよい》は、一時期、赴任《ふにん》していた江南《こうなん》（長江下流の南岸地域）の天地を回想《かいそう》し、次のように詠《えい》じました。(9)

「江南好《よ》し、風景旧《もと》より曽《かつ》て諳《そら》んず。日出《ひい》づれば江花紅《あか》きこと火に勝《まさ》り、春来《きた》れば江水緑《みどり》なること藍《あい》の如《ごと》し。能《よ》く江南を憶《おも》わざらんや」（「憶江南」）

――江南は素晴《すば》らしい。その風景は以前訪《おとず》れた時からずっと私の眼底《がんてい》にありありと残っている。朝日が昇れば、川辺の花は火よりも紅く映《は》え、春になると川の水は藍のような緑色となる。どうして江南を思い出さずにいられようか――

「江南好し」とは、なんと直截《ちょくせつ》的で、感動が凝結《ぎょうけつ》された一言でしょうか。

私は一九七五年の四月、三回目となった訪中の折《おり》、上海《シャンハイ》の黄浦江《こうほこう》から船で長江へと案内していただき、滔々《とうとう》たる大河《たいが》に揺《ゆ》られながら、中日友好協会の孫平化《そんへいか》秘書長（当時）や上海市の関係者の方々と中国の未来像を展望しました。一九七八年九月の第四次訪中では、天下に名高い太湖に御案内いただき、船上から黄金に輝《かがや》くような美しい光景を見ました。

白居易の詩を口ずさむと、まさに、あの山紫《さんし》水明《すいめい》の絶景《ぜっけい》を、私は思い起こさずにはいられません。旅行記『徐霞客游記《じょかきゃくゆうき》』で知られる明《みん》代の地理学者・徐霞客《じょかきゃく》(10)も、同郷の人物としてよく知られておりますね。

顧先生の抱かれている故郷の誇《ほこ》りや思い出、郷里の主な歴史等について、お聞かせ願えればと存じます。教育者、教育学者としての観点《かんてん》から、「郷土」が人格形成にどのような影響を与えるかという点について、どうお考えかも興味を抱くところです。

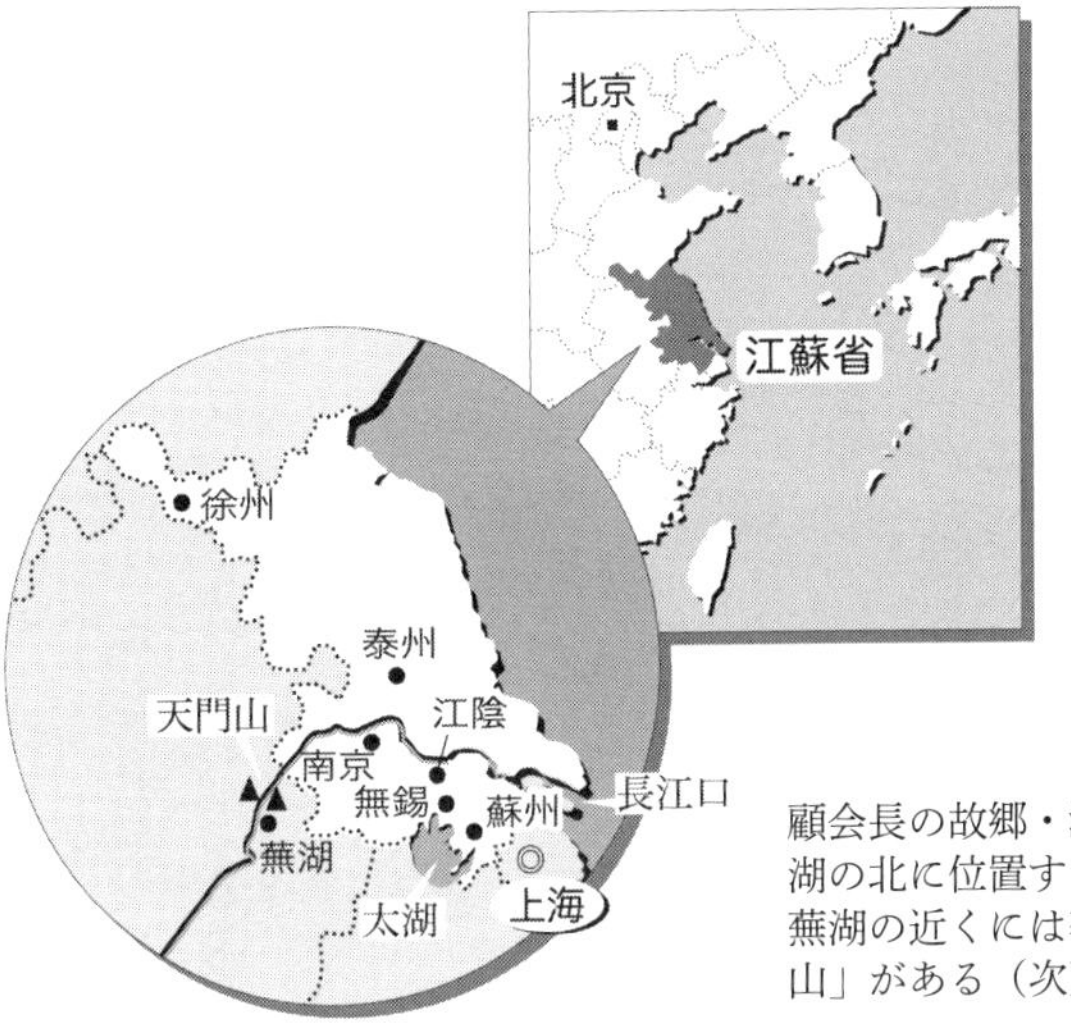

顧会長の故郷・江陰は長江の南、太湖の北に位置する。西方の安徽省・蕪湖の近くには李白が詠った「天門山」がある（次頁に李白の詩）

わが郷土への思いを込めた「人生格言」

顧　私は池田先生と同世代《どうせだい》といえるでしょう。一九二九年十月、私は江蘇省江陰市で生まれました。長江《ちょうこう》のほとりにある小さな市です。この市には「中国第一村」と称《たた》えられた華西《かせい》村があります。華西村は、ここ二十年近くにわたり、経済発展に成功。江陰市は全国百強県（江陰市は県レベルの市）に名を連《つら》ねたのです。そのことから江陰市の名は、世に知られるようになりました。しかし、私が生まれたころは、さびれた小さな市にすぎませんでした。（市を囲《かこ》む）城壁《じょうへき》の長さは九里《り》十三歩《ぶ》あったそうですが（四壁の長さが約四千五百二十メートル）、計算すると、城壁内の面積はわずか一平方キロメートル余《あま》りしかなく、[11]東城門から西城門まではおよそ十数分の道のりでした。抗日戦争《こうにちせんそう》の前、城の西側には、電気機械《でんききかい》工場、製粉《せいふん》工場、紡績《ぼうせき》工場が一つずつありました。しかし、戦争勃発《ぼっぱつ》の際《さい》、すべて日本軍の爆撃《ばくげき》で焼かれてしまいました。

その時から、江陰には電気が通らなくなり、私が一九四八年に江陰を離れる時になっても、電気機械工場は復旧《ふっきゅう》されないままでした。私たちは石油灯《せきゆとう》のもとで勉強するようになりましたが、太平洋戦争が起こると、輸入石油商からの石油も底をつき、豆油灯《とうゆとう》を使うしかなくなりました。それは小さな皿《さら》の上に豆油をたらし、一本のコットン・リンター（綿くず）か数本のイグサの茎《くき》で油を引いて火をつけるというもので、わずかな明るさでした。

市からほど近いところに長江がありました。中国の母なる川で、青蔵（青海・チベット）高原《こうげん》から湧《わ》き出て、数千里を流れながら、気勢《きせい》に満ちて、ひたすら東海《とうかい》（東シナ海）に向かいます。歴代《れきだい》の文人《ぶんじん》たちは、詩を作って壮大《そうだい》な長江を讃《たた》えました。

唐《とう》代の詩人、李白《りはく》は詠《よ》みました。(12)

「天門中断《てんもんなかた》えて　楚江《そこう》開き、碧水《へきすい》　東に流れて　此《ここ》に至《いた》りて廻《めぐ》る。両岸の青山《せいざん》　相対《あいたい》して出《い》で、孤《こ》帆一片《はんいっぺん》　日辺《にっぺん》より来《きた》る」（「望天門山」）

――（蕪湖《ぶこ》の近くの長江両岸で向かい合う）その名も「天門山」という二つの山の真ん中を割って出てくるように、楚江（長江。天門山あたりはかつての楚《そ》の国にあたるので、こう呼んだ）が流れている。深緑の水は東に流れ、ここに来て向きを変える。両岸の緑の山（東梁山と西梁山）は向

中国・江蘇省江陰市と靖江市を結ぶ江陰長江大橋。悠久の大河、長江をまたぐつり橋で、1999年完成。江陰は春秋戦国時代から名をとどめる要衝の地で、近年は経済発展がめざましい

き合って山容を江上に突き出し、その間を一艘《そう》の小舟が、はるか西の太陽が沈むあたり（都・長安の方向）から下ってきた――〔舟に詩人自らが乗っているという解釈と、詩人は岸辺で舟を見ているという解釈がある〕

また、宋《そう》代の蘇軾《そしょく》[13]は詠みました。

「大江《たいこう》　東へ去り、浪《なみ》　淘《あら》い尽《つ》くす、千《せん》古《こ》の風流人物を」（「念奴嬌　赤壁の懐古」あるいは「大江東去」とも）

――大江（長江）は東へと流れ去り、古《いにしえ》からの英雄豪傑《えいゆうごうけつ》たちを洗い流しきってしまった――

滔々《とうとう》とほとばしる長江の流れが私の故郷にたどり着くころには、川幅《かわはば》は広がり、波は穏《おだ》やかになり、まるで少女のように物静《ものしず》

かになります。長江下流では約十万平方キロメートルに及ぶデルタ地帯の土地を潤《うるお》し、幾多《いくた》の民《たみ》を養《やしな》っているのです。

江陰の歴史は古く、春秋戦国時代《しゅんじゅうせんごく》にはすでに存在《そんざい》しており、さまざまな文献上《ぶんけんじょう》の歴史を見ると、すでに二千五百年余《あま》りの歴史があります。昔は曁陽《きよう》と呼ばれていました。江陰が有名になったのは、明末《みんまつ》、清朝《しんちょう》への抵抗運動《ていこううんどう》のときで、清軍が百日間、城を包囲しましたが、江陰の人々は不投《ふとう》降《こう》の誓《ちか》いを貫《つらぬ》き通したのです。

ここから江陰人の不撓不屈《ふとうふくつ》の性格が形成されたといわれています。その後、ここに長江の要塞《ようさい》としての砲台《ほうだい》を造《つく》り、長江の門戸《もんこ》を守備しようとしました――抗日戦の時期には何の役にも立ちませんでしたが。江陰はこの砲台でも有名になりました。

江陰は文化の郷里で、歴史上多くの有名人を出しました。池田先生がご指摘《してき》されたように、明代の地理学者・徐霞客は江陰出身です。彼は中国の幾多の山を越え、川を渡り歩きながら、各地の地質や地形を考察《こうさつ》し、旅行記『徐霞客游記』を著《あらわ》しました。後に「五四運動《ごしうんどう》(14)」で文学者として健筆《けんぴつ》をふるった劉半農《りゅうはんのう》と民族音楽家・劉天華《てんか》の兄弟は、(15)ともに中学を卒業してはいませんが、苦労しながら研鑽《けんさん》を重《かさ》ね、独学《どくがく》で学問を身につけ、後《のち》に大学教授になっただけでなく、文学や音楽の分野でも貢献《こうけん》し、中国の名だたる人物となりました。

江陰は、ほかにも仏教の愛国《あいこく》の高僧《こうそう》・巨賛法師《きよさんほっし》(16)を輩出《はいしゅつ》しています。巨賛法師の俗名《ぞくみょう》は、潘楚桐《はんそとう》といい、若いころ、江陰市立師範学校を卒業した後、大夏《たいか》大学に学び、卒業後は江陰で小学校校長を務《つと》めました。一九二九年、杭州《こうしゅう》の霊隠寺《れいいんじ》で出家《しゅっけ》し却非和尚《きゃくひおしょう》のもとで剃髪《ていはつ》しました。一九三一年に名を巨賛と改《あらた》めました。

『霊隠小志（霊隠寺の小史）』のなかに、却非和尚の「巨賛からの来信《らいしん》に答えて」という詩があります。次のように詠んでおり、相手を思うこまやかな心が込められています。

「浮生《ふせい》、末劫《まっこう》に逢《あ》う、事に据《よ》るにまさに三斟《さんしん》すべし。破瓦《はが》に驚鼠《きょうそ》伏し、瓜田《かでん》に盗心《とうしん》を避《さ》く。身を立つるに美玉《びぎょく》を問い、木を択《えら》ぶこと良禽《りょうきん》に似たり。来去《らいきょ》に昧《くら》きこと莫《な》かれ、古人拾金《しゅうきん》を恥《は》ず」

――この人生で（私たちは）末世《まっせ》に生まれ合わせました。なにごとも慎重《しんちょう》に考えて行わなければなりません。屋根の破れた粗末《そまつ》な住まいでは、隠《かく》れていて、いつ暴《あば》れだすかわからない危険な鼠《ねずみ》（害《がい》をなすもの、あるいは煩悩《ぼんのう》）にも用心し、ウリ畑では盗心を疑《うたが》われないように気をつけなければなりません（「破瓦《はが》」「瓜田《かでん》」のような貧しい生活でも清浄《せいじょう》な心を保《たも》ちなさい）。（僧侶《そうりょ》として）身を立てようと思えば、美玉のごとき優《すぐ》れた人格《じんかく》や仏《ほとけ》の教えを求め、良き鳥が木を選ぶように（たとえば鳳凰《ほうおう》が梧桐《ごとう》の木にしか棲《す》まないように）身《み》の置《お》き所《どころ》を選ばなければなりません。振る舞いは公明正大《こうめいせいだい》でなければなりません〔来去には金銭の収支《しゅうし》の意味もあり「金銭については、あいまいなところがあってはなりません」の意とも〕。古人は金を拾《ひろ》うことさえ恥《はじ》としたのです――

巨贊は出家後、仏教学の研鑽に励み、八千余巻《よかん》に及ぶ経典を読破《どくは》し、ドイツ語、ロシア語、日本語など多様《たよう》な外国語をすらすらと暗誦《あんしょう》して、数百万字の読経筆記《どきょうひっき》（経典研究ノート）を執筆《しっぴつ》しました。巨贊は熱心に仏教活動に取り組むだけでなく、救国《きゅうこく》のことも忘れることなく、積極的に抗日運動を支持しました。新中国成立後、彼は趙樸初《ちょうぼくしょ》氏(17)らとともに中国仏教協会を指導しました。

これらの文化人によって、江陰には層《そう》の厚《あつ》い文化的内実《ないじつ》が醸成《じょうせい》されていきました。私の幼少期は、このような文化的な雰囲気《ふんいき》に包まれて成長したのです。

江陰の郷土は江陰の人々に、教育を重視し、人文面《じんぶんめん》の素養《そよう》を伸《の》ばし、不屈《ふくつ》の性格を形成させせましたが、それと同時に、開放的で広々《ひろびろ》とした心、まるで長江のように多くの河川《かせん》を包み込むような精神をも育《はぐく》んでいったのです。

郷土を通して私は、以下のような四句《しく》の人生格言《じんせいかくげん》をつくりました。

一、像松樹一様做人、堅挺不抜（身を持《じ》すること松《まつ》のごとく、堅忍不抜《けんにんふばつ》たらん）

一、像小草一様学習、随処生根（学ぶこと小草のごとく、いずこにも根《ね》を張《は》らん）

一、像大海一様待人、容納百川（人《ひと》と接《せっ》すること大海《たいかい》のごとく、百川《ひゃくせん》を容《い》れん）

一、像細雨一様做事、潤揚無声（事《こと》に当《あ》たりては細雨《さいう》のごとく、声あげることなく潤《うるお》さん）

池田　流麗《りゅうれい》なご説明をいただき、江陰の悠久《ゆうきゅう》の歴史と風土をよく把握《はあく》することができました。何よりも、顧先生のご人格に、この郷土の特性《とくせい》が生き生きと脈打《みゃくう》っていることが伝わってきました。四句の名言《めいげん》は、絶妙《ぜつみょう》なる人生の指針《ししん》です。

また、江陰からは外《はず》れますが、巨賛法師とともに中国仏教協会をリードされた趙樸初先生は懐《なつか》しいです。四度お会いして、法華経《ほけきょう》のこと、天台大師《てんだいだいし》のことなど、大いに語り合ったものです。

2　人生の土台つくる家庭教育

〝最初の七年〟は残りの人生に匹敵

池田　それでは、郷土を顧《かえり》みる眼差《まなざ》しを、家庭へと転《てん》じてみましょう。

私の父・子之吉《ねのきち》は「強情《ごうじょう》さま」と呼ばれるような、頑固《がんこ》で実直《じっちょく》な人でした。東京湾での海苔《のり》づくりを大きな規模《きぼ》で営《いとな》んでおりました。ところが、関東大震災《かんとうだいしんさい》（一九二三年）による海底の地殻《ちかく》変動《へんどう》などで家業《かぎょう》が傾《かたむ》き、さらにリウマチを患《わずら》い、病床《びょうしょう》に伏《ふ》してしまったのです。それでも「塩をなめても援助《えんじょ》など受けるな」と、さまざまな支援《しえん》をはねのけるほど強情でした。もっとも、その頑固さの裏には、ばか正直なまでの生一本《きいっぽん》さが貫《つらぬ》かれており、正しいと思うことは、誰《だれ》が何と言おうとやり通す信念《しんねん》がありました。貧しくなってからも、精一杯《せいいっぱい》、人の面倒《めんどう》を見、世話《せわ》をする、人の好い父でした。

なにしろ寡黙《かもく》なもので、子どもの眼からは、何を考えているか、よくわからなかった。しかし、今になって思えば、父親というものは偉大《いだい》だと、頭《こうべ》を垂《た》れる思いです。

一方で、母は、生活が窮《きゅう》するなかでも、「うちは貧乏の横綱《よこづな》だ」と明るく笑いながら、子どもの健康と幸福を第一に考え、こまやかに心を尽《つ》くしてくれました。早朝から夜遅くまで、一日も休まず海苔づくりに携《たずさ》わりながら、育ち盛りの子どもたちを抱えての切《き》り盛《も》りは、さぞ大変だったことでしょう。八人の子全員を立派《りっぱ》に育て上げてくれました。

なかでも、毎日の食事が思い返されます。母自身は「忙《いそが》しくて忘れていた」と昼食などを食べないこともありましたが、私たち子どもには工夫《くふう》して、安くて滋養《じよう》のあるものを用意してくれました。よく、小魚《こざかな》などを「骨まで食べなさい」と与えてくれたものです。採《と》れた生海苔を酢《す》に漬《つ》けたものも食卓に並びました。

当時、母は、学校で教えるような栄養学の知識などもっていなかったと思います。また、現代の「食育《しょくいく》」といった概念《がいねん》などもなかった昔のことです。けれども、貧しいなかにあって、祈《いの》るような思いで、深き慈愛《じあい》の知恵を発揮《はっき》し、賢《かしこ》く正しく生きゆく術《すべ》を自然のうちに伝え授《さず》けてくれる母だったのです。

顧先生も述《の》べておられるように、子どもにとっては、家庭こそ「最初の学校」であり、両親は「最初の教師」です。

顧先生はご著作《ちょさく》のなかで「人間の成長過程《せいちょうかてい》では、家庭教育、学校教育、そして社会教育という三つの面からの教育を受けなければならない。それらは互《たが》いに連携《れんけい》し合い、影響《えいきょう》し合っているが、なかでも家庭教育は人間の成長過程で重要な役割を担《にな》っている」(18)と述べられています。

家庭教育が、その後の子どもの人生に与える影響は、あまりにも深く、最も長く続くものです。

大歴史家・トインビー博士《はかせ》は、ロンドンのご自宅で対談した折《おり》、こう述懐《じゅっかい》されました。

「私の記憶《きおく》では、人生の最初の七年間は、その後の人生全体、つまり——いま八十五歳《さい》ですから——七十八年間と同じくらい長いものに感じられます」「子供は、七歳までに自分にとって大事なことを数多く学びます。これは、その後の人生で学ぶことのできるすべてのことよりも多いのです」(19)と。たしかに、そのとおりだと思います。

〝最初の七年間〟は、親とふれ合う時間が最も多く、人生の土台を建設する大切な期間です。のちに社会に出て、烈《はげ》しき荒波《あらなみ》にさらされたときに、ひるむことなく立ち向かっていけるか。逆に、すぐあきらめ、後退してしまうのか。こうした人格《じんかく》の基礎《きそ》となる「背骨《せぼね》」を形づくるのが家庭教育の役割にほかならないでしょう。

もっとも、最初から立派な親などいません。子どもとの実際のかかわりのなかで愛情も深まります。焦《あせ》らず、子どもと一緒《いっしょ》に歩《あゆ》んでいくことが大切でしょう。「教育」は「共育」ともいわれるゆえんです。創価学会の婦人部にも、悩《なや》みながら子育てに奮闘《ふんとう》する多くのヤング・ミセスがおります。私は、そうした方々への励《はげ》ましになればとの思いで、幾度《いくど》となく「家庭教育」についても語ってきました。そこで私はいつも、親子といっても〝一個の人間と人間の関係性〟であることを強調してきました。

子どもにとって家庭こそが、安心《あんしん》と信頼《しんらい》を育《はぐく》む場であるべきです。日本において、非行《ひこう》に走った子どもの心の奥には、多くの場合、「自信のなさ」「低い自尊《じそん》感情」があるという指摘《してき》もあります。そして、それは幼《おさな》いころから続いてきた家庭環境が大きな影響を与えていることは否《いな》めない、というのです。

マーティン・ルーサー・キング博士の盟友《めいゆう》であり、アメリカの教育者で歴史学者のハーディング博士も論じておられました。

「暴力的な行動に出る子どもの多くは、〝誰《だれ》も自分のことに注意を払《はら》ってくれない、大事にしてくれない〟という意識をもっているようです。その意味で『人への思いやり』を、家族のレベルでも、社会のレベルでも、どうつくっていくかが、不可欠《ふかけつ》の課題《かだい》と考えます[20]」と。

家庭においては子どもへの親の接し方、愛情の注《そそ》ぎ方が、子どもの人格形成につながります。また、親の生き方を子どもは見ているものです。人のため、社会のために行動する姿《すがた》や、仕事などに真剣に取り組む親の姿から、新《あら》たな関心を抱《いだ》き、自然に生き方を学んでいきます。

私自身、三十二歳で創価学会の会長に就任した時、七歳を頭《かしら》に三人の子がいましたが、その後も多忙《たぼう》を極《きわ》め、子育てに時間をとることはできませんでした。ただ、妻の協力のもと、短時間でもふれ合う場をもつように心がけ、家を留守《るす》にするときには、手紙や伝言《でんごん》を送ったり、お土産《みやげ》を持ち帰ったりするなど、さまざまな工夫をしたものです。その経験からもいえることは、愛情を注ぐといっても、たんに一緒にいる時間の長さが問題なのではなく、子を思う親の一念《いちねん》の深さが大事だということです。

とかく親は子どもを自分の思うとおりに育てようとの意識に立ち、接してしまいがちです。しかし、それでは子どもは萎縮《いしゅく》し、本来《ほんらい》もつ個性《こせい》や可能性《かのうせい》を発揮するのは難《むずか》しいでしょう。かえって、親から信頼されていない、愛されていないという感情が増幅《ぞうふく》してしまう場合もあります。親が、あくまでも一個の人格として尊重《そんちょう》して接するなかで、子どもは自尊心を高め、伸《の》び伸びと成長していくものだと思います。

顧先生は「家庭教育はすべての教育の基礎」と洞察《どうさつ》しておられます。その重要性や、顧先生ご自身が実践《じっせん》されてきたこと、ご両親の思い出など、改めて語っていただければと存じます。

母は身をもって生き方を示してくれた

顧　私は平凡《へいぼん》な家庭の出身です。祖父《そふ》は茶舗《ちゃほ》の店員で、父は中学教師でした。しかし父が長年、地方の省や市で教鞭《きょうべん》を執《と》っていたため、母は古訓《こくん》に従《したが》って家で祖母《そぼ》に仕《つか》えていました。

両親は長い間、別居《べっきょ》していたため、私が八歳《さい》の時、父は地方で別の女性と結婚してしまい、それから私と母は互《たが》いに支《ささ》え合いながら生きるようになりました。母が物質的な貧しさや心の傷《きず》を乗り越え、私を育て成人させてくれたことは、決して生《なま》やさしいことではありませんでした。母の私への教育は真心《まごころ》のこもったものでした。母の名は周淑貞《しゅうしゅくてい》といい、江陰の大族・周家の娘でした。中華民国《ちゅうかみんこく》初期になると、学問の場も女性に開かれるようになったため、母は数年間小学校で学んだことがあり、本や新聞が読めました。父が私たちのもとを去ったあと、母は一人で一家の大《だい》黒柱《こくばしら》となって、祖母が亡《な》くなるまで仕えました。とくに抗日戦争《こうにちせんそう》の時には、祖父の身体が麻痺《まひ》し、約三年間寝《ね》たきりになりましたが、夫に捨てられた嫁《よめ》が下《しも》の世話《せわ》までやり、亡くなるまで孝行《こうこう》の道《みち》を尽《つ》くしたのです。

わが家には不動産もなく、実家《じっか》にはわずか三畝《ほ》（約二十アール。中国では一畝＝六・六六七アール）の痩《や》せた田畑があるだけで、父方のいとこが代わりに耕《たがや》していました。生活はすべて祖父の戦前からのわずかな蓄《たくわ》えと友人からの支援《しえん》に頼《たよ》っていましたが、私が有為《ゆうい》な人材となるために学校へ

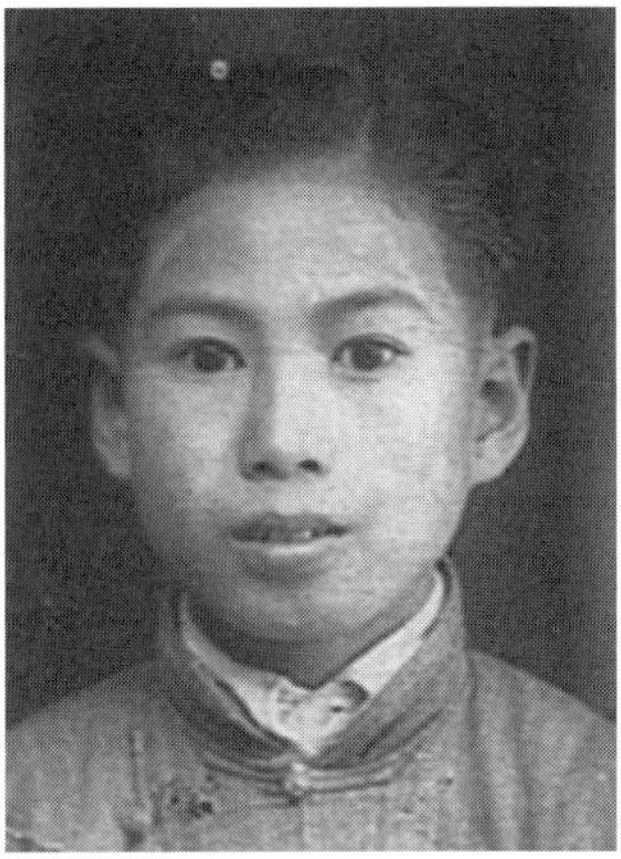

1929年生まれの顧会長の少年時代は戦乱の苦難とともにあった

行けるよう支えてくれました。

母はいつも私に「あなたは、しっかり頑張《がんば》って、将来、必ずお父さんを乗り越えるのよ」と語っていました。実際、父は中学教師でしたが、母には大《たい》した人間だと映《うつ》っていたようでした。

私たち母子は江陰市で、借家《しゃくや》に住んでいました。周《まわ》りは皆《みな》、私たちよりも裕福《ゆうふく》な家庭、いわゆる大家《たいか》でした。こんな環境に身《み》を置《お》いていたことで周りからよくバカにされましたが、母は決して卑屈《ひくつ》になることなく、さまざまなことをうまくやりこなし、隣近所《となりきんじょ》からも評判が良く、尊敬《そんけい》を集めていました。私が幼《おさな》いころから、母が養《やしな》ってくれたものは、おごり高ぶらず、へつらわず、裕福な人に対しても卑屈になることなく、貧しい人に対しても同情心に満ち、自分でできることは自分でやり、軽々《かるがる》しく他人に手助けを求めないという精神でした。

このような教育のおかげで、私は自力更正《じりきこうせい》の精神――「但求己求、莫従他覓（ただおのれの求めるものだけを求め、他人に従って求めることはしない）」という気概《きがい》を身につけることができました。私はこれまで権勢《けんせい》におもねったり、自分でできることを他人に請《こ》い求《もと》めたりしたことは一度もありません。

母は一粒《ひとつぶ》の米や粟《あわ》でさえも貴重《きちょう》なものであると教え、ご飯粒《はんつぶ》が床《ゆか》に落ちても拾《ひろ》っていたので、質素《しっそ》で節約《せつやく》する生活習慣が身につきました。母はつねに他人のためを思い、とくに貧しい人々のためを考えていました。たとえば「裸足《はだし》のお百姓さんが足《あし》の裏《うら》を傷《きず》つけてしまうといけないから、ガラスの破片《はへん》を道に落としたりしては絶対にいけない」などと注意し、自然な形で農民への同情心を植えつけてくれました。また、正直な人間になるようにと、口《くち》を酸《す》っぱくして言っていたことも忘れられません。

そしてもう一つ、母の姿《すがた》から深い影響《えいきょう》を受けたことがあります。それは、寛容《かんよう》であれ、他人に迷惑《めいわく》をかけてはいけない、他人をいたわらなくてはいけないということでした。母はそのことを身をもって行動で示してくれました。

母は、祖母と仲むつまじかっただけでなく、息子の嫁とも仲良くし、近隣《きんりん》の人々とも親《した》しくしていました。八十一歳で突発性心臓病《とっぱつせいしんぞうびょう》により、この世を去りましたが、臨終《りんじゅう》の時ですら、何ら手を煩《わずら》わせることはありませんでした。しかし、私の心は悲痛《ひつう》でした。母は一生かけて私を育ててくれたのに、その最期《さいご》に私は何の親孝行《おやこうこう》もできなかったからです。

母は一度も私に手を上げたことはありません。私が言うことを聞かなかったときだけ、悲しんで涙を流していました。母が泣くのを目にすると、私はぶたれるよりもつらく、すぐに自分の過《あやま》ちを正《ただ》し、勉強に精《せい》を出すのでした。

一九四九年、私は北京《ペキン》師範《しはん》大学に合格しました。当時、江南に住む人々から見れば、北京は、はるかかなたにある酷寒《こっかん》の地で、子どものころ、「北京では冬になると人々の鼻と耳は凍《こお》ってしまうらしい」と聞いていました。たった一人の頼《たの》みとする息子を、そんな遠くへ行かせることは、母は内心《ないしん》、不本意《ふほんい》だったと思います。しかし、私の成長と将来を思って、毅然《きぜん》として北京へ送り出してくれました。

その後、私はさらに遠いモスクワへ留学しました。経済的に貧しかったので、ソ連へ行く前は一度も実家に戻りませんでした。ですから七年間、母と会うことはなかったのです。この七年間、母は日夜、私を思って過ごしていたことでしょう。在学中の七年間、母はずっと借金に頼って暮らしていました。

一九五六年、私が学業《がくぎょう》を終えて帰国した時、母を北京に呼ぼうと思いましたが、母は頑《がん》として応《おう》じませんでした。どうしても借金を完済《かんさい》してからでないと行かないというのです。一九五九年になり、ようやく私たち母子の同居《どうきょ》が実現しました。

母は北京に来てからも、のんびりすることはなく、今度は孫《まご》たちのために苦労を引き受けてくれました。母は私を産《う》んでくれただけでなく、教育までしてくれました。偉大《いだい》な母でした。母のことを、私は永遠に偲《しの》び続けるでしょう。

私の子ども時代の生活からも、家庭教育の重要性を痛感《つうかん》しています。両親は最初の教師であり、子どもが両親から与えられる印象《いんしょう》は、最も早く、最も深く、そして最も長きにわたるものです。私自身の性格やあらゆる習慣は、すべて子ども時代に形成されたものです。その経験があったからこそ、後《のち》に教育研究に携《たずさ》わるようになったとき、あえて家庭教育の重要性を強調するようになったのです。

家庭教育はきわめて重要です。子どもは、誕生したその日から家庭教育を受けるようになり、両親は最初の「教師」となります。子どもは両親から言語《げんご》を学び、周囲の事物《じぶつ》への認識《にんしき》を学び、生活習慣を身につけていきます。もし、子どもが幼いころから家庭で好《この》ましい教育を受けていれば、その後の学校教育においても順調に能力を伸《の》ばしていくことができます。しかし、子どもが家庭で好ましくない教育を受け、幼いころから誤《あやま》った思想や習慣に染《そ》まってしまえば、就学《しゅうがく》した後、学校はその子どもに再教育を施《ほどこ》し、子どもの誤りや欠点を正していかなくてはなりません。

幼児期の子どもの教育はさほど難《むずか》しくはありませんが、再教育となると、はるかに難しいもので、多大《ただい》な労力と忍耐力《にんたいりょく》を必要とします。ですから、トインビー博士が池田先生と対談されたなかで〝人生の最初の七年間〟の大切さを述《の》べられていることに、まったく同感《どうかん》です。

昨今《さっこん》、保護者が教育の責任を学校に押しつけることが、しばしばあり、心配です。子どもが言うことを聞かない、まじめに勉強しない、と。それは教師がきちんと教えていないからであり、学校の責任だと主張するのです。また、勘違《かんちが》いをする保護者もいます。「家庭教育は小学校入学前にこそ必要であり、入学すれば学校が教育してくれる」と。しかし、生徒が学校で過《す》ごす時間には限《かぎ》りがあり、ほとんどの時間は家庭や社会で過ごすのが実情《じつじょう》でしょう。ゆえに家庭教育は、子どもがその家庭を巣立《すだ》つまで、やめてはならないのです。

家庭教育とは知らず知らずのうちに感化《かんか》していくもので、保護者の一挙手一投足《いっきょしゅいっとうそく》が時々刻々《じじこっこく》と子どもに影響を及ぼしています。それゆえに、両親たるものは、つねに自《みずか》らの言動《げんどう》に注意を払《はら》い、身をもって範《はん》を示し、子どもの手本《てほん》となっていかなければならないと思います。

今、中国の教育現場でよく耳にするのは、「一人っ子や母子家庭、父子家庭の子どもは教えにくい」という声です。これは、一人っ子だから、一人親だから、という原因よりも、親の教育姿《し》勢《せい》による影響が大きいのです。子どものあらゆる行為《こうい》はすべて親が身につけさせたものです。

たとえば、自己中心的で、わがままな子どもがいますが、これは両親が溺愛《できあい》し、際限《さいげん》なく子どもの欲望《よくぼう》を満《み》たしてしまった結果です。また、暴力行為《ぼうりょくこうい》が見られる子どもがいますが、往々《おうおう》にして、両親が暴力を振《ふ》るった結果です。

私自身、一人っ子で、その上、父親は八歳の時に家を出て行き、母子家庭でした。私の教育は、すべて母によるものと言っても過言《かごん》ではありません。

母はどうやって字《じ》を覚《おぼ》えるのか、どうやって勉強するのか、などということを教えたことはなく、言葉で伝え、身をもって範を示しながら、私を正義感、責任感のある、比較的勤勉《きんべん》な人間へと育ててくれました。したがって、一人っ子、母子家庭、父子家庭の子どもだから教えにくいということはなく、鍵《かぎ》となるのは、子どもをどのような思想で、どのような方法で教育したか、ということなのです。

「親孝行できる人」が人間としての勝利者

池田　お母《かあ》さまがどれほど苦労《くろう》され、どれほど心を砕《くだ》かれて、顧先生を育てられたか。そして顧先生が、どれほどお母さまのことを慕《した》われ、誇《ほこ》りとされているか。涙《なみだ》する思いで心に刻《きざ》みました。

今、顧先生が、お母さまの教育を体現《たいげん》され、貴国《きこく》の教育界の中枢《ちゅうすう》を担《にな》う要職《ようしょく》にあって活躍しておられることが、最大の親孝行《おやこうこう》であり、お母さまもきっと喜んでおられることと拝察《はいさつ》いたします。

顧先生のお母さまの振《ふ》る舞《ま》いを心に浮《う》かべながら、私の母《はは》のことも、改めて思い起こしました。

母が亡《な》くなったのは、一九七六年の九月六日のことです。七月初めに一時、危篤《きとく》になるなど、すでに体が弱っていました。最後の日々も、私はちょうど創価大学での行事が重《かさ》なるなど、多忙《たぼう》を極《きわ》め、あまり見舞《みま》いなどに駆《か》けつけられなかったことが心残《こころのこ》りではありましたが、幸《さいわ》い、亡くなる直前まで、「私は、楽しかったよ」と笑顔《えがお》を浮かべていたようでした。

その前年の春、富士山の麓《ふもと》で久しぶりに母と寛《くつろ》いだ一時《ひととき》を過ごし、桜満開《まんかい》の坂道《さかみち》をおぶって歩いたことも、せめてもの親孝行を、との思いからでした。
母が亡くなる二カ月前、私は以前発表した「母」と題する長編の自由詩をもとに、病床《びょうしょう》の母への思いも込めて、歌詞《かし》の形に再構成しました。

母よ　あなたは
なんと不思議《ふしぎ》な　豊富《ゆたか》な力《ちから》を
もっているのか
もしも　この世《よ》に
あなたがいなければ
還《かえ》るべき大地《だいち》を失《うしな》い
かれらは永遠《とわ》に　放浪《さすら》う

母よ　わが母
風雪《ふうせつ》に耐《た》え　悲しみの合掌《いのり》を
繰《く》り返《かえ》した　母よ
あなたの願《ねが》いが翼《つばさ》となって

天空《おおぞら》に舞いくる日まで
達者《たつしゃ》にと　祈《いの》る

母よ　あなたの
思想《しそう》と聡明《かしこ》さで　春を願う
地球の上に
平安《へいあん》の楽符《しらべ》を　奏《かな》でてほしい
その時　あなたは
人間世紀《にんげんせいき》の母として　生きる

この詩に、二人の若き女性が曲《きょく》をつけてくれ、今日《こんにち》まで、多くの方《かた》に愛唱《あいしょう》していただいています。

母は太陽《たいよう》であり、大海《たいかい》であり、大地であります。いつの時代にも、また誰人《だれびと》にとっても、母の恩《おん》には限《かぎ》りがありません。貴国の有名な「孟母《もうぼ》の三遷《さんせん》」（孟子《もうし》の母がわが子を育てる最適《さいてき》の環境を求めて三度住《す》まいを移《うつ》した故事《こじ》）のような、尊《とうと》き信念《しんねん》の賢母《けんぼ》の姿《すがた》は、日本でも深く学ばれてきました。

そうした親の恩を一生涯忘《いっしょうがいわす》れず、応《こた》えていこうという心をもってこそ、真実の勝利の人生を歩むことができる、親孝行こそ教育の根本であると、私は青年たちに繰《く》り返《かえ》し強調してきました。今回、顧先生のお言葉をうかがい、改めてその思いを強くした次第《しだい》です。

3 戦禍のなかの青春

「こんなことは絶対に間違っている！」

池田 さて、私は男七人、女一人という八人きょうだいの五男として生まれました。私《わた》にとっては、とくに長兄《ちょうけい》・喜一《きいち》との思い出が鮮明《せんめい》です。兄は一九三七年に出征《しゅっせい》し、貴国《きこく》にも渡りました。その兄が一時、除隊《じょたい》して帰ってきた折《おり》、「日本はひどいよ。あの横暴《おうぼう》さ、傲慢《ごうまん》さ。同じ人間同士《どうし》じゃないか。こんなことは絶対《ぜったい》に間違《まちが》っている」と憤怒《ふんぬ》していた様子《ようす》は、今でも眼前《がんぜん》に浮かびます。後《のち》に、その兄は再び出征して、ビルマ（ミャンマー）で戦死《せんし》しました。

振《ふ》り返《かえ》ってみると、人生には、その歩《あゆ》みを画《かく》するような、かけがえのない言葉や出来事があるものです。それは決して色褪《いろあ》せることはありません。

私は、慕《した》っていた長兄の戦死はもちろん、疎開《そかい》先の家が焼夷弾《しょういだん》で破壊《はかい》されたことや、空襲《くうしゅう》で赤く染《そ》まる空の下を何度も逃《に》げ惑《まど》ったことを、強烈《きょうれつ》に覚《おぼ》えております。患《わずら》っていた肺病《はいびょう》を忍《しの》んで軍《ぐん》事教練《じきょうれん》を受けて倒《たお》れかけたり、血痰《けったん》を吐《は》いたこともありました。

戦争の記憶《きおく》を挙《あ》げれば、限りがありません。私は小説『人間革命《にんげんかくめい》』の冒頭《ぼうとう》に「戦争ほど、残酷《ざんこく》なものはない。戦争ほど、悲惨《ひさん》なものはない」と記《しる》しました。それはまた、生涯《しょうがい》の平和行動への誓《ちか》いでもありました。いつの時代にあっても、戦争で最も苦しむのは民衆であり、女性であり、母たちであり、子どもたちです。歴史の針《はり》を逆行《ぎゃっこう》させ、分断《ぶんだん》と憎悪《ぞうお》の炎《ほのお》に翻弄《ほんろう》される未来をつくっては絶対にならないのです。

現在の世界に目を転《てん》じると、冷戦終結《れいせんしゅうけつ》から二十年を経《へ》ようとする今、テロ、核拡散《かくかくさん》、地域紛争《ちいきふんそう》など、問題は刻々《こっこく》と移り変わり、より複雑《ふくざつ》になっています。私は、二〇〇一年九月十一日のアメリカへの同時多発《どうじたはつ》テロに対して、仏法者《ぶっぽうしゃ》としての見解《けんかい》を発表しました。その一つが、アメリカで発刊されたメッセージ集『灰の中から――米国へのテロ攻撃《こうげき》に応《こた》える心の声』（ロデール社）に収録《しゅうろく》されています。要請《ようせい》があり、世界の識者《しきしゃ》とともに寄稿《きこう》したものです。

「我々が打ち勝たねばならない悪」と題《だい》して、私は、テロはどんな大義《たいぎ》や主張を掲《かか》げたとしても絶対悪《ぜったいあく》であると論じました。そして、人類史《じんるいし》の暴力と報復《ほうふく》の長い連鎖《れんさ》を打ち切るためには、戦争や紛争を引き起こす「憎悪」や「破壊」のエネルギーとは正反対の「慈悲《じひ》」や「創造《そうぞう》」のエネルギーを、人間生命のなかから触発《しょくはつ》し、顕在化《けんざいか》していかなければならないと訴《うった》えました。

具体的には、仏法で説かれる「万人《ばんにん》に具《そな》わっている仏性《ぶっしょう》」、いわば生命のなかの「善性《ぜんせい》」を信じて、「文明間《ぶんめいかん》の対話《たいわ》」を行うことです。粘《ねば》り強《づよ》い「対話」をあらゆる分野《ぶんや》で、あらゆる次元《じげん》で繰《く》り広《ひろ》げていくことによって、たとえ時間がかかっても、「戦争と暴力《ぼうりょく》の世紀」から「平和と非《ひ》暴力《ぼうりょく》の世紀」へと、時代のベクトルを変えていけると確信しているからです。

私自身、世界の指導者《しどうしゃ》や知性《ちせい》と対話の輪《わ》を広げ、市井《しせい》の人々と友情を育《はぐく》み、文化の交流を幾重《いくえ》にも重《かさ》ねてきました。また、生命に具わる「善性」を確信し、人間を人間たらしめる教育に全力を注《そそ》いでまいりました。

教育の光で「善性」を照《て》らし、内《うち》なる「破壊性や攻撃性」を圧倒《あっとう》する――これが、憎悪を理解《りかい》へ、分断《ぶんだん》を結合《けつごう》へ、戦争を平和へと転《てん》じゆく確かな道だと信じております。

私と同世代《どうせだい》である顧先生も、戦争に関する多くの経験をおもちであると思います。顧先生の郷里である江陰も、日本軍が占領《せんりょう》し、蹂躙《じゅうりん》した地です。顧先生は日本兵が攻《せ》めてくるたびに住む村を変え、また、小学校も六回も転校せざるを得なかったとうかがいました。

ここでは、顧先生の青春時代の戦争の記憶のなかで最も印象《いんしょう》に残っていることについて、つらいご記憶もあるかもしれませんが、後世《こうせい》のためにも、率直《そっちょく》に語っていただければと存じます。

「戦乱の記憶」は今なお悪夢となって

顧　私は少年時代を、戦争の砲火《ほうか》のもと、困難《こんなん》のなかで過ごしました。一九三七年、七七事変《じへん》（盧溝橋事件《ろこうきょう》）の時、私はちょうど小学二年生を終えたばかりでした。抗日戦争《こうにちせんそう》（日中戦争）が始まり、江陰市は日本軍の飛行機の爆撃《ばくげき》に遭《あ》いました。

私たちの遠方《えんぽう》の親戚《しんせき》は、もともと町中《まちなか》で石灰販売《せっかいはんばい》をしており、戦前には防空壕《ぼうくうごう》まで造《つく》っていましたが、役には立たず、その時の爆撃で死んでしまいました。彼の息子は防空壕を出て川辺に用《よう》を足《た》しに行っていたため、かえって命拾《いのちびろ》いしたのです。砲声《ほうせい》が聞こえると、皆、散《ち》り散《ぢ》りばらばらに避難《ひなん》していきました。

裕福《ゆうふく》な家は上海の疎開《そかい》地へ行き、蘇北《そほく》（江蘇省の北方）や泰州《たいしゅう》（江蘇省中部の市）などに行く者もいました。私たちは田舎《いなか》へ避難《ひなん》し、一年間、多くの村々を転々《てんてん》としました。最初は貫庄《かんしょう》へ行き、次に北漍《ほつかく》、周庄《しゅうしょう》、華墅《かしょ》へと逃げました。夜間は村の中で寝泊《ねと》まりし、昼間は山の上に逃げたときもありました。

一年後、情勢《じょうせい》が少し落ち着いたので、町から近い金童橋《きんどうきょう》というところに引っ越しました。しかし、日本軍が絶《た》えず村にやってきては粛清《しゅくせい》をするので、日本軍が来たと聞くと、すぐに別の村に逃げて身《み》を隠《かく》しました。このように逃げ隠れしながらの生活で、一年余《あま》り、学業《がくぎょう》もなおざりになってしまいました。この一年間は、数カ月、塾《じゅく》に通っただけでした。塾といっても、村の医者が患者を診《み》ながら、数人の生徒を教えるというものです。塾には、さまざまな年齢の生徒が四、五人いました。私より年下の子もいれば、年上の子もいて、最年長は十数歳《さい》だったと記憶《きおく》しています。年齢がまちまちだったため、勉強の内容も異《こと》なっていました。

入学したばかりの者には『三字経《さんじきょう》』を、最年長の者には『孟子《もうし》』を、私には『大学《だいがく》』を学ばせました。(21) 来る日も来る日も、暗誦《あんしょう》させられるばかりで、解説はありません。数カ月勉強した後も、覚《おぼ》えていたのは「大学の道は、明徳《めいとく》を明《あき》らかにするに在《あ》り、民《たみ》を親《した》しむるに在り、至善《しぜん》に止《とど》まるに在り」(大学で学問の総しあげとして学ぶべきことは、輝《かがや》かしい徳を身につけてそれを〔世界にむけてさらに〕輝かせることであり、〔そうした実践《じっせん》を通して〕民衆が親しみ睦《むつ》みあうようにすることであり、こうしていつも最高善の境地にふみ止まることである)(22) だけでしたが、それがどういう意味なのか、さっぱりわかりませんでした。

その後、町の小学校に入り、数里もの道のりを歩いて通《かよ》いました。城門《じょうもん》を通り過ぎると、日本兵の見張りが立っています。そこを通り過ぎる中国人は必ず日本兵に向かって一礼《いちれい》しなければならず、さもなければ銃床《じゅうしょう》でぶたれたのです。

池田先生がおっしゃるとおり、抗日戦争の八年間、身を寄せる所がなかったため、私は小学校を六カ所も転々としました。小学六年生の時、私たちは再び江陰に戻り、実験小学校に入りました。ちょうど学校の運動場の壁《かべ》を隔《へだ》てて日本憲兵隊《けんぺいたい》の駐屯地《ちゅうとんち》があったため、私たちはよく、罪《つみ》のない庶民《しょみん》が拷問《ごうもん》される悲鳴《ひめい》を耳にしていました。日本憲兵隊は、しばしば夜間に家々に押《お》しかけては、戸籍調査《こせきちょうさ》をしていました。夜、寝ようとする時、遠くに犬《いぬ》の吠《ほ》える声や重々《おもおも》しい足音が聞こえ、日本兵がやってきたことがわかると、大急ぎで灯火《あかり》を吹き消し、息をこらし、声をひそめるのです。この八年間、物質面と精神面にわたって深刻《しんこく》な苦難《くなん》を味わいました。今でも、夜、悪夢《あくむ》にうなされるときに遭遇《そうぐう》するのは、やはり日本兵です。この時の受難《じゅなん》の印象《いんしょう》は、あまりにも強烈《きょうれつ》だったのです。

これまで私は、この話を日本の友人にしたことはありません。もし池田先生が私にこのような経歴《けいれき》について質問されなかったら、語ることはなかったでしょう。なぜなら、私は中日両国の庶民は皆、戦争の苦難に遭《あ》い、先生のお兄さまのように、日本の青年も戦争の犠牲《ぎせい》となり、多くの日本の家庭も一家離散《いっかりさん》の憂《う》き目《め》にあったと考えるからです。

一九八〇年、私が初めて日本を訪れた時、多くの日本の友好的な学者が私に「日本の中国侵略《しんりゃく》戦争によって中国人民《じんみん》に苦難をもたらしてしまった」と謝《あやま》りましたが、私は彼らにこう言いました。「わびる必要はありません。あなた方も、われわれと同じように、多大《ただい》な苦難に見舞《みま》われたわけですから。謝るべきなのは、日本政府であり、一部の政治家であり、侵略者《しんりゃくしゃ》です」

実際、中国の庶民は非常に寛容《かんよう》です。現実を正しく見つめ、歴史を鑑《かがみ》とし、悲劇の歴史を二度と繰《く》り返《かえ》さないことを約束《やくそく》すれば、平和という目的に到達《とうたつ》できるのです。先生も同じお考えだと、私は思います。

子ども時代に戦争の苦難を経験したことで、私はとりわけ平和を大切に感じています。私も先生と同じように、二〇〇一年の「九・一一」同時多発《どうじたはつ》テロ事件に、大きな衝撃《しょうげき》を受けました。また中東紛争《ちゅうとうふんそう》、民族紛争に心が痛《いた》みます。人類はなぜ互《たが》いに殺戮《さつりく》し合うのでしょうか。なんとも不可解《ふかかい》なことです。私たちは世界平和のために努力しなければなりません。

中日両国は一衣帯水《いちいたいすい》の隣国《りんごく》であり、歴史上多くの友好往来《ゆうこうおうらい》がありました。日本の中国侵略戦争は、その長い交流の歴史から見れば、ほんの短い一時期《いちじき》にすぎません。私たちは両国の長い友誼《ゆうぎ》を大切にし、その不愉快《ふゆかい》な一時期の事件のことは忘れ、中日の友誼を世代《せだい》を超《こ》えて受け継いでいかなくてはなりません。そのためにも、私たちは歴史を正視《せいし》し、鑑としていくよう、真剣に次世代を教育していく必要があります。

教育とは、未来の社会を担《にな》う人材を育成することです。若い世代が平和の意義《いぎ》を理解し、両国の人民同士《じんみんどうし》の友好の重要性を認識《にんしき》せずして、万代《ばんだい》にわたる友誼は保障《ほしょう》できないと思います。

池田　重要な歴史の証言《しょうげん》を初めてお話しくださり、心から感謝《かんしゃ》申し上げます。

貴国《きこく》に対して、かつての日本がいかに非道《ひどう》を重《かさ》ねてしまったか。そして、顧先生をはじめ、中国人民のあまりにも寛大《かんだい》な心ありて、今日《こんにち》の両国の友好の道があることを、われわれ日本人は断《だん》じて忘《わす》れてはなりません。

戦争への怒《いか》り、そして平和への願《ねが》い——これは万国《ばんこく》共通です。この民衆の心と心を深く強く結《むす》び合わせていくことこそ、世界不戦《ふせん》、そして恒久平和《こうきゅうへいわ》への王道《おうどう》でありましょう。

そのために、対話を！　交流を！　一段《いちだん》とたゆみなく積み重ね、広げていきたいと、私は心に期《き》しております。

4　希望の源泉——若き日の読書

「過去の偉人との対話」が「暗夜の灯台」に

池田　一九四五年八月、私が十七歳《さい》の時に日本は敗戦《はいせん》しました。文字どおり、荒廃《こうはい》と大混乱《だいこんらん》の時代でした。「国破《やぶ》れて山河在《あ》り　城春《はる》にして草木深《ふか》し」——真夏の炎天下《えんてんか》にありながら、有名な詩《し》聖《せい》・杜甫《とほ》の「春望《しゅんぼう》」の一節《いっせつ》が、熱く胸に迫《せま》ったことを思い起こします。

最も多感《たかん》な十代の日々を激動《げきどう》のなかで過ごした私にとって、青春の希望となり、勇気の源泉《げんせん》となったのが数々の書物でありました。少しずつお金を貯《た》めては、東京・神田《かんだ》の古本屋街《ふるほんやがい》へ飛んで行き、望みの本を手に入れ、貪《むさぼ》るように読みました。歴史の偉人《いじん》との心の対話が、暗夜《あんや》の灯台《とうだい》となりました。

若き日に、顧先生も同じような心情《しんじょう》をおもちだったのではないでしょうか。

顧先生は、学生時代、クラスメートと文芸団体を立ち上げられ、「今、人民《じんみん》たちは黎明《れいめい》前の暗《あん》黒《こく》の世界にいるが、曙《あけぼの》の光は必ず現れる」との確信《かくしん》を込めて、雑誌『曙光《しょこう》』を創刊《そうかん》されたと、うかがいました。大碩学《だいせきがく》の顧先生には及びませんが、私もまた、近《ちか》しい友と自主的《じしゅてき》な読書グループをつくり、さまざまな読後感《どくごかん》を語り合ったことも懐《なつ》かしい思い出です。ルソーの教育小説『エミール』や、ゲーテ、シラー、バイロンなどの世界文学は何度《なんど》も読み返し、その感動《かんどう》をノートに書き記《しる》したものです。[23]

もちろん、折々《おりおり》に中国の古典《こてん》も愛読《あいどく》しました。『三国志《さんごくし》』(正史《せいし》や『三国志演義《えんぎ》』、また、それらに基づく歴史小説)は、幅広《はばひろ》く日本人の間で親《した》しまれています。貴国《きこく》の文化部や国家文物《ぶんぶつ》局をはじめ各界《かっかい》のご協力をいただいた「大三国志展」(東京富士美術館企画)も、日本の各地で大きな反《はん》響《きょう》を呼び、中国関係の展示会として史上最多《しじょうさいた》となる百万人を超《こ》す人々が鑑賞《かんしょう》しました。

魯迅《ろじん》先生[24]の作品も、よく読みました。私が三十二歳の時の日記には、こう書きとめています。創価学会《そうかがっかい》の第三代会長に就任《しゅうにん》する三カ月前のことでした。

「『魯迅評論集』を開く。
『路《みち》とは何か。それは路のなかったところに踏み作られたものだ。荊棘《いばら》ばかりのところに開拓《かいたく》してできたものだ。むかしから、路はあった。将来も、永久にあるだろう』」（一九六〇年一月四日付）

「生命の路」と題《だい》されたエッセーの有名な一節です。

民衆の勝利と幸福の新《あら》たな大道《だいどう》を、断《だん》じて開拓するのだ――この心意気《こころいき》で〝青年会長〟として平和・文化運動に邁進《まいしん》した日々が、文豪《ぶんごう》の叫びとともに鮮《あざ》やかに蘇《よみがえ》ります。この信念《しんねん》は、今でもまったく変わっておりません。

その後、縁《えん》あって、上海《シャンハイ》の魯迅記念館そして北京《ペキン》の魯迅博物館とも交流を結ばせていただき、魯迅先生のご子息《しそく》の周海嬰《しゅうかいえい》先生[25]とは二度、お会いしました。周海嬰先生は、二〇〇四年には創価学園も訪問してくださり、「未来は皆さんによってつくられます」と、心からの期待を寄せてくださいました。[26]そして翌年度より、毎年の卒業生の代表に「魯迅青少年文学賞」を贈《おく》ってくださっており、生徒たちの向学《こうがく》の大きな励《はげ》みとなっています。

顧先生は、若き教師の時代、ゴーリキー、ドストエフスキー等のロシア文学を耽読《たんどく》されたと、うかがいました。[27]私もまた、民衆の大地に根《ね》を下《お》ろし、人間性《にんげんせい》を深《ふか》く掘《ほ》り下げたロシア文学を夢中になって読んだ感動を忘れることができません。とくに、終戦直後に読んだゴーリキーの『どん底』の「〝チェロヴェーク（人間）〟。なんと誇《ほこ》らしく響《ひび》くことだろう[28]」との一節には、閃光《せんこう》にも似た鮮烈《せんれつ》な感動が五体《ごたい》を貫《つらぬ》きました。

この点については、一九七五年、モスクワ大学で「東西文化交流の新しい道」と題して講演《こうえん》したときにも論及《ろんきゅう》しました。民衆の不屈《ふくつ》の意志《いし》に光を当てたロシア文学の人間観《にんげんかん》は、私ども創価《そうか》の民衆運動の理念《りねん》とも軌《き》を一《いつ》にするものであると訴《うった》えたのです。

ともあれ読書は、人生における最大の宝《たから》の一つです。人間らしい人間を創《つく》りゆく、欠《か》かすことのできない要素《ようそ》であります。顧先生が忘れることのできない青春の一書《いっしょ》を、ぜひ教えてください。また、読書の重要性についてや、読書の際に心がけていることがありましたら、お聞かせいただけないでしょうか。

若き日、書物は容易《ようい》に入手《にゅうしゅ》できたのでしょうか。どのようなご苦労をなさって、読書に励まれたのでしょうか。魯迅先生の著作《ちょさく》をめぐる思い出などもお聞かせください。

「民主の曙光」を求めて学ぶ

顧　幼《おさな》いころ、私は読書が大好きでした。小学五年生の時、中国の四大名著《めいちょ》の一つに挙《あ》げられている『三国志演義《えんぎ》』(29)を読みました。知らない文字もたくさんありましたが、そのまま読破《どくは》しました。最も印象《いんしょう》深かったのは、「劉備《りゅうび》、関羽《かんう》、張飛《ちょうひ》の桃園《とうえん》の誓《ちか》い」「三顧《さんこ》の礼《れい》」「趙雲子龍《ちょううんしりゅう》が長坂坡《ちょうはんは》で子を救う」などのくだりでした。しかし、物語の面白い筋《すじ》書《が》きだけに注目し、この本を歴史的な角度から理解してはいませんでした。ただ、登場する英雄《えいゆう》は素晴《すば》らしく義《ぎ》に富《と》んでいると感じ入ったものです。

中国の儒家思想《じゅかしそう》の核心《かくしん》である「礼《れい》」と「義《ぎ》」が、この小説全体に貫《つらぬ》かれています。『三国志演義』は完全に儒家の正統《せいとう》な思想に基づいて編《あ》まれており、中国人の思想への影響《えいきょう》は大きいものがあります。孔子《こうし》は中国では聖人《せいじん》と奉《たてまつ》られ、関羽は武聖《ぶせい》とあがめられています。全国各地に関帝廟《かんていびょう》があることも、関羽の義侠心《ぎきょうしん》が中国に大きな影響を及ぼしたことを物語っています。

中学に入ると、魯迅の『狂人日記《きょうじんにっき》』『阿Q正伝《あキューせいでん》』、巴金《ぱきん》の「激流《げきりゅう》三部曲」――『家』『春』『秋』、老舎《ろうしゃ》の『駱駝祥子《らくだシアンツ》』などの現代小説を読むようになりました。[30]私は青年時代、進歩を追求し、国を憂《うれ》い、人民《じんみん》を憂いていましたから、進歩的な作家の作品を読むのが好きでした。

抗日戦争《こうにちせんそう》に勝利した後、民主運動《みんしゅうんどう》の息吹《いぶき》が高まり、私たちもその思想に影響を受けて、積極的に民主運動に参加しました。数人の仲間で、言論活動するためのグループを立ち上げました。当時、国民党《こくみんとう》支配の暗黒《あんこく》を感じており、一日も早く光明《こうみょう》が訪《おとず》れることを渇望《かつぼう》していたので、「曙光《しょこう》文芸社」と命名《めいめい》しました。初めは、ドーリング紙に書いた壁新聞《かべしんぶん》だけでしたが、デザインは意匠《いしょう》をこらしたもので、文章あり、挿絵《さしえ》ありと、盛《も》りだくさんの内容でした。翌年からは謄写版《とうしゃばん》印刷の刊行物となり、その後は、活字《かつじ》印刷による本格的な雑誌を発行するようになりました。「曙光文芸社」の立ち上げには、とくに政治的な後ろ盾《うしだて》があったわけではありませんでした。ただ文芸作品を発表するためだけのものでしたが、当然ながら、私たちは進歩的な運動に傾倒《けいとう》しており、民主の曙光を待ちわびていました。

当時、私たちは、冬休みや夏休みに読書会を開きました。一九四七年の夏休みには、上海や南《ナン》京《キン》で大学に通う先輩《せんぱい》たちが帰省《きせい》してきて、私たちと一緒に中山《ちゅうざん》公園で「夏休み図書館」を開いたことを覚《おぼ》えています。先輩たちは市民《しみん》にも閲覧《えつらん》してもらおうと、所有《しょゆう》する図書を持ってきては置いていくのです。

私は初めて、ソ連のオストロフスキーの作品『鋼鉄《こうてつ》はいかに鍛《きた》えられたか』を読み、そこに描《えが》かれている革命《かくめい》の情熱《じょうねつ》に、たちまち魅了《みりょう》されてしまいました。とくに彼は、最後の話のなかで、こうつづっています。「人間にあって最も貴重《きちょう》なもの――それは生命である。それは人間に一度だけあたえられる。あてもなくすぎた年月《としつき》だったと胸をいためることのないように、いやしい、そしてくだらない過去だったという恥《はじ》に身をやくことのないように、この生命を生きぬかなければならない。死にのぞんで、全生涯《ぜんしょうがい》が、そしてすべての力が世界で最も美しいこと――すなわち人類《じんるい》の解放《かいほう》のためのたたかいにささげられたと言いうるように生きなければならない」[31]

このような豪胆《ごうたん》な気概《きがい》に深く影響を受け、私もこのような人物になろうと決意しました。

本のなかの主人公の名はパフカ・コルチャーギン（保爾・柯察金）だったので、私もそこから「柯金（コルギン）」という二文字を取ってペンネームにしました。ここからも、当時どれほど強く影響を受けていたかがわかると思います。

全人類の解放とは、孫文《そんぶん》先生が唱《とな》えられた「世界大同《せかいだいどう》」のことです。(32) それは、全人類がおなかを満《み》たし、衣服《いふく》を身にまとい、幸せな生活が送れるようにすることです。今日《こんにち》でいうと、そのためにはまず世界平和を実現しなければなりません。平和な社会があって、はじめて幸福な生活を送ることができるのです。したがって、平和を追求することも、私が生涯にわたって努力し続ける方向性なのです。

私の体験からも、読書は人間の成長にとって重要であると感じています。

情熱の教育者・魯迅

顧　「文化大革命《ぶんかだいかくめい》」の最中《さなか》、私は何もすることがなかったので、何か読書でもしようと思いました。当時は、あらゆる本が「毒草《どくそう》」とみなされ、唯一《ゆいいつ》、魯迅の本だけが最も革命的なものとされていました。そこで、『魯迅全集』を読み始めたところ、読めば読むほど興味《きょうみ》がわいてきました。とくに苦境《くきょう》に置かれているときに魯迅の本を読むと、味わい深いものがあります。
教師の〝職業病《しょくぎょうびょう》〟として、教育の観点《かんてん》から問題を見ていくのが常《つね》ですが、魯迅の作品では、時代の悪弊《あくへい》を戒《いまし》めるだけでなく、次世代《じせだい》の教育問題にも強い関心《かんしん》が寄《よ》せられていることを発見しました。じつはそれは自然なことで、社会に関心を寄せる人は皆《みな》、教育問題にも関心を寄せるもの

1932年11月、北京師範大学の広場で講演する魯迅。日本による侵略は激しく、前年には「満洲事変」があり、この年3月には「満洲国の建国宣言」がなされていた　©シーピーシー・フォト

なのです。それは、青年は社会の先駆《さきが》けの存在《そんざい》であり、民族の未来でもあるからです。

魯迅の作品のなかで、教育についてふれられているところも多く、たとえば「われわれは、いかにして父親となるか」「われわれは、どのように児童を教育するか」「子どもの写真のこと」などは、もっぱら教育問題について論《ろん》じられています。魯迅の教育思想は一貫《いっかん》しており、先進的《せんしんてき》なもので、なかには鋭《するど》い指摘《してき》があります。そこで、魯迅教育思想研究をやってみようという考えが芽生《めば》えたのです。とくに私は魯迅の親戚《しんせき》でもあり（顧明遠氏の夫人である周蕖《しゅうきょ》氏は魯迅の姪《めい》にあたる）、魯迅の教育思想をまとめる責任があるようにも思えました。

かつて魯迅は文学者とみなされ、「文革《ぶんかく》」

中は革命家と奉《たてまつ》られてきましたが、じつは魯迅は教育家だと思います。魯迅の最初の職業は浙江《せっこう》両級《りょうきゅう》（優《ゆう》級・初《しょ》級）師範学堂《しはんがくどう》の教師で、その後、教育部の僉事《せんじ》（中央各部局の下にある事務官のこと）を務《つと》め、北京大学、北京師範大学、北京女子高等師範、厦門《アモイ》大学、中山大学などでも教授を務めました。十七年にもわたって教育事業に携《たずさ》わってきましたから、まぎれもない教育家といえるでしょう。

文革以後、魯迅教育思想について著《あらわ》したいという願望《がんぼう》は、ますます高まっていきました。たまたま、当時、同じく魯迅教育思想研究に取り組んでいた杭州《こうしゅう》大学教育学部の金鏘《きんしょう》氏、そして魯迅の初期の学生であり、当時、杭州学軍中学校校長であった兪芳《ゆほう》氏とともに共同研究することになりました。おおまかに各自の役割を分担しました。私は、魯迅が教育事業に携わった事跡《じせき》を収集し、その教育思想を整理することになりました。二人には魯迅の当時の教え子を訪《たず》ねて、回想録《かいそうろく》を書いてもらうことにしました。そして、人民教育出版社から『魯迅―その教育思想と実践《じっせん》』というタイトルで、折《おり》よく一九八一年の魯迅生誕《せいたん》百年に合わせて上梓《じょうし》することができました。

魯迅先生は、日本の友人にとってはなじみ深い中国の作家の一人です。魯迅は若いころ、日本に留学《りゅうがく》したことがあり、彼が書いた「藤野《ふじの》先生」の一文《いちぶん》には、深く心打たれます。この作品によって、中日友好《ちゅうにちゆうこう》という大樹《たいじゅ》の種子《しゅし》が植《う》えられ、今や、その種子はすでに大樹に育ちました。この大樹が永久に枯《か》れないでほしいと心から願っています。

池田先生は魯迅先生について、どのような感想《かんそう》をおもちでしょうか。

池田　私も、顧先生のご著作《ちょさく》の日本語版『魯迅―その教育思想と実践』（同時代社）を、感銘《かんめい》深く学ばせていただいた一人です。

魯迅文学については、これまでにも機会《きかい》を見つけて読後感《どくごかん》を発表してきました。また、私の愛する創価大学生、創価女子短大生、創価学園生、アメリカ創価大学生はじめ青年たちに、魯迅先生の思想、人物像《じんぶつぞう》を繰《く》り返《かえ》し語ってきました。その一つの集大成《しゅうたいせい》として、二〇〇五年には創価大学の卒業式に際し、「革命作家・魯迅先生を語る」と題した特別文化講座《とくべつぶんかこうざ》を、顧先生の研究に学びながら進めさせていただきました。

顧先生が鋭《するど》く指摘《してき》されたように、魯迅先生は教育者としても、不滅《ふめつ》の業績《ぎょうせき》を残しています。ご著書《ちょしょ》には、魯迅先生が大病《たいびょう》をかかえながらも遠方《えんぽう》の大学に赴《おもむ》き、講義《こうぎ》を続ける姿《すがた》や、学生の要望《ようぼう》に応《こた》えて真心《まごころ》から助力《じょりょく》を与え、励《はげ》ましている様子などが、胸《むね》に迫《せま》る筆致《ひっち》で描《えが》かれています。魯迅先生の周《まわ》りには、その人格《じんかく》を慕《した》い、ひっきりなしに学生が集まってきたといいます。

魯迅先生は、青年を信《しん》じ、青年を愛《あい》し、そして青年を励ます教育者でした。形式主義《けいしきしゅぎ》でも権威《けんい》主義でもない。たとえ自《みずか》らの身を痛《いた》めようとも、青年に何かを贈《おく》る。新しいもの、深いもの、価《か》値《ち》あるものを贈る。未来を生きる青年のために、すべてを捧《ささ》げ抜《ぬ》く。ここに真の教育者の姿があります。

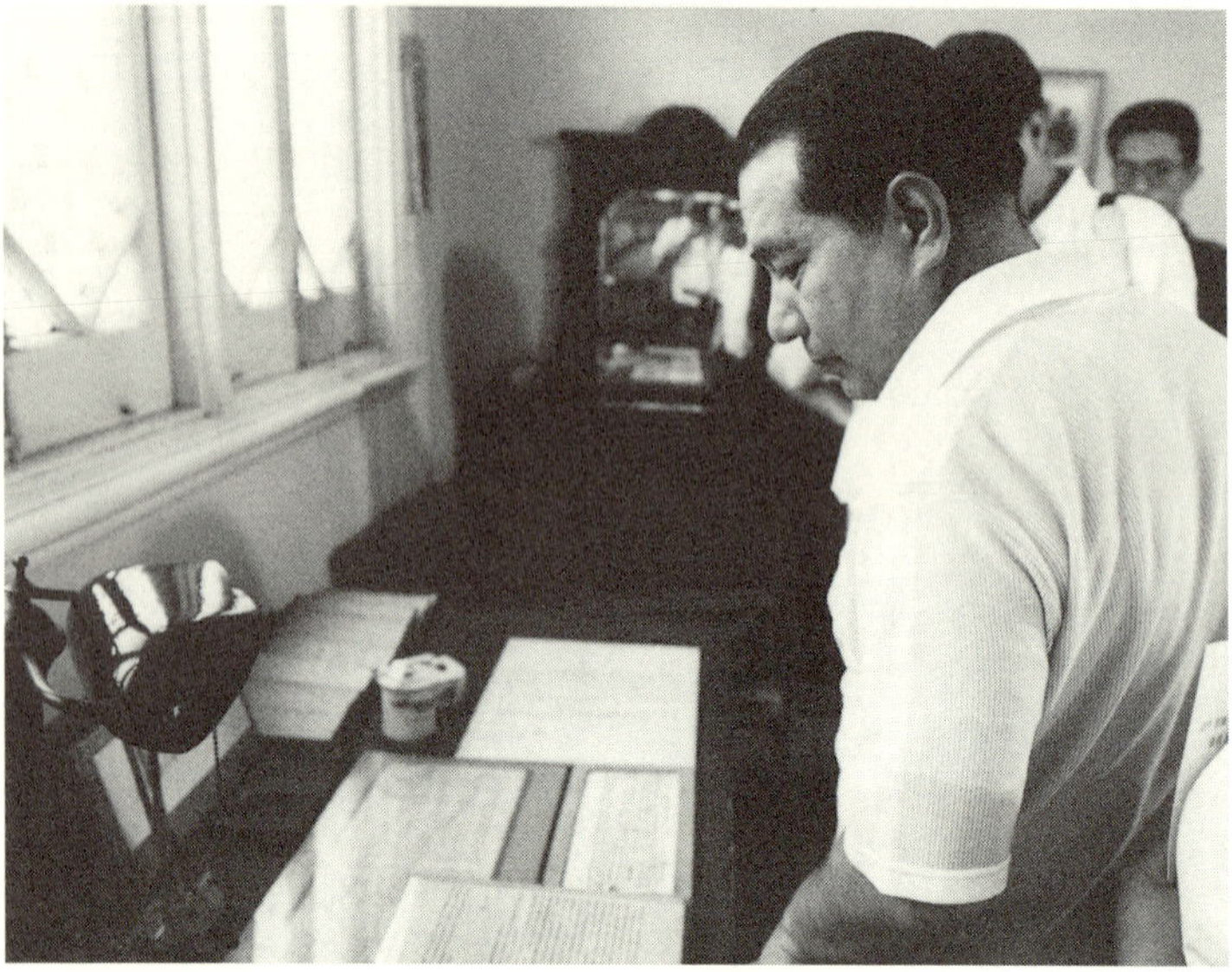

上海の「魯迅故居」を訪れた池田名誉会長（1974年6月10日）。魯迅は生涯の最後の日々をここで過ごし、戦いのペンを執り続けた

なかでも、顧先生が言及《げんきゅう》された藤野先生との師弟《してい》のエピソードは、人間教育の上からも不滅《ふめつ》の光彩《こうさい》を放《はな》っています。日本の仙台《せんだい》医学専門学校（現・東北大学医学部）に留学した若き魯迅青年を、解剖《かいぼう》学《がく》の教師・藤野厳九郎《げんくろう》先生[33]は、講義ノートの添削《てんさく》などを通して、厳《きび》しくも温《あたた》かく指導していきました。なんとしても大成《たいせい》させたいとの思いは、魯迅青年にまっすぐに伝わりました。中国人民《じんみん》に尽《つ》くすために学校を辞《や》め、帰国する魯迅青年に藤野先生が贈った「惜別《せきべつ》」との文字が記《しる》された自身の写真は、その後もつねに魯迅先生の机のそばに掛《か》けられ、良心と勇気を呼《よ》び起《お》こす源泉《げんせん》となっていったことは有名です。創価大学でも、貴国《きこく》をはじめ

各国から多くの留学生を迎えています。私は留学生たちに、この藤野先生と魯迅青年に通ずるような心の出会いを刻《きざ》んでいただきたいと願ってきました。

魯迅先生が講義のなかで、青年たちに「勇敢《ゆうかん》であれ！　前進《ぜんしん》せよ！　おそれるな！」と強く訴《うった》えていたことを、顧先生はご著書に記されています。正邪《せいじゃ》を峻別《しゅんべつ》し、悪と戦う心、勇気の心を、魯迅先生は青年に伝え残しました。私は魯迅先生の勇気と慈愛《じあい》に最も深く心を打たれます。

牧口《まきぐち》初代会長は、魯迅青年より十歳年長《ねんちょう》でした。牧口先生は若き日に、魯迅青年も学んだ中国人留学生のための弘文学院《こうぶんがくいん》(34)で地理学を講義しておりました。当時、浙江《せっこう》省からの留学生が出していた月刊誌『浙江潮《せっこうちょう》』には、魯迅先生の文章と同時に、牧口先生の『人生地理学』の中国語訳（抄訳《しょうやく》）が掲載《けいさい》されております。一九〇七年発刊のこの『人生地理学』中国語版が、北京師範大学の図書館にも大切に所蔵《しょぞう》されていることをうかがい、大変にうれしく思っております。

牧口先生もまた卓越《たくえつ》した教育者でありました。「悪人《あくにん》の敵《てき》になりうる勇者《ゆうしゃ》でなければ善人《ぜんにん》の友《とも》となりえぬ。教育者はあくまで善悪《ぜんあく》の判断者《はんだんしゃ》であり、その実行《じっこう》の勇者でなければならぬ(35)」と、よく語っておりました。

牧口先生は四十代から二十年近くにわたり、東京の六つの小学校の校長を歴任《れきにん》しました。(36)いずこにあっても、子どもの幸福を目指《めざ》す熱心な教育を実践《じっせん》していきました。国家権力《こっかけんりょく》におもねる時《じ》代風潮《だいふうちょう》のなかで、権威《けんい》を恐《おそ》れず信念《しんねん》を貫《つらぬ》く姿が有力者などの反感《はんかん》を買い、何度《なんど》となく左遷《させん》されました。

いつの時代においても、教育者には、善悪を明快《めいかい》に見抜《みぬ》き、悪は悪と言《い》い切《き》る勇気が必要です。その高潔《こうけつ》な人格《じんかく》こそが、未来を担《にな》う子どものみずみずしい心を耕《たがや》し、まっすぐに伸《の》ばすことができるのではないでしょうか。

5 忘れ得ぬ教師との出会い

子どもの未来を開く「教師の一言」

池田 さて、書物《しょもつ》とともに、何にも代《か》えがたい生涯《しょうがい》の宝《たから》として、若き日の良き教師との出会いがあります。

私の場合、とくに小学五、六年生の担任だった檜山浩平《ひやまこうへい》先生のことをよく覚《おぼ》えています。

ある日、檜山先生は世界地図を掲《かか》げ、クラスの皆《みな》に「どこに行きたいか」と聞かれました。私はアジア大陸の真ん中あたりを指しました。すると先生は「そうか！ 池田君、そこは敦煌《とんこう》といって、素晴《すば》らしい宝物《たからもの》があるところだぞ」と、うれしそうに応《こた》えてくれたのです。悠久《ゆうきゅう》なる中国、なかでも敦煌への憧《あこが》れが深く刻《きざ》まれた出来事《できごと》として、今でも忘れられません。

はるかなシルクロードを通って、インドの仏教は中国に伝来《でんらい》し、敦煌では四世紀より約千年にわたり、仏教文化が大きく開花《かいか》しました。さらに八世紀に、シルクロードの終着点といわれる日本の奈良《なら》では天平《てんぴょう》文化が栄《さか》えました。シルクロードの文化から大きく影響《えいきょう》を受けています。残念ながら、いまだ敦煌訪問《ほうもん》は叶《かな》っていませんが、創価学園の教員などの訪中団が訪《おとず》れております。

「敦煌の守《まも》り人《びと》」と讃《たた》えられた常書鴻《じょうしょこう》先生(37)とも対談集『敦煌の光彩《こうさい》』（徳間書店）を発刊できました。多くの方々と親交《しんこう》を結び、敦煌芸術の素晴らしさをうかがうことができました。一九八五年には、東京富士美術館で「中国敦煌展」も開催《かいさい》させていただいております。

ともあれ、〝人生《じんせい》の朝《あさ》〟ともいうべき子ども時代に「植《う》えられた種《たね》」「注《そそ》がれた光《ひかり》」は、人生そのものをも開き、照らします。とくに、教師の一言《ひとこと》が、子どもに希望を灯《とも》すことがあります。一つの振《ふ》る舞《ま》いが、子どもの無限《むげん》の可能性《かのうせい》を開きます。逆に、心ない言動《げんどう》が、あきらめや悲しみを与えてしまうこともある。

顧先生は「教師には愛情《あいじょう》がなければならない」と強く訴《うった》え、教師が権威《けんい》・権力《けんりょく》の上に安住《あんじゅう》することを厳《きび》しく戒《いまし》めてこられました。また長年、教師の質《しつ》の向上に魂《たましい》を注がれ、具体的《ぐたいてき》な改革《かいかく》を推《すい》進《しん》しておられます。

教育といっても、教師がすべての子どもに内在《ないざい》する可能性と創造性《そうぞうせい》を信じ、いかにかかわっていくかで、天地雲泥《てんちうんでい》の差《さ》が生《しょう》じるものです。愛情と信頼《しんらい》に満《み》ちたかかわりによってこそ、子どもたちははじめて自信をもつことができる。苦境《くきょう》に陥《おちい》っても、それを成長へのチャンスととらえ、前へ前へと進みゆくことができます。この伸《の》びゆく力は、すべての子ども自身《じしん》に備《そな》わっています。この力を引き出すために欠《か》かせないのが、良き教師の存在《そんざい》であるといえるでしょう。

「子ども」を、その幼《おさな》さや未熟《みじゅく》さゆえに軽《かろ》んじたり、見下《みくだ》してはなりません。子どもを侮《あなど》ることは、人間を侮ることになる。どこまでも一個の人格《じんかく》として尊敬《そんけい》していくことです。そして教師自身が、主役《しゅやく》である子どもと「一緒《いっしょ》に成長」し、「一緒に伸びる」ように心がけていくことが大切でありましょう。そのとき子どもは自身の偉大《いだい》な力に気づき、はつらつと成長するようになるのではないでしょうか。

教育とは、何より人間から人間へと伝達《でんたつ》していくものです。決して、制度《せいど》や教材《きょうざい》の良《よ》し悪《あ》しだけで成り立つものではありません。子どもにとって、最も影響力《えいきょうりょく》のある教育環境《きょういくかんきょう》が教師なのです。ゆえに、教師の成長こそが子どもに大いなる影響を与えると、私は一貫《いっかん》して主張《しゅちょう》してまいりました。教育革命は教員革命から始まります。

顧先生は、著書《ちょしょ》のなかで「私の過ごした中学校、高校時代は中国の暗黒時代《あんこくじだい》だった。しかし、私は幸運にも何人かの良い教師に恵《めぐ》まれた」と回顧《かいこ》されています。また、「私の成長は教師のおかげであり、私も同様《どうよう》に次《つぎ》の世代《せだい》を育てていきたい」と決意されたとうかがっております。(38)顧先生が敬愛《けいあい》する教師との出会いや、印象《いんしょう》に残る教師との思い出、さらには教師と子どものあり方、教師の役割《やくわり》について、お考えをお聞かせください。

「設備」「カリキュラム」以上に重要な「教師」

顧　私は戦乱《せんらん》のなかで少年時代を過ごしましたので、池田先生が言われたとおり、小学校六年間で六回も転校《てんこう》しました。そのため残念ながら、小学校の教師については、あまり印象に残っていません。

中学の時にはすでに戦争末期《まつき》で、陥落《かんらく》区は比較的平穏《へいおん》になっており、私は南菁《なんせい》中学——その時は汪兆銘《おうちょうめい》政権(39)によって江蘇省立第九中学と改《あらた》められていましたが——に入学しました。そこはすでに日本軍の爆撃《ばくげき》で崩壊《ほうかい》していましたが、私たちの先生は無事《ぶじ》でした。幸《さいわ》いにも、その学校には数名の優秀《ゆうしゅう》な教師がおり、私の青少年時代を充実《じゅうじつ》したものにしてくれました。

最も印象深かった先生は、中学一年生の算術《さんじゅつ》科の章臣順《しょうしんじゅん》先生で、彼女は四則演算《しそくえんざん》をよく図解《ずかい》で示してくれました。たとえば、時速《じそく》が違う二台の車が競争するとき、ある距離《きょり》のなかで、どのタイミングで出合うのか、などといった問題を、図で黒板に描《えが》いてくれました。とてもわかりやすかったことを覚《おぼ》えています。

もう一人は、中学三年の時の平面幾何《へいめんきか》を担当された胡静蓮《こせいれん》先生です。当時はまだ二十歳《さい》を越えたぐらいでしたが、肺結核《はいけつかく》を患《わずら》っていました。しかし、授業のときはいつも元気に振《ふ》る舞《ま》い、とても病気をかかえた人のようには見えませんでした。幾何を教えるときは、図を描いてくれるのですが、胡先生が描く図形は正確《せいかく》で美《うつく》しく、芸術性に富《と》んでいました。

胡先生は試験のとき、通常の出題のほかに、難題《なんだい》を加えました。それは解《と》いても解かなくてもよく、満点の百点には含《ふく》まれないというものでした。もし正解であれば、点数を上乗《うわの》せし、また、最初に試験の回答を提出した学生にも点数のおまけがありました。このような方法で数学の学習を督励《とくれい》したのです。私は数学の授業が大好きで、よく難題を解いたり、最初に回答を提出したので、数学の成績《せいせき》はいつも百点を上回《うわまわ》っていました。

残念なことに、抗日戦争《こうにちせんそう》に勝利した年、胡先生は肺結核で帰《かえ》らぬ人となってしまいました。このとき、私たちは初めて、胡先生は病身《びょうしん》を押《お》して私たちのために授業をしてくれていたことを知ったのです。出棺《しゅっかん》の日、雨が降っていましたが、生徒たちは皆《みな》、見送りに行きました。

南菁中学での六年間（中学は日本の中学・高校に相当）を総括《そうかつ》するとき、もう一つ挙《あ》げられることは、がむしゃらに勉強することもなく、さまざまな活動に取り組み、生活が多彩《たさい》だったこと、今のように大学受験のストレスとは無縁《むえん》だったことです。

数学を学ぶときも、その知識を学ぶだけでなく、それを一つの芸術ととらえていました。立体《りったい》幾何を学ぶときには、誰《だれ》が図を一番美しく描けたかを競《きそ》ったり、誰の宿題ノートが一番整《ととの》っているかを競い合ったりしていました。中学二年の時、私が『芥子園画譜《かいしえんがふ》』(40)を入手《にゅうしゅ》してきて、皆でそれをまねて描き始めたこと、またクラスのなかに書道《しょどう》が好きな生徒がいて、皆で書道を練習し始めたことを覚えています。さらに、私たちはサッカーチームを結成《けっせい》したり、壁新聞《かべしんぶん》を張《は》り出したりもしました。

高校になると、先ほども述《の》べましたが「曙光《しょこう》文芸社」を立ち上げ、雑誌を発行し、国事《こくじ》にも関《かん》心《しん》を寄《よ》せました。多様《たよう》な活動は私たちを鍛《きた》え、全面的に成長させてくれました。このような南菁中学の伝統《でんとう》は、今日《こんにち》、私たちが提唱《ていしょう》するものと符合《ふごう》しています。

私は池田先生がおっしゃる「〝人生の朝〟ともいうべき子ども時代に『植《う》えられた種《たね》』『注《そそ》がれた光《ひかり》』は、人生そのものを開く」という言葉に心から賛同《さんどう》します。

この言葉は、教師が児童《じどう》の成長のなかで果《は》たす重要な役割《やくわり》をうまく説明しています。私自身も深く実感《じっかん》していることですが、後《のち》に北京師範《しはん》大学を志願《しがん》し、教師になろうと決意したのは、中学・高校時代の先生方の私に対する教育と無関係《むかんけい》ではありません。私は先生方から大切にされながら成長していきました。ですから、教師になるには、まず愛の心がなくてはならないと思います。「愛情なくして教育なし」というのが、私の固《かた》い教育の信念《しんねん》です。教師の生徒への愛は、親子の血縁《けつえん》を超《こ》えて、民族への愛であり、人類《じんるい》の未来への愛の表現なのです。反対に、生徒の教師への愛は、教師から受けた厚恩《こうおん》をつねに心に銘記《めいき》することです。

中国には、「一日為師、終身為父」（一日師《し》たれば、終身《しゅうしん》父たり）という古い言葉がありますが、(41)教師を自分の父親のように尊敬《そんけい》しなければならないと思います。

子ども時代の経験から、私は教師の重要性を痛感《つうかん》しています。教師は生徒に知識を与えるだけでなく、より重要なことは、学生を人間として立派《りっぱ》にする教育を施《ほどこ》すことです。学校を運営《うんえい》するには必ず「校舎と設備」「カリキュラムと教材」「校長と教師」という三つの要素《ようそ》を備《そな》えなければなりませんが、そのなかで教師が最も重要だと私はつねづね語っています。

孔子《こうし》が学問を授《さず》けた時代、校舎も教科書もなかったわけですが、孔子は弟子たちを連れて各国を周遊《しゅうゆう》し、一生のうちで三千人、そのうち七十二人は賢人《けんじん》といわれる弟子を育てあげました。それは何によってでしょうか。すべて孔子自身の知識と知恵によってなのです。

西南聯合《せいなんれんごう》大学には私も九〇年代に見学《けんがく》に訪《おとず》れたことがありますが、かつて、抗日戦争《こうにちせんそう》期には、この大学の校舎設備は粗末《そまつ》なものでした。そこには数軒《すうけん》の古ぼけた平屋《ひらや》しかありませんでしたが、楊振寧《ようしんねい》などの多くの人材を輩出《はいしゅつ》しました。(42)それは何によってでしょうか。高い資質《ししつ》を備えた教師によってなされたのです。

わが南菁中学の校舎もみすぼらしい建物で、設備は言うに及びませんでしたが、多くの人材を世に送り出しました。当然ながら、今とは時代は違います。現在は、「校舎と設備」「カリキュラ

ム と教材」ばかりが強調《きょうちょう》されていますが、これらはすべて教師が把握《はあく》し、運用《うんよう》するものです。学校のなかでは、教師こそが最も重要で、代替《だいたい》不可能な資源《しげん》なのです。

話は変わりますが、ここで池田先生にお聞きしたいことがあります。日本の軍国主義《ぐんこくしゅぎ》の時代、教師は子どもたちをどのような思想で教育したのでしょうか。池田先生の青少年時代は、軍国主義の時代に過《す》ごされたのでしょうか。先生はその後、当時受けられた教育をどのようにして放棄《ほうき》され、平和教育の道を歩《あゆ》むようになられたのでしょうか。ご自身の教育についての「悟《さと》り」は、どのように修行《しゅぎょう》して得られたのでしょうか。池田先生のご体験は、間違《まちが》いなく皆に大きな啓発《けいはつ》を与えることと思います。

師の「十年の薫陶」を片時も忘れず

池田　軍国主義時代の日本は、国家のための自己犠牲《じこぎせい》を奨励《しょうれい》していた皇民化《こうみんか》教育が行われていました。当時は「進《すす》め一億火《いちおくひ》の玉《たま》だ」のスローガンが掲《かか》げられるほど、戦争一色《いっしょく》の時代でした。あらゆる価値観《かちかん》の中心が天皇《てんのう》にあり、国家にありました。私自身は一庶民《いちしょみん》の家庭に育ちましたが、戦争を賛美《さんび》する風潮《ふうちょう》に心から同調《どうちょう》していたわけではありません。前回も申し上げたように、敬愛《けいあい》する長兄《ちょうけい》も中国での日本軍の蛮行《ばんこう》について怒《いか》りを語っておりました。幸運なことに、よい教師にも恵《めぐ》まれたと思います。

しかし、当時の教育の影響《えいきょう》を受けたことは事実《じじつ》です。軍国主義教育の恐《おそ》ろしさは、少年期の純《じゅん》白《ぱく》な心のカンバスに、意図的《いとてき》な色を塗《ぬ》りつけることにあります。私自身も、一度は少年航空兵《こうくうへい》（予科練《よかれん》）を志《こころざ》し、青春の真《ま》っ盛《さか》りを迎《むか》える前に、この生命を戦場《せんじょう》に散《ち》らすことまで思いつめたことがあります。もちろん、心の底では戦争が早く終わることを願っておりました。

このときは親に黙《だま》って少年航空兵の志願書《しがんしょ》を出したのです。しかし、すぐに発覚《はっかく》し、後《あと》にも先《さき》にもないほどの勢《いきお》いで、父から叱《しか》られました。

すでに三人の兄を軍隊に取られ、まもなく一つ上の兄も出征《しゅっせい》することが決まっていました。父は、五人目の私までは「どんなことがあっても行かせない」と決めていました。当時は、しぶしぶあきらめましたが、今となれば父への感謝《かんしゃ》は尽《つ》きません。

その後、予科練に入隊していた先輩《せんぱい》を訪《たず》ねたとき、その先輩が「体の弱い君は絶対《ぜったい》に志願などやめたほうがいい。ここは、話で聞くようないいところじゃないぞ」と真剣《しんけん》に語ってくれたことも、心に刻《きざ》まれております。

また、「軍人《ぐんじん》に非《あら》ずんば、人《ひと》に非ず」という浅《あさ》ましい風潮の時代で、いばりくさった軍人の姿《すがた》に憤《いきどお》りを覚《おぼ》えることもありました。

さらに空襲《くうしゅう》で家を焼《や》かれ、出征した長兄の死を知ったときの母の慟哭《どうこく》を目の当《ま》たりにし、戦争の残酷《ざんこく》さ、悲惨《ひさん》さは骨身《ほねみ》にしみて味わいました。こうした原体験《げんたいけん》が、私が平和教育の道を歩《あゆ》むようになったきっかけであったことは疑《うたが》いようもありません。

また敗戦《はいせん》により、今までの価値観《かちかん》の一切《いっさい》が崩《くず》れ去《さ》ってしまいました。戦時下《せんじか》の恐怖《きょうふ》から解放《かいほう》されたものの、いったい自分たちはこれからどこへ向かえばいいのか、何を根本《こんぽん》に生きればよいのか——人々には、未来への不安《ふあん》と精神の渇《かわ》きがありました。私自身もその一人でした。

そのなかで、運命的《うんめいてき》な出会いがありました。

創価学会の第二代会長である戸田城聖《とだじょうせい》先生(43)との邂逅《かいこう》です。それは、一九四七年の八月十四日。戸田先生は四十七歳《さい》、私は十九歳の時でありました。まだ焼《や》け野原《のはら》の広がる東京の蒲田《かまた》で行われた創価学会の座談会《ざだんかい》に、友人に連れられ、初めて参加すると、そこに、当時は学会の理事長だった戸田先生が出席されていたのです。

初めての出会いでしたが、先生は微笑《ほほえ》みながら「池田君は、いくつになったね?」と旧知《きゅうち》の友《とも》のように包《つつ》み込《こ》んでくれました。戸田先生の温《あたた》かな人柄《ひとがら》にふれ、私は「正しい人生とは?」等と、それまで思索《しさく》を重《かさ》ねてきた問《と》いを率直《そっちょく》にぶつけました。すると先生は、誠実《せいじつ》に、力強く、明快《めいかい》に答えてくださったのです。

いささかの気どりも、青年を見下《みくだ》すそぶりもなかった。ありのままの人間性《にんげんせい》そのもののの振《ふ》る舞《ま》いでした。そこに私は、稀有《けう》の人格《じんかく》を感じました。終戦後の急激《きゅうげき》な変化のなかで、確《たし》かなる指標《しひょう》を渇望《かつぼう》していた私は、ここに一筋《ひとすじ》の光《ひかり》——今からいえば、「永遠不滅《えいえんふめつ》の光」を見いだしたのです。

それから、戸田先生が戦時中、軍部《ぐんぶ》政府に抗《こう》して検挙《けんきょ》され、じつに二年間も投獄《とうごく》されながら、不撓不屈《ふとうふくつ》で信念《しんねん》を貫《つらぬ》いた人物《じんぶつ》であることを知りました。当時、私は宗教に対しては懐疑的《かいぎてき》でした。しかし、軍国主義と敢然《かんぜん》と戦い、投獄された――これは、私にとって決定的《けっていてき》な事実《じじつ》でした。「この人なら信用《しんよう》できる」と確信《かくしん》を深《ふか》め、師弟《してい》の道、信仰の道へと踏み出すことを決心したのです。

戸田先生の獄中闘争《ごくちゅうとうそう》は、師《し》である牧口先生に続いたものでした。一九四三年の七月六日、軍国主義に反対していた牧口先生は、弘教《ぐきょう》のために訪《おとず》れた静岡の伊豆《いず》・下田《しもだ》で、戸田先生は東京・白金台《しろかねだい》の自宅で、「治安維持法違反《ちあんいじほういはん》」および「不敬罪《ふけいざい》」の容疑《ようぎ》で不当《ふとう》に逮捕《たいほ》されました。牧口先生はこの時、七十二歳。独房《どくぼう》での苛烈《かれつ》な日々が始まりました。一連《いちれん》の弾圧《だんあつ》で、他に二十人近い幹部《かんぶ》が捕《と》らえられましたが、厳《きび》しい取《と》り調《しら》べを受けて、多くが心を翻《ひるがえ》しました。学会は壊滅《かいめつ》状態となり、残った弟子《でし》は戸田先生ただ一人だったのです。

牧口先生は、畳《たたみ》一枚、あとは板間《いたま》の、わずか三畳《じょう》の暗《くら》い独房《どくぼう》の中で、仏法《ぶっぽう》の経典《きょうてん》たる日蓮大聖人《にちれんだいしょうにん》の御書《ごしょ》を拝《はい》し、信仰を貫かれました。取り調べにおいても、平和と正義の信念を堂々と語り抜いていったのです。その一端《いったん》は調書《ちょうしょ》として残っております。(44) そして翌年(一九四四年)の十一月十八日、獄中で七十三歳の崇高《すうこう》なる生涯《しょうがい》を閉《と》じたのです。本年(二〇〇九年)で、殉教《じゅんきょう》から六十五年となります。

弟子である戸田先生は一九四五年七月三日に、生きて出獄《しゅつごく》し、敗戦の焼け野原に一人立ちました。そして、師の遺志《いし》を受《う》け継《つ》いで、まったくゼロから創価学会の再建《さいけん》を開始したのです。

当時の日本軍が、文化《ぶんか》伝来《でんらい》の大恩《たいおん》ある貴国《きこく》をはじめとするアジアの国々を侵略《しんりゃく》し、蹂躙《じゅうりん》した蛮行《ばんこう》は断《だん》じて忘れてはなりません。その歴史を戒《いまし》めとして、平和な未来のために、友好《ゆうこう》の道をさらに広げていかねばならない。それが、この先師《せんし》、恩師《おんし》の後に続く私の一貫《いっかん》した信念です。

戸田先生との出会いから一年数カ月後、私は師の経営する出版社で働くことになりました。そこで少年雑誌『冒険《ぼうけん》少年』ならびに同誌を改題した『少年日本』の編集長も務《つと》めました。少年時代から、新聞記者になりたいと思っていた私でしたので、全力で取り組みました。編集者として、多くの高名《こうめい》な作家に会えたことも大きな喜びでした。しかし、日本経済の混乱《こんらん》のあおりを受け、雑誌は休刊《きゅうかん》。師は金融《きんゆう》に活路《かつろ》を求めますが、やがて苦境《くきょう》に陥《おちい》りました。事業が深刻化《しんこくか》しゆく一九五〇年の正月、恩師は私に言われました。「夜学《やがく》のほうも断念《だんねん》してもらえぬか」と。師弟の道に生き切ることを決めていた私は即座《そくざ》に応諾《おうだく》しました。夜間の学校の大世学院《たいせいがくいん》（現・東京富士大学短期大学部）を休学《きゅうがく》し、恩師の事業再建に東奔西走《とうほんせいそう》する日々に突入《とつにゅう》しました。

多くの人が大恩ある師を罵《ののし》り、去《さ》っていくなか、私はただ一人お仕《つか》えし、奮闘《ふんとう》しました。最終的に、事業はもちろん、一九五一年五月には戸田先生が創価学会の第二代会長に就任されるにいたり、あらゆる面で師の勝利の道を開くことができたのが、私の人生《じんせい》の誇《ほこ》りです。その代《か》わりに戸田先生は、当初《とうしょ》は日曜日ごと、やがては毎朝、始業前の時間を使い、私に個人教授《こじんきょうじゅ》をしてくださったのです。事業の悪戦苦闘《あくせんくとう》の渦中《かちゅう》、生命を削《けず》るような烈々《れつれつ》たる気迫《きはく》で講義に臨《のぞ》まれ、仏法《ぶっぽう》の精髄《せいずい》はもとより、経済、法学、化学、天文、歴史、漢文、政治学にいたるまで、万般《ばんぱん》の学問を打ち込んでくれました。私は、恩師への感謝《かんしゃ》を込《こ》めて、この一対一の個人教授を「戸田大学《とだだいがく》」と呼ばせていただいております。

戸田先生は、とりわけ対話《たいわ》を重《おも》んじ、弟子の蒙《もう》を啓《ひら》く数々の問《と》いを発《はっ》しながら、授業を進められました。ある日の漢文の講義の折《おり》、戸田先生が私に聞かれたことがあります。

「人類の教師の一人である孔子の弟子のなかで、大作、君は誰が一番好きか？」

間髪《かんはつ》を容《い》れず、私はお答えしました。

「顔回《がんかい》です！」——

顔回は孔子より三十歳若い。戸田先生と私の年齢差《ねんれいさ》とほぼ同じでした。「孔門《こうもん》第一の賢者《けんじゃ》」であり、迫害《はくがい》に屈《くっ》せず師弟の道に徹《てっ》した顔回の名に、私の思いを託《たく》したのです。

顔回は、師をこう讃嘆《さんたん》しています。(45)いわく、「これを仰《あお》げば弥々《いよいよ》高く」と。師は仰げば仰ぐほど高いとは、偽《いつわ》らざる実感《じっかん》でありましょう。

さらに顔回は、師の教授法について言います。

「我《わ》れを博《ひろ》むるに文《ぶん》を以《もっ》てし、我れを約《やく》するに礼《れい》を以てす」

学問と礼節《れいせつ》を通して弟子を鍛《きた》え、育ててくださる——戸田先生は、この言《げん》に通《つう》ずる人格の人、英知《えいち》の人、信念の人、実行の人でありました。

次代《じだい》のリーダーを薫陶《くんとう》するため、戸田先生が結成した男子青年のグループに「水滸会《すいこかい》」があります。貴国の古典文学『水滸伝《すいこでん》』に由来《ゆらい》する名です。日本、いな東洋の平和を担《にな》う数多《あまた》の青年を育成せんという、恩師の気宇壮大《きうそうだい》な願いが込められた集《つど》いであったのです。

この「水滸会」でも、『水滸伝』をはじめ多くの文学・歴史を学びました。『永遠の都《みやこ》』『九十三年』『モンテ・クリスト伯《はく》』『スカラムーシュ』『三国志』……。[46] 本が手に入りにくい時代でもあり、一冊の書を同志《どうし》たちと回《まわ》し読みしたりしました。

古来《こらい》、よく日本で読まれた『十八史略《しりゃく》』（曾先之《そうせんし》）には、こうあります。[47] 戸田先生が教えてくださった言葉です。

「古《いにしへ》を以《もっ》て鏡《かがみ》と為《な》さば、興替《こうたい》を見る可《べ》し。

人を以て鏡と為さば、得失《とくしつ》を知る可し」

（古代《こだい》を鏡とすれば、国家の興隆《こうりゅう》したり衰退《すいたい》したりする原因を知ることができるし、人を鏡とすれば、自己の行為《こうい》の妥当《だとう》か否《いな》かを知ることができる）

登場人物一人一人の性格《せいかく》も考え方も掌《たなごころ》にしていた戸田先生は、英傑《えいけつ》たちが織《お》りなす国の興亡《こうぼう》を分《わ》かつドラマを現代に蘇《よみがえ》らせながら、リーダーの何たるかを教えてくれました。さらに、戸田先生はつねに「史観《しかん》」の重要性を強調《きょうちょう》され、こう叫ばれました。

民衆《みんしゅう》の側《がわ》に立つ指導者たれ！――と。

覇道《はどう》ではなく王道《おうどう》の人たれ！――と。

恩師の薫陶《くんとう》は、まことに厳《きび》しいものでした。しかし青年を誰よりも愛し、青年を絶対に信じて、恩師は、未来のすべてを私たち青年に託してくださいました。

このような得難《えがた》き日々のなかで、恩師の一言《いちごん》一言、一挙手一投足《いっきょしゅいっとうそく》を通した全人的《ぜんじんてき》な「教育」が、わが生命の奥底《おうてい》に蓄積《ちくせき》されていったのです。

先のご質問のなかで、「教育の悟《さと》り」との過分《かぶん》なお言葉を私に賜《たまわ》りましたが、その万分の一でもあるとすれば、この十年にわたった戸田先生の薫陶の賜《たまもの》です。

顧先生にも、忘れ得ぬ恩師がいらっしゃると思います。師との出会い、師の人となりや、師から受けた薫陶、良き思い出などがあれば、お聞かせください。

「人民への奉仕者を育てよう」と決意

顧　私は池田先生のように、一生《いっしょう》を左右《さゆう》する、戸田城聖先生のような智者《ちしゃ》との出会いには恵《めぐ》まれませんでした。しかし、先に述《の》べたように、中学・高校時代の恩師のような多くの素晴《すば》らしい教師と巡《めぐ》り会《あ》うことができました。
私の生涯《しょうがい》で最も影響《えいきょう》が大きかったのは、最初の教師である私の母でした。母はどうすれば立派《りっぱ》な人間になれるのかを教えてくれました。前に述べたとおりです。

解放後《かいほうご》、私は多くの教師と出会いました。北京師範《しはん》大学では、侯外盧《こうがいろ》先生から社会発展史、汪《おう》奠基《てんき》先生からカント哲学、董渭川《とういせん》先生から教育方針、林励如《りんれいじょ》先生から中等教育を教わりました。どの先生方も中国では有名な学者で、知識を授《さず》けるだけでなく、人生の方向性《ほうこうせい》をも指《さ》し示《しめ》してくれました。

当時、中国は解放されたばかりで、誰《だれ》もが新中国建設に情熱《じょうねつ》を燃《も》やしていました。いわゆる解放とは、労苦《ろうく》する大衆《たいしゅう》を解放することであり、また新中国の建設とは、中国の労苦するすべての大衆が幸福な生活を送れるようにすることでした。

先生方は私たちに、教育とは「人民《じんみん》に奉仕《ほうし》し、中国の労働大衆に奉仕する、新中国の建設者」を育成《いくせい》することであると教えてくれました。このことを通して、私の一生は決定づけられました。わが人生のすべてを教育事業に捧《ささ》げようと決めたのです。

6

教育に捧げた人生

「師の念願」を「わが誓い」として

池田　創価学会は、もともと一九三〇年に創価教育学会として発足《ほっそく》した教育者の集《つど》いでした。牧口先生は地理学者であり、小学校の教諭《きょうゆ》、校長などを歴任《れきにん》し、畢生《ひっせい》の書《しょ》『創価教育学体系《そうかきょういくがくたいけい》』を著《あらわ》した不世出《ふせいしゅつ》の教育者です。その弟子である戸田先生も、小学校の教師を経て、私塾《しじゅく》・時習学《じしゅうがっ》館《かん》や、教育書の出版を通して、幾多《いくた》の英才《えいさい》を育てた稀有《けう》の教育者でありました。その著書《ちょしょ》『推理《すいり》式指導算術《しきしどうさんじゅつ》』は百万部の大ベストセラーになったほどでした。

創価学園、創価大学の創立《そうりつ》は、この牧口先生と戸田先生が約《やく》し合った構想《こうそう》でありました。

戸田先生から私が「大作、創価大学を作ろうな。私の健在《けんざい》のうちにできればいいが、だめかもしれない。そのときは大作、頼むよ」との構想を聞いたのは、師《し》の事業《じぎょう》が苦境《くきょう》の最中《さなか》にあった一九五〇年の十一月のことでした。

師の念願《ねんがん》は、私の誓《ちか》いとなりました。この原点《げんてん》を胸に、「教育こそ最後の事業」との思いを深めながら、私はこれまで、創価大学、創価女子短大、そしてアメリカ創価大学、東京と関西の創価学園（小学・中学・高校）、各国の創価幼稚園を創立し、「創価《そうか》一貫教育《いっかんきょういく》」を構築《こうちく》してきました。

創価大学は、平和な社会の創造《そうぞう》に貢献《こうけん》する人材の育成を目指《めざ》し、前進してきました。新中国からの正式《せいしき》な留学生《りゅうがくせい》を戦後、日本で最初にお迎えしたことも、誇《ほこ》り高き歴史です。

また、私は創立者《そうりつしゃ》として、時間の許すかぎり大学や学園に行き、一人一人の学生と対話し、励《はげ》ますように努めてきました。教育に全魂《ぜんこん》を注《そそ》いできました。教育の精髄《せいずい》は一個の人間と人間の打ち合いにこそあると信じるからです。

アメリカ創価大学はリベラルアーツ・カレッジ（教養大学）として、少人数の授業や、教師と学生が一対一で行う研究など、一貫して人間教育を重視《じゅうし》し、多くの識者《しきしゃ》から賛同《さんどう》をいただいております。すでに九期生を迎えました（二〇〇九年現在）。卒業生も各界《かっかい》で目覚《めざ》ましい活躍《かつやく》を開始してくれております。

学生は、大学建設の主体者です。これは、顧先生が「教育は教師と学生の相互活動《そうごかつどう》」と洞察《どうさつ》しておられるのと同じ信念《しんねん》であると思います。

顧先生は、大学の教員、行政《ぎょうせい》の一員《いちいん》としての豊富《ほうふ》な実績《じっせき》はもとより、北京師範《しはん》大学附属の中学校で担任を務《つと》められるなど、中等教育の現場でのご経験もおもちです。「教師の質《しつ》を向上《こうじょう》させることは、教育の質を向上させる鍵《かぎ》である」「教師陣《じん》は学校の魂《たましい》」等、感嘆《かんたん》すべき貴重《きちょう》な洞察をつづっておられますが、(48)こうした顧先生の教育哲学は、教育現場での尊《とうと》い実践《じっせん》の経験あってのものではないでしょうか。

大学を卒業された後、初めて学校に赴任《ふにん》なさったときのこと、また印象《いんしょう》に残る生徒とのふれ合いなどをお聞かせください。さらに、先生の教育理念、信念もぜひ紹介していただければと思います。また、中学校で教師をされていたときの「半工半読《はんこうはんどく》」の実験などについて、成功例《せいこうれい》、そして失敗談《しっぱいだん》も、後学《こうがく》の青年たちのために、ぜひお伝えください。

新任教師として試行錯誤

顧　一九五六年、ソ連・モスクワの国立レーニン師範《しはん》大学を卒業して帰国し、北京師範大学教育学部で助手になりました。当時、学部長は私に、地理学部で教育学を担当させました。私はよく学生を連れて、中学へ見学や実習に行ったりしましたが、講義の内容はすべて概念《がいねん》、原則《げんそく》、理論《りろん》という机上《きじょう》の空論《くうろん》ばかりで、現実と結びついておらず、われながら教えていても味気《あじけ》なく感じていました。

一九五七年、教育学部から、今度は西城《せいじょう》師範学校に派遣《はけん》され、そこで教えるとともに、学生のクラス主任を受けもつことになりました。このとき、私はようやく学生と密接《みっせつ》に接触《せっしょく》できるようになり、彼らの考え方を理解し、本当に教えているという実感《じっかん》がわいてきたのです。

1955年、モスクワのレーニン師範大学に留学中の顧会長。大学の宿舎前で

一九五八年、再び北京師範大学附属中学（日本の中学・高校に相当）へ派遣され、そこで教導処《きょうどうしょ》の副主任となりました。これは日本では中学の教頭に相当します。当時、中国では大躍進政策《だいやくしんせいさく》（急進的に工業化を目指《めざ》した運動）を進めており、[49]教育部門も教育大革命を進めている最中《さなか》でした。

私がそこで最初に取り組んだことは、鋼鉄《こうてつ》を大々的に精錬《せいれん》することでした。運動場に小さな溶鉱炉《ようこうろ》や平炉《へいろ》を造《つく》り、高校生も全員労働に参加し、鉄くずで鋼鉄を製造するのです。当然、その結果は推《お》して知《し》るべしで、精錬された鉄はどれも使い物になりませんでした。しかし、一つだけ収穫《しゅうかく》がありました。それは、鋼鉄とは何か、炭素《たんそ》の含有量《がんゆうりょう》はどのくらいあるのか、工業化における鋼鉄の位置づけはどうなっているのか、といったことに関する知識を増やすことができたことです。

教育大革命は、大躍進政策の一部で、一心不乱《いっしんふらん》に前進し、学制《がくせい》を短縮《たんしゅく》し、生産と労働を結びつけ、学生も生産労働に参加させるというものでした。

私の附属中学での任務は校長を手助《てだす》けし、新しい教育改革案《かいかくあん》を制定《せいてい》することでした。そこで、次のような二案を考えました。一つは学制を短縮するという案で、本来《ほんらい》の中学三年と高校三年を「四年の中学一貫《いっかん》」に改《あらた》めること。もう一つは「半工半読《はんこうはんどく》」という案で、四日間学習し、二日間労働するという授業内容に編成《へんせい》し直すことでした。

当時、私は学生生活を終えて社会に出たばかりで、何もわかっていませんでした。学科の内容を把握《はあく》していなかったばかりか、専門家に教えを請《こ》うこともせず、一人で勝手《かって》に、教育学のテキスト上の知識に頼りながら、多くの案を制定していきました。今から思うと、じつに滑稽《こっけい》なことでした。このような極端《きょくたん》な「左傾《さけい》」偏向《へんこう》の試《こころ》みは、当然ながら成功を収《おさ》めることはできませんでした。

一九五九年、三年にわたる困難《こんなん》な時期が始まり、全国的に「調整《ちょうせい》、堅固《けんご》、充実《じゅうじつ》、向上《こうじょう》」の時期に入りました。私たちの改革の試みも停止し、一転《いってん》して教育の質《しつ》を向上させることに力を入れるようになりました。

当時、教育はソ連モデルに学び、教育と生産労働の結合《けつごう》を非常に重視《じゅうし》していました。附属中学には労働のための作業場が設《もう》けられ、旋盤《せんばん》が数台とフライス盤、ボール盤がありました。生徒は毎週一日、労働しました。教師も一緒《いっしょ》に行き、私も旋盤の操作《そうさ》を覚《おぼ》えました。夏休みには、農村へ行って農民の麦刈《むぎか》りを手伝い、秋には収穫を手伝いました。

私は教導処の副主任でしたので、しょっちゅう千名あまりの全校生徒を率《ひき》いて北京近郊《きんこう》の農村へ労働に行きました。学生はいくつかの村に分かれ、私は毎日、学生に事故が起こらないよう、自転車に乗って各村々を見回りました。

当時、私は若くて意気盛《いきさか》んな上に、ソ連式教育の「師道尊厳《しどうそんげん》」（師《し》が厳格《げんかく》であれば、師の説《と》く道も自然と尊厳なるものになる）の影響《えいきょう》も受けていましたから、学生に対しては厳《きび》しく要求し、何かあると叱責《しっせき》ばかりしていました。そんなわけで私は、陰《かげ》では鬼主任《おにしゅにん》と呼ばれていました。今、思い返すと、当時は教育の法則《ほうそく》にそぐわないことをたくさんしていたと思います。

教導処の仕事のほかにも、私は中学一年生のロシア語授業を担当しました。たいした授業経験もなかったのですが、準備をするときに、「教学大綱《たいこう》（学習指導要綱《がくしゅうしどうようこう》）の要求があまりにも低すぎるのではないか。これでは語彙《ごい》の量が少なすぎるし、また、学生も後ろをマスターしたら、前を忘れるといったありさまで、いったいどうやって習得するのだろうか」と疑問を感じていました。そこで、私は教学大綱の要求とはまったく無関係に、識字量《しきじ》を増やし、進度《しんど》と難度《なんど》を上げていきました。その結果、まずまずの効果を収めることができました。

附属中学での数年間、愚《おろ》かなこともたくさんやりましたが、多くのことも学びました。身をもって中国の中学教育の現場を経験し、ずいぶんと鍛《きた》えられました。実践《じっせん》のなかで教育や教育学の規則を模索《もさく》し、とくにその後の省察《しょうさつ》を通じて、いくつかの道理《どうり》を会得《えとく》することができたのです。これが、後に教育理論を探究《たんきゅう》する上での基礎《きそ》となりました。

多くのベテラン教師の授業を聴《き》くなかで、それぞれの教師の授業内容、授業運営のテクニックは異《こと》なりますが、教学（教授法）はじつは一つの芸術だと会得しました。当時、数学組には、韓《かん》満盧《まんろ》、申介人《しんかいじん》、曹振山《そうしんさん》という教師がいましたが、彼らは附属中学で大変有名であっただけでなく、北京市でも有名で、三人の特徴《とくちょう》と風格《ふうかく》をとらえて、「韓代数《だいすう》」「申三角《さんかく》」「曹幾何《きか》」と呼ばれていたものです。

「愛情なくして教育なし」「興味なくして学習なし」

顧　附属中学で仕事をした最大の収穫《しゅうかく》は、これまで学んできた教育理論を、教育実践と結びつけたことでした。これにより、教育理念についての理解が深まりました。とくに私は「愛情なくして教育なし。興味《きょうみ》なくして学習なし」という言葉の真理《しんり》をつかむことができました。この言葉は、私の生涯《しょうがい》の教育信念《しんねん》となりました。「愛情なくして教育なし」ということを、私はある学生の姿《すがた》から鮮烈《せんれつ》に会得したのです。

それは一九五八年の秋のことです。先ほど申し上げた大躍進政策《だいやくしんせいさく》のなかで、全国で製鉄大生産運動が巻《ま》き起《お》こり、私が所属する中学校でも、教師と学生たちは「大躍進」の勝利を勝ち取るべく、日夜《にちや》、奮闘《ふんとう》に明《あ》け暮《く》れていました。

ある日の早朝、私は偶然《ぐうぜん》、会議室で、一人の女子生徒が寝ているのを見つけたのです。一日目は、遅くまで製鉄の仕事をしていて帰宅できなかったに違《ちが》いないと、気にもとめませんでした。ところが、その女子生徒は何日も帰宅しないでいるのです。さすがに私も気になり、「なぜ家に帰らないの」と尋《たず》ねると、彼女は「帰りたくない」と答えます。何度か言い聞かせ、説得《せっとく》しても、頑《がん》として家に帰ろうとしません。その後の調べでようやくわかったことは、この女子学生はある幹《かん》部《ぶ》の娘《むすめ》で、革命戦争の苦難《くなん》に満《み》ちた年代に生まれ、生後《せいご》まもなく一般庶民《いっぱんしょみん》の家に預《あず》けられ、解放《かいほう》後《ご》、ようやく家に帰ることができたとのこと。

このような背景《はいけい》から、両親とは考え方や感情の面《めん》で隔《へだ》たりが生《しょう》じていました。その上、母親は厳格《げんかく》で、母方の祖《そ》母《ぼ》も男尊女卑《だんそんじょひ》の考え方から、彼女と彼女の兄とでは、違う接《せっ》し方《かた》をしていました。その女子生徒は家庭のぬくもりを感じられず、帰宅を拒否《きょひ》していたのです。

何度も説得にあたりましたが、功《こう》を奏《そう》さず、しかたなく学校の宿舎《しゅくしゃ》を手《て》配《はい》して、そこに彼女を泊《と》まらせました。その後、私は何度も彼女の母親と連絡を取り、なるべく娘に愛情を注《そそ》ぐようにすること、また、心が通じ合ってはじめて親から要求《ようきゅう》できることを訴《うった》えました。しかし、彼女の両親は、彼女への学校側の対応《たいおう》は甘《あま》すぎると感じていたようで、そのために彼女は精神的にも不安定で、成績《せいせき》も低迷《ていめい》し続けました。私たちは教育思想の面で、意見が分かれたのです。

このとき、私はソ連で学んだマカレンコ[50]の言葉を思い出しました。それは「生徒を尊重《そんちょう》してこそ、生徒に要求することができる」というものでした。生徒への愛情をもって、まず生徒を尊重し、信じてこそ、生徒に対して要求することができるのです。それと同時に、生徒に対する合理的な要求は、生徒への尊重と信頼《しんらい》の表《あらわ》れでもあるのです。相互《そうご》信頼という基礎《きそ》のもとで、理解し合い、尊敬し合えてこそ、教育の目的が達成《たっせい》できるのです。

「興味なくして学習なし」ということも、多くの生徒の学習のなかから見いだしました。数学が好きな生徒もいれば、国語が好きな生徒もいますが、好きな科目は勉強ができるし、嫌《きら》いな科目は勉強する気がまったく起こらないため、成績はほとんど伸《の》びません。ある科目が好きな生徒がいましたが、初めのころは、その科目についてまったく理解がなく、何の興味ももてないようでした。しかし、教師の名講義《めいこうぎ》によって、興味がわいてきたのです。

また、ある科目が嫌いな生徒がいましたが、それは、その科目が嫌いだったわけではなく、担当の教師に不満《ふまん》があったからでした。担当の教師が変わったとたん、生徒は興味をもち始めました。要《よう》するに、「興味なくして学習なし」ということは永遠不滅《えいえんふめつ》の真理《しんり》なのです。

そうはいっても、どうやったら生徒の興味を引き出せるか、これは一つの教育科学であり、教育芸術でもあり、探究《たんきゅう》する価値《かち》があります。ここからも、教師の重要性がうかがえます。教師は生徒の学習に対する興味を啓発《けいはつ》することに長《た》け、また、自《みずか》らの知識と知恵や人格《じんかく》の魅力《みりょく》で学生に影響《えいきょう》を及ぼしていかなければならないのです。

池田 一つ一つが貴重《きちょう》な証言《しょうげん》です。率直《そっちょく》に語ってくださり、感謝《かんしゃ》にたえません。偉大《いだい》な教育者の真実《しんじつ》の人格《じんかく》、大誠実《だいせいじつ》の人格に感動《かんどう》しました。

7 試練を越えて

苦難をも「成長のチャンス」に変える強さ

池田 続いて、顧先生が体験された「文化大革命《ぶんかだいかくめい》」についてお聞きできればと思います。

顧先生は、文革《ぶんかく》の最中《さなか》、理不尽《りふじん》にも「資本主義《しほんしゅぎ》の実権派《じっけんは》」(51)との批判《ひはん》を受けました。それも、最も親《した》しかった友人から一番強く批判されたとうかがいました。それらの行動は、じつは、友人自身が〝自分が批判されることを恐《おそ》れてのもの〟だった……。そのときの顧先生のご心境《しんきょう》は、いかばかりであったかと推察《すいさつ》申し上げます。ともに人間は、いざという時に、真金《しんきん》の本物の人か、

1984年6月、巴金氏の上海の自宅で語り合う池田名誉会長夫妻。巴金氏の令嬢、愛孫も同席

うわべを飾《かざ》った偽《いつわ》りの人か、その地金《じがね》が現れるものです。逆境《ぎゃっきょう》に追い込まれたときにこそ、人間としての本質《ほんしつ》が露見《ろけん》します。これは、これまで幾多《いくた》の人間模様《にんげんもよう》を見つめてきた私なりの実感《じっかん》でもあります。

顧先生は一九七一年から、農村での重労働も二年間経験されました。しかし、そのなかで、農村について理解を深め、知識を増していかれた。さらには農村生活で、結果的に体《からだ》を鍛《きた》えることになり、心身ともに、さらに強くなったとうかがいました。私も、若き日は病気との戦《たたか》いの連続《れんぞく》でした。結核《けっかく》を患《わずら》い、医者から「長くは生きられない」と宣告《せんこく》されるほど虚弱《きょじゃく》な体でした。しかし、師匠《ししょう》・戸田先生のもとで必死に働くなかで、克服《こくふく》していった経験があります。健康は人生《じんせい》を勝ち抜く大切な条件です。

これまで私は、貴国《きこく》の多くの方々から、文革時代の貴重な証言をうかがってきました。先ほど顧先生が若き日に愛読《あいどく》したと言っておられた人民《じんみん》作家の巴金《ぱきん》先生とは、四度、お会いしました。三度目の語らいの折《おり》（一九八四年五月）、文革時代を振り返られ、「真理《しんり》は常《つね》に悪《あく》に勝つ」という信念《しんねん》で、嵐《あらし》の時代を生き抜いたと強調《きょうちょう》しておられたことが、今も忘れられません。

さらに巴金先生は語っておられました。

「いろいろ苦しいことはあったが、そのなかで考えた唯一《ゆいいつ》のことは〝戦《たたか》って、戦って、戦い抜いて生きていく〟ということでした。もちろん、いつかは死を迎えるが、作家として、人間として、後世《こうせい》に真実を残していきたい」(52)と。

私は、この言葉に深い感銘《かんめい》を覚《おぼ》えました。この不屈《ふくつ》の精神《せいしん》こそ、いかなる苦難《くなん》にも負けない根《こん》本《ぽん》の柱《はしら》です。逆境《ぎゃっきょう》をも向上《こうじょう》へのバネとされていった顧先生の生き方も、どれほど青年たちの励《はげ》ましとなることでしょうか。私は青春時代から、「波浪《はろう》は障害《しょうがい》に遭《あ》うごとに、その頑固《がんこ》の度《ど》を増《ま》す」という言葉が大好きでした。過酷《かこく》な環境や苦難に直面《ちょくめん》したときこそ、じつは自分が成長できる最大のチャンスです。また、そう生きられる人こそ、本当の勇者《ゆうしゃ》であり、幸福の人でしょう。教育は、その強さを贈《おく》るものです。

顧先生は、文革時代をどのような思いで生き抜いてこられたのでしょうか。

「最大の災難・文化大革命」の嵐

顧　人の一生というものは、つねに多くの災難《さいなん》に見舞《みま》われるものです。順風満帆《じゅんぷうまんぱん》な人生《じんせい》などありえず、つねに大《だい》なり小《しょう》なりの災難に遭遇《そうぐう》するものです。

私が幼《おさな》いころの災難といえば、日本軍の侵略《しんりゃく》によって、わが家が没落《ぼつらく》したことで、社会に出てからの最大の災難は「文化大革命《ぶんかだいかくめい》」でした。それがどういう出来事《できごと》だったのか、外国の友人にはあまり理解されていないように思います。

一九六六年六月から一九七六年十月まで、中国で前代未聞《ぜんだいみもん》の「文化大革命」の嵐《あらし》が吹《ふ》き荒《あ》れました。今の若い人はあまり知らないと思いますし、この運動による残酷《ざんこく》な結果もとうてい理解できないと思います。当時、毛沢東《もうたくとう》がなぜこの革命を発動《はつどう》させたのか、誰《だれ》もわかりませんが、私は毛沢東が当時の情勢《じょうせい》についての判断《はんだん》を誤《あやま》ったと見ています。

当時、中ソは対立《たいりつ》していました。毛沢東は〝ソ連が修正主義化《しゅうせいしゅぎか》し、社会主義はソ連で変質《へんしつ》してしまった。これは、フルシチョフがスターリンを批判《ひはん》したことによってソ連が資本主義変質路線《ろせん》を歩《あゆ》むようになってしまったからではないか〟と考えたのです。(53) ですから、毛沢東はいつも、「周《まわ》りにフルシチョフのような者はいないか」と言っていました。

この運動は、初めのころは、実権派《じつけんは》に矛先《ほこさき》が向けられ、大衆《たいしゅう》が動員《どういん》され、「資本主義の道を歩む実権派」を糺《ただ》す運動が起こりました。当初《とうしょ》、毛沢東は二、三年で終わらせて、正しい路線を歩むようになったら、事態《じたい》を収拾《しゅうしゅう》させようと考えていたようですが、林彪《りんぴょう》や江青《こうせい》ら「四人組《よにんぐみ》」(54)が、すきに乗《じょう》じて、中央の政権《せいけん》を掌握《しょうあく》し、古参《こさん》の革命家を打倒《だとう》するようになったため、ついに天下《てんか》の大乱《たいらん》となり、統制不可能《とうせいふかのう》な局面《きょくめん》にまで行ってしまいました。七六年十月になって、「四人組」が打倒され、ようやく「文化大革命」が収拾され、中国は新《あら》たに健全《けんぜん》な発展《はってん》の道を歩むようになりました。

顧会長が携わった教育専門誌『比較教育研究』と『外国教育動態』

さかのぼれば、六二年、私は北京師範《しはん》大学附属中学から北京師範大学に戻って教えるようになり、六五年からは教育学部副主任兼《けん》外国問題研究所副所長を務《つと》めるようになりました。当時、教育学部の学部長は空席《くうせき》のままで、私が中心となって仕事に取り組んでいたため、文革《ぶんかく》が始まると、たちまち〝教育学部の実権派〟として、私に矛先が向けられました。最初は、教師・学生が立ち上がり、大字報《だいじほう》（文革中の批判及び自己批判のための壁新聞《かべしんぶん》）が張《は》り出され、

「なぜ、北京市の反動組織《はんどうそしき》の路線を実践《じっせん》するのか」と詰問《きつもん》されました。当時、中国共産党北京市委員会の指導者が「反動組織」と批判されていたからです。外国問題研究所の造反派《ぞうはんは》は、さらに私の首根《くびね》っこをつかまえようとしました。それは、学校の共産党委員会指導者の命《めい》により、六五年から『外国教育動態《どうたい》』を編集・出版し、外国の教育改革と発展の経験や動向《どうこう》を紹介していたことによるものです。

すでに雑誌の発刊《はっかん》の辞《じ》のなかで、「外国の教育を紹介するのは、己《おのれ》を知り、彼《かれ》を知るためで、皆《みな》の批判の参考《さんこう》にするためである」と表明《ひょうめい》していましたが、造反派は、私について、〝資本主義国家、修正《しゅうせい》主義国家の教育をまき散《ち》らしている。だから正真正銘《しょうしんしょうめい》の「資本主義の道を歩む実権派」であり、打倒すべきだ〟というのです。

六六年六月十一日、私は外国問題研究所の造反派によって、批判闘争《ひはんとうそう》に引きずり出されました。私に、なぜ『外国教育動態』を利用して資本主義や修正主義の教育思想をまき散らすのか、そのねらいは何か、ということについて答えさせようとしました。これが最初の批判闘争だったのですが、まだ運動が始まったばかりで、手ぬるいほうでした。私は座《すわ》ったまま批判を受けることができたわけですから。

ところが、六月十七日、教育学部の批判闘争になると、そうはいきませんでした。私を前に立たせたばかりか、絶《た》えず「頭を下げろ」と罵声《ばせい》を浴《あ》びせられるのです。頭を下げるというのは、皆に向かって罪《つみ》を認《みと》めるということでした。

しかも、妻の周藁《しゅうきょ》まで壇上《だんじょう》に引っ張り出され、一緒《いっしょ》になって批判されました。妻を追及《ついきゅう》したのは、私が一番近《ちか》しくしていた女子学生でした。彼女は附属中学のときの私の生徒であり、大学でも私の教え子でした。しかし、当時でさえも、私は少しも彼女を責《せ》める気持ちはなく、彼女のことを理解していました。

なぜ彼女が一番厳《きび》しく私を追及したのか。それは、同級生は皆、彼女と私の間柄《あいだがら》が一番親《した》しいことを知っていたからで、当時の情勢《じょうせい》のもとでは、彼女はそうせざるを得なかったのだと思います。ですから、私はこれまで一度たりとも彼女を責めたことはありません。文革後も、これまでどおり親しくおつき合いしています。彼女は現在、ほとんどアメリカの娘の家にいますが、去年の秋、帰国した折《おり》には、他の同級生と一緒に私に会いに来てくれました。

ただ、絶対《ぜったい》許せない人物がいました。外国問題研究所の副所長の一人が、保身《ほしん》のため造反派と結託《けったく》して、故意《こい》に私の話を歪曲《わいきょく》したのです。また、もう一人の男性教師は、三十過《す》ぎになっても未婚《みこん》でしたので、同僚《どうりょう》たちが彼を心配し、結婚相手を紹介してあげようとしました。それを、彼はあろうことか、自分を引き込んでブルジョア階級《かいきゅう》の思想で堕落《だらく》させようとしていると、同僚を告発《こくはつ》したのです。これはもはや、たんに人間関係《にんげんかんけい》を断《た》ち切《き》るという段階《だんかい》を超《こ》えて、一人の人間としての人格《じんかく》が問《と》われる問題です。

「疾風《しっぷう》に勁草《けいそう》（強い草）を知る」（困難《こんなん》に遭《あ》って初めて真価《しんか》が現《あらわ》れる）という中国の古い言葉がありますが、(55)艱難《かんなん》のなかで人間の真実《しんじつ》の姿《すがた》は明瞭《めいりょう》になっていくものです。

「文化大革命」のなかで、多くの教師が迫害《はくがい》を受け、人格への侮辱《ぶじょく》に耐《た》えきれず、死に追いやられました。文革の初期《しょき》、私もおびえ、うろたえ、食事は喉《のど》を通らず、熟睡《じゅくすい》することもできず、口の中が苦しく感じるありさまでした。そんなとき、妻が私を慰《なぐさ》めてくれました。「延安《えんあん》の整風《せいふう》運動《うんどう》(56)のときは、今よりもっとひどかったそうですよ。それでも多くの人々が耐《た》えてきたではありませんか」と。彼女の言葉を聞いて、少し気持ちが楽《らく》になりました。

その後、批判闘争を受ける人がますます増えていくのを見ても、〝いったい、どこに、そんなに多くの反革命者《はんかくめいしゃ》がいるものか〟と内心《ないしん》思うようになり、恐《おそ》れることもなくなりました。私が文革で受けた苦難《くなん》はたいしたことではなかったというべきでしょう。

六八年八月十八日、教育学部の「紅衛兵《こうえいへい》(57)」が、「走資派《そうしは》」である私と「反動的《はんどうてき》な学術権威《がくじゅつけんい》」——皆、高齢《こうれい》の知識人でしたが——を集めて、労働改造《ろうどうかいぞう》をさせることになりました。毎日、キャンパスの中で草むしりをさせられたこともあります。

幸運だったのは、六二年に北京師範大学に戻っていたことです。もしも、あのまま附属中学にいたら、世間《せけん》のことをわきまえず、しばしば文闘《ぶんとう》を武闘《ぶとう》にしていた中学・高校生たちによって、おそらく私は体罰《たいばつ》の責《せ》め苦《く》に遭《あ》っていたことでしょう。

ところで池田先生は子どものころに戦争の被害《ひがい》に遭われたほかに、人生の途上《とじょう》でどのような挫《ざ》折《せつ》を味わい、どのようにしてそれを乗り越えることができたのでしょうか。

逆境と戦い抜いたからこそ盤石の基盤が

池田　文革《ぶんかく》の迫害《はくがい》の嵐《あらし》が、いかにすさまじいものであったか。苦闘《くとう》の歴史をありのままに語ってくださり、重《かさ》ねて深謝《しんしゃ》申し上げます。

いかなる挫折を味わい、乗り越えたかとのご質問の答えとなるかどうかわかりませんが、戦後《せんご》、師匠《ししょう》である戸田第二代会長と出会ってからの私の人生はつねに、どんな苦難《くなん》のときも師《し》とともにありました。

その戸田先生は、『三国志《さんごくし》』の丞相《じょうしょう》・諸葛孔明《しょかつこうめい》の生涯《しょうがい》を歌った、日本の詩人・土井晩翠《どいばんすい》作詞の「星落秋風五丈原《ほしおつしゅうふうごじょうげん》」を愛《あい》され、私たち青年に何度も何度も歌わせました。そして孔明の苦心孤忠《くしんこちゅう》の胸奥《きょうおう》に思いをはせ、落涙《らくるい》されるのが常《つね》でした。しかし恩師《おんし》は「自分には挫折は許されない」と、巌《いわお》のように語っておりました。

核時代《かくじだい》に入った世界では、目覚《めざ》めた民衆の平和運動の拡大が不可欠《ふかけつ》であり、その挫折は、個人や一団体、一国の次元《じげん》にとどまらず、人類そして地球の暗黒《あんこく》の未来をも招《まね》きかねない。ゆえに恩師は絶対の不退転《ふたいてん》の決心に立ち、仏法《ぶっぽう》を基調《きちょう》とした平和・文化・教育の運動を通して、断《だん》じて悲《ひ》惨《さん》のない世界を築《きず》いていくという闘志《とうし》を燃《も》え上《あ》がらせていたのです。

私も不二《ふに》の弟子《でし》として、その自覚《じかく》を共有《きょうゆう》してきました。恩師が厳《きび》しい事業難《じぎょうなん》に直面したときなど、社会的には挫折と映《うつ》る局面《きょくめん》にあっても、断じて師を護《まも》り、師の構想《こうそう》を後退《こうたい》させない。いな必ず師の期待《きたい》に応《こた》え、一切《いっさい》の構想を実現《じつげん》してみせるとの断固《だんこ》たる決心で困難《こんなん》に挑《いど》み、乗り越えてきました。

創価学会の建設期、社会で次第《しだい》に注目《ちゅうもく》されていくなかで、一九五七年の七月三日、私はまったく無実《むじつ》の選挙違《せんきょい》反《はん》の罪《つみ》で逮捕《たいほ》され、二週間にわたり拘束《こうそく》されました。参議院の大阪地方区補欠《ほけつ》選挙で、選挙違反行為《こうい》を指示《しじ》したとの容疑《ようぎ》を着《き》せられたものでした。私が、絶対無違反《ぜったいむいはん》を繰《く》り返《かえ》し訴《うった》えてきたことは、皆《みな》が知る事実であったにもかかわらずです。

炎暑《えんしょ》の獄中《ごくちゅう》は、耐《た》えがたいものでした。過酷《かこく》な取り調べのなか、〝容疑を認《みと》めなければ、戸田会長をも逮捕する〟という陰険《いんけん》な脅《おど》しもありました。まさに権力《けんりょく》の魔性《ましょう》そのものです。

そのとき、戸田先生は、衰弱《すいじゃく》した体《からだ》を押《お》して、弟子を守るために自《みずか》ら大阪地検《ちけん》を訪《おとず》れ、強い憤《いきどお》りをもって弟子の釈放《しゃくほう》を訴えてくださっていたのです。戦時下に続く再度の入獄《にゅうごく》となることも恐れず、否《いな》、死をも辞《じ》さない覚悟《かくご》での、弟子を守るための行動でした。

不当《ふとう》な権力へのこの烈々《れつれつ》たる憤怒《ふんぬ》。弟子は師を守り、師は弟子を守ろうとする断固たる信念《しんねん》こそ、牧口先生と戸田先生、そして戸田先生と私を貫《つらぬ》く師弟《してい》の精神《せいしん》です。

出獄後、私の裁判は四年半にわたりました。当然のことながら、真実は真実です。六二年一月二十五日に、私は無罪判決を勝ち取りました。検察側《けんさつがわ》も控訴《こうそ》しませんでした。

六〇年五月三日、戸田先生の後《あと》を継《つ》いで、私が創価学会の第三代会長に就任《しゅうにん》してからも、じつに多くのことがありました。

六八年の九月八日、一万数千人の学生たちを前に、私が日中国交正常化提言《にっちゅうこっこうせいじょうかていげん》を発表した際も、内外の反対勢力から激《はげ》しい非難《ひなん》を浴《あ》びたものです。さまざまな圧迫《あっぱく》も打ち続きました。しかし私は、隣国《りんごく》であり文化《ぶんか》の恩人《おんじん》である貴国《きこく》と日本がいつまでも不正常《ふせいじょう》な状態《じょうたい》であることは、アジアの安定《あんてい》のためにも、両国《りょうこく》の青年たちの未来にとっても、大きな禍根《かこん》となる。いかなる困難があろうとも、断じて両国の友好《ゆうこう》の道を開いていくべきであるとの信念でした。あれから四十年が過ぎましたが、これからも私は万代《ばんだい》の平和友好のために働いていく決心です。

七九年、私が創価学会の会長を辞任《じにん》したときも、妬《ねた》みの謀略《ぼうりゃく》がありました。当時、学会は隆々《りゅうりゅう》たる大前進《だいぜんしん》を続けていました。それが旧態依然《きゅうたいいぜん》とした宗門《しゅうもん》の僧《そう》たちには疎《うと》ましく、権威《けんい》を笠《かさ》に着《き》た理不尽《りふじん》な攻撃《こうげき》が続きました。そこに、自《みず》らの野心《やしん》から卑劣《ひれつ》な画策《かくさく》をする人間たちが現れ、学会の組織を攪乱《かくらん》していったのです。その後、この謀略の中心人物は悪質《あくしつ》な恐喝事件《きょうかつじけん》を起こして逮捕、断罪《だんざい》され、転落《てんらく》の人生《じんせい》をたどっていきました。

じつはそのころ、私の置かれた立場は、会合で思うようにスピーチすることもできず、私の記事が機関紙である聖教新聞に出ることも厳《きび》しく制限《せいげん》されました。

それでも私は、戸田先生の弟子としての誓《ちか》いのままに、平和建設の土台となる、わが学会を守るため、大切な会員を守るために戦い続けました。一軒《いっけん》また一軒と、戦友《せんゆう》ともいうべき同志《どうし》の家を訪れて、一人また一人と激励《げきれい》を重ねました。そして、青年と語らい、人材を育てていきました。

この会長辞任の直前に、日本を訪問《ほうもん》された鄧穎超《とうえいちょう》先生（周恩来総理《しゅうおんらいそうり》夫人）とお会いしました。(58)会長を辞任することを申し上げたとき、「まだまだ若すぎます。そして何よりもあなたは人民《じんみん》から多くの支持《しじ》を得ています。人民の支持のあるかぎり、決して退《しりぞ》いてはいけません」という励《はげ》ましをいただきましたが、まさにその心ある無名《むめい》の人民一人一人と共鳴《きょうめい》を広げながら、今日《こんにち》の世界百九十二カ国・地域に広がるＳＧＩ（創価学会インタナショナル）の発展《はってん》を築き上げてきました。

私どもが信奉《しんぽう》する日蓮大聖人は、生涯《しょうがい》、権力者《けんりょくしゃ》から命《いのち》に及《およ》ぶ迫害《はくがい》を受け続けるなか、一歩も退かず正義《せいぎ》を叫び抜かれました。「愚人《ぐにん》にほめられたるは第一《だいいち》のはぢなり」(59)とも言われています。牧口初代会長も、軍部政府と戦って獄中《ごくちゅう》にあることを、「愚人に憎《にく》まれたるは第一の栄光《えいこう》なり」と、そして「大聖人の大難《だいなん》から見れば、我《われ》らの難《なん》など九牛《きゅうぎゅう》の一毛《いちもう》なり」と達観《たっかん》しておられました。(60)

いかなる逆境《ぎゃっきょう》にも屈《くっ》せず、前へ前へと前進してきたがゆえに、創価学会は勝利しました。進歩への不動《ふどう》の道ができあがりました。もし、何の戦いもなく、順調に進んでいたら、盤石《ばんじゃく》な建設はできなかったでしょう。

ともあれ、先ほど顧先生は毅然《きぜん》と「文革で受けた苦難はたいしたことはなかった」と言われましたが、十年の歳月《さいげつ》はさぞかし厳《きび》しい日々であったに違いないと推察《すいさつ》いたします。今、振り返ってみたとき、文革がご自身に、そして貴国に、どのような影響《えいきょう》を与えてきたのか。後世《こうせい》への証言《しょうげん》としてお聞かせ願えれば幸《さいわ》いです。

大波が沙を洗う――迫害のなか、人の真実が見えた

顧　一九六八年の秋、今度は、第三圧延《あつえん》工場へ派遣《はけん》され、労働させられることになりました。この工場は、北京の東直門《とうちょくもん》外にあり、粗末《そまつ》でちっぽけな工場でした。私は帯鋼《たいこう》圧延の生産現場で下《した》働《ばたら》きとして配置《はいち》されました。圧延工がプレスした重さ約五十キロもの帯鋼を別の所へ運び、積み重《かさ》ねておくのです。圧延工場に行って初めてわかったことですが、中国の圧延技術は立《た》ち遅《おく》れていました。二十センチ幅《はば》の帯鋼を圧延するのも手作業《てさぎょう》で、帯鋼が機械で圧延されてくると、労働者は厚《あつ》い手袋《てぶくろ》を手にはめて、帯鋼を押《お》さえながら巻《ま》いていくのです。一瞬《いっしゅん》でも油断《ゆだん》すると、帯鋼は撥《は》ね返《かえ》り、その労働の過酷《かこく》さと危険《きけん》さは想像《そうぞう》を絶《ぜっ》するものでした。

圧延工場は、わが家から十数キロ離れており、毎朝、まだ暗いうちから、肌《はだ》を刺《さ》すような冬の寒風《かんぷう》を突《つ》いて、自転車で工場へ出勤しました。このようにして第三圧延工場で一カ月あまり、帯鋼を運び続けた結果、指は腱鞘炎《けんしょうえん》にかかってしまい、それは今も治《なお》らないままです。

七〇年の秋、林彪《りんぴょう》が号令《ごうれい》をかけると、たちまちすべての学校は分散《ぶんさん》して田舎《いなか》へ移ることになり、私たちも田舎に追いやられ、北京郊外《こうがい》の房山東方紅《ぼうざんとうほうこう》石油精製工場（現在の北京燕化《えんか》地区）での労働に派遣されました。当時、そのあたりは荒《あ》れ地《ち》で、国家はそこに化学工業基地を建設していました。私の最初の仕事は、骨組《ほねぐ》みを組み立てる作業員として作業小屋を建てることで、それが完成すると、今度はボイラー工として、蒸気《じょうき》で一定規格《きかく》のコンクリート板を造《つく》ることでした。労働の激しさも並大抵《なみたいてい》ではなく、毎日三交代《さんこうたい》勤務をこなし、しばしば夜勤《やきん》がありました。私たちはそこで丸々三カ月、労働に従事《じゅうじ》しました。

私の班《はん》のなかに一人の若い労働者がいました。彼は現地の農民でした。彼は、私が痩《や》せて小柄《こがら》な身体つきをしており、体力も乏《とぼ》しいのを見て、よく助けてくれました。私たちは友人になりました。文革《ぶんかく》後は、彼は北京市政工程隊《こうていたい》で働くようになり、故郷で生産された米を持って会いにきてくれたり、私もタバコや食品を彼に送ったりしたこともありました。残念なことに、その後、連絡が途絶《とだ》えてしまいましたが、彼が幸せに暮らしていることを祈《いの》っています。

この労働から帰ってきて、一九七一年の春節《しゅんせつ》（旧正月）が過《す》ぎた後、今度は山西《さんせい》省の臨汾《りんふん》へ労働に行かされました。

文革の前に、北京師範《しはん》大学は対ソ戦に備《そな》えるため、呂梁山《ろりょうさん》のふもとに分校《ぶんこう》を建てましたが、それが文革中は、私たちを労働改造するための「五七」幹部学校となりました。いわゆる「五七」

幹部学校とは、毛沢東が六六年五月七日に、学生は「軍に学び、労働者に学び、農民に学べ」と打ち出し、幹部のための労働訓練の学校を設立《せつりつ》したことに由来《ゆらい》するものです。私たちが働いていたところは、もとは呂梁山の斜面《しゃめん》の荒れ地で、いまだかつて作物《さくもつ》を植《う》えたことがないようなところでした。私たちが開墾《かいこん》するには、まず斜面の荒れ地を段々畑《だんだんばたけ》に耕《たがや》し、それから作物を植えなくてはなりませんでした。

なんと大がかりな土木工事だったことでしょう。機械もなく、すべて手作業で、鉄の鍬《くわ》を使って、斜面の土地を平《ひら》たくならし、小麦を植えました。荒れ地で肥料《ひりょう》もなかったため、一畝《ほ》あたり二十五キログラムの種を播《ま》いたところ、翌年、わずか七十五キログラムしか収穫《しゅうかく》できませんでした。そこで二年目には、豚《ぶた》を飼《か》って堆肥《たいひ》を施《ほどこ》してみましたが、それでもたった百二十五キログラムしか収穫できませんでした。

私たちは農業をするかたわら、そこに長く住むことになるだろうと、洞穴住居《どうけつ》を造《つく》りました。私たちが造ったのは、一般庶民《いっぱんしょみん》のような洞穴住居ではなく、タイルを貼《は》った近代的な洞穴住居でした。それは、冬は暖《あたた》かく、夏は涼《すず》しく、当時、農村で一番立派《りっぱ》な住居でした。私はそこで丸々二年間働きました。労働は疲《つか》れましたが、気持ちは愉快《ゆかい》でした。世間《せけん》の是非《ぜひ》・善悪《ぜんあく》から解放《かいほう》されたようで、心は比較的平静《へいせい》でした。その上、中国の農村への理解が深まり、農業の知識も増え、体質《たいしつ》も強化されました。私は小さいころから背が低く、痩せて弱々《よわよわ》しかったのですが、不惑《ふわく》の年になって、まさか百数斤《きん》（五十数キログラム）もの水桶《みずおけ》を担《かつ》ぎ、すばやく麦を刈《か》れるようになるとは思ってもみませんでした。

翌年、新しい「戦友《せんゆう》」が加わりました。彼らは私の学生たちともいうべき年ごろで、私たちよりはるかに若い人たちでしたが、あるとき、私が排水用鋼管《はいすいようこうかん》の端《はし》を持ち上げたところ、新入《しんい》りの「戦友」には持ち上げられませんでした。麦刈りも私より遅く、訓練《くんれん》の効果が実感《じっかん》できました。

労働部隊には多くの教師がいました。たとえば、教育学部のベテラン主任の彭飛《ほうひ》先生、歴史学部の何茲全《かじぜん》先生、中文学部の郭預衡《かくよこう》先生、数学部の呉宏邁《ごこうまい》先生などで、当時は皆、すでに還暦《かんれき》を過ぎていましたが、私たちは労働を通じて交流《こうりゅう》しながら、友情を深めていきました。今でも、会うと懐《なつ》かしさがこみ上げてきて、互《たが》いに「五七戦友」と呼び合っています。

池田先生は私に、文革のときの心情《しんじょう》と影響を質問されましたが、一言《ひとこと》でいえば、大きな災難《さいなん》でした。国家にとっても、個人にとっても大きな災難でしたが、まさに釈尊《しゃくそん》が説《と》かれるように、災難は各人《かくじん》にとっては一つの洗礼《せんれい》であり、あるいは周恩来総理が言うように、「大浪淘沙《たいろうとうさ》」（大波《おおなみ》が沙《すな》を洗《あら》う）のようなものなのかもしれません。この災難によって、白玉《はくぎょく》と汚《よご》れとが峻別《しゅんべつ》されるようになり、人間の真実《しんじつ》が洗い出され、明《あき》らかになっていきました。

私にとっても一つの洗礼でした。まさに池田先生が「波浪《はろう》は障害《しょうがい》に遭《あ》うごとに、その頑固《がんこ》の度《ど》を増《ま》す」と言われているとおり、私に、正直に身《み》を持《じ》し、周《まわ》りに紛動《ふんどう》されないような信念《しんねん》を定《さだ》めさせてくれたのです。ですから、学生に対しても、「身を持すること松のごとく、堅忍不抜《けんにんふばつ》たれ」と言い聞かせています。

「どんな苦しみも見下ろしていく」境涯

池田　感動《かんどう》しました。筆舌《ひつぜつ》に尽《つ》くしがたい試練《しれん》を乗り越えてこられたからこその一言《いちごん》です。顧先生の人生《じんせい》そのものが、後生《こうせい》にとっての何よりの鑑《かがみ》です。

仏法《ぶっぽう》でも「松の木は、霜《しも》の後《のち》に木の王《おう》として聳《そび》え立《た》つ」と説《と》かれております。[61]顧先生は大難《だいなん》を勝ち越えられて、王者《おうじゃ》として屹立《きつりつ》しておられます。

東京・八王子にある私どもの東京牧口記念会館は、創価学会の興隆《こうりゅう》の永遠《えいえん》の原点《げんてん》となった殉《じゅん》教《きょう》の師《し》を顕彰《けんしょう》するものですが、そこに縦《たて》三メートル、横《よこ》五メートルを超《こ》える大きな絵画が飾《かざ》られています。「敦煌《とんこう》の守《まも》り人《びと》」常書鴻《じょうしょこう》先生ご夫妻からいただいた、世界最高峰《せかいさいこうほう》の「チョモランマ峰《ほう》」を描《えが》いた作品です。それは、顧先生と同じく、文革《ぶんかく》の災禍《さいか》に苦しめられた常ご夫妻が、受難《じゅなん》のなかで、再び文化の最高峰を目指《めざ》して、すべての艱難《かんなん》を乗り越えていこうと自《みずか》らを励《はげ》ます思いで描かれたものであります。ご夫妻は、そのころの心情《しんじょう》をこう語ってくださいました。

「あの絵は、五千メートル、六千メートルの高さに登った時の景観《けいかん》を描いたものです。高いところに登ってこそ、厚《あつ》い氷が張り、道も険《けわ》しいことを実感《じっかん》する。それでもなお山頂《さんちょう》を目指していく。そのためには体力だけではなく、精神の力が必要になってきます。当時は非常に困難《こんなん》な時期《じき》でしたが、心だけは、誰《だれ》にも縛《しば》られません。『希望は無限《むげん》である。自分たちの希望は、どんな苦しみをも見下《みお》ろしていく』と、チョモランマを仰《あお》ぐような心で描きました」(62)と。

極限《きょくげん》の試練に耐《た》え得る、不撓不屈《ふとうふくつ》の勇気《ゆうき》と希望の人こそ、頂点《ちょうてん》に立つことができる。厳《きび》しい「災難」を勝ち越えてこられた顧先生が今、中国教育界の最高峰に立って、貴国《きこく》を力強くリードしておられることが何よりの証左《しょうさ》です。

第2章
教育と文化
多元的世界文明を求めて

『東洋学術研究』第49巻第1号に掲載
（2010年5月発刊）

北京の305病院で周恩来総理と「一期一会」の会見をする池田名誉会長（1974年12月5日）

自己の限界を超えるために「学ぶ」

顧　昨秋（二〇〇九年十一月）、私は幸《さいわ》いにも池田先生が創立《そうりつ》された創価大学を訪《おとず》れ、名誉博士号《めいよはかせごう》を拝受《はいじゅ》いたしました。これは、池田先生と創価大学からのご厚誼《こうぎ》であると深く感じるとともに、日本の学術者から中国の教育研究者への友誼《ゆうぎ》の証《あかし》でもあると受けとめました。

　私は、創価大学のいたるところで、池田先生の理念《りねん》の輝《かがや》きを目《ま》の当《あ》たりにしました。とくに「周桜《しゅうざくら》」の碑《ひ》のわきに、池田先生が周恩来総理《しゅうおんらいそうり》との会見《かいけん》を記念して植樹《しょくじゅ》された桜が枝葉盛《しようさか》んに茂《しげ》っている姿《すがた》を目にしたとき、感動《かんどう》を抑《おさ》えることができませんでした。

　中日人民《ちゅうにちじんみん》の友好《ゆうこう》も、必《かなら》ずやこの桜のよう

に万代《ばんだい》にわたって栄《さか》えていくに違いないと強く感じたからです。
また、思いもかけず、池田先生より私にご厚情《こうじょう》あふれる漢詩《かんし》を賜《たまわ》り、深く感銘《かんめい》いたしました。

功在教育六十載
高比泰山思想新
明言興趣成學業
遠瞻教育須愛心

(六十年にわたって教育事業に功績《こうせき》を残し、それは泰山《たいざん》のごとく高く、その思想は斬新《ざんしん》である。「興味《きょうみ》なくして学習なし」と明言《めいげん》され、「愛情なくして教育なし」と、大所高所《たいしょこうしょ》からものごとを見すえておられる)

池田先生より、過大《かだい》な評価《ひょうか》を賜りましたことに、心より感謝《かんしゃ》申し上げます。また、朝日が昇《のぼ》るがごとき発展を続ける創価大学から、栄《は》えある名誉《めいよ》学位《がくい》を授《さず》かることができ、無上《むじょう》の栄誉《えいよ》を感じています。この栄誉は、中国教育学会創立《そうりつ》三十周年《しゅうねん》に花を添《そ》えてくださったものと決意《けつい》を新《あら》たにしました。

池田　尊敬する顧先生を、わが創価大学にお迎えし、名誉博士号を授与《じゅよ》できましたことは、私ど

2009年11月20日、創価大学（東京都八王子市）を訪問した顧会長を、学生が熱烈歓迎。学生の総意として「創価友誼之証」が贈られた

もにとって大きな喜《よろこ》びです。現代中国の教育をリードしてこられた行動の大指導者《だいしどうしゃ》であり、探究《たんきゅう》の大知性《だいちせい》であられる顧先生に受章《じゅしょう》していただけたこと自体が、「人間主義の最高学府」を標榜《ひょうぼう》するわが大学の無上の栄誉です。

授与式で、顧先生は「教育における交流と協力は、現在の状況に対する影響《えいきょう》のみならず、将来《しょうらい》にわたって影響し続け、未来を開いていくのです。教育こそ平和の種《たね》であり、中日友《ちゅうにちゆう》好《こう》の橋《はし》を架《か》けているのです」と強調《きょうちょう》されました。まさに顧先生を顕彰《けんしょう》させていただくことは、未来を赫々《かっかく》と照《て》らす大光《たいこう》となると実感《じっかん》しております。

さらに、顧先生は訴《うった》えられました。

「この瞬間《しゅんかん》も大きく変化している社会において、ただ学ぶということだけが、新しい創《そう》造《ぞう》を生み、不敗《ふはい》の地《ち》に立つことができるのです。同時に、今日《こんにち》、学ぶということは、ただ生きるためだけではなく、自《みずか》らの限界《げんかい》を超《こ》えるための重要な手段《しゅだん》であり、これによって自身の文化的素《そ》養《よう》や思想、品位《ひんい》を高め、幸福な生活を享受《きょうじゅ》できるのです」と――。

根源的《こんげんてき》な次元《じげん》から教育の意義《いぎ》を洞察《どうさつ》された顧先生の力強い叫《さけ》びに、多くの教職員そして学生たちが深い感銘を受けました。皆《みな》、さらに真剣《しんけん》に「学《まな》びの道」「創造《そうぞう》の道」「不敗《ふはい》の道」をと、決意を新たにしております。

先日は、もったいなくも顧先生から素晴《すば》らしい漢詩を賜りました。

大道之行天下公
作誠至善為人民
徳重如山智仁勇
高尚理想是和平

（大道《だいどう》の行《こう》、天下《てんか》の公《こう》　誠《まこと》に至善《しぜん》を作《な》し、人民《じんみん》の為《ため》とす　徳《とく》の重さは山の如《ごと》く　智仁勇《ちじんゆう》なり　高尚《こうしょう》な理想は、これ平和なり）

過分《かぶん》この上ないお言葉を力強い一語一語に結晶《けっしょう》していただき、恐縮《きょうしゅく》の至《いた》りです。こまやかなお心づかい、まことに、まことに、ありがとうございました。

有名な『中庸《ちゅうよう》』には、「博《ひろ》く之《こ》れを学び、審《つまび》らかに之れを問い、慎《つつし》んで之れを思い、明《あき》らかに之れを弁《べん》じ、篤《あつ》く之れを行《おこな》う」(1)との正しき人生への行動規範《こうどうきはん》が示《しめ》されております。その模範《もはん》を示されているのが顧先生です。顧先生との対話は、私にとって、まさに、新しい発見《はっけん》と向上《こうじょう》の大道を進みゆく宝《たから》の糧《かて》です。

1 トインビー史観の多元性

「自文化中心主義」を克服

池田 対話といえば、やはり私はトインビー博士との語《かた》らい(2)を思い出します。

八十三歳《さい》の大碩学《だいせきがく》のもと、はるかに若い四十四歳の私が一学生となり、人類と世界が直面する諸問題《しょもんだい》をめぐって対話を重《かさ》ねたのです。

麗《うら》らかな春《はる》の盛《さか》り、ロンドンの花々《はなばな》と緑《みどり》が一年で最も美しい季節《きせつ》でした。博士が奥様とご一緒《いっしょ》に、こぼれんばかりの笑顔《えがお》で、ご自宅で迎えてくださった光景《こうけい》は、今もって忘れることができません。

二年越《ご》し、四十時間に及んだ対談の最終日、博士は私に遺言《ゆいごん》のごとく語られました。

「対話こそが、世界の諸文明《しょぶんめい》、諸民族、諸宗教の融和《ゆうわ》に、きわめて大きな役割《やくわり》を果《は》たすものと思います。人類全体を結束《けっそく》させていくために、若いあなたは、このような対話を、さらに広げていってください。ロシア人とも、アメリカ人とも、中国人とも……」と。そのお約束《やくそく》どおりに、私は世界の識者《しきしゃ》の方々と対話を重《かさ》ねてきました。

ご存じのとおり、トインビー史学《しがく》の一つの大きな特色《とくしょく》は、いわゆる「西洋中心史観《せいようちゅうしんしかん》」からの脱《だつ》却《きゃく》を目指《めざ》したとされる点にあります。

西洋中心史観は、いうまでもなく、近代西洋文明をもって人類《じんるい》の進歩《しんぽ》の頂点《ちょうてん》だと位置づける歴《れき》史観《しかん》です。ここでは、近代西洋文明が啓蒙《けいもう》と進歩の勝利者であり、他の諸文明を教導《きょうどう》する優越者《ゆうえつしゃ》として位置づけられていました。

これに対してトインビー博士は、西洋文明も決して他文明を睥睨《へいげい》する絶対的地位《ぜったいてきちい》にあるのではなく、人類が育《はぐく》んだ諸文明の一つであると公平《こうへい》に相対化《そうたいか》していかれた。

そして、「文明」を相互《そうご》の比較研究《ひかくけんきゅう》が可能《かのう》な単位《たんい》として改《あらた》めて位置づけ、古代から現代に至る諸文明の栄枯《えいこ》盛衰《せいすい》や遭遇接触《そうぐうせっしょく》を踏《ふ》まえて、人類史を記述《きじゅつ》し直されていったのです。

顧　トインビー博士は、私が畏敬《いけい》の念《ねん》を抱《いだ》いている偉大《いだい》な学者で、それにふさわしい大きな度量《どりょう》をもっています。客観的な目で東西の文化を公平に評価《ひょうか》した、卓越《たくえつ》した人物《じんぶつ》だと思います。

実際、考古《こうこ》学《がく》や人類学《じんるいがく》の研究の成果《せいか》によれば、人類文明の起源《きげん》は多元的《たげんてき》であり、どの文明が中心である、などということはできず、ただ、ある文明の起源は少し早く、ある文明は少し遅かっただけのことです。

近代資本主義《きんだいしほんしゅぎ》が興《おこ》ってから、さらに植民地主義《しょくみんちしゅぎ》による征服《せいふく》や略奪《りゃくだつ》を通《つう》じて、西欧《せいおう》文明は急速に発展を遂《と》げていき、西欧物質文明が東洋をリードし始めました。西欧の学者もそれによって傲慢《ごうまん》な目線《めせん》で東洋文明を見るようになりました。しかし実際のところ、西欧の学者が認《みと》めている西欧の現代文明は、古代の四大文明と比べると数千年も後《のち》のことです。

このような認識《にんしき》に立って、トインビー博士は「あらゆる文明の哲学上の同時代《どうじだい》の観点《かんてん》」を主張し、人類の文明は数千年にすぎず、人類の誕生《たんじょう》から見れば、ほんのわずかな一瞬《いっしゅん》にすぎないとし、「およそ文明と呼ばれる種類のすべての社会の歴史は、ある意味において並行《へいこう》しており、また同時《どうじ》代性《だいせい》をもっている」と考えました。(3)

彼は『歴史の研究』のなかで、「文明の統合《とうごう》」という考え方について、もっぱら批判《ひはん》しています。まさしく、どの文明が中心であるなどということは言えないのです。しかし、トインビー博士も最終的には西欧中心主義の亡霊《ぼうれい》から抜け出せず、『歴史の研究』のなかで、世界二十一の文明は、そのほとんどがすでに「発展が停滞《ていたい》」し、「硬直化《こうちょくか》」「解体《かいたい》」しており、ただ西欧文明だけが今も生き延《いの》びていると考えました。このような考えは、明《あき》らかに西欧中心主義の烙印《らくいん》が押《お》されたものです。

われわれは西欧文明中心主義を認めてはいませんが、東洋文明中心主義にも異議《いぎ》を唱《とな》えています。かつて中国は、身のほどをわきまえず思い上がっていたことがあり、自分が世界の中心であると考え、こっぴどく、してやられたではありませんか。トインビー博士は、中国清《しん》王朝の乾隆《けんりゅう》帝《てい》がイギリス国王に出した手紙を引用し、清王朝の傲慢さと無知蒙昧《むちもうまい》を説明しました。そして清王朝は、ついには西洋の堅固《けんご》な船と機動《きどう》的な大砲のもとに滅《ほろ》び去《さ》ったのです。

ですから、いかなる自己中心的な思想も誤《あやま》りだと思います。世界文明は多元的《たげんてき》であり、民族文化も多種多様《たしゅたよう》です。各国、各民族が互《たが》いに尊重《そんちょう》し、学び合ってはじめて世界平和がもたらされ、各民族の文化は発展することができ、世界は豊富《ほうふ》で多彩《たさい》になっていくのです。

東アジアの八つの歴史的遺産

池田　各国、各民族が学び合ってこそ、豊《ゆた》かな世界、平和な世界が築《きず》かれる――全面的《ぜんめんてき》に賛成《さんせい》です。人生も社会も文明も、学ぶことを止《や》めた時、停滞《ていたい》が始まる。学び続けていく息吹《いぶき》のなかにこそ新《あら》たな前進《ぜんしん》があり、みずみずしい創造《そうぞう》の力が尽《つ》きることのない泉《いずみ》のごとく湧《わ》いてくるのではな

トインビー博士と池田名誉会長（1972年5月、博士の自宅近くのホーランド公園で）。対談は翌73年と合わせて40時間に及んだ。対談集『生への選択』（邦題『二十一世紀への対話』）は、現在、世界28言語で出版されている

いでしょうか。

トインビー博士も、ご自身《じしん》が〝西欧《せいおう》〟という視座《しざ》に立脚《りっきゃく》せざるを得ないということを、私との対談のなかで率直《そっちょく》に認めておられました。その上で、東洋人であり、大乗仏教《だいじょうぶっきょう》を信奉《しんぽう》する若い私に対しても胸襟《きょうきん》を開いて、東洋の英知《えいち》から学ぼうとされていました。

なかでも、トインビー博士が、格別《かくべつ》に深い関心《かんしん》を寄《よ》せておられたのが中国文明でありました。ともに、インド文明、イスラーム文明などの諸文明にも敬愛《けいあい》の眼差《まなざ》しを注《そそ》いでおられました。

貴国《きこく》を中心とした「東アジアの歴史的《れきしてき》遺産《いさん》」については、以下の八項目《こうもく》を挙《あ》げられ、高く評価《ひょうか》されていました。[4] すなわ

ち――

①世界国家《せかいこっか》への地域的モデルとなる帝国《ていこく》を、過去二十一世紀もの間、維持《いじ》してきた中国民族の経験《けいけん》

②中国民族が身につけてきた世界精神《せかいせいしん》（ecumenical spirit）

③儒教的《じゅきょう》世界観《せかいかん》に見られるヒューマニズム

④儒教と仏教がもつ合理《ごうり》主義《しゅぎ》

⑤東アジアの人々がもつ宇宙《うちゅう》の神秘《しんぴ》性《せい》の認識《にんしき》。また、人間が宇宙を支配《しはい》しようとすれば、自己《じこ》挫折《ざせつ》を招《まね》くという認識

⑥人間の目的《もくてき》は自然を支配することではなく、人間以外の自然と調和《ちょうわ》を保《たも》って生きることでなければならないという信条《しんじょう》

⑦科学を技術に応用《おうよう》する分野《ぶんや》で、東アジアの人々が西欧《せいおう》を打《う》ち負《ま》かしうるという事実

⑧西洋に敢《あ》えて挑戦《ちょうせん》する勇気《ゆうき》

――以上の八点です。

ここには、二十一世紀の現在にも通《つう》ずる重要な示唆《しさ》があると思います。

①②が示すように、貴国《きこく》は、王朝の治乱興亡《ちらんこうぼう》を繰《く》り返《かえ》しながら、四方《しほう》の多様《たよう》な民族をも「文明」のもとに包容《ほうよう》しつつ、広大《こうだい》な文化国家を長きにわたって維持、発展させてきた経験をもっていま

す。他の文明に例《れい》をみないこの経験は、今後の世界平和のために必《かなら》ず生かされていくべきものです。

この「世界精神」を広く示してきた存在《そんざい》として、私は華僑《かきょう》の人々を想起《そうき》します。私の友人にも、シンガポール、マレーシアなどの東南アジア各国はもとより、北米《ほくべい》や豪州《ごうしゅう》などでも、民族の誇《ほこ》りをもちながら、社会貢献《しゃかいこうけん》の模範《もはん》として活躍《かつやく》する華僑の方が多くおられます。こうした華僑の広がりからも、貴国に脈打《みゃくう》つ世界精神の一端《いったん》がうかがえるのではないでしょうか。

また、③から⑥は、儒教や仏教に内包《ないほう》された人間主義《にんげんしゅぎ》と合理的精神、さらに道教《どうきょう》なども含めた東アジアの宗教に貫《つらぬ》かれている「自然と共生《きょうせい》・調和する生き方」が、人類文明の精神的支柱《せいしんてきしちゅう》となりうることを示唆しています。

そして、⑦⑧でトインビー博士が指摘《してき》するように、東洋民族には優《すぐ》れた英知《えいち》があり、勇気と力があります。この勇気と知恵は、今日《こんにち》では世界平和と人類の繁栄《はんえい》のために発揮《はっき》されなければならないでしょう。たとえば、情報機器《じょうほうきき》や自動車などの分野で、今や貴国や日本、韓国などで作られた製品が世界中に流通していることは、まぎれもない事実です。そうした卓越《たくえつ》した資質《ししつ》を、次の段階《だんかい》は世界の平和《へいわ》建設《けんせつ》のために向けてもらいたいというのが、博士の願望《がんぼう》でした。

東洋文明、西洋文明をともに止揚《しよう》しつつ、物質的にも精神的にも高度な人類文明へ進むことを予見《よけん》しておられたトインビー博士は、その前進《ぜんしん》の軸《じく》に東アジア——とりわけ中国——がなると洞《どう》察《さっ》されていました。

私も深く一致《いっち》いたしました。

それは未聞《みもん》の道ゆえに、決して容易《ようい》ではないかもしれない。しかし、東アジアにおける経済圏《けいざいけん》や地域共同体《ちいききょうどうたい》の構想《こうそう》も多彩《たさい》に論《ろん》じられるようになり、トインビー博士の予見どおり、二十一世紀の世界における東アジア、とくに貴国の存在は、ますます大きくなってきました。

このこと自体《じたい》、西洋中心史観――自文化《じぶんか》中心主義（エスノセントリズム）の超克《ちょうこく》を目指《めざ》したトインビー文明論の先駆性《せんくせい》、妥当性《だとうせい》、卓越性《たくえつせい》を示して余《あま》りあると思っております。

中国文明の「包容性」「調和・中庸の尊重」

顧　池田先生が論《ろん》じられたとおり、トインビー博士は、中国を中心とする「東洋の歴史遺産《れきしいさん》」を強く賛美《さんび》しています。

実際、世界中の多くの著名《ちょめい》な思想家は皆《みな》、中国に注目《ちゅうもく》しています。なぜならば、中国はつまるところアジア最大の国であり、五千年余《あま》りの歴史を有《ゆう》し、世界四大文明の起源《きげん》の一つであるからです。

たとえばフランスの思想家ヴォルテールは、とくに中国の文化を賞賛《しょうさん》し、『風俗論《ふうぞくろん》』のなかで、多くの紙幅《しふく》を費《つい》やして中国の歴史、文化、政治制度などを論じています。(5)

イギリスの哲学者ラッセルも中国文化を高く評価《ひょうか》しました。彼は一九二一年に中国を訪《おとず》れたことがあり、『中国の問題』を著《あらわ》しましたが、そのなかで「白色人種は強烈《きょうれつ》な他人への支配欲《しはいよく》をもつが、中国人は他国への支配欲がうすいという美徳《びとく》がある」と中国人を称《たた》えました。また「伝統《でんとう》的《てき》中国文明には大きな特徴《とくちょう》があり、その最も重要なものとして次の三つを選びたい」とし、「①アルファベットを書く代《か》わりに表意文字《ひょういもじ》を使うこと。②読書人階級《かいきゅう》の間で儒教倫理《じゅきょうりんり》を宗教の代わりにすること。③世襲的《せしゅうてき》貴族政治の代わりに試験により選ばれた読書人階級による政治を行うこと」を挙《あ》げています[6]。

龍山文化（紀元前2500～前1700年頃）の陶鬹（とうき）。山東・龍山文化は中国東部黄河下流地区に居住していた“東夷”の部族の文化が発展して形成された。鬹は三足の調理器。山東省濰坊市で出土
©Bridgeman/PPS

彼らの中国への評価とトインビー博士のそれとはきわめて類似《るいじ》したところがあります。

池田先生は、トインビー博士の中国に対する八項目《こうもく》の評価について見事《みごと》に総括《そうかつ》されています。私は基本的には池田

先生と同じ考えですが、いくつか補足《ほそく》をさせていただきたいと思います。

中国の文化の最大の特徴は、包容性《ほうようせい》があることです。中国のことわざに「海納百川《かいのうひゃくせん》（海は百川を納《おさ》める）」とありますが、中国は古代《こだい》、地縁《ちえん》が広大《こうだい》なことから各地域の環境《かんきょう》もさまざまで、紀元前《きげんぜん》七〇〇〇年から紀元前二三〇〇年までの間に、華夏《かか》、東夷《とうい》、南蛮《なんばん》という三大文化集団《ぶんかしゅうだん》が形成《けいせい》されました。

さらに細分化《さいぶんか》されて中原《ちゅうげん》の仰韶《ぎょうしょう》文化、東部の龍山《りゅうざん》文化、江蘇《こうそ》・浙江《せっこう》一帯の良渚《りょうしょ》文化、西部の巴蜀《はしょく》文化が生まれました。[7] しかし、これらの地域の文化は、いずれも相互《そうご》に交《まじ》わって融合《ゆうごう》しながら中華文明《ちゅうかぶんめい》のなかへ溶《と》け込《こ》んでいきました。数千年来、中華文化は絶《た》えず外来《がいらい》の文化を吸収し続け、中華文明を永遠不滅《えいえんふめつ》なものにさせただけでなく、日ましに豊《ゆた》かにしていきました。

まさに梁啓超《りょうけいちょう》[8]が述べているように「わが国が外国を受け入れないならば、それまでだが、もし受け入れるならば、必《かなら》ずその優《すぐ》れたところを吸収できるようにし、それをもって自《みずか》らの栄養《えいよう》とし、さらにまた、その性質を変え、その働《はたら》きをすばらしいものにし、わが国の一種《いっしゅ》新しい文明を形成する。青《あお》が（藍《あい》より出たものであるが）藍より勝《まさ》り、氷が（水からできたものであるが）水より冷たいようなもの」なのです。

最もわかりやすい例《れい》として仏教の東伝《とうでん》が挙《あ》げられます。本来《ほんらい》、仏教の根本理念《こんぽんりねん》と中国の伝統文化《でんとうぶんか》とには大きな矛盾《むじゅん》が存在《そんざい》しており、仏教は来世《らいせ》を主張《しゅちょう》し、中国文化は現世《げんせ》を重視《じゅうし》しています。

しかし、ある一点では共通しています。それは、仏教は人に善《ぜん》を為《な》すことを勧《すす》め、中国の儒学《じゅがく》もつねに人々に善良《ぜんりょう》な人となるよう教育している点です。仏教が中国に伝わったあと、何度も衝《しょう》突《とつ》と融合を経《へ》ながら、かえって中国で一層《いっそう》の光彩《こうさい》を放《はな》つようになっていきました。

しかも仏教は中国に伝わったあとも、儒学の影響《えいきょう》を受けて大きく変貌《へんぼう》を遂《と》げています。漢《かん》代以後、中国文化はさらにシルクロードを通《つう》じて中東地域の多くのアラビア文化も吸収していきました。こうした中国文化の包容性は、まさに池田先生が言われているとおり、中国文明に備《そな》わっている「世界精神《せかいせいしん》」の現《あらわ》れであり、今後の世界平和のために、その経験をあますところなく発揮《はっき》していくべきであろうと思います。

中国文化のもう一つの特徴は、「和《わ》を貴《とうと》び、中《ちゅう》を尚《たっと》ぶ」ことです。いわゆる「和を貴ぶ」とは、調和《ちょうわ》を重《おも》んじながらも「和して同《どう》ぜず」（人と調和《ちょうわ》するが、道理《どうり》にそむいてまで従《したが》うことはしない）を主張することで、「中を尚ぶ」とは、中庸《ちゅうよう》を主張し、一方に片寄らず、極端《きょくたん》に走らないということです。

世界の事物《じぶつ》はさまざまです。異《こと》なる事物が互《たが》いに協調《きょうちょう》しながら良好《りょうこう》なバランスのとれた状態になることを「和」といい、和であってはじめて新しい事物を生み出すことができるのです。その反対に、同一《どういつ》の事物が一緒《いっしょ》になってしまうと、互いに反発《はんぱつ》しあって、発展することはできません。たとえば音楽がそうでしょう。さまざまな声部《せいぶ》が合唱《がっしょう》して和声《わせい》が得られれば、耳に心地《ここち》よく響《ひび》くものです。新鮮《しんせん》で美しい料理も、さまざまな味つけをする必要があります。孔子《こうし》は「和」と「中」を結びつけ、極端を嫌《きら》い、「中《ちゅう》を持《じ》し」て、はじめて調和が実現《じつげん》されると考えたのです。「和を貴び、中を尚ぶ」という思想は、今や中国人がさまざまな人間関係を調整《ちょうせい》する上で行動の規範《きはん》となっています。

中国人は大勢《たいせい》を認識《にんしき》し、全体を顧《かえり》み、調和を重んじ、安定《あんてい》を求めながら中国五十六民族の大団結を促進《そくしん》するとともに、中国人民と世界各国人民の友好往来《ゆうこうおうらい》を促進してきました。周恩来総理がバンドン会議(9)で発表した「求同存異《きゅうどうそんい》」(小異《しょうい》を残して大同《だいどう》につく)という外交の「平和五原則《げんそく》」もまた、この「貴和尚中《きわしょうちゅう》」思想の国際関係における継承《けいしょう》と発展の表れだと思います。

この点については、トインビー博士が述《の》べた〝東洋の民族の卓越《たくえつ》した英知《えいち》、勇気《ゆうき》、力〟に対する池田先生の理解と一致《いっち》するのではないでしょうか。

私は、「儒教や仏教に内包《ないほう》された人間主義《にんげんしゅぎ》と合理的精神、さらに道教《どうきょう》なども含めた東アジアの宗教に貫《つらぬ》かれている『自然と共生《きょうせい》・調和する生き方』が、人類文明の精神的支柱《せいしんてきしちゅう》となりうる」との指摘《してき》に大賛成《だいさんせい》です。

トインビー博士は東洋文明を非常に重視《じゅうし》していました。たしかに、東洋文明には多くの卓越した英知があります。しかし、私が思うに、いかなる文明も発展していくものであり、それはつねに自《みずか》らの条件に基《もと》づいて絶《た》えず発展しているのです。トインビー博士もこのような発展の過程《かてい》を、文明の発生《はっせい》、成長《せいちょう》、衰退《すいたい》と再生《さいせい》の過程と表現しています。

中国文化も発生、成長、衰退そして復興《ふっこう》の過程をたどってきました。中国文化は衰退した時期もありましたが、数千年来《らい》、一度も中断《ちゅうだん》したことはなく、今日《こんにち》まで連綿《れんめん》と生《い》き延《の》びてきました。中国文化の伝統《でんとう》のなかには、多くの優《すぐ》れたものがありますが、立ち遅れたもの、あるいは今日の時代《じだい》の要請《ようせい》にそぐわなくなったものも少なくありません。ですから、中国人は控《ひか》えめでつつましく、慎重《しんちょう》な態度であるべきで、謙虚《けんきょ》に世界の先進的《せんしんてき》な文化に学んでいかなくてはならないと思います。

私は、東アジアは近代《きんだい》以来、西洋からの圧迫《あっぱく》を受けてきたため、台頭《たいとう》の願望《がんぼう》を強く抱《いだ》いていると思います。今や、われわれは発展を遂《と》げることができ、アジアの文化は再《ふたた》び世界から重視されるようになりました。東アジア諸国《しょこく》は、団結《だんけつ》して世界平和に貢献《こうけん》しなければなりません。われわれは、平和的な発展を提唱《ていしょう》し、他国や他の民族を侮《あなど》ったり、いじめたりするようなことは、決していたしません。これこそが中国文化の「貴和尚中」の思想なのです。

仏教の「寛容性」「縁起・中道」

池田 中国文化の特徴《とくちょう》として、「海納百川（海は百川を納《おさ》める）」という言葉に象徴《しょうちょう》される〝包容《ほうよう》性《せい》〟と「貴和尚中」の思想を顧先生が挙《あ》げられたことに、深く感銘《かんめい》しました。

中国民族のなかに伝わるこの二つの特徴は、仏教のなかに貫《つらぬ》かれている思想でもあります。そして、この融合《ゆうごう》と調和《ちょうわ》の思想は、これからの世界の発展に大きく貢献《こうけん》しうるものであると考えます。

第一の点についていえば、仏教の多くの経典《きょうてん》においても、法《ほう》の特質《とくしつ》を論《ろん》ずる上で〝海と河川《かせん》〟の譬《たと》えが用《もち》いられています。

たとえば、日蓮仏法《にちれんぶっぽう》では、次のように、大海《たいかい》のもつ〝包容性〟が論じられています。

一つは、「大海の一滴《いったい》は五味《ごみ》のあぢ(味)わい」(10)とあり、これは、江河《こうが》の一滴《いってき》には一つの味しかないが、大海の一滴には五つの味がすべて溶《と》け込《こ》んでいるという意味です。五味とは、甘《かん》(あまい)・酸《さん》(すっぱい)・苦《く》(にがい)・辛《しん》(からい)・鹹《かん》(しおからい)の五味で、このすべてが備《そな》わっているという観点《かんてん》から包容性を示しています。

また、「大海へ衆流《しゅうる》入る・されども大海は河の水を返《かえ》す事《こと》ありや」(11)ともあります。大海は多くの河川を受け入れながら、それらの水を押《お》し返《かえ》すことはなく、すべてを受け入れるという寛容性《かんようせい》です。これらの譬えが引かれつつ、仏教史《ぶっきょうし》を通観《つうかん》して、法華経《ほけきょう》という経典のもつ包容性が論じられているのです。

次に第二の特徴として挙げられた「貴和尚中」の思想に相当《そうとう》する仏教思想は、「縁起《えんぎ》」「中道《ちゅうどう》」です。「縁起」とは、すべての存在《そんざい》の「相依相資《そういそうし》」性を説く、仏教の根本法理《こんぽんほうり》です。すべての存在は、固定化した実体《じったい》はなく、互《たが》いに関連《かんれん》し合って生成《せいせい》・消滅《しょうめつ》し、全体としてダイナミックな調和を織《お》り成《な》すのが、宇宙《うちゅう》の本然《ほんねん》の姿《すがた》であるとの意味です。

このような「縁起」という基本的真理観に立って、仏教は色心不二《しきしんふに》・依正不二《えしょうふに》などの共生《きょうせい》の哲学《てつがく》を示すとともに、空《くう》・諸法実相《しょほうじっそう》・三諦円融《さんたいえんゆう》などの究極的な真理観を展開し、それらを会得《えとく》した智慧《ちえ》に基づく「中道」の生き方を説いています。たとえば釈尊《しゃくそん》は、縁起観に基づき、苦楽に翻弄《ほんろう》されずに精神的な豊かさを求めていく中道の生き方を示しました。また、インドの竜樹《りゅうじゅ》[12]は、八不《はっぷ》(不生《ふしょう》・不滅《ふめつ》、不常《ふじょう》・不断《ふだん》、不一《ふいつ》・不異《ふい》、不来《ふらい》・不去《ふきょ》)による徹底した空観《くうかん》から無(空《くう》)にも有(仮《け》)にも偏《かたよ》らない「中道」の自在《じざい》の智慧を説いています。

さらに、中国の天台大師《てんだいだいし》・智顗《ちぎ》は、真理を「空《くう》・仮《け》・中《ちゅう》」という三つの相即不離《そうそくふり》の側面からとらえる「円融の三諦論《さんたいろん》」を打ち立てており、融通無礙《ゆうずうむげ》にして偏執《へんしゅう》することのない「中道」の智慧に基づく「一念三千《いちねんさんぜん》」の生命観を示したのです。[13] こうして、仏教の「縁起」「中道」論は、中国の思想・哲学をも吸収しながら発展し、中国仏教の精華《せいか》としての天台仏教が開花《かいか》しました。したがって、そこには仏教の中道論と中国民族の「貴和尚中」の精神がともに包含《ほうがん》されていると、私は考えています。

2

文明・文化の定義と淵源

分かちがたい「文明」と「文化」

池田　文明史《ぶんめいし》に入る前に、まず「文化《ぶんか》」「文明《ぶんめい》」の定義《ていぎ》を確認《かくにん》しておきたいと思います。文化の定義は実《じつ》に二百以上あると顧先生が指摘《してき》されているように、(14) それは決して容易《ようい》ではありません。以下は、あくまで対話を進めるための要約《ようやく》です。

漢字の「文化」「文明」は、いうまでもなく、貴国《きこく》の伝統《でんとう》に由来《ゆらい》します。すなわち「文化」とは「文治教化《ぶんちきょうか》」を、また「文明」とは「文彩《ぶんさい》が光《ひか》り輝《かがや》くこと」や「文化が行《ゆ》き渡《わた》る世《よ》」などを意味しました。しかし、この二語が人間社会を説明するキーワードとなったのは、近代《きんだい》になってからのことでありました。

現在、日本で使われている「文明」「文化」は、英語でいうところの「civilization」と「culture」の訳語《やくご》です。いずれも、西欧《せいおう》では、近代の啓蒙主義《けいもうしゅぎ》や国民国家《こくみんこっか》の形成《けいせい》を背景《はいけい》として、十八世紀後半から十九世紀にかけて盛《さか》んに使われるようになった比較的新しい言葉です。

とくに、未開《みかい》や野蛮《やばん》に対置《たいち》される啓蒙や進歩、教養《きょうよう》などを意味する概念《がいねん》として、フランスでは「文明」(civilisation)が、ドイツでは「文化」(Kultur)が重視《じゅうし》されてきました。

日本では、福沢諭吉《ふくざわゆきち》の『文明論之概略《ぶんめいろんのがいりゃく》』に代表されるように、[15] まず英仏流《えいふつりゅう》の「文明開化《ぶんめいかいか》」論が流行しました。その後、ドイツの思想《しそう》・哲学《てつがく》が輸入されるにつれ、より内的《ないてき》な精神性《せいしんせい》・芸術性《げいじゅつ》を強調したドイツ語の「文化」(Kultur)の概念が浸透《しんとう》していきます。

こうした歴史的《れきしてき》な経緯《けいい》もあり、日本語では、「文明」は物質的《ぶっしつてき》な進歩にかかわるもの、「文化」は精神的《せいしんてき》活動から生まれたものといったニュアンスがあります。もちろん、「科学《かがく》文明」「物質文明」に対して、「精神文明」や「儒教《じゅきょう》文明」「キリスト教文明」などともいいますから、単純に文明イコール物質的とはいえませんが……。

いずれにしても、「文明」と「文化」は、截然《せつぜん》と区別できるものではなく、多分《たぶん》に意義《いぎ》がオーバーラップする概念といえます。ただ、「文明」という場合には、何らかの意味で進歩《しんぽ》や開化《かいか》といった価値評価《かちひょうか》が込《こ》められているようです。[16]

したがって、あくまで仮説的《かせつてき》ですが、「文明」とは文化の総体《そうたい》というか、文化を統合《とうごう》する〝枠組《わくぐ》み〟のようなものといえるでしょうか。

また、宗教も、思想も、教育も、芸術活動も、科学技術も、その表出《ひょうしゅつ》の仕方《しかた》は違っていても、すべて人間の活動の成果《せいか》は「文化」であると考えられます。

文化の定義に関《かん》して、顧先生は、張岱年《ちょうたいねん》先生(17)による「文化とは人類が人と世界の関係《かんけい》の中で行う精神活動および実践《じっせん》活動の方式《ほうしき》およびそこから創造《そうぞう》する物質的および精神的成果の総和《そうわ》であり、活動の方式および活動の成果の弁証法的統一《べんしょうほうてきとういつ》である」との説《せつ》に賛意《さんい》を示されています。

ここでいわれる〝精神活動、実践活動の方式〟には、宗教や言語《げんご》、習慣《しゅうかん》なども含《ふく》まれるでしょうか。さらに、端的《たんてき》に「人類の活動とその結果」こそが、文化であるとも記《しる》されています。私も、必要《ひつよう》にして十分《じゅうぶん》な定義であると考えます。

顧　池田先生が言われたように、「文化」と密接《みっせつ》に重《かさ》なり合う概念《がいねん》として「文明」があるという視点《してん》に賛同《さんどう》します。

じつは文化も、人間の活動の物質的成果をも包含《ほうがん》するものです。今では中国の多くの学者が認《みと》めるようになりましたが、文化には、物質の次元《じげん》、制度《せいど》の次元、精神の次元という三つの次元があります。なかには、行為慣習《こういかんしゅう》の次元を加えて四つの次元があると主張する人もいます。文化もまた絶《た》えず伝達《でんたつ》し受容《じゅよう》されながら発展していくものです。ただ文明は、文化に比べてより顕在化《けんざいか》したものであり、物質性もより強いものといえるでしょう。

私個人の考えは、文明は未開に対していうものだと思います。おおよそ新石器《しんせっき》時代、今から一万年から四千年前、人類の進歩は無知蒙昧《むちもうまい》な時代から抜け出し、文明の時代に入りました。そして世界に古代《こだい》四大文明が出現《しゅつげん》しました。つまり、この時期から人類は文化をもつようになったのです。

したがって、文明とは、じつは文化の表現《ひょうげん》であり、文化のある状態《じょうたい》のことで、文明、文化には同じ意味が含まれています。中華書局《ちゅうかしょきょく》から一九三六年に出版された『辞海《じかい》』では、「文明」という語の解釈《かいしゃく》の第一義《だいいちぎ》には「なお文化という」とあり、第二義《だいにぎ》は「人類社会の進歩する状態を指《さ》し、野蛮と対《つい》をなす」とあります。普段《ふだん》、われわれがある人の行為を取りざたするとき、「この人は文明的ではない」などといったりしますが、それはその人の行為が粗野《そや》なことを指しているのです。

ですから、もし文明と文化に多少《たしょう》なりとも違いがあるとすれば、文明とはつねに文化の優《すぐ》れた側面《そくめん》、積極的な側面を指しており、反対に文化のなかには立ち遅れた消極的な側面も含まれていると思います。

池田先生は中国文化について造詣《ぞうけい》が深《ふか》く、漢字のなかの「文化」や「文明」に含まれる意味について深く理解されていると思います。中国語のなかの「文化」という二字は、たしかに中国古代の「文治教化《ぶんちきょうか》」からきたものです。

『辞海』の解釈によると、第一義は「文化、文治教化を謂《い》うなり」であり、また『説苑《ぜいえん》』の「指武《しぶ》」篇《へん》には「凡《およ》そ武《ぶ》の興《おこ》るは服《ふく》せざるがためなり。文化改《あらた》めずして、然《しか》る後《のち》に誅《ちゅう》を加《くわ》ふ」とあります。(18)「文治教化」とは、封建王朝《ほうけんおうちょう》がその支配《しはい》を維持《いじ》する手段《しゅだん》でした。当然《とうぜん》ながら、現在ではこのように解釈することはありません。

英語から見てみると、「文明」（civilization）と「文化」（culture）の二語の間には大きな隔《へだ》たりがあります。英語のcivilizationという語は、市民階級《しみんかいきゅう》が現われたあと、しばしば用《もち》いられる語で、教化、開化を意味し、また野蛮、暗黒《あんこく》に対する語でもあります。

漢語《かんご》のなかの「文明」と「文化」の二語はいずれも「文」から始まっており、見《み》た目《め》も英語より似《に》ています。

文明は滅びても、その成果は残る

池田　「文」という漢字は、「人」の正面形《しょうめんけい》を表《あらわ》しているといわれますね。「文明」も「文化」も、その根本《こんぽん》は「人間《にんげん》」であることを象徴《しょうちょう》しているようにも思われます。

次に文明・文化の淵源《えんげん》について、往古《おうこ》の歴史を振《ふ》り返《かえ》りたいと思います。

まず古代《こだい》においては、中国、メソポタミア、エジプト、インダスの「四大灌漑《かんがい》文明」が有名です。黄河《こうが》・長江《ちょうこう》、チグリス・ユーフラテス川、ナイル川、インダス川という大河《たいが》の恩恵《おんけい》を受けて農耕《のうこう》を発達《はったつ》させ、蓄《たくわ》えた豊《ゆた》かな力を基盤《きばん》に、おおむね紀元前《きげんぜん》四〇〇〇年紀《き》から前三〇〇〇年紀にかけて、高度な都市《とし》文明や初期《しょき》の王朝《おうちょう》を形成《けいせい》していきます。

このうち、オリエント（エジプト、メソポタミア）の影響《えいきょう》を受けながら生まれたのが古代地中海《ちちゅうかい》世界の文明であり、後《のち》にギリシャ文明へと展開《てんかい》していきました。またインダス文明の衰退《すいたい》後、西《せい》方《ほう》から移動《いどう》したアーリア人がガンジス川流域《りゅういき》に古代インドの文明を生み出しております。

　これら諸《しょ》文明の豊かな大地から、紀元前八世紀から同二世紀までの間に、世界史的に重要な数々《かずかず》の思想が誕生《たんじょう》します。すなわち貴国《きこく》に孔子《こうし》や老子《ろうし》をはじめ墨子《ぼくし》、荘子《そうし》、列子《れっし》等の哲人《てつじん》たちが、インドにウパニシャッドの哲人や釈尊《しゃくそん》が、イランにゾロアスター、パレスチナに旧約聖書《きゅうやくせいしょ》の預言《よげん》者《しゃ》たちが出現《しゅつげん》しました。またギリシャでは自然哲学者《しぜんてつがくしゃ》たちや、ソクラテスとプラトン、アリストテレスの師弟《してい》に代表される哲学の深化《しんか》、またアテネの民主主義《みんしゅしゅぎ》など、高度《こうど》な文化が花開《はなひら》きました。

　この時代を、ドイツの哲学者ヤスパースが「枢軸時代《すうじくじだい》」と名付《なづ》けたことはつとに知られています[19]。なお、前一〇〇〇年前後から中米《ちゅうべい》にメソアメリカ文明、前二〇〇〇年前後から南米《なんべい》にアンデス文明が形成《けいせい》され始めたことも忘れてはなりません。今日《こんにち》では、先の「四大文明」を拡大して「六大文明」とする見解《けんかい》も広まっています。

　その後、ヨーロッパ地域では、ギリシャ・ローマ文化とキリスト教等を基礎《きそ》として、いわゆる西欧《せいおう》文明が形成され、南アジアにはヒンドゥー文明、中東にはイスラーム文明が形成されるなど、各地に独特《どくとく》の文明が築かれていきます。

　こうした世界史上の諸文明について、トインビー博士は、衰亡《すいぼう》したもの、現存《げんそん》するものを合わせて、いくつかの留保《りゅうほ》を付けながら二十一文明と数えました。後に二十三に修正《しゅうせい》され、最終的には三十一に修正しています。一方、トインビー博士が多大《ただい》な影響を受けたドイツの歴史哲学者《れきしてつがくしゃ》シュペングラーは、八大文明を提起《ていき》しています。(20)

人類史には、多くの文明が多元的《たげんてき》に開花《かいか》し、中国文明のように、「交流《こうりゅう》」「衝突《しょうとつ》」「変転《へんてん》」を繰《く》り返《かえ》しながら長期間にわたって存続《そんぞく》した文明もあれば、アンデス文明のようにヨーロッパ人の侵《しん》略《りゃく》で滅《ほろ》ぼされた文明もあります。

今日の世界には、さまざまな文化・文明が多元的に存在します。この対談の冒頭《ぼうとう》でもふれたアメリカのサミュエル・ハンチントン教授による「文明の衝突」というような単純《たんじゅん》な構図《こうず》はあり得ないし、また回避《かいひ》できると私は思っております。

顧　広く認《みと》められているところでは、古代の世界には四大文明、すなわちエジプト文明、バビロニア文明、古代インド文明および古代中華《ちゅうか》文明がありました。では、なぜ、ある文明は消滅《しょうめつ》し、中断《ちゅうだん》してしまったのでしょうか。

トインビー博士は『歴史の研究』のなかで詳細《しょうさい》に論《ろん》じていますが、簡潔《かんけつ》にいえば、おもに戦争やその他の天災《てんさい》・人災《じんさい》によって、ある文明は他の文明にとって代《か》わられたり、しだいに消滅《しょうめつ》していったりしたのです。

当然《とうぜん》、まさにトインビー博士が述《の》べているように、文明の転換《てんかん》や消失《しょうしつ》には、つねに文明の内部《ないぶ》にその原因《げんいん》があり、文明の成果《せいか》（文化）としてはつねに残っていくものなのです。

たとえば、古代エジプト文明は数度《すうど》にわたる変化を経《へ》て、紀元前三三二年、マケドニアに侵入《しんにゅう》され、ギリシャ、ローマ文明と融合《ゆうごう》したことがあります。また、紀元六三九年、アラビア人に侵入されたあと、しだいにアラブ化していきましたが、エジプトの古代文化は今なお輝《かがや》かしい光を放《はな》っています。しかも古代エジプト文化は西欧文明やアフリカ文明にも重要な影響を及ぼしたのです。

まさに池田先生が挙《あ》げられたように、紀元前八世紀から同二世紀までの間、世界に多くの重要な哲学者が現れました。たとえば、中国の孔子、老子、墨子などやインドのウパニシャッドの哲人および釈尊、パレスチナの預言者たち、古代ギリシャのソクラテス、プラトン、アリストテレスなどです。

彼らが生きていた時代の文明は、すでに変化してしまっており、あるものはすでに消滅していますが、彼らの精神や思想は今もなお息づいています。

一つの文明の中断や消失から考えると、文明は人類の集団活動《しゅうだんかつどう》のある状態であり、文化はさらに、ある精神や集団の実践《じっせん》活動における物質的な成果です。ある文明は中断したり消滅したりすることもありますが、集団が創造《そうぞう》した精神的な富《とみ》や物質的な富は残ります。

私がなぜ中国の哲学者・張岱年《ちょうたいねん》先生の文化についての定義《ていぎ》――つまり「文化とは人類が人と世界の関係《かんけい》の中で行う精神活動および実践活動の方式《ほうしき》およびそこから創造する物質的および精神的

成果の総和《そうわ》であり、活動の方式および活動の成果の弁証法的統一《べんしょうほうてきとういつ》である」という定義――に賛同するかといえば、この定義によって、人類の（動態的《どうたいてき》な）活動方式と（静態的《せいたいてき》な）活動成果との統合《とうごう》、活動の方式には精神活動と実践活動の両面《りょうめん》を含《ふく》むこと、活動の成果には物質的な成果とともに精神的成果をも含むことが強調されているからです。この定義は、すべてを網羅《もうら》していると思います。

儒教の復興――現代の「挑戦」への中国の「応戦」

池田　たとえ、ある文明が消滅《しょうめつ》したり、中断《ちゅうだん》したりしたとしても、人間活動の精神的・物質的成果《せいか》である文化は厳然《げんぜん》と残るとの洞察《どうさつ》は、いわゆる「伝統《でんとう》と現代化《げんだいか》」というテーマを考える上でも、大変に興味深《きょうみぶか》いものです。

文化といえば、一般《いっぱん》には「伝統」のカテゴリーに入るイメージが強いと思います。しかし、絶《た》え間《ま》なく変化するものとして文化をとらえるならば、必ずしも「現代化」というベクトルと相反《あいはん》するものとはいえなくなります。むしろ、文化の生命力《せいめいりょく》は、その内に伝統（保守性《ほしゅせい》・持続性《じぞくせい》）と現代化（自己革新性《じこかくしんせい》）の緊張感《きんちょうかん》をもっているかどうかにあるとはいえないでしょうか。トインビー博士の考察《こうさつ》をお借りするならば、現実《げんじつ》からの厳《きび》しい挑戦《ちょうせん》（試練《しれん》）に対応《たいおう》する、たくましい応戦《おうせん》（克服《こくふく》）こそが、新しい文化・文明の揺籃《ようらん》となるのです。(21)

顧先生も、文化には、固定的《こていてき》な「民族性《みんぞくせい》」と、時《とき》とともに変遷《へんせん》する「時代性《じだいせい》」の両面があることに論及《ろんきゅう》されています。(22)なかでも、文化の伝播《でんぱ》と移《うつ》り変《か》わりについて、「転移《てんい》（導入《どうにゅう》）」「選択《せんたく》」「発見《はっけん》」「創造《そうぞう》」という四つの段階《だんかい》を経《へ》ることを明示《めいじ》されていました。複雑《ふくざつ》な過程《かてい》に道筋《みちすじ》を与える優《すぐ》れた学説《がくせつ》だと思います。異《こと》なる文化との遭遇《そうぐう》や時間の推移《すいい》も、現実から文明への挑戦の一つですが、そのとき、「転移」のみにとらわれて自己《じこ》を変えようとしない固定性だけが前面《ぜんめん》に出てくれば、その文化は衰退《すいたい》の道をたどっていきます。しかし、一方で、一つの文化が「選択」「発見」「創造」といった応戦のプロセスを力強く進んでいけば、新《あら》たな生命力をもった文化を生み出していける――このようにトインビー博士の〝挑戦と応戦〟の学説を、顧先生の学説と対応《たいおう》させることも可能《かのう》ではないでしょうか。

文明・文化における〝挑戦と応戦〟、あるいは文化の発展に関連《かんれん》して、私がとくに注目《ちゅうもく》する具《ぐ》体的事実《たいてきじじつ》があります。それは、現代における儒教《じゅきょう》の復興《ふっこう》です。

儒教は、中国の精神文化《せいしんぶんか》の骨髄《こつずい》といえるものです。近年《きんねん》、貴国《きこく》の人々の間に儒教の学習熱《がくしゅうねつ》が高まっていることが、日本でもたびたび報道《ほうどう》されます。しかも昨年（二〇〇九年）は、孔子の生誕《せいたん》二千五百六十年にあたり、九月には、家系図《かけいず》「孔子世家譜《せいかふ》」が七十二年ぶり、十年越《ご》しで更新《こうしん》されたことも報《ほう》じられました。(23)

経済発展の一方で、拝金主義《はいきんしゅぎ》の蔓延《まんえん》など倫理性《りんりせい》の衰退や社会問題の発生《はっせい》は、どの国にも共通する課題《かだい》です。これは、現代における文明への一つの〝挑戦〟といえましょう。儒教を精神的な柱《はしら》とした貴国の精神復興の取り組みこそは、現代社会の厳しい挑戦に対する、中国文明の〝応戦〟の姿《すがた》ではないでしょうか。顧先生の示された学説を適用《てきよう》すれば、「発見」「創造」の過程《かてい》に当てはまるのではないでしょうか。

先年《せんねん》、私は、ハーバード大学のドゥ・ウェイミン教授と、貴国の「儒教ルネサンス」などをめぐって対話しました。教授は、一九八七年に中国の国家教育委員会により、儒教が学術的探究《たんきゅう》の正統科目《せいとうかもく》

楽人陶俑（隋６世紀） 隋代の将軍・張盛の墓（河南省安陽）から1959年に出土した。琵琶、笛などを奏でる女性群像は、当時の中国の文化水準の高さをしのばせる。張盛墓は多くの豪華な副葬品が出土したことで知られる。高さ17～19cm ©Erich Lessing/PPS

に承認《しょうにん》されたことと、同時に儒教ヒューマニズムの復興を研究する十年計画が開始されたことを、儒教復興の画期的《かっきてき》な出来事《できごと》として挙《あ》げておられました。[24]

歴史を振《ふ》り返《かえ》って見れば、始皇帝《しこうてい》による焚書坑儒《ふんしょこうじゅ》[25]という激《はげ》しい弾圧《だんあつ》にも耐《た》え抜《ぬ》き、儒教は、前漢《ぜんかん》の時代に国家の礎《いしずえ》の思想となりました。

その後、中国の精神的支柱《せいしんてきしちゅう》として生き続けましたが、十九世紀以降《いこう》の近代化《きんだいか》の波《なみ》のなかで、過去の遺物《いぶつ》として激しい批《ひ》判《はん》を受けました。文豪《ぶんごう》・魯迅《ろじん》も、儒教に基《もと》づいた封建社会《ほうけんしゃかい》の遺制《いせい》を厳しく指弾《しだん》したことは周知《しゅうち》のとおりです。

しかし、二十一世紀の今、儒教という中国文化の精神的源泉《げんせん》に再《ふたた》び熱い視線《しせん》が向けられていることは、注目すべき事実です。二十数世紀の歳月《さいげつ》の荒波《あらなみ》を乗り越え、儒教が、不《ふ》滅《めつ》の光のように現在を照《て》らしゆく事実に、私は、人類が生み出した〝文化《ぶんか》の精華《せいか》〟の強靭《きょうじん》な生命《せいめい》力《りょく》を見る思いです。

顧先生は、「伝統《でんとう》と現代化《げんだいか》」という課題について、どのように考えておられますか。とりわけ、儒教復興の成果と課題、精神復興の挑戦が社会に与えている影響《えいきょう》について、お聞かせください。

「伝統」の美徳を継承しつつ「現代化」

顧　伝統と現代化の関係について、私は、伝統は基礎《きそ》で、現代化は発展《はってん》だと考えています。

トインビー博士が述《の》べているように、いかなる文明にも発生《はっせい》、成長《せいちょう》、衰退《すいたい》、再生《さいせい》という過程《かてい》があります。現代化もつねに伝統という基礎から発展するもので、何もないところから現代化が実《じつ》現《げん》されるということはあり得ません。たとえ他国《たこく》から現代化を導入《どうにゅう》したとしても、土着文化《どちゃくぶんか》による改変《かいへん》を経《へ》てこそ、はじめて安定《あんてい》した成長と発展が得られるでしょう。

たとえば、日本は明治維新《めいじいしん》で西洋《せいよう》の立憲君主制度《りっけんくんしゅせいど》を導入しましたが、日本の政治体制と西洋のそれとは多くの差異《さい》があり、日本民族の伝統的な特徴《とくちょう》もあります。日本の教育には「和魂洋才《わこんようさい》」の精神が浸透《しんとう》しています。

しかし、伝統は現代化を阻害《そがい》する側面《そくめん》も備《そな》えています。文化の伝統とは、ある集団が長い歴史のなかで蓄積《ちくせき》しながら形成《けいせい》していった、現実の社会のなかで依然《いぜん》として巨大な影響を及ぼしている文化モデルです。そこには民族の基本的精神が含《ふく》まれながらも、多くの古い内容もあります。ですから、中国は現代化を実現する過程のなかで、つねに古い文化伝統に対して鑑別《かんべつ》し、選択《せんたく》し、改変を行います。また、優《すぐ》れた文化や民族精神を選択して、継承《けいしょう》し、発揚《はつよう》し、若干《じゃっかん》の立ち遅れた、時代の要請《ようせい》にそぐわなくなった内容は否定《ひてい》し、放棄《ほうき》しなければなりません。そして、過去の優れた要素《ようそ》も現代の要請に基《もと》づいて改変し、充実《じゅうじつ》させ、時代の要請に合致《がっち》した新しい文化を築《きず》いていかなければならないと思います。

伝統と現代化の関係を正しく処理《しょり》することは、中国が現代化建設に取り組む上で必ず重視《じゅうし》しなければならない問題です。

中国の最近の国学《こくがく》（中国の古代文献研究《こだいぶんけんけんきゅう》）ブームは、中国人の伝統と現代化に対する選択を反映《はんえい》したものです。周知《しゅうち》のように、中国は現代化に向かっていく過程で、伝統の消極的な役割《やくわり》を見すぎてしまいました。

かつての一時期《いちじき》、すべての伝統が否定され、全面的な西洋化の実現《じつげん》が主張されたことがあります。とくに「文化大革命《ぶんかだいかくめい》」のなかで、いわゆる革命青年の「破四旧」（四つの旧悪《きゅうあく》、すなわち古い思想《しそう》、古い文化《ぶんか》、古い風俗《ふうぞく》、古い習慣《しゅうかん》を打《う》ち破《やぶ》ること）の行動は、伝統文化にきわめて大きな破壊《はかい》作用《さよう》を及ぼしたのです。

「文化大革命」以後、混乱《こんらん》した事態《じたい》は収束《しゅうそく》し、正常な社会に戻りましたが、中国の伝統文化が深刻《しんこく》な破壊を受けたことは、一民族の文化的素質《そしつ》を養《やしな》う上で深刻な不利益《ふりえき》を蒙《こうむ》ったばかりでなく、中国の現代化建設にとっても不利益を蒙ったと痛感《つうかん》しています。ですから多くの有識者《ゆうしきしゃ》は、中華《ちゅうか》文化《ぶんか》の偉大《いだい》な復興《ふっこう》を実現し、伝統文化のなかの優れた精神を重視し、中華伝統の美徳《びとく》を宣揚《せんよう》することを提起《ていき》しました。

私は、中国の現在の国学ブームは二つの内容を含《ふく》んでいると考えています。一つは国学の知識を普及《ふきゅう》し、中華文化の精神を伝播《でんぱ》し、国民の中華伝統の美徳へのアイデンティティーを強め、彼らの文明的素養《そよう》を高めるという内容です。たとえば、現在、多くの地方の小中学校で古典《こてん》の一部の朗読《ろうどく》を提唱《ていしょう》しています。二つには、国学の研究を展開《てんかい》し、国学大師《こくがくだいし》を養成し、中国の典籍文化《てんせきぶんか》の伝承《でんしょう》と発展ができるようにすることです。

中国の伝統文化の中心は、儒教《じゅきょう》の学説《がくせつ》です。私は儒教文化の発展には三つの段階《だんかい》があると考えます。第一段階は、孔子、孟子《もうし》、荀子《じゅんし》の時代で、「仁《じん》」や「礼《れい》」を中心とする原始《げんし》儒教文化の時《じ》期《き》です。[26] 第二段階は、漢《かん》の武帝《ぶてい》の時代で、董仲舒《とうちゅうじょ》が「罷黜百家、独尊儒術（百家《ひゃっか》を排除《はいじょ》して、儒教だけを尊《とうと》ぶ）」を唱《とな》え、儒学を「三綱五常《さんこうごじょう》」におさめました。[27] 三綱とは、君《くん》を臣綱《しんこう》となし、父《ふ》を子綱《しこう》となし、夫《ふ》を婦綱《ふこう》とすることであり、五常とは「仁《じん》、義《ぎ》、礼《れい》、智《ち》、信《しん》」のことで、一連《いちれん》の封《ほう》建倫理道徳《けんりんりどうとく》を打ちたてました。第三段階は、宋明理学《そうみんりがく》[28]の構築で、「天理《てんり》存《そん》すれば、人欲《じんよく》滅《ほろ》ぶ（自然の道理《どうり》にしたがい、人としての欲望《よくぼう》を取《と》り除《のぞ》く)」という思想を主張し、儒学をますます硬直化《こうちょくか》させていきました。

今日《こんにち》、われわれが国学を提唱し、あるいは、儒学の伝承を重視するのは、復古《ふっこ》のためではなく、ましてや封建道徳を再《ふたた》び宣揚《せんよう》するためでもありません。中華の伝統文化の優《すぐ》れた精神を復活《ふっかつ》させ、伝承し、中華伝統の美徳を宣揚し、民族の精神を奮《ふる》い立《た》たせるためです。

そして、この伝承の過程《かてい》で選択《せんたく》と改変《かいへん》を行い、一部の封建的な残《のこ》り滓《かす》を取《と》り除《のぞ》き、現代的な意《い》義《ぎ》を賦与《ふよ》することによって、文化伝統の伝承という基礎《きそ》の上に現代化した新文化を構築《こうちく》していくためです。

この十数年来、社会全体の努力、教育の重視、メディアによる宣伝を通じて、中華文化の伝統は各地の政府や人民大衆《じんみんたいしゅう》から重視されるようになりました。各地では文化遺跡《ぶんかいせき》の保護《ほご》に尽力《じんりょく》し、多くの無形《むけい》の遺産も重視され、復元されています。

学校ではさまざまな伝統文化の活動が展開され、古典の名作《めいさく》の朗読《ろうどく》をしたり、授業のなかでも中華文化の内容が増え、青年世代に中華文化の薫陶《くんとう》を受けさせられるようになりました。

しかし、このように国学を提唱するなかでも、私は復古傾向《ふっこけいこう》に反対し、形式主義《けいしきしゅぎ》を排《はい》していくことを望んでいます。時代は進んでおり、社会も進歩しており、歴史は逆行《ぎゃっこう》することはありません。国学の提唱にせよ、儒学の振興《しんこう》にせよ、伝承すべきものは基本的な精神です。当然、この精神もさまざまな物質的な文化遺産《ぶんかいさん》や人々の行為《こうい》の慣習《かんしゅう》のなかに浸透《しんとう》していますが、だからといって古代の状態に戻る必要はないと思います。

3 日本と中国の文化発展

中国・西洋から「導入」「選択」「発見」「創造」

池田 顧先生のおっしゃるとおり、いかなる伝統文化も、発展的《はってんてき》、創造的《そうぞうてき》に継承《けいしょう》されていかなければ、かえって弊害《へいがい》を伴《ともな》うでしょう。そのためにも、他の文化や文明との交流《こうりゅう》は不可欠《ふかけつ》です。

「文化多元主義《ぶんかたげんしゅぎ》」を追求《ついきゅう》した英国の思想家アイザイア・バーリンは綴《つづ》っています。

「人の求める目的は数多《かずおお》く、かつ多様《たよう》であるが、人々はそれぞれ充分《じゅうぶん》に合理的《ごうりてき》でかつ人間的《にんげんてき》であり、お互《たが》いに理解《りかい》し共感《きょうかん》し学び合うことができる」(29)と。

これは、顧先生の「さまざまな文化が互いに交流し合い、互いに学び合って、各自《かくじ》の文化をさらに繁栄《はんえい》させるべきだ」とのお考えにも通じる洞察《どうさつ》だと思います。

人間は必《かなら》ずや互いに心を結《むす》び合える。そして、すべての人には〝善《ぜん》なる人間性《にんげんせい》〟があり、啓発《けいはつ》し合うことができる――これまで私が、文化や宗教などの違《ちが》いを超《こ》えて、世界中で対話を続けてきたのも、この確信《かくしん》からでありました。

交流は文化・文明をも発展させます。それを裏《うら》づけるためにも、ここでは「転移《てんい》（導入《どうにゅう》）」「選択《せんたく》」「発見《はっけん》」「創造《そうぞう》」という顧先生の〝文化発展の過程《かてい》〟論もお借りしながら、日本文化の形成史上《けいせいしじょう》のいくつかのエポックを一瞥《いちべつ》したいと思います。

二〇〇八年の五月八日夕《ゆう》、私は、来日《らいにち》された胡錦濤主席《こきんとうしゅせき》と再会《さいかい》し、青年交流や文化交流などについて語り合いました。胡主席はその日の午後、早稲田大学で「日中青少年友好交流年」の開幕《かいまく》を祝《いわ》う記念講演《きねんこうえん》を行い、次のとおり語られました。

「日本国民は、勉学《べんがく》と創造《そうぞう》に長《ちょう》じ、勤勉《きんべん》さ、英知《えいち》と向上心《こうじょうしん》に富《と》んでいます。古くは千四百余年《よねん》前、日本は二十回以上にわたって中国に遣隋使《けんずいし》や遣唐使《けんとうし》を派遣《はけん》し、中国の制度《せいど》、法令《ほうれい》、律令《りつりょう》を参考にし、仏教、漢字、技術を導入し、その上で自分自身の状況に合わせて独特《どくとく》な日本文化を形成させました。明治維新《めいじいしん》以降《いこう》、日本国民は世界の先進的《せんしんてき》文明を学び、吸収《きゅうしゅう》し、日本をアジア最初の近代国家《きんだいこっか》に発展させました。日本国民は限《かぎ》られた国土《こくど》の上で世界の注目《ちゅうもく》を集めるような発展の業績《ぎょうせき》を成《な》し遂《と》げました」[30]

私は、胡主席の温《あたた》かい日本への眼差《まなざ》しに心から感謝するとともに、文化の大恩人《だいおんじん》である貴国《きこく》に改めて最大《さいだい》の敬意《けいい》を表《ひょう》しました。

胡主席の述《の》べられたとおり、古代《こだい》日本において、中国および韓《かん》・朝鮮半島《ちょうせんはんとう》からの渡来人《とらいじん》や中国への派遣使節《はけんしせつ》などによって伝来《でんらい》した文物《ぶんぶつ》や技術、思想の影響《えいきょう》は絶大《ぜつだい》でした。なかでも私は、六世紀から仏教と儒教《じゅきょう》が本格的《ほんかくてき》に摂取《せっしゅ》されていった事実を重く見たいのです。これはまさに文明開化《ぶんめいかいか》の意義《いぎ》をもつ文化の「導入《どうにゅう》」であったと思うのです。

聖徳太子《しょうとくたいし》は、日本国の精神的支柱《せいしんてきしちゅう》として、「十七条憲法《けんぽう》」を作成《さくせい》しましたが、その内容には仏教と儒教を受容《じゅよう》（「導入」「選択」「発見」）し、国家の統一《とういつ》を「創造《そうぞう》」しようとする試《こころ》みが見いだされます。[31] たとえば、第一条の「和《わ》を以《もっ》て貴《たっと》しと為《な》し、忤《さか》ふること無《な》きを宗《むね》とせよ」は、『論語《ろんご》』学而《がくじ》第一の「礼《れい》を之《こ》れ用《もち》ふるには、和を貴しと為す」などを根拠《こんきょ》にしており、また第二条の「篤《あつ》く三宝《さんぼう》を敬《うやま》へ。三宝とは仏《ぶつ》・法《ぼう》・僧《そう》なり」では、仏教への「帰依《きえ》」が説《と》かれています。

そして、『三経義疏《さんぎょうぎしょ》』（勝鬘《しょうまん》経義疏・維摩《ゆいま》経義疏、法華《ほっけ》義疏）は聖徳太子の真撰《しんせん》であるか疑問視《ぎもんし》する意見はあるにせよ、「大乗仏教《だいじょうぶっきょう》」の思想を深く理解しており、日本民族の精神性《せいしんせい》、倫理性《りんりせい》を養《やしな》っていくことになります。

以来《いらい》、日本は大乗仏教の国となり、貴国との交流を通して、仏教思想を次々と受け入れながら、奈良《なら》仏教、平安《へいあん》仏教、そしてその基盤《きばん》の上に、鎌倉《かまくら》仏教という日本仏教の独創的《どくそうてき》な思想を咲《さ》かせていくこととなります。そこで育《はぐく》まれた伝統《でんとう》は、室町《むろまち》文化、江戸《えど》文化へと引《ひ》き継《つ》がれるのです。

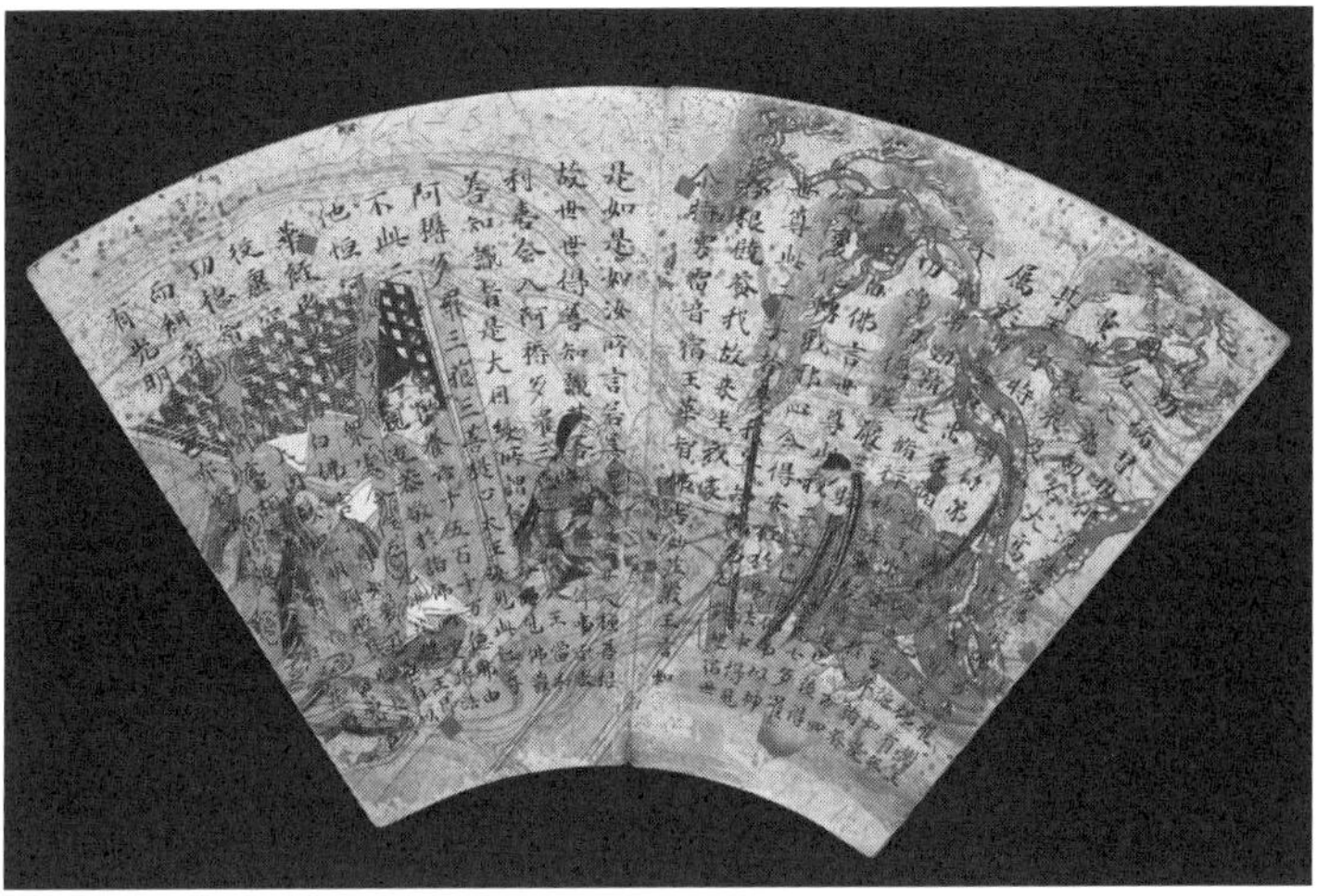

平安時代（12世紀）に制作された『扇面法華経冊子』。国宝に指定されている。当時の貴族や庶民の生活が美しい大和絵の手法によって描かれ、その上に法華経の経文が書写されている。東京国立博物館蔵
Image : TNM Image Archives

制度面《せいどめん》においては、大化《たいか》の改新《かいしん》に見られるように、古代中国の律令制《りつりょうせい》が国家の統治《とうち》制度《せいど》として移植《いしょく》されていますが、その受容の仕方《しかた》にも巧《たく》みな取捨改変《しゅしゃかいへん》があり、日本に適合《てきごう》した制度として確立《かくりつ》されました。ここにも、「選択《せんたく》」等のプロセスが見られます。

平安期《へいあんき》には漢字から独自《どくじ》の仮名文字《かなもじ》を生み出し、日本語の多彩《たさい》な表現形式《ひょうげんけいしき》が成立《せいりつ》していきます。日本民族は、中国の漢字文化を「導入」しながら、日本古来《こらい》の伝統文化を「再発見《さいはっけん》」しつつ、「選択」「導入」した漢字文化の上に、新《あら》たな日本の国風《こくふう》文化を創造《そうぞう》していったのです。

その一つの精華《せいか》として、宮廷《きゅうてい》の女性たちを重要な担《にな》い手《て》に、世界最古《さいこ》の長編小説といわれる『源氏物語《げんじものがたり》』や、随筆《ずいひつ》の傑作《けっさく》

『枕草子《まくらのそうし》』、勅撰《ちょくせん》の歌集《かしゅう》である『古今和歌集《こきんわかしゅう》』など、「かな」を表現形式とした日本風の文化・文芸が開花《かいか》していきました。その精神的土壌《どじょう》には、「法華経《ほけきょう》」をはじめとする大乗《だいじょう》の思想が影響を与えています。

次に、古代に中国から「導入」された儒教は、その後も、日本から派遣《はけん》された留学生《るがくしょう》や中国から来朝《らいちょう》した学者によってもたらされる知識《ちしき》を加《くわ》えながら、長い期間を経《へ》て、日本人の生活に溶《と》け込《こ》み、日本民族の深層《しんそう》の倫理性《りんりせい》を培《つちか》っていきました。

そのような歴史のなかで特筆《とくひつ》すべきは、近世《きんせい》日本に中国から「導入」された朱子学《しゅしがく》です。(32)「朱子学」は江戸幕府《ばくふ》の官学《かんがく》となり、各大名家《かくだいみょうけ》に受容され、民衆にも寺子屋《てらこや》を通《つう》じて普及《ふきゅう》していきました。その理由の一つに、当時の中国（明《みん》・清《しん》）では朱子学が官学として尊重《そんちょう》されていたことが挙《あ》げられます。さらに朱子学では明徳《めいとく》を明《あき》らかにすることができれば、堯《ぎょう》や舜《しゅん》と同様の道徳的に高い人間になれると説く点も指摘《してき》できるでしょう。こうした朱子学の日本への受容プロセスにも、「選択」や「発見」「創造」の営《いとな》みが見られます。

すなわち、日本では「仁《じん》」等の徳《とく》を明らかにする面は受容されていったのですが、朱子学で説く根源的《こんげんてき》な理法《りほう》にはあまり関心《かんしん》を示さず、道徳的規範《きはん》の面《めん》だけが学ばれたのです。

十七世紀の日本の儒学者・中江藤樹《なかえとうじゅ》は晩年《ばんねん》、陽明学《ようめいがく》に傾《かたむ》いていきます。(33)同時に、儒教の古典《こてん》そのものに帰ろうとする古学《こがく》(34)が成立しますが、その場合も、日本人の精神風土《せいしんふうど》に即《そく》した儒学の思想となっています。これは、日本的な儒教の「創造」ともいえるでしょう。また、日本では結局、科挙《かきょ》の制度《せいど》は取り入れられませんでした。

その後、明治《めいじ》時代に入ると、日本は西洋科学技術文明からの強烈《きょうれつ》な衝撃《しょうげき》（挑戦）を受けることになり、その応答《おうとう》として近代の日本が形成されていきます。西洋文明の影響は、科学技術はもとより、衣食住《いしょくじゅう》の生活面、法律《ほうりつ》、経済《けいざい》、軍事《ぐんじ》、教育《きょういく》、医療《いりょう》、福祉《ふくし》から思想哲学《しそうてつがく》などの精神面にまで及びました。

とりわけ第二次世界大戦後は、アメリカの影響のもと、重工業《じゅうこうぎょう》からエレクトロニクスまでの幅《はば》広《ひろ》い分野《ぶんや》で、科学技術の発達《はったつ》を遂《と》げました。地下資源《ちかしげん》に乏《とぼ》しい国土的条件を逆手《さかて》にとり、加工貿《かこうぼう》易《えき》で成功《せいこう》したのです。ここにも、「転移（導入）」「選択」「発見」「創造」のプロセスがあったといえましょう。

ただし国益《こくえき》を追求《ついきゅう》するあまり、民衆の幸福がなおざりにされ、ついに、あの悲惨《ひさん》な戦争を引き起こして、貴国をはじめアジアの国々に甚大《じんだい》な災禍《さいか》をもたらした歴史は、絶対に忘れてはなりません。

衝突と融合――中華文明は「多元的」かつ「一体」

顧　池田先生は日本の発展の歴史を振《ふ》り返《かえ》り、日本が他の国々や民族の文化を吸収《きゅうしゅう》し、選択《せんたく》と改《かい》変《へん》を経《へ》て、独自《どくじ》の日本民族の文化を創造《そうぞう》してきたことを説明されました。池田先生が述《の》べられた内容《ないよう》は、文化の「転移《てんい》、選択、発見《はっけん》と創造」という私の理論《りろん》を裏《うら》づけてくださり、とてもうれしく思いました。

日本の発展の歴史は、胡錦濤《こきんとう》主席が日本の早稲田大学で講演《こうえん》したように、「日本国民は、勉学《べんがく》と創造に長《ちょう》じ、勤勉《きんべん》さ、英知《えいち》と向上心《こうじょうしん》に富《と》んで」いることをあますところなく物語《ものがた》っています。私は貴国《きこく》を二十数回訪《おとず》れたことがあり、最長の滞在《たいざい》は四カ月間ですが、胡錦濤主席の講演の正しさを深く体験できました。私は貴国が伝統《でんとう》と現代化《げんだいか》を、このように見事《みごと》に結びつけたことに心から驚嘆《きょうたん》しています。

池田先生は、日本は歴史上、中国から儒学《じゅがく》の影響《えいきょう》を受け、朱子《しゅし》学《がく》などの思想を受容《じゅよう》してきたことから、中国を日本文化の大恩《だいおん》の国だと言われました。しかし、その逆もまたあるわけで、実際《じっさい》、中国の近代化《きんだいか》された多くのものは、どれも日本から学んできたものばかりです。

他のことはさておき、教育についていえば、中国の近代教育の嚆矢《こうし》は、清朝《しんちょう》末期に宣教師《せんきょうし》が創《そう》設《せつ》した教会学校ですが、新学制《しんがくせい》は貴国日本から導入《どうにゅう》されたものです。最初の教育学の書物《しょもつ》さえも、王国維《おうこくい》が日本の立花銑三郎《たちばなせんざぶろう》の教育学を翻訳《ほんやく》したものでした。[35] 清朝末期から中華民国《ちゅうかみんこく》の初めにかけて、中国から多くの留学生《りゅうがくせい》が貴国にどっと押《お》し寄《よ》せ、彼らは多くの新しい思想をもち帰りました。孫文《そんぶん》先生が指導《しどう》する民主革命《みんしゅかくめい》も、貴国の人民《じんみん》から支援《しえん》を受けました。日本は中国の近代化の教師といえるでしょう。

ですから文化とは、絶《た》えず交流《こうりゅう》を通し学び合うなかで発展していくものなのです。中国文化の歴史は長く、しかも二千年以前の先秦《せんしん》時代にはすでにほぼ完成《かんせい》された体系《たいけい》ができあがっていたことから、東アジアにおける影響は大きかったといえます。

中国文化にも形成《けいせい》と変遷《へんせん》の過程《かてい》がありました。この過程のなかで多民族《たみんぞく》の文化が融合《ゆうごう》し、異《こと》なる民族の文化の要素《ようそ》を吸収しながら、しだいに形成されていきました。中国の史学界《しがくかい》では、この過程について、さまざまな意見や時代区分《じだいくぶん》の説があります。

二〇〇六年、中国で北京《ペキン》大学の袁行霈《えんこうはい》教授など四名の教授が筆頭《ひっとう》として名《な》を連《つら》ね、主編《しゅへん》した『中華文明史』（四巻）が出版されました。(36)

その序文《じょぶん》のなかに「中華文明史を考察《こうさつ》するとき、世界文明《せかいぶんめい》という大きな枠組《わくぐ》みから切《き》り離《はな》すことはできない」とあります。この本では、中華文明の変遷は、多元一体《たげんいったい》の枠組みの形成、多民族の融合、外来《がいらい》文明の吸収、「雅《が》」と「俗《ぞく》」の連動《れんどう》、復古《ふっこ》を革新《かくしん》とする等々の面《めん》を含《ふく》んでいると考えています。

考古学《こうこがく》によって証明《しょうめい》されたところでは、中華文明の発祥地《はっしょうち》は黄河流域《こうがりゅういき》だけではなく、長江流域《ちょうこうりゅういき》も含んでいます。しかも中華文明は、遊牧《ゆうぼく》を主《しゅ》とする若干《じゃっかん》の少数民族の文明も含んでいます。中華文明は多元的なものであり、変遷の過程のなかで、互《たが》いに絶滅《ぜつめつ》し合うのではなく、互いに整合《せいごう》し合っているのです。多元一体の枠組みは、遅くとも西周《せいしゅう》(37)にはすでに形成されていました。この本によれば、中華文明の変遷の過程のなかで、二つの面が注目《ちゅうもく》に値《あたい》するとしており、一つは民族の融合、二つには外来文化の吸収を挙《あ》げています。

拙著《せっちょ》『中国教育の文化的基盤』のなかでも、中国文化の形成と変遷について総括《そうかつ》をしました。以下、文明・文化の交流に関して簡潔《かんけつ》にご紹介します。

まず、中国文化の誕生《たんじょう》と初期の段階です。おおよそ紀元前《きげんぜん》七〇〇〇年から同二三〇〇年の間です。そのとき、先ほど申し上げたとおり、中国大陸に華夏《かか》、東夷《とうい》、南蛮《なんばん》という三つの文化集団が誕生しました。いずれも氏族制度《しぞくせいど》の文化に属《ぞく》しています。この時期の文化は、物質的《ぶっしつてき》な面ではおもに火の使用と石器、木器、骨器、陶器の制作と使用が挙げられます。観念的《かんねんてき》な面ではおもに原《げん》始《し》宗教の崇拝《すうはい》、祖先《そせん》崇拝およびトーテミズムで、その時期にはすでに龍《りゅう》をシンボルとするトーテム画が出現《しゅつげん》していました(38)。

次に、周《しゅう》朝宗法制度《そうほうせいど》(39)の確立の時期です。多くの学者は、この時期を「神《かみ》中心から人間《にんげん》中心へ」の時代と称《しょう》しています。この時期、中国の先住民《せんじゅうみん》は原始氏族《しぞく》共同体社会からしだいに貴族《きぞく》奴隷制《れいせい》の宗法制の社会に転換《てんかん》していきました。周代になると、宗法制度の国家がすでに初歩的に形成されるとともに、一連《いちれん》の礼楽《れいがく》制度（のちに礼教《れいきょう》とよばれるようになりますが）が生まれました。この礼楽制度が後に儒学《じゅがく》の基礎《きそ》となったのです。

次に、春秋戦国《しゅんじゅうせんごく》の百家争鳴《ひゃっかそうめい》の時期です。これは中国が木製《もくせい》の犂《すき》を使用する農業から鉄製《てっせい》の犂を使用する農業に転換する時期です。周王朝が衰退《すいたい》し、諸侯《しょこう》が割拠《かっきょ》するようになり、国家もまだ統一《とういつ》されていませんでした。経済面では、井田制《せいでんせい》から名田《みょうでん》制へ移行《いこう》していきました。[40]学術面では、諸子《しょし》が群《むれ》をなして興《おこ》り、学派《がくは》が林立《りんりつ》し、陰陽家《おんようか》、儒家《じゅか》、墨家《ぼっか》、名家《めいか》、法家《ほうか》、道家《どうか》などの学派が興りました。百家争鳴のときには互《たが》いに激《はげ》しく論争《ろんそう》し合いながらも互いに吸収し合い、その結果、学術思想《がくじゅつしそう》は大きく発展を遂《と》げることができたのです。[41]中国文化の最も輝《かがや》かしいこの時期に中国文化の基礎が定《さだ》められたといえるでしょう。

次に、儒教主流《しゅりゅう》文化の確立期《かくりつき》です。長年の併合《へいごう》戦争を経《へ》て、秦王《しんおう》の嬴政《えいせい》が勝利し、ついに中国の統一という大事業《だいじぎょう》を成《な》し遂《と》げました。彼は秦の始皇帝《しこうてい》として政治改革《せいじかいかく》に取り組むとともに、一連の文化《ぶんか》政策《せいさく》を打ち出しました。すなわち、全国で文字《もじ》の統一、貨幣《かへい》の統一、度量衡《どりょうこう》の統一、いわゆる「書同文、車同轍、度同制（書《しょ》は文《ぶん》を同《おな》じくし、車《しゃ》は轍《てつ》を同じくし、度《ど》は制《せい》を同じくする）」を実現《じつげん》しました。これは中国文化の形成に計り知れない作用《さよう》を及ぼしました。

秦王朝《しんおうちょう》が滅亡《めつぼう》したあと、前漢《ぜんかん》の武帝《ぶてい》のとき、儒学思想を主導《しゅどう》とする統一された中国の伝統文化が基本的に確立され、二千年余《あま》り連綿《れんめん》と続いたのです。

仏教が儒学に与えた衝撃《しょうげき》は、中国の儒学が受けた初めての衝撃です。前漢時代、仏教は中国に伝来《でんらい》し、[42]魏晋南北朝《ぎしんなんぼくちょう》の大動乱期《だいどうらんき》にあって、当時の支配集団《しはいしゅうだん》の需要《じゅよう》に適応《てきおう》し、広範《こうはん》に伝播《でんぱ》することができました。前にも申し上げたように、[43]本来《ほんらい》、仏教思想と儒学とは異《こと》なるものです。仏教は来《らい》世《せ》を説き、儒学は現世《げんせ》を説きます。また、仏教は家から離れること（出家《しゅっけ》）を、儒学は家を根本とします。しかし、何度かの衝撃によって、仏教はしだいに儒学の思想を吸収し、徐々《じょじょ》に中国伝統の倫理《りんり》と結びついていきながら、中国の多くの特色《とくしょく》を備《そな》える宗派《しゅうは》が生まれました。そして仏教は中国の哲学、文学、芸術、建築にも計り知れない影響を及ぼしたのです。

魏晋南北朝の時期は、中華民族《ちゅうかみんぞく》の大融合《だいゆうごう》の時期でもありました。北方民族は次々と中原《ちゅうげん》へやってきて建国《けんこく》し、彼らの政権《せいけん》を固《かた》めるために、「漢化《かんか》」を提唱《ていしょう》しました。北方民族と中原の漢民族との融合《ゆうごう》がダイナミックに促《うなが》されました。漢民族は多くの北方民族の文化を吸収し、中国文化をより一層豊《いっそうゆた》かなものに発展させていったのです。

次に、隋唐《ずいとう》期の東西文化の交流です。隋唐期、中国文化は気勢勇壮《きせいゆうそう》な最盛期《さいせいき》を迎えました。科《か》挙制度《きょせいど》の確立によって、中、下層階級の知識人は官途《かんと》につくことができるようになり、貧《まず》しい庶《しょ》民《みん》の知識人の政治参加の積極性を触発《しょくはつ》しました。唐《とう》代はまた詩歌《しいか》、絵画《かいが》創作《そうさく》が最も活発《かっぱつ》な時代でもありました。

唐王朝はシルクロードを通じて多くの西方《せいほう》文化のエッセンスを吸収していきました。中国の製《せい》紙《し》、絹織物《きぬおりもの》、火薬《かやく》、冶金《やきん》技術もアラビア帝国《ていこく》を経《へ》てヨーロッパに伝わりました。

隋唐期の中国は、たんに西方との往来《おうらい》が頻繁《ひんぱん》であっただけでなく、東洋諸国との往来も密接《みっせつ》でした。日本、高麗《こうらい》、ベトナムから何度も唐へ使いが派遣《はけん》されました。隋唐期は魏晋南北朝期の多民族の交流と融合を受《う》け継《つ》いで発展させ、より一層開かれた姿《すがた》で、あらゆるものを包容《ほうよう》する広大《こうだい》な気概《きがい》で、各民族文化を大胆《だいたん》に吸収していきました。中国文化の発展にとって深い意義《いぎ》を与えたといえるでしょう。

宋明理学《そうみんりがく》は儒教、仏教、道教《どうきょう》が長い闘争《とうそう》を経て融合した産物《さんぶつ》です。宋《そう》代の儒学者は、仏教と道教の思想を吸収し、儒学を革新《かくしん》させ、理学《りがく》を打ち立てました。「窮理尽性《きゅうりじんせい》（ものごとの道理《どうり》をきわめて天性《てんせい》を発揮《はっき》する）」をおもな秘伝《ひでん》とし、「天理存《てんりそん》すれば、人欲滅《じんよくほろ》ぶ」という思想を説き、儒学者が尊《とうと》ぶ「三綱五常《さんこうごじょう》」などの政治倫理《せいじりんり》道徳《どうとく》を至上最高《しじょうさいこう》の天理としました。しかし、ものごとがきわまれば逆の方向に動くもので、宋明理学は人々の思想を硬直化《こうちょくか》させ、儒学の活力《かつりょく》を奪《うば》い、中国文化は凋落《ちょうらく》の途《と》をたどるようになっていきました。

明末清初《みんまつしんしょ》、西洋の宣教師《せんきょうし》が東洋にやって来て布教《ふきょう》を始めるとともに、西洋の近代科学や技術をもたらしました。それは中国伝統文化の世界観《せかいかん》、価値観《かちかん》および思惟《しゆい》の方法に衝撃を与えました。

中国の西洋文化の受容は、紆余曲折《うよきょくせつ》の過程をたどりましたが、おおまかに「拒絶《きょぜつ》」「受け身」「自覚《じかく》」という三つの段階がありました。この時期に、西洋の宣教師が中国へ来て布教したとき、清《しん》政府と儒学の知識人の拒絶に出あいました。

アヘン戦争で、西洋の堅固《けんご》な船と機動的《きどうてき》な大砲によって中国の扉《とびら》はこじ開《あ》けられ、中国は「洋《よう》務運動《むうんどう》」（西欧《せいおう》の技術によって清朝《しんちょう》を維持《いじ》しようとした運動）の展開《てんかい》に迫《せま》られ、「師夷之長技以制夷（夷《い》の得意な技を師として夷を制《せい》す）」を図《はか》りました。辛亥革命《しんがいかくめい》と「五四運動《ごしうんどう》」(44)になって、ようやく自覚的《じかくてき》に西洋の科学と民主《みんしゅ》の思想を受け入れました。中国の伝統文化は解体《かいたい》し、中国文化は近代《きんだい》化《か》への道を歩《あゆ》み始めたのです。

中国文化は新旧交替《しんきゅうこうたい》の過程で紆余曲折の道を歩みました。新中国の成立後《せいりつご》、封建《ほうけん》の旧文化《きゅうぶんか》を批《ひ》判《はん》し取《と》り除《のぞ》くことはとても必要なことでしたが、旧文化への批判の過程で、伝統文化の優《すぐ》れたエッセンスの保存《ほぞん》と宣揚《せんよう》は十分ではありませんでした。とくに、先ほども申し上げたように、「文《ぶん》化大革命《かだいかくめい》」による伝統文化の破壊《はかい》は深刻《しんこく》でした。改革開放《かいかくかいほう》以後、われわれは過去の経験と教訓《きょうくん》を総括《そうかつ》し、再《ふたた》び中華文化《ちゅうかぶんか》を復興《ふっこう》させ、社会全体で中華の優れた文化を宣揚し、民族精神《みんぞくせいしん》を高め、現《げん》代化建設《だいかけんせつ》を推《お》し進《すす》めることを打ち出したのです。

中国文化の変遷《へんせん》から、中国文化は絶えず衝突《しょうとつ》と融合《ゆうごう》のなかから発展してきたことがわかります。衝突と融合のたびに、文化の選択《せんたく》と創造《そうぞう》が行われました。中国文化の変遷の過程で、その優れた部分は概《おおむ》ねすべて保持《ほじ》され、改変《かいへん》と創新《そうしん》を通《つう》じて、より一層光彩《こうさい》を放《はな》つようになっていきました。また拙劣《せつれつ》な部分はすべて破棄《はき》されていったのです。

私は、今のところ中国はまだ新文化《しんぶんか》を形成《けいせい》している最中《さなか》で、中国の優れた文化伝統を宣揚しながら、一方で世界のあらゆる優れた文明の成果《せいか》を吸収《きゅうしゅう》する必要があると思います。

いわゆる中国文化の復興とは、古い文化に立ち返ることではなく、優れた伝統文化の継承《けいしょう》を踏まえて、あらゆる優れた文化を吸収し、新《あら》たな先進的《せんしんてき》な文化を創造することです。このためにも、われわれは必《かなら》ず改革開放路線を堅持《けんじ》していかなければなりません。改革とは現代化への発展を阻《そ》害《がい》する古い思想・制度を打破《だは》することであり、開放とは国際化《こくさいか》に取り組み、国際的に幅広《はばひろ》く交流と協力を展開することです。

改革開放以来、国際交流が頻繁《ひんぱん》になるにつれて、西欧のさまざまな思想が中国に勢《いきお》いよく押《お》し寄《よ》せました。北京《ペキン》、上海《シャンハイ》、さらには商業が発展している小都市には多くの外国人が住むようになり、彼らによって西欧文化がもたらされました。これはまた新たな東西文化の衝突であり、大交流と大融合の時代を迎えたといえるでしょう。それらによって、中国文化は再び繁栄《はんえい》が促《うなが》されることと信じております。

「中国思想との融合を進めた宗派が発展」

池田　悠久《ゆうきゅう》なる中国の文化史《ぶんかし》の絵巻《えまき》を簡潔《かんけつ》かつ流麗《りゅうれい》にひもときながら、多くの国々や民族の交流によって文化はたえまなく変遷《へんせん》し、新《あら》たな創造《そうぞう》を成《な》し遂《と》げていくという事実を語っていただきました。

そのなかで、仏教と儒教《じゅきょう》の交流史《こうりゅうし》にも言及《げんきゅう》しておられます。私は、仏教者として、中国史にお

蓮華をかたどった台で思索する「若き鳩摩羅什像」。生地・クチャ（中国新疆ウイグル自治区）の亀茲石窟研究所の前庭に建つ。これと同型の高さ60㎝の像が同研究所から池田名誉会長に贈られている
©JTB Photo

ける仏教の導入《どうにゅう》、変遷《へんせん》についての顧先生の深い考《こう》察《さつ》に同意《どうい》いたします。その上で、若干《じゃっかん》、仏教史《ぶっきょうし》を主軸《しゅじく》に補足《ほそく》させていただきたいと思います。

紀元《きげん》前後に中国に伝わったインド仏教は、大きく質《しつ》の異《こと》なる中国文化のなかに導入され、相互《そうご》に影響《えいきょう》を及ぼしながら、変化していきました。インド仏教は、中国の思想、文学、芸術、彫刻《ちょうこく》、建築から風俗習慣《ふうぞくしゅうかん》に至《いた》るまで、大きな影響を及ぼしました。しかし、同時にインド仏教も、中国文化からの影響により中国仏教へと変質《へんしつ》して、大いなる光彩《こうさい》を放《はな》つに至っています。

インド仏教と中国文化との壮大《そうだい》なる対話は、まずサンスクリットの経典《きょうてん》から漢訳《かんやく》経典への翻訳《ほんやく》から始まりました。この二つの大きく異《こと》なる思想体系《しそうたいけい》の間の膨大《ぼうだい》な量の翻訳は、思想、哲学間の

対話であり、まさに人類史《じんるいし》的《てき》な壮挙《そうきょ》でありました。

それはまず、いわゆる格義《かくぎ》仏教[45]を生み出しますが、四〇一年の鳩摩羅什《くまらじゅう》[46]の中国・長安《ちょうあん》への到着《とうちゃく》をもって、本格的《ほんかくてき》な仏教思想の導入となっていきました。大乗《だいじょう》の「空《くう》」の思想、中道論《ちゅうどうろん》、業論《ごうろん》などが正確に中国の人々に理解され始めたのです。こうした膨大な仏典《ぶってん》翻訳の基盤《きばん》の上に、壮大な中国仏教の開花《かいか》がありました。六朝《りくちょう》時代を経て、隋唐《ずいとう》の時代になると、インド仏教にはない中国仏教、すなわち宗派《しゅうは》仏教が形成されていきます。

周知《しゅうち》のように、インドからシルクロード、西域《せいいき》を通って、インド仏教のさまざまな経典が続々《ぞくぞく》と翻訳されていきました。そこで、中国仏教の教相判釈《きょうそうはんじゃく》（教判《きょうはん》）が始まります[47]。教判は、経典の比較《ひかく》と価値判断《かちはんだん》の上に成り立つものです。

そして宗派仏教が競《きそ》い起《お》こり、ここに本格的な中国仏教が形成されていきます。「法華経《ほけきょう》」を中心とする「天台宗《てんだいしゅう》」、「三論《さんろん》」を主とする「三論宗」、唐《とう》代に入ると「浄土三部経《じょうどさんぶきょう》」による「浄土宗」、「華厳経《けごんきょう》」を中心とする「華厳宗」、現在の禅宗《ぜんしゅう》のもととなる「南宗禅《なんしゅうぜん》」、「法相宗《ほっそうしゅう》」、「倶《く》舎《しゃ》宗」、そして後半になると、インドから密教《みっきょう》が伝えられました。これらのほとんどは韓《かん》・朝鮮《ちょうせん》半島《はんとう》へ伝わり、さらに日本に伝えられて、民族の精神的土壌《せいしんてきどじょう》を養《やしな》ってきました。日本においては、聖徳太子以降の南都《なんと》（奈良《なら》）六宗、平安《へいあん》時代の天台宗と真言宗《しんごんしゅう》などで、とくに日本の天台宗の流れからは、日蓮大聖人《にちれんだいしょうにん》をはじめとする鎌倉《かまくら》仏教の祖《そ》が登場します。

このような宗派仏教の先駆的役割《せんくてきやくわり》をなしたのが、「法華経」を中心とした天台智顗《てんだいちぎ》でありました。天台智顗は「法華三大部《ほっけさんだいぶ》」[48]を講述《こうじゅつ》しましたが、これらの著作《ちょさく》を通して各種の仏教思想を統合《とうごう》するとともに、「法華経」を基《もと》に一念三千《いちねんさんぜん》の法門《ほうもん》を説《と》き、[49]一切衆生《いっさいしゅじょう》が平等《びょうどう》に成仏《じょうぶつ》できる理論的根拠《りろんてきこんきょ》を示しました。生死《しょうじ》の苦悩《くのう》に満《み》ちたこの現実世界《げんじつせかい》のなかで、理想《りそう》の境地《きょうち》が獲得《かくとく》できると説いたのです。つまり、「生死即涅槃《しょうじそくねはん》」です。これは中国仏教の現世《げんせ》主義《しゅぎ》の形成であり、また在家《ざいけ》中心の仏教、いわゆる居士《こじ》仏教の道を開いたものです。

気鋭《きえい》の研究者である劉継生《りゅうけいしょう》氏は、「仏教と儒教の二千年対話」と題《だい》する論文[50]のなかで、「天台宗」と「法相宗」を比較して、次のような見解《けんかい》を述《の》べています。

「仏教には多くの宗派が誕生し多様性《たようせい》に富《と》んでいた。多くの宗派の中に、天台宗のようなさまざまな苦難《くなん》を乗り越えて持続的《じぞくてき》に発展しつつある宗派もあれば、法相宗のような短命《たんめい》の宗派もあった。その原因は中国思想との融合《ゆうごう》を積極的に進めるか否《いな》かにある」

そして、天台宗については、「『摩訶止観《まかしかん》』は人間の悪《あく》を凝視《ぎょうし》し、われわれに厳《きび》しい自己内省《じこないせい》を迫《せま》るとともに、そのように救《すく》われ難《がた》き人間も、修行《しゅぎょう》することによって仏《ほとけ》になれるのだと説く」と論じています。一方、法相宗では「五種姓説《ごしゅしょうせつ》」(五性各別《ごしょうかくべつ》)を説くとしています。五性各別とは、一切衆生成仏の説を否定《ひてい》する理論です。[51]

天台宗は、儒教の性善説《せいぜんせつ》や誰《だれ》でも聖人《せいじん》になれるという思想と通底《つうてい》しているのに対して、法相宗は「教義《きょうぎ》に固執《こしゅう》し、中国伝統思想との融合を拒否《きょひ》したため衰退《すいたい》した」と分析《ぶんせき》しています。

劉氏が分析されたように、天台宗は「法華経」を中心として仏教思想を統合するとともに、中国の伝統思想である儒教や道教との融合も試《こころ》みています。先ほど仏教の東伝《とうでん》を論《ろん》じられるなかで、顧先生は、仏教と儒教の共通点として「仏教は人に善《ぜん》を為《な》すことを勧《すす》め、中国の儒学もつねに人々に善良《ぜんりょう》な人となるよう教育している」との点を挙げられました。

天台智顗は、『摩訶止観』のなかで、儒教倫理《じゅきょうりんり》の源泉《げんせん》である「五常《ごじょう》」と、仏教の善の基盤《きばん》となる「五戒《ごかい》」を対比《たいひ》し、同じように人間を善人《ぜんにん》となす倫理であることを示しています。仏教は、煩悩《ぼんのう》や悪業《あくごう》と対決《たいけつ》し、自己《じこ》を鍛《きた》え、善心《ぜんしん》や善業《ぜんごう》へと変革《へんかく》するよう促します。そして自己《じこ》鍊磨《れんま》のための倫理性を十善《じゅうぜん》や五戒として説くのです。(52)

4 人間主義の支柱――儒教の仁、仏教の慈悲

中国文化の底流に「尚文」の気風

池田　もう少し中国文化の特質《とくしつ》について語り合いたいと思います。

ドイツの文豪《ぶんごう》ゲーテは、弟子のエッカーマンに対して語りました。

「文化のもっとも低い段階《だんかい》のところに、いつももっとも強烈《きょうれつ》な憎悪《ぞうお》があるのを君は見出《みいだ》すだろう。ところが、国民的憎悪がまったく姿《すがた》を消して、いわば国民というものを超越し、近隣《きんりん》の国民の幸福と悲しみを自分のことのように感ずる段階があるのだよ」(53)

大変、示唆《しさ》に富《と》んだ言葉です。文化・文明の「質《しつ》」を見極《みきわ》める指標《しひょう》として、人間や国家がもつ野蛮《やばん》な獣性《じゅうせい》をコントロールする内発《ないはつ》の力を備《そな》えているかどうかという観点《かんてん》を提示《ていじ》しているからです。五千年にも及ぶ歴史を経《へ》た貴国《きこく》は、まさにそうした高度な文化・文明の力を保有《ほゆう》した国であると考えています。

この点に関して、一九八四年に私は北京大学で講演《こうえん》させていただきました。(54)中国の独特《どくとく》の伝統《でんとう》

に言及《げんきゅう》し、中国の歴史の原動力《げんどうりょく》が、武《ぶ》を尊《とうと》ぶ「尚武《しょうぶ》」ではなく、文《ぶん》を尊ぶ「尚文《しょうぶん》」の気風《きふう》にあると指摘《してき》しました。この「尚文」というエートス（道徳的気風《どうとくてききふう》）ゆえに、悠久《ゆうきゅう》の中国史のなかでも、どちらかといえば、武力一辺倒《ぶりょくいっぺんとう》になだれ込む事態《じたい》を抑制《よくせい》してきた。もちろん例外はありましたが、そうした文化力を中国文明はもっていたと思うのです。

この点に関して、作家の金庸《きんよう》氏も私に興味深《きょうみぶか》い話をしてくださいました(55)。

「中国は歴史上、『武官《ぶかん》』よりも『文官《ぶんかん》』を大事にしてきた伝統があります」

「たとえば、皇帝《こうてい》にあいさつするため整列《せいれつ》するときも、まず文官が先に並び、武官はあと」

「文官と武官とでは、いつも『文官が上』でした」

高度な文化・文明を誇《ほこ》る中国は、「文」が「武」をコントロールしているというのです。

では、なぜ中国は「武」ではなく「文」を尊ぶ文化を築《きず》きあげることができたのか。私は、その淵源《えんげん》に、「仁《じん》」に代表《だいひょう》される儒教《じゅきょう》の精神《せいしん》を見たいと思います。

「仁」は、「義《ぎ》」「礼《れい》」「智《ち》」「信《しん》」と並び、儒教思想の根幹《こんかん》をなしています。顧先生も、「孔子《こうし》の学説《がくせつ》の核心《かくしん》は『仁』の一文字《ひともじ》にまとめることができる」と指摘され、「仁」の「最も主要《しゅよう》な精神は『克己《こっき》』（己《おのれ》を抑《おさ》えること）と『愛人《あいじん》』（人を愛すること）である」と言われています(56)。

「仁」は、「人を愛すること」「思いやり」「同情《どうじょう》」「共感《きょうかん》」の心をもって共生《きょうせい》を実現《じつげん》しようとする実践倫理《じっせんりんり》を指《さ》します。そして、仁を可能《かのう》にするためには、「克己復礼《こっきふくれい》」——自分の欲望《よくぼう》を抑えて、礼《れい》に復《ふく》することが必要であると説《と》かれています。まず自分自身の欲望をどのようにコントロールするのかといった内発的《ないはってき》な部分から出発するところに特徴《とくちょう》があります。

また「仁」は語源的《ごげんてき》に「二人の人」を表《あらわ》し、人と人を結《むす》ぶ徳《とく》が仁であるとか、ゆったりと落ち着いて敷物《しきもの》に座《すわ》っているという意味があるようです。敷物によって和《なご》むことから、和親《わしん》・仁愛《じんあい》などの意《い》に展開《てんかい》したと考えられています。(57) この「仁」の精神が中国人民《じんみん》の強い倫理性《りんりせい》、倫理《りんり》感覚《かんかく》を育《はぐく》み、「文」を尊び、調和《ちょうわ》のとれた平和な社会を築く原動力となってきたのではないでしょうか。

中国の「尚文」の気風に関して、顧先生のお考えをお聞かせください。

仁愛による「大同の世界」を追求

顧 池田先生は、中国文化には「文」を尊ぶ「尚文《しょうぶん》」の気風《きふう》があると指摘《してき》されましたが、私も全体的にはそのとおりだと思います。この気風を生み出した儒教文化の中心は、「仁《じん》」という一語《いちご》に尽《つ》きます。

「仁者愛人《じんしゃあいじん》」といいますが、人を愛すると、武力《ぶりょく》に頼《たよ》ることはできません。ですから戦国の時期、孔子、孟子は各国を周遊《しゅうゆう》しながら、彼らの「仁」の精神を宣伝《せんでん》し、君主《くんしゅ》に「仁」と「義」をもって天下《てんか》を治《おさ》めるよう説《と》いてまわったのです。しかし、あのような併合《へいごう》戦争の時代にあって、孔子、孟子は行く先々で壁《かべ》にぶつかり、願ったとおりにはいきませんでした。それでも儒教の尚文の精神はずっと中国人の血脈《けつみゃく》のなかに流れ伝わっていきました。中国人はつねに平和を望んでおり、戦争を嫌悪《けんお》しています。

中国古代の世界平和の思想は、『礼記《らいき》』の「礼運《らいうん》」篇《へん》にある「大同《だいどう》」の語のなかに凝縮《ぎょうしゅく》されて表《あらわ》れており、次のように記《しる》されています。

大道《だいどう》の行はれしや、天下を公《こう》と為《な》し、賢《けん》を選び能《のう》に与《くみ》し、信《しん》を講《こう》じ睦《ぼく》を修《おさ》む。故《ゆえ》に人、独り其《そ》の親を親とせず、独り其の子を子とせず、老《ろう》をして終《お》わる所有《あ》り、壮《そう》をして用《もち》ふる所有り、幼《よう》をして長《ちょう》ずる所有り、矜寡孤独廃疾《かんかこどくはいしつ》の者をして皆養《やしな》ふ所有らしむ。男《だん》は分《ぶん》有り、女《じょ》は帰《き》有り。貨《か》は其の地に棄《す》てらるるを悪《にく》めども、必《かなら》ずしも己《おのれ》に蔵《おさ》めず。力は其の身より出《いだ》さざるを悪《にく》めども、必ずしも己《おのれ》の為《ため》にせず。是《こ》の故に謀《はかりごと》は閉《と》ぢて興《おこ》らず、盗窃乱賊而《とうせつらんぞくしか》も作《おこ》らず。故に外戸《がいこ》閉ぢず。是《これ》を大同《だいどう》と謂《い》ふ。

（大道の行なわれる世には、天下は万人《ばんにん》のものとされる。人びとは賢者能者《けんじゃのうしゃ》を選挙《せんきょ》して官職《かんしょく》に当《あた》らせ、手段《しゅだん》を尽《つ》くして相互《そうご》の信頼親睦《しんらいしんぼく》を深める。だから人びとは、それぞれの父母のみを父母とせず、それぞれの子のみを子とせず、老人には安《やす》んじて身を終えさせ、壮者《そうしゃ》には充分に仕事をさせ、幼少には伸《の》びのびと成長させ、寡夫《かふ》や寡婦《かふ》、孤児《こじ》、身体《しんたい》障がい者の人びとに苦労なく生活させ、〔一人前の〕男には職分《しょくぶん》を持たせ、女にはふさわしい夫を持たせる。財貨《ざいか》は、それがむだに打《う》ち捨《す》てられることを、人びとは憎《にく》むが、しかし財貨をひとり占《じ》めにはしない。労力が出《だ》し惜《お》しみされることを、人びとは憎むが、しかし自分のためにのみ労力を用いはしない。みなこうした心がけであるから、〔私利私欲《しりしよく》に基《もと》づく〕計謀《けいぼう》は外に用いられる機会がなく、窃盗《せっとう》や暴力《ぼうりょく》のさたもなく、たれ《(だ)》も家の戸をしめない。これを大同《だいどう》の世《よ》という）(58)

これが中国人の追求《ついきゅう》する大同世界《だいどうせかい》です。この世界は「仁愛《じんあい》」を精神的支柱《せいしんてきしちゅう》としています。いわゆる「完全《かんぜん》な人格《じんかく》」もこれを基準《きじゅん》としています。

儒教は「君子《くんし》」の育成《いくせい》を主張しています。「君子」とは「完全な人格」の人のことであり、仁《じん》義《ぎ》を尊《とうと》び、道徳《どうとく》の備《そな》わった人のことです。ですから多くの学者は皆、中国文化はある種の倫理《りんり》型《がた》文化であり、人倫関係《じんりんかんけい》を重視《じゅうし》しているととらえています。

家庭のなかでは「父は慈《じ》、子は孝《こう》、兄は友《ゆう》、弟は恭《きょう》、夫は敬《けい》、婦は従《じゅう》（父は子を慈《いつく》しみ、子は父に孝養《こうよう》を尽《つ》くす。兄はおだやかに弟を導《みちび》き、弟は従順《じゅうじゅん》に兄に仕《つか》える。夫は道理《どうり》正《ただ》しく妻を導き、妻は柔順に夫に仕える）」を重視します。社会では友人に対して「信《しん》」と「義《ぎ》」を重んじます。

前に私が少年時代に暗誦《あんしょう》したと申し上げました(59)儒教の経典《けいてん》『大学《だいがく》』ですが、その第一行には、「大学の道は、明徳《めいとく》を明《あき》らかにするに在《あ》り、民《たみ》を親《した》しましむるに在り、至善《しぜん》に止《とど》まるに在り」（大学で学問の総《そう》しあげとして学ぶべきことは、輝《かがや》かしい徳を身につけてそれを〔世界に向けてさらに〕輝かせることであり、〔そうした実践《じっせん》を通して〕民衆が親しみ睦《むつ》みあうようにすることであり、こうしていつも最高善《さいこうぜん》の境地《きょうち》にふみ止《とど》まることである）とあります。(60) 知識を学ぶのは道徳を完全《かんぜん》なものにするためであるということです。

儒教は「身《み》を修《おさ》める、家を斉《ととの》える、国を治《おさ》める、天下を平《たい》らかにする」ことを提唱《ていしょう》しました。つまり自《みずか》らの修身《しゅうしん》から始めて、「仁愛」を家庭、国家ないし世界にまで押《お》し広《ひろ》げながら、太平大同《たいへいだいどう》の世界を求めることを説いたのです。

慈悲による「立正安国」を追求

池田　顧先生が指摘《してき》された「礼運《らいうん》」篇《へん》に注目《ちゅうもく》し、『大同書《だいどうしょ》』を著《あらわ》したのが、十九世紀末の学者・康有為《こうゆうい》(61)ですが、そのなかで彼は、「大同」という平和世界に至《いた》るプロセスを仏教の四諦《したい》（苦諦《くたい》・集諦《じったい》・滅諦《めったい》・道諦《どうたい》）になぞらえて論《ろん》じています。その上で、仏教のなかでも出世間主義《しゅっせけん》の立場《たちば》には同《どう》ぜず、あくまでも、この現実の世界のなかに理想《りそう》を実現《じつげん》することを目指《めざ》しました。

康有為が着目《ちゃくもく》したように、中国仏教の天台哲学《てんだいてつがく》や華厳《けごん》哲学には、「大同」思想と同じく、苦悩《くのう》のうずまく現実世界を平和な世界へと変革《へんかく》しようとする仏教の理想《りそう》が貫《つらぬ》かれています。

私は、仏教に貫かれる平和思想の基点《きてん》になる釈尊《しゃくそん》の平和論《へいわろん》を、ハワイ・東西センターでの講演《こうえん》で紹介したことがあります。(62)

そのなかで、『礼記《らいき》』の「大同」の理念と通底《つうてい》する釈尊の考え方を述《の》べました。それは、次のような逸話《いつわ》です。

あるとき、釈尊のもとに、当時のインドの大国であるマガダ国の大臣が訪《おとず》れ、ヴァッジ族を攻《せ》めたいという意向《いこう》を伝えました。釈尊は弟子に、ヴァッジ族について七つの質問をしました。要約《ようやく》すれば、
一、「会議《かいぎ》・協議《きょうぎ》」を尊重《そんちょう》しているか。
二、「協同《きょうどう》・連帯《れんたい》」を尊重しているか。
三、「法律《ほうりつ》・伝統《でんとう》」を尊重しているか。
四、「年配者《ねんぱいしゃ》」を尊重しているか。
五、「女性や子ども」を尊重しているか。
六、「精神性《せいしんせい》」を尊重しているか。
七、「文化《ぶんか》の人・哲学《てつがく》の人」を尊重し、他国《たこく》に開《ひら》かれた交流《こうりゅう》をしているか。
答えはいずれも「イエス」でした。釈尊は、これを受けて、この「七つのこと」を行っているかぎり、ヴァッジ族は繁栄《はんえい》していくであろうと述べたのです。

マガダの国王は、征服《せいふく》が不可能《ふかのう》であることを悟《さと》ったとされています。この七つの原則《げんそく》を、「七《しち》不退法《ふたいほう》」といいます。私は、こうした釈尊の原則論《げんそくろん》も、中国民族の理想とする「大同」世界と同じ志向性《しこうせい》をもっていたと考えています。

インド仏教、中国仏教の成果《せいか》を引《ひ》き継《つ》ぎつつ、日本仏教の精華《せいか》を形成《けいせい》していった日蓮大聖人も、「世界平和」への道を「立正安国《りっしょうあんこく》」の思想として提示《ていじ》しました。ここで「立正《りっしょう》」とは、仏教の慈悲《じひ》に基《もと》づく人間尊重《にんげんそんちょう》、生命尊厳《せいめいそんげん》の思想が社会を支《ささ》え、動かす原理《げんり》として確立《かくりつ》されることを意味します。「安国《あんこく》」とは、人間主義《にんげんしゅぎ》の思想が行動原理《こうどうげんり》となり、そこに姿《すがた》を現す、民衆が幸福を満喫《まんきつ》する世界のことです。

顧先生は、「仁愛《じんあい》」を遍《あまね》く押《お》し広《ひろ》げるところに、中国民族の理想である「大同」世界の形成があると示されました。「大同世界」は「仁《じん》」、「立正安国」は「慈悲《じひ》」が精神的支柱《せいしんてきしちゅう》にありますが、儒教の「仁」の精神は、仏教に説く「慈悲」にも通じているのではないでしょうか。

竜樹《りゅうじゅ》の著作《ちょさく》とされる『大智度論《だいちどろん》』には、「一切衆生《いっさいしゅじょう》に楽《らく》を与《あた》えることが『慈』であり、一切衆生の苦《く》を抜《ぬ》くことが『悲』である」と記《しる》されています。[63] つまり慈悲とは、人々の苦しみを抜き、喜び、楽しみを与えゆくこと（抜苦与楽《ばつくよらく》）です。これはたんなる個人の内面《ないめん》に止《とど》まる倫理《りんり》ではなく、他者《たしゃ》の苦悩《くのう》とかかわり、共々に成長していく積極的《せっきょくてき》な行動を促《うなが》すものです。日蓮仏法では「自他《じた》共《とも》に智慧《ちえ》と慈悲《じひ》と有《あ》るを喜《き》とは云《い》うなり[64]」と説いています。「慈悲」は「智慧」と並び、仏教者の基本精神《きほんせいしん》です。

天台《てんだい》の『摩訶止観《まかしかん》』には、「仁慈矜養《じんじきょうよう》して他《た》を害《がい》せざるは、すなわち不殺戒《ふせっかい》なり[65]」とあり、仏教の「慈悲」を儒教の「仁」と同定《どうてい》しています。

ここにいう「不殺戒」とは、生命尊厳を示す「慈悲」の戒《かい》です。他者《たしゃ》を害《がい》せず、人を愛する思いやりの心であります。ここから、仏教の他の戒（倫理性《りんりせい》）が展開《てんかい》していきます。

この大乗仏教《だいじょうぶっきょう》の倫理の基調《きちょう》をなす「慈悲」と儒教の「仁」に共通するのは、人間と人間を結ぶ行動を促すと同時に、それが他者から与えられるものではなく、自分自身《じぶんじしん》が本来《ほんらい》もっている精神性、倫理性の発露《はつろ》であるとする点でしょう。

儒教では孟子の「四端説《したんせつ》」(66)があり、人間生命に内在《ないざい》する善性《ぜんせい》への深い確信《かくしん》を示しています。

仏教では、天台が法華経に基づき、「当《まさ》に知《し》るべし、仏《ほとけ》の知見衆生《ちけんしゅじょう》に蘊在《うんざい》することを」（『法華《ほっけ》玄義《げんぎ》』）と説《と》いています。(67)すべての人に「仏性《ぶっしょう》」という偉大《いだい》な善性《ぜんせい》が具《そな》わっていることを示しているのです。

このように儒教も仏教も、あくまで人間そのものに焦点《しょうてん》を当《あ》て、人間自身に内在する「善性」をどう開発《かいはつ》し、高めていくのか、といった方向性《ほうこうせい》をもっています。私たちはこうした実践的思想《じっせんてきしそう》を「人間主義《にんげんしゅぎ》」と呼んでいます。貴国《きこく》における「以人為本《いにんいほん》（人を以《もっ》て本《ほん》と為《な》す）」と同義《どうぎ》です。

孤立《こりつ》、分断《ぶんだん》ではなく、どこまでも人間と人間を結び、人間の無限《むげん》の可能性《かのうせい》、善性を信じ抜く――こうした精神が「仁」と「慈悲」には脈打《みゃくう》っています。「仁」と「慈悲」に見られるような人間主義の精神を根幹《こんかん》にした文化・文明の発展を、平和を望《のぞ》む世界の心ある人々は求めていると思います。

先ほど述《の》べましたとおり、「仁」と「慈悲」はともに実践的な徳性《とくせい》の開発を求めたものです。貴国が目指《めざ》される「人格《じんかく》の向上《こうじょう》」も、そうした実践的倫理観をもった人間を育てることであると考えています。「仁」の精神は、現代の中国文化や民衆にどんな影響《えいきょう》を与えているでしょうか。

顧　私が知るところでは、仏教での「慈悲《じひ》」とは、人を愛し、人に善《ぜん》を為《な》すことですね。これは儒学《じゅがく》とも相通《あいつう》じる点です。

前漢《ぜんかん》時代、仏教が中国に伝来《でんらい》したあと、次第に中国文化と融合《ゆうごう》していき、徳育《とくいく》を提唱《ていしょう》しました。『増一阿含経《ぞういつあごんきょう》』のなかでは「諸悪莫作、諸善奉行、自浄其意、是諸仏教（諸々《もろもろ》の悪《あく》をなさず、種々《しゅじゅ》の善《ぜん》を行い、自《みずか》らを浄《きよ》める、これ仏教なり）」と説《と》いています。[68]ここから明《あき》らかなように、仏教の慈悲とは「勧人為善《かんじんいぜん》（善《ぜん》を為《な》すことを人に勧《すす》む）」のことです。同時に、仏教は「自我修練《じがしゅうれん》」「自我覚悟《かくご》」を説きました。これは儒学のなかの「仁愛」「与人為善《よにんいぜん》（人に善を為す）」「自我修養《しゅうよう》」と、ある種《しゅ》、共通するところがあります。ですから、宋明理学《そうみんりがく》は多くの仏教の精神を吸収《きゅうしゅう》していったのです。

仁愛は社会のなかで最も重要な倫理道徳《りんりどうとく》です。愛があってはじめて相互理解《そうごりかい》ができ、平和共存《へいわきょうそん》ができ、互《たが》いに助け合い、ともに発展していくことができるのです。今まさに中国は調和《ちょうわ》のとれた社会を築《きず》き、相互の友愛《ゆうあい》を提唱《ていしょう》しているところです。

二〇〇八年五月十二日、中国で四川大地震《しせんおおじしん》が発生し、二〇〇九年、台湾《たいわん》・花蓮《かれん》で大型台風の被《ひ》害《がい》に遭《あ》ったとき、中国人の心は大きく揺《ゆ》さぶられました。中国全土の各界《かっかい》から金銭や物資の寄付が寄せられ、被災地《ひさいち》の人民《じんみん》が難局《なんきょく》を乗り越えるために、支援《しえん》の手が差《さ》し伸《の》べられ、中国人の仁愛《じんあい》の精神《せいしん》があますところなく表現されたのです。

本年（二〇一〇年）四月十四日には青海省《せいかいしょう》で大地震が起き、全力で救援《きゅうえん》と復興《ふっこう》に取り組んでいます。支援も国内外から寄せられております。

「戦争の文化」は野蛮な「クズ文化」

池田　心からお見舞《みま》い申し上げます。亡《な》くなられた方々のご冥福《めいふく》を深くお祈《いの》り申し上げるとともに、一日も早い復興《ふっこう》を強く願っております。

今年は、カリブ海のハイチや南米チリでも大地震が起きました。近年《きんねん》の日本でも、阪神《はんしん》・淡路《あわじ》大震災《だいしんさい》や中越《ちゅうえつ》大地震など、地震の大変な被害《ひがい》があり、また台風による被害も続いています。こうした災害《さいがい》の経験からも、私たちが守り合い、支え合い、さまざまな困難《こんなん》に協力して立ち向かっていくことの大切さを、教訓《きょうくん》として実感《じっかん》させられており、年々、ボランティア活動や地域での防災《ぼうさい》活動《かつどう》が定着《ていちゃく》してきております。そのなかで、わがＳＧＩの青年たちも仏法者《ぶっぽうしゃ》としての使命感《しめいかん》に燃《も》えて、災害時の援助《えんじょ》や地域貢献《ちいきこうけん》に献身的《けんしんてき》に奔走《ほんそう》しております。

そうした意義《いぎ》からも、仏教と儒教《じゅきょう》には、人間性を向上させ、社会に協調《きょうちょう》と調和《ちょうわ》をもたらす英知《えいち》が豊富《ほうふ》にあると思います。どんなに社会が進歩したとしても、「仁愛《じんあい》」や「慈悲《じひ》」などの精神が失《うしな》われていけば、退廃《たいはい》してしまいます。

顧先生はご著作《ちょさく》で、文化と人間の関係性《かんけいせい》について、こう言及《げんきゅう》されていますね。

「文化は人が創造《そうぞう》したものであり、同時にまた文化は人を創造するのであって、人は一定《いってい》の文《ぶん》化《か》環境《かんきょう》の中で成長するのである。そのため文化の人文主義的精神《じんぶんしゅぎてきせいしん》をとくに重視《じゅうし》しなければならず、人文主義的精神を失った創造《そうぞう》の成果《せいか》は文化と呼ぶことはできず、あるいは『クズ文化』『文化のカス』と呼びうるだけである」(69)

おっしゃるとおり、人文主義――ヒューマニズム（人間主義《にんげんしゅぎ》）の精神が大事です。「文化」という言葉には、人間的で温雅《おんが》な芳香《ほうこう》がありますが、他者《たしゃ》を支配《しはい》しようとする非人間的《ひにんげんてき》な暴力性《ぼうりょくせい》をあらわにする「文化」があることも事実です。

なかでも戦争こそ、「クズ文化」の産物《さんぶつ》というほかないものです。「戦争の文化」や「差別《さべつ》の文化」は、文化の仮面《かめん》をかぶった蛮性《ばんせい》であり、人間性《にんげんせい》の敗北《はいぼく》というべきなのかもしれません。

二十世紀は「戦争の世紀」「暴力の世紀」でもありました。憎悪《ぞうお》や暴力を生む「戦争の文化」は「文化のカス」ともいうべきものです。

二十世紀を覆《おお》った「戦争の文化」から「平和の文化」への転換《てんかん》を！　これこそが後世《こうせい》に私たちが残さなければならない最大《さいだい》の文化的事業であり、二十一世紀に果《は》たすべき使命であります。

これからの世界で、こうした害毒《がいどく》を除《のぞ》くために何が必要であると考えられますか。また、今日《こんにち》の世界における人間主義の思想の果たす役割《やくわり》を、どのように考えられますか。

人類は自我覚醒の時を迎えた

顧　まさに池田先生がおっしゃるとおり、二十世紀は「暴力《ぼうりょく》の世紀」でもありました。

この対談でも何度か取り上げられたサミュエル・ハンチントンは、それを「文明《ぶんめい》の衝突《しょうとつ》」にあてはめて説明しました。一九九六年に出版した著書《ちょしょ》『文明の衝突』によると、次のように記《しる》されています。

「最も普遍的《ふへんてき》で、重要で危険《きけん》な衝突は、社会の階級《かいきゅう》間、裕福《ゆうふく》な人と貧《まず》しい人との間、あるいはその他経済によって区分《くぶん》された集団の間の衝突ではなく、異《こと》なる文化《ぶんか》実体《じったい》の人民《じんみん》の間の衝突なのである」(70)

実際《じっさい》、ハンチントンは今現在の、世界の衝突の表層《ひょうそう》の現象《げんしょう》しか見ていないと思います。文明は経済から切り離すことはできません。人類文明は経済発展の基礎《きそ》のもとで絶《た》えず進歩してきたものので、世界の異なる文化の実体《じったい》も異なる利益集団によって長い歴史のなかから形成《けいせい》されたものです。民族、人種はたんなる血縁《けつえん》的という意味の実体ではなく、共同《きょうどう》の経済政治活動のなかで長期にわたって形成されていったものであり、それは共同利益の集団をもっています。

「文明の衝突」は集団利益の衝突を覆《おお》い隠《かく》しています。当今《とうこん》の世界の衝突はたんに異なる文化実体の間だけに現れるのではなく、同一《どういつ》の文化実体のなかでも絶えず衝突が起こっているではありませんか。数百年来、ヨーロッパのたび重《かさ》なる戦争は同一の文化の間で起こり、さらには兄弟の間でも起こっているではありませんか。二度の世界大戦はいずれも欧州《おうしゅう》文明のなかで起こったという事実は、ハンチントンの観点《かんてん》を反駁《はんばく》しています。

しかし、一点だけハンチントンの分析《ぶんせき》は正しいと思います。彼が「未来において、世界には単《たん》一《いっ》の世界文化などは現れることはなく、多くの異なる文化や文明が互《たが》いに共存《きょうそん》し合うであろう」と指摘《してき》した点です。(71)このようなわけで、彼は人々に「文明の衝突」の危険性《きけんせい》への注意《ちゅうい》を喚起《かんき》するとともに、全世界の「文明の対話」を促《うなが》したのです。

ところで、池田先生が言われるように、「文化」のなかにも人類にとって非常に危険《きけん》なものがあります。戦争や暴力は「戦争の文化」を生み出しますが、これは「文化のカス」であり、人類にあるべき文化ではありません。科学技術の発展《はってん》、物質生産の豊《ゆた》かさは、どれも二面性《にめんせい》があります。一方では人類の物質生活を豊かにし、他方では人類の物欲《ぶつよく》を膨張《ぼうちょう》させ、さらに先進的《せんしんてき》な科学技術を運用《うんよう》して武器を生産し、互いに殺戮《さつりく》し合うのです。

人類は自我覚醒《じがかくせい》の時《とき》を迎えました。もし皆《みな》が儒教の提唱《ていしょう》した「仁愛《じんあい》」や仏教が説く「慈悲《じひ》」を広げることができたならば、戦争の危害《きがい》に気づくことができ、世界平和にも希望が生まれるでしょう。これこそ池田先生が言われる「人間主義《にんげんしゅぎ》」ではないでしょうか。

ここで再び話を教育に戻しましょう。教育はあまりにも重要です。じつは儒学《じゅがく》にせよ、仏教にせよ、いずれも人々が善《ぜん》に従《したが》うよう教育しています。われわれが行う今日《こんにち》の教育は、未来《みらい》の世代《せだい》に互いに憎《にく》しみ合うことを教育するものであっては絶対になりません。そうではなく、互いに理解し合い、学び合い、助け合い、共存共栄《きょうぞんきょうえい》を図《はか》るよう教育していかなければならないのです。

生命尊厳を一切の座標軸に！

池田　深く共感《きょうかん》いたします。顧先生が指摘《してき》される「文化の人文主義的精神《じんぶんしゅぎてきせいしん》」を大切にすることとは、いわば「人間《にんげん》」と「生命《せいめい》の尊厳《そんげん》」を一切《いっさい》の座標軸《ざひょうじく》に置《お》くということです。それが人間主義です。それは、たゆむことなく、人間が自《みずか》らの内《うち》なる野蛮性《やばんせい》と戦い、人間性《にんげんせい》の勝鬨《かちどき》をあげていくことです。

文化、文明といっても、突き詰めれば、それを創造《そうぞう》する担《にな》い手《て》は人間にほかなりません。一切は人間で決まる。ゆえに、人間の限《かぎ》りなき「善性《ぜんせい》」の開発《かいはつ》を目指《めざ》しゆく人間主義の教育を根本《こんぽん》にしたとき、民族や思想の差異《さい》を超《こ》え、互《たが》いに多彩《たさい》な智慧《ちえ》を生かし合いながら、真《しん》に豊《ゆた》かな文化・文明を創《つく》り出していけるのだと私は確信《かくしん》しています。

第3章

比較教育学の光

日本と中国の教育をめぐって

『東洋学術研究』第49巻第2号・第50巻第1号に掲載
（2010年11月・2011年5月発刊）

顧　本年（二〇一〇年）、創価学会《そうかがっかい》の創立《そうりつ》八十周年《しゅうねん》にあたりまして、私はまず貴会《きかい》と池田先生に対し、熱烈《ねつれつ》な祝賀《しゅくが》の意《い》を表《ひょう》します。

それとともに、社会に愛《あい》を広げるために、そして世界平和《せかいへいわ》のために、創価学会が果《は》たしてこられたご貢献《こうけん》に対し、心から賛嘆《さんたん》申し上げます。

創価学会は苦悩《くのう》にあえぐ民衆《みんしゅう》と子どもたちを救うため、教育改革《きょういくかいかく》の旗《はた》を掲《かか》げ、牧口常三郎《まきぐちつねさぶろう》会長のもと発足《ほっそく》したのですね。第二次世界大戦の時、創価学会が国家《こっか》神道《しんとう》と軍国主義《ぐんこくしゅぎ》に強く反対したために、日本の軍部《ぐんぶ》政府《せいふ》から弾圧《だんあつ》を受け、牧口先生は囚《とら》われの身《み》となり、獄死《ごくし》されたとうかがいました。大変に痛《いた》ましい歴史《れきし》です。

この事実《じじつ》からもわかるように、日本軍の中国への侵略戦争《しんりゃくせんそう》は中国人民《じんみん》に災難《さいなん》と苦痛《くつう》をもたらしただけではなく、日本の善良《ぜんりょう》な人々にも災難と苦痛をもたらしたことは明《あき》らかです。

ともあれ、池田先生をはじめとする創価学会の後任《こうにん》のリーダーによって、牧口先生の旗印《はたじるし》が受《う》け継《つ》がれ、全民衆《ぜんみんしゅう》の平和《へいわ》と幸福《こうふく》の実現《じつげん》という使命《しめい》を果《は》たし続けておられることは、まことに敬服《けいふく》に値《あたい》するものです。

池田　温《あたた》かいお言葉《ことば》をいただき、心から感謝《かんしゃ》申し上げます。

牧口初代会長は「勇気《ゆうき》ある大善人《だいぜんにん》が一人いれば、大事《だいじ》を成就《じょうじゅ》することができる」(1)とも言いました。まさにそうしたお一人であられる顧《こ》先生に深いご理解《りかい》をいただき、牧口先生もどれほど喜ばれていることでしょうか。

前にもご紹介しましたが、(2)私どもは、不屈《ふくつ》の正義の闘士《とうし》であった牧口先生を宣揚《せんよう》するべく、獄《ごく》死《し》より五十回忌《かいき》を迎えた一九九三年秋、東京・八王子《はちおうじ》市の創価大学のほど近くに「東京牧口記念《きねん》会館《かいかん》」を建設《けんせつ》しました。

牧口先生の悲願《ひがん》の結晶《けっしょう》ともいうべき創価大学の学生一人一人を見守るように、この記念会館はそびえ立っております。また、世界から平和《へいわ》と人道《じんどう》の指導者《しどうしゃ》たちや、多くの創価《そうか》の同志《どうし》が集《つど》い来《き》たる文化と教育の殿堂《でんどう》ともなっています。

平和を願《ねが》い、青年《せいねん》の道《みち》を開《ひら》いてこられた牧口先生の魂《たましい》は、壮大《そうだい》なスケールで世界の若《わか》き世代《せだい》に受け継がれているのです。

1　文化と教育の連関

教育は文化の一部分

池田　ここで前章の対話《たいわ》を踏《ふ》まえ、教育と文化の関係性《かんけいせい》について語り合いたいと思います。

文化は大地《だいち》です。豊《ゆた》かな文化の大地に、豊かな人間性《にんげんせい》の万花《ばんか》が咲《さ》き薫《かお》ります。

顧先生は、比較教育学《ひかくきょういくがく》の研究においては、当該国《とうがいこく》の文化的伝統《でんとう》と関連《かんれん》させて考えなければ、その教育の理念《りねん》も現実《げんじつ》も理解することは難《むずか》しいとして、「文化」に鋭《するど》い光《ひかり》を当《あ》ててこられました。

ご著作《ちょさく》『中国教育の文化的基盤《ぶんかてききばん》』では次のように言及《げんきゅう》されています。

「教育に影響《えいきょう》を与える要因《よういん》は、政治的《せいじてき》要因、経済的《けいざいてき》要因、文化的要因に分けるべきであり、その中で文化的要因が教育に影響を与えるのが最も深刻《しんこく》で、最も長く持続《じぞく》する」(3)と。

私もまったく同感《どうかん》です。文化を見ずして教育を語ることは、「木《き》を見て森《もり》を見ない」ような空論《くうろん》となりましょう。

さらに「教育は文化の一部分《いちぶぶん》」と位置《いち》づけられての次のご指摘《してき》は、急所《きゅうしょ》を見事《みごと》に指摘されています。

「文化の思想《しそう》、意識《いしき》、観念《かんねん》レベルの影響は、教育者と教育を受ける者の教育に関する価値観《かちかん》、人材観《じんざいかん》、師弟観《していかん》に浸透《しんとう》し、教育に関する価値観の確立《かくりつ》、教育目標《もくひょう》の制定《せいてい》、教育内容《ないよう》の選択《せんたく》、教育制度《せいど》の確立に影響を与える」

教育のいかなる側面《そくめん》であれ、何らかの文化の刻印《こくいん》がある。ゆえに、深く文化を理解する眼《め》をもつことが、各国《かっこく》、各民族《かくみんぞく》の教育の実像《じつぞう》をとらえる上で不可欠《ふかけつ》といえます。貴国《きこく》で漢訳《かんやく》された法華経《ほけきょう》には、七つの大きな譬喩《ひゆ》が説《と》かれています。たとえば薬草喩品《やくそうゆほん》には、広大《こうだい》なる大地が慈雨《じう》にうるおい、大小さまざまな草木《そうもく》が生き生きと萌《も》えいずる描写《びょうしゃ》があります。この壮麗《そうれい》にしてダイナミックな「三草二木《さんそうにもく》の譬《たと》え」は、直接的には、仏《ほとけ》の智慧《ちえ》の雨にうるおいつつ、多彩《たさい》な人々がそれぞれ皆《みな》、仏道《ぶつどう》を成《じょう》じていけることを示しています。

さらにいえば、人間《にんげん》を包《つつ》む生きとし生けるものが、大宇宙《だいうちゅう》の妙《たえ》なる恵《めぐ》みのなかで、個性《こせい》豊かに生《せい》を謳歌《おうか》し、調和《ちょうわ》していく「万物共生《ばんぶつきょうせい》」のイメージが浮き上がってきます。

これまで、顧先生と論《ろん》じ合ってきたように、「文化」には、科学、芸術、宗教、思想、道徳《どうとく》、法律《ほうりつ》、学術《がくじゅつ》から、風俗《ふうぞく》、習慣《しゅうかん》、制度等々《とうとう》までが内包《ないほう》されています。そのように、きわめて広範《こうはん》で重層的《じゅうそうてき》な文化の土壌《どじょう》から、教育をはじめとする、あらゆる人類《じんるい》の活動《かつどう》とその成果《せいか》が生まれます。

「共生の大地」を「文化」に譬《たと》えれば、「草木」は、教育をはじめとする万般《ばんぱん》の人間活動に譬えられましょう。豊穣《ほうじょう》なる文化の共生の大地から、満々《まんまん》と養分《ようぶん》を吸収《きゅうしゅう》した、人間性豊かな教育の大《たい》木《ぼく》が生《お》い茂《しげ》りゆくのです。

文化の内包する性質《せいしつ》は、ことごとく教育の質《しつ》と内容《ないよう》に深い影響を及ぼしていきます。また一方《いっぽう》、顧先生が「教育は文化の影響を深く長く受け、文化も教育に依存《いそん》して伝播《でんぱ》され継承《けいしょう》されなければならない」と指摘されるとおり、教育自体《じたい》も、文化の継承・発展《はってん》に重要な役割《やくわり》を果《は》たしています。教育は、子々孫々《ししそんそん》への「文化の遺伝《いでん》」を担《にな》っているからです。

ともあれ、文化という大地、すなわち文化的基礎《きそ》を一段《いちだん》と深く広く探究《たんきゅう》しながら、顧先生とともに、輝《かがや》く「人間教育の世紀《にんげんきょういくのせいき》」を展望《てんぼう》していきたいと願っております。

教育が文化を伝承する

顧　教育は本来《ほんらい》、文化の一部《いちぶ》でありますが、それとともに相対的《そうたいてき》な独立性《どくりつせい》をもつものと考えています。たとえば、文化の分野《ぶんや》の文学、芸術、建築は同じように文化に属《ぞく》しながらも、それらは、独自《どくじ》の法則《ほうそく》と特徴《とくちょう》をもっています。教育も例外《れいがい》ではなく、教育独自の法則と特徴をそなえています。その上で、教育はつねに民族文化《みんぞくぶんか》という土壌《どじょう》から育《はぐく》まれるものです。池田先生は、「よき教育は豊《ゆた》かな文化の大地《だいち》にこそ伸《の》びる」と言われましたが、私も大賛成《だいさんせい》です。

文化は教育の基盤《きばん》であり、それは教育の価値観《かちかん》、育成目標《いくせいもくひょう》、教育内容《ないよう》、さらには教育方法《ほうほう》にまで影響《えいきょう》を及ぼしているからです。

人間はなぜ、教育が必要《ひつよう》なのか。

それは、親《おや》の世代《せだい》の生産経験《せいさんけいけん》、社会経験やさまざまな儀礼《ぎれい》を次世代《じせだい》に伝承《でんしょう》するためです。

したがって、教育の本質《ほんしつ》とは文化の伝播《でんぱ》ともいえるでしょう。このゆえに、文化とは教育の基《き》礎《そ》と内容であり、教育とは文化を伝承する手段《しゅだん》と方法なのです。

教育が文化を伝承するとき、本来ある文化をそのまま学生《がくせい》に伝授《でんじゅ》するのではなく、伝承の過程《かてい》で「選択《せんたく》」と「改変《かいへん》」を行います。中国の儒家《じゅか》文化を例《れい》にあげると、現在、私たちが理解している儒学《じゅがく》はすでに孔子《こうし》の時代の原始《げんし》儒学とは違ってきており、数度《すうど》にわたる選択と改変を経《へ》てきています。

日本文化も儒学文化圏《ぶんかけん》に属しています。隋唐《ずいとう》時代から日本は絶《た》えず学者を中国に派遣《はけん》して学ばせるようになり、ことに宋明理学《そうみんりがく》の日本文化への影響は大きいものでした。しかし、彼らは何の手も加《くわ》えずに中国の儒家文化をもち帰ったのではなく、選択と改変を加えて日本独自の文化を形《けい》成《せい》していったのです。

文化は先進的《せんしんてき》なもの、立《た》ち遅《おく》れたものに分けられます。平和《へいわ》を宣揚《せんよう》するのは先進的な文化であり、暴力的な侵略《しんりゃく》を宣揚するのは立ち遅れた文化といえるでしょう。人々に「真《しん》・善《ぜん》・美《び》」といった価値を教える教育は優《すぐ》れた教育でしょうし、軍国主義《ぐんこくしゅぎ》やテロリストのように憎悪《ぞうお》をかきたてるのは卑劣《ひれつ》な教育でしょう。

中国の儒家は「仁《じん》」や「礼《れい》」をもって学生に「仁者《じんしゃ》なるものは人を愛す、礼を以《もっ》て人を待《ま》たん」ことを教育しました。このような教育は優れた教育であり、これによって、中華民族《ちゅうかみんぞく》は、平和、博愛《はくあい》、礼儀《れいぎ》を重《おも》んじる民族になりました。

その国の優れた文化的伝統《でんとう》を放棄《ほうき》し、他の国の文化を模倣《もほう》して教育することは、優れた教育とはいえません。昨今《さっこん》の若き世代の姿《すがた》を思うに、中華民族の優れた文化教育を強化《きょうか》し、青年が自分たちの文化的伝統を忘《わす》れず、自《みずか》らのルーツを見失《みうしな》わないようにしていくことが急務《きゅうむ》だと思っております。

文化・教育の分野で「価値創造」の戦い

池田　文化と教育の関係《かんけい》について、お考えを明快《めいかい》に述《の》べていただきました。

おっしゃるとおり、よき教育を生み出すためには、よき文化を継承《けいしょう》し、育《はぐく》まねばならない。そして、よき文化を継承し、発展《はってん》させていくためには、よき教育が不可欠《ふかけつ》です。

牧口先生は『創価教育学体系《そうかきょういくがくたいけい》』で、新しい教育学の建設《けんせつ》を提唱《ていしょう》するなかで、「文化価値《ぶんかかち》を目標《もくひょう》として進め」と強調《きょうちょう》されました。(4)

ここで、私ども創価学会が「教育と文化」について、どのようにかかわりをもってきたか、その一端《いったん》を紹介させていただきたいと思います。

前に創価学会創立当時の歴史に言及《げんきゅう》しましたが、(5) 今日《こんにち》の学会は実質的《じっしつてき》に、戸田先生が戦後《せんご》、壊滅《かいめつ》していた学会の再建《さいけん》に立ち上がった時から築《きず》かれてきたといってよいでしょう。

その学会の再建に際《さい》して、戸田先生は会の名称を「創価教育学会」から「創価学会」へと改《あらた》め、広《ひろ》く民衆《みんしゅう》の平和《へいわ》と幸福《こうふく》を実現《じつげん》する使命《しめい》を明確《めいかく》にしました。

そもそも牧口先生も、子どもの幸福という究極《きゅうきょく》の目的《もくてき》の実現《じつげん》へ、確かな指導原理《しどうげんり》と教育方法を求め、自《みずか》ら率先《そっせん》して仏法《ぶっぽう》を学び、実践《じっせん》されています。

その真意《しんい》をくみとり、戸田先生は、仏法の人間主義《にんげんしゅぎ》を豊饒《ほうじょう》な土壌《どじょう》として、教育のみならず、社会のすべての分野《ぶんや》で価値《かち》の花々《はなばな》を咲《さ》かせゆく、より総合的《そうごうてき》な大文化運動《だいぶんかうんどう》へと、新《あら》たな飛躍《ひやく》を期《き》したのです。

一九五一年五月三日、第二代会長に就任《しゅうにん》した戸田先生の陣頭指揮《じんとうしき》のもと、学会は庶民《しょみん》に人間革《にんげんかく》命《めい》の希望《きぼう》の哲理《てつり》を贈《おく》り、急速《きゅうそく》に日本全国に広がっていきました。

二十代の青年だった私は、この師匠《ししょう》の願業《がんぎょう》を実現《じつげん》するために、一心不乱《いっしんふらん》に戦《たたか》いました。

当時《とうじ》、創価学会を「貧乏人《びんぼうにん》と病人《びょうにん》の集《あつ》まり」と揶揄《やゆ》する人々もいました。しかし、私たちは、「苦悩《くのう》の民衆を救《すく》ってこそ真《しん》に力のある宗教である」と、悪意《あくい》の批判《ひはん》など歯牙《しが》にもかけませんでした。

一人一人と会《あ》い、一人一人と対話《たいわ》し、さらに座談会《ざだんかい》で一人一人を励《はげ》ます――この地道《じみち》な活動《かつどう》を、毎日毎日、重《かさ》ねました。ある日、座談会のために小さな古い家に人が集まりすぎて、床《ゆか》が抜《ぬ》けてしまったことも、今となっては懐《なつ》かしい思い出です。

当時は敗戦後《はいせんご》の混乱期《こんらんき》で、いまだ貧《まず》しい家庭が多かったことも事実です。皆《みな》、十分な教育を受ける機会《きかい》もなく、高雅《こうが》な文化を味《あじ》わう余裕《よゆう》もなかった時代です。しかし、本来の「文化の力」からすれば、経済的《けいざいてき》な貧しさが、即《そく》、人間的《にんげんてき》な貧困《ひんこん》につながるとはいえません。

学歴《がくれき》があり、財産《ざいさん》があっても、心にうるおいのない殺伐《さつばつ》たる家庭もあります。一方《いっぽう》、家は小さく質素《しっそ》であっても、明るい笑《わら》いがあり、温《あたた》かく誠実《せいじつ》な心が光っている――そんな清々《すがすが》しい庶民の家庭を、私は数多《かずおお》く見てきました。名画《めいが》がなくとも、一輪《いちりん》の野《の》の花《はな》を生《い》けて、わが家を彩《いろど》る。そこには「美《び》の価値《かち》」を創造《そうぞう》しゆく知恵《ちえ》があり、生活に根《ね》ざした文化があります。

世界には、絶《た》え間《ま》ない戦禍《せんか》や紛争《ふんそう》などのために、人間的な文化が根こそぎ破壊《はかい》され、教育の機《き》会《かい》も奪《うば》われ、暴力と貧困がはびこる地域《ちいき》も存在《そんざい》します。子どもたちは、一家団欒《いっかだんらん》も、学ぶ歓《よろこ》びも知らず、凄惨《せいさん》な現実《げんじつ》そのままに〝戦争《せんそう》ごっこ〟が唯一《ゆいいつ》の遊《あそ》びとなっているケースさえある。非人《ひにん》間的《げんてき》な戦争が人間を教育する――なんと荒涼《こうりょう》たる光景《こうけい》でしょうか。文化の荒廃《こうはい》は、子どもたちの未来をも奪い去《さ》ります。

顧先生は前に、生《お》い立《た》ちを語ってくださいましたが（第1章・第2節）、お母《かあ》さまからの確固《かっこ》たる教育を受けられ、真《しん》の意味《いみ》で文化の薫《かお》る家庭で育《はぐく》まれたのだと感じます。母子家庭《ぼしかてい》の大変など苦労《くろう》のなか、お母さまは自力更生《じりきこうせい》の精神《せいしん》を伝《つた》え、他者《たしゃ》へのいたわりの心を教えられました。何より顧先生はお母さまへの報恩《ほうおん》の心であふれていらっしゃる。本当に素晴《すば》らしいことです。

最も人間らしい文化とは、こうした「母《はは》の心」「親孝行《おやこうこう》の心」に満《み》ちた生活のなかにこそ光っているものだと私は思います。

牧口初代会長は、「真《しん》・善《ぜん》・美《び》」というカント以来《いらい》の価値内容《かちないよう》のうち、「真理《しんり》は価値ではなく、認識《にんしき》の対象《たいしょう》」であるとされ、独自《どくじ》に「美《び》・利《り》・善《ぜん》」の価値を提唱し、その獲得《かくとく》・創造のなかに人生《じんせい》の幸福《こうふく》はあると考えました。

その価値創造《かちそうぞう》のための教育を目指《めざ》し、創価教育《そうかきょういく》を立ち上げたのです。

牧口会長は『創価教育学体系』で、それぞれの価値をこう定義《ていぎ》しています。

一、美的価値＝部分的《ぶぶんてき》生命に関する感覚的《かんかくてき》価値

二、利的価値＝全人的《ぜんじんてき》生命に関する個体的《こたいてき》価値

三、善的価値＝団体的《だんたいてき》生命に関する社会的《しゃかいてき》価値

そして、「人生は畢竟《ひっきょう》 価値創造の過程《かてい》である」「教育活動は価値創造の指導《しどう》でなければならぬ」と述《の》べています。(6)

こうした初代会長の理論《りろん》を原点《げんてん》として、「美・利・善」の価値を創造しながら、人間主義《にんげんしゅぎ》を根《こん》

底《てい》とした「文化」と「教育」、そして「平和」の光を輝《かがや》かせていくのが、私たち創価《そうか》の運動《うんどう》の目《もく》的《てき》でもあります。

人生には信仰と精神が必要

顧　人《ひと》は、この世《よ》で生きていく上で、多少《たしょう》なりとも信仰《しんこう》と精神《せいしん》がなくてはなりません。この点《てん》が、人と動物の根本的《こんぽんてき》な違いです。まさに池田先生が「経済的《けいざいてき》な貧《まず》しさが、即《そく》、人間的《にんげんてき》な貧困《ひんこん》につながるとはいえません」とおっしゃるとおりです。

もし、人間が信仰と精神をもち、愛《あい》に満《み》ちた心のなかで生き、人類《じんるい》のために優《すぐ》れた価値《かち》を創造《そうぞう》していくならば、人生《じんせい》は限《かぎ》りなく充実《じゅうじつ》したものになり、精神はこの上なく豊《ゆた》かなものになっていくことでしょう。これこそが、創価学会が主張されている「人生の究極《きゅうきょく》の創造的価値」ではないでしょうか。

池田　私は創価大学の開学《かいがく》に際《さい》し、「労苦《ろうく》と使命《しめい》の中にのみ人生《じんせい》の価値《たから》は生まれる」との言葉を贈《おく》りました。人々のため、平和のためという崇高《すうこう》な使命に立ち、勇《いさ》んで労苦を重《かさ》ねゆくなかに、最も充実した「人生の究極的価値」が生まれます。実際《じっさい》に、私には、そうした価値ある充実の人生を歩《あゆ》んでこられた、市井《しせい》の英雄《えいゆう》ともいうべき、多くの無名《むめい》の友《とも》がおります。それが、この言葉の何よりの証《あかし》と思っております。

2 比較教育への道

「一国の教育近代化」から「世界市民教育」へ

池田　ここで、顧先生が専門《せんもん》とされる「比較教育学《ひかくきょういくがく》」について、改めてお聞きしたいと思います。調べてみますと、十九世紀に欧米《おうべい》から始まった比較教育学は、近代《きんだい》ナショナリズム（国民国家《こくみんこっか》）の全盛期《ぜんせいき》には、先進国《せんしんこく》の教育が主要《しゅよう》な研究対象《けんきゅうたいしょう》になりましたね。先進国の教育手法《しゅほう》、教育制度《せいど》を調べ、比較し、優《すぐ》れたものを自国《じこく》に取り入れることに、比較教育は多大《ただい》な貢献《こうけん》をしてきました。(7)

日本の比較教育は二十世紀に入ったころから、徐々《じょじょ》に広がっていきました。この時期《じき》から、欧米教育の研究が盛《さか》んになり、当時の早稲田《わせだ》大学や東京帝国《ていこく》大学の教授らによる「比較研究」や「比較教育」の書籍《しょせき》が刊行《かんこう》されています。ただ、本格的《ほんかくてき》に研究が開始《かいし》されたのは、第二次世界大戦後のようです。この時期は日本に限《かぎ》らず、世界レベルで比較教育が活況《かっきょう》を呈《てい》しました。戦後《せんご》の混乱期《こんらんき》にあって、人々は国の復興《ふっこう》を願《ねが》い、その活路《かつろ》を教育に求めたのです。一種《いっしゅ》の〝教育競争《きょうそう》〟ともいえるほど、先進国の教育に対する教育研究が活発《かっぱつ》に行われました。

戦後の日本では、一九五二年に九州大学で比較教育学講座《こうざ》が創設《そうせつ》されたのに続き、翌年には、広島大学で比較教育制度学講座が創設されました。そして一九六五年には日本比較教育学会が設《せっ》立《りつ》され、比較教育学が教育のなかに本格的に取り入れられるようになります。海外《かいがい》の大学との交《こう》流《りゅう》も深まり、研究はさらに進みました。研究の成果《せいか》は、日本の教育制度改革《かいかく》に存分《ぞんぶん》に活用《かつよう》されました。

比較教育が目指《めざ》してきたのは、一言《ひとこと》でいえば「近代化《きんだいか》」です。この近代化は、多くの国において、一定《いってい》レベルまでは達成《たっせい》されつつあります。

一方《いっぽう》で、国家の枠組《わくぐ》みは今や、大きく変容《へんよう》しました。旧《きゅう》ソ連や東欧諸国《とうおうしょこく》にみられる国家の分裂《ぶんれつ》、またはＥＵに見られる国家単位《こっかたんい》を超《こ》えた地域統合《ちいきとうごう》など、単純《たんじゅん》に国家単位の比較だけでは対処《たいしょ》できない事例《じれい》が出てきました。それに加《くわ》えて、インターネットの普及《ふきゅう》や交通インフラの整備《せいび》が異国間《いこくかん》の人的交流《じんてきこうりゅう》を容易《ようい》にし、多数の留学生《りゅうがくせい》や労働者《ろうどうしゃ》が相《そう》互《ご》に、かつ、迅速《じんそく》、広範《こうはん》に行《ゆ》き交《か》う時代になりました。外国人労働者が増加《ぞうか》する国々を中心に、文化的背景《はいけい》の異《こと》なる外国人への教育をどのように行えばよいのかという点も、議論《ぎろん》されているところです。

いま、比較教育学の対象は、既存《きそん》の国家の枠組みに収《おさ》まらない新しい状況《じょうきょう》が生まれてきているのではないでしょうか。近年《きんねん》は、地球的問題群《ちきゅうてきもんだいぐん》に対する研究と教育が重視《じゅうし》されています。さまざまな文化を理解《りかい》し、尊重《そんちょう》しつつ、互《たが》いに共生《きょうせい》していくための教育、いわば「世界市民教育《せかいしみんきょういく》」が要《よう》請《せい》される時代になってきたといえるでしょう。

比較教育学は、こうした新しい教育の流れのなかにあると私は感じています。

中国では、周恩来総理《しゅうおんらいそうり》の提唱《ていしょう》で研究が始まったとうかがいました。そのとき、まさに、ソ連留学の経験があった顧先生も北京《ペキン》師《し》範《はん》大学に新《あら》たに設置《せっち》された「外国教育研究室」に配属《はいぞく》されたのですね。

人材育成の「普遍的法則」と「地域的差異」を研究

顧　そのとおりです。人生《じんせい》には偶然《ぐうぜん》、チャンスに恵《めぐ》まれることがあるものです。私の場合も例外《れいがい》ではありませんでした。

比較教育とは、もともと伝統《でんとう》ある学科《がっか》です。池田先生が言及《げんきゅう》されたように、西欧《せいおう》では、十九世紀にはすでに比較教育が生まれ、中国では、二十世紀初頭《しょとう》から一部の教育の先達《せんだつ》によって比較教育が中国に導入《どうにゅう》され始めました。

しかし、中国は解放後《かいほうご》、「ソ連から全面的《ぜんめんてき》に学《まな》ぶ」の方針《ほうしん》が行われ、比較教育研究も中断《ちゅうだん》してしまいました。おっしゃるとおり、一九六四年になって周総理より、「外国を理解《りかい》するために外国の研究《けんきゅう》をするように」との打ち出しがあり、外国教育研究機関が設立《せつりつ》され、再《ふたた》び西欧の教育に関《かん》する研究が行われるようになりました。当時《とうじ》は比較教育ではなく、外国教育と呼ばれていました。「文化大革命《ぶんかだいかくめい》」が終結《しゅうけつ》し、改革解放《かいかくかいほう》後、教育界では新《あら》たに比較教育学科が設置《せっち》されました。

一九八〇年には、教育部が、アメリカ・コロンビア大学の比較教育学者・胡昌度《こしょうど》教授[8]を北京師範大学に招《まね》き、講義《こうぎ》を行いました。それとともに、比較教育課程《かてい》の開設《かいせつ》準備にあたることになった大学教員による、十の研修《けんしゅう》コースも北京師範大学に開設されました。長期《ちょうき》にわたる研修と研究を通《つう》じて、私たちは独自《どくじ》の比較教育テキストの編纂《へんさん》に着手《ちゃくしゅ》し、ついに一九八二年、新中国初《はつ》の『比較教育』(人民教育出版社)を世《よ》に問《と》うことができたのです。当時、北京師範大学教育学部の主《しゅ》任《にん》(学部長《がくぶちょう》)と外国教育研究所所長を兼任《けんにん》していた私も、これらの活動《かつどう》に関与《かんよ》し、運営《うんえい》に携《たずさ》わりました。

最初の訪日《ほうにち》となった一九八〇年七月、私は日本比較教育学会の平塚益徳《ひらつかますのり》会長[9]の招《まね》きで、埼玉県で開催《かいさい》された第四回世界比較教育学会に参加しました。小・中学校、東京大学、広島大学などを視察《しさつ》し、日本の教育の発展《はってん》ぶりが強く印象《いんしょう》に残りました。このときから、世界の比較教育研究者と連絡《れんらく》を取り合うようになり、私も本格的《ほんかくてき》に比較教育研究に携わる一員《いちいん》となったのです。

比較教育の意義《いぎ》は、じつはシンプルなものです。つまり世界各国《せかいかっこく》や地域《ちいき》の教育思想《しそう》、制度《せいど》、モデルを比較し、教育発展と人材育成《じんざいいくせい》の普遍的《ふへんてき》な法則《ほうそく》や特殊《とくしゅ》な差異《さい》を探究《たんきゅう》し、最終的には本国の教育発展の参考《さんこう》に資《し》するためです。

初訪中で（1974年6月11日、上海市盧湾《ルーワン》区の少年宮）。池田名誉会長は10回の訪中において、つねに老若男女の民衆と心を通わせ、教育と文化の交流を重ねてきた

比較教育の研究は多地域性《たちいきせい》、多文化性《たぶんかせい》をもっています。言うのは簡単《かんたん》ですが、研究するのはきわめて難《むずか》しいものです。なぜなら世界には二百数カ国もあり、約二千もの民族が存在《そんざい》するからです。先進国《せんしんこく》もあれば、発展途《はってんと》上国《じょうこく》もあり、大国《たいこく》もあれば、小国《しょうこく》もあります。多民族国家《たみんぞくこっか》や単一民族《たんいつみんぞく》の国家もあり、複雑《ふくざつ》で錯綜《さくそう》しています。

比較研究では、まず比較が可《か》能《のう》であるということが必要《ひつよう》です。研究対象《たいしょう》の選択《せんたく》はとても困難《こんなん》なことです。中国においては、まさに、社会主義《しゃかいしゅぎ》の現代化《げんだいか》を進めていますので、比較研究の対象としては、まずアメリカ、イギリス、フランス、ドイツ、ロシア、そして日本などいくつかの先進国を選び、それらの国々の経験《けいけん》を学んでいきました。

その後、中国と発展が同等《どうとう》レベルのインド、ブラジルなどの国々を選ぶとともに、国際的《こくさいてき》に共通して関心《かんしん》が寄《よ》せられている諸問題《しょもんだい》、たとえば、全民《ぜんみん》教育（万人《ばんにん》のための教育）、生涯《しょうがい》教育、女子《じょし》教育、国際理解《こくさいりかい》教育、環境《かんきょう》教育などの問題についても研究を進めています。研究する諸問題は複雑多岐《ふくざつたき》にわたっており、研究の将来の見通《みとお》しは大きく広がっています。

ソ連モデルの学習時代、その反動時代

池田　比較教育学の意義《いぎ》を、明晰《めいせき》に語っていただきました。教えることは、学ぶことと一体《いったい》です。ゆえに教育者自身《じしん》が、幅広《はばひろ》い視野《しや》で学び合い、高《たか》め合い、照《て》らし合っていけば、明鏡《めいきょう》を得たごとく、智慧《ちえ》の光《ひかり》をさらに放《はな》っていけるでありましょう。

私が一九七四年に初訪中《はつほうちゅう》させていただいた折《おり》も、北京大学、また北京市の小学校や中学校、上海《シャンハイ》の幼稚園《ようちえん》などを訪問《ほうもん》し、教育者の方々と対話《たいわ》を重《かさ》ねました。同じ年に訪《おとず》れたソ連では、モスクワ大学やレニングラード大学（現・サンクトペテルブルク大学）などを訪問しました。この当時《とうじ》は、まさに中ソ関係が悪化《あっか》していた時代でした。

顧先生の著作《ちょさく》をひもとくと、それ以前の中国は、一九五〇年代を中心に、社会主義《しゃかいしゅぎ》教育につい

ての理論《りろん》と制度《せいど》の蓄積《ちくせき》があったソ連から専門家《せんもんか》を招聘《しょうへい》し、その教育モデルに基《もと》づく学校を設置《せっち》するとともに、毎年約二百人の留学生《りゅうがくせい》をソ連に派遣《はけん》しています。(10)ソ連という他国《たこく》の教育から学んだという意味では、これも幅広い意味での比較教育の取り組みといえるのではないでしょうか。

ところが一九六〇年代に入ると、状況《じょうきょう》は一変《いっぺん》します。スチューデントパワーが吹《ふ》き荒《あ》れ、世界が教育改革《かいかく》に動いたこの時期《じき》は、今、お話しいただいたように、「文化大革命《ぶんかだいかくめい》」の混乱《こんらん》のために、中国での比較教育の研究自体《じたい》が停滞《ていたい》しました。

顧先生ご自身《じしん》もこの時期、大変なご苦労《くろう》をされたことをうかがいました。この文革《ぶんかく》の嵐《あらし》が止《や》んだ一九七〇年代後半からは、教育の現代化《げんだいか》が大きく進んでいますね。

この間《かん》の動《うご》きについて、顧先生の著作には、明確《めいかく》に記《しる》されています。「外国の教材を導入《どうにゅう》し、外国の教材の中で有益《ゆうえき》なものを吸収《きゅうしゅう》しなければならない」との鄧小平《とうしょうへい》氏(11)の指示《しじ》を契機《けいき》に、アメリカ、イギリス、フランス、日本などから大量《たいりょう》の教材《きょうざい》を購入《こうにゅう》し、中国のカリキュラムおよび教材の現代化改革が促進《そくしん》されたともありました。これは比較教育の復活《ふっかつ》ともいえるでしょうか。

私がこの時期、訪問し、交流《こうりゅう》を重《かさ》ねた貴国《きこく》の大学でも、教員や学生が学問研究への情熱《じょうねつ》と喜びに満《み》ちあふれていた印象《いんしょう》が強く残っています。

諸外国《しょがいこく》の教育に学んだこと、いわば比較教育学の取り組みが、現在の中国の発展《はってん》に果《は》たした役割《やくわり》について、顧先生はどのように評価《ひょうか》されるか、お聞かせください。

顧　たしかにおっしゃるとおり、中国は解放初期《かいほうしょき》、「ソ連から全面的《ぜんめんてき》に学《まな》ぶ」の方針《ほうしん》を採《と》っていました。それも、当時《とうじ》は、やむを得ないことでした。当時、西側諸国《にしがわしょこく》は新中国を承認《しょうにん》せず、しかも対中国封鎖《ふうさ》を実施《じっし》しておりました。私たちは、ソ連に学ばなければ、どこに学べばよかったというのでしょうか。

　したがって、ソ連教育の影響《えいきょう》はとても強いものでした。私自身《じしん》は一九五一年、新中国第一陣《だいいちじん》の留学生としてソ連へ派遣《はけん》されました。

当然《とうぜん》、帰国してからはソ連の教育理論《りろん》や経験《けいけん》を宣伝《せんでん》し、紹介しました。当時、人民教育《じんみんきょういく》出版社から『教育訳報《きょういくやくほう》』という雑誌《ざっし》が発刊《はっかん》されており、私はその雑誌に多くの中国語訳論文《ろんぶん》を発表《はっぴょう》しました。最初《さいしょ》に翻訳《ほんやく》して中国に紹介したのは、ソ連の有名な教育家、ザンコフの発達教育理論《はったつきょういくりろん》の実《じっ》験研究《けんけんきゅう》でした。

　しかし、一九五八年になると、中ソ関係《かんけい》はしだいに変化《へんか》し、それと同時《どうじ》にソ連の多くの教育理論、制度《せいど》や手法《しゅほう》なども、必《かなら》ずしも中国の国情《こくじょう》にそぐわないことが明《あき》らかになってきました。

　そうして、中国教育発展《はってん》への道《みち》の模索《もさく》が始まりました。六〇年代、中ソ関係は悪化《あっか》し、中国ではソ連の教育理論が批判《ひはん》を浴《あ》びるようになり、中国教育の理論体系《りろんたいけい》を確立《かくりつ》しようと探究《たんきゅう》しはじめました。しかし当時はまだ閉鎖的《へいさてき》で、自分たちの経験、とくに解放区《かいほうく》（抗日戦争《こうにちせんそう》および解放戦争の時期に紅軍《こうぐん》により解放された地区）の幹部《かんぶ》教育の経験だけに頼《たよ》っており、その改革には限界《げんかい》がありました。

ほどなくして起こった「文化大革命《ぶんかだいかくめい》」では、ソ連のすべてが批判されました。当然、私も例《れい》にもれず、この批判運動のなかに身《み》を置《お》くことになりました。しかし、心中《しんちゅう》ひそかに、ソ連の教育すべてが悪《わる》いとは限《かぎ》らない、学ぶべき点もたくさんあるのではないかと思っていました。

「文化大革命」のなかで、ソ連は批判され、ソ連留学も当然、不名誉《ふめいよ》な経歴《けいれき》となりました。私は、「思想上、生活上で修正主義《しゅうせいしゅぎ》になった」分子《ぶんし》として批判を浴び、仕事を辞《や》めて下放《かほう》、そして労働《ろうどう》させられることになりました。

世界に学び、「学生主体」の理念が定着

顧　「文化大革命」は、中国教育の健全《けんぜん》な発展を徹底的《てっていてき》に混乱《こんらん》に陥《おとしい》れました。改革開放《かいかくかいほう》後、門戸《もんこ》が開かれ、世界へ目《め》を向《む》けるようになって、世界の教育は、多彩《たさい》かつ豊《ゆた》かなもので、中国教育は世界から数十年も遅《おく》れをとってしまったことにようやく気づいたのです。

そこで私たちは、積極的に国外《こくがい》のさまざまな先進的《せんしんてき》な教育理論を導入《どうにゅう》し、外国の新しい教材《きょうざい》を採用《さいよう》し、中国教育の内容《ないよう》の更新《こうしん》を図《はか》りました。

当時、外国教育の経験を紹介するにあたり、比較教育はきわめて大きな役割《やくわり》を果《は》たしました。私たちは、世界のいくつかの主《おも》な先進国の教育制度や発展の歴史を紹介し、戦後《せんご》各国の教育発展

の趨勢《すうせい》を研究し、世界で盛《さか》んに導入されているいくつかの教育思潮《しちょう》や思想の流派《りゅうは》を紹介しました。たとえば生涯《しょうがい》教育、全民《ぜんみん》教育、ソ連のザンコフの発達《はったつ》の授業《じゅぎょう》、スホムリンスキーの調和《ちょうわ》の教育、スイスのピアジェの発達心理学《しんりがく》、アメリカのブルーナーの構造主義《こうぞうしゅぎ》教育理論、ブルームの完全《かんぜん》習得《しゅうとく》学習理論、範例《はんれい》方式教授法《きょうじゅほう》などの思想や理論で、じつにバラエティーに富《と》んでいました。(12)

比較教育を通《つう》じて外国の教育を紹介することは、中国の教育従事者《じゅうじしゃ》の視野《しや》を広《ひろ》げ、観念《かんねん》を一新《いっしん》させました。

一九八〇年、私は「学生《がくせい》は教育の客体《きゃくたい》であるとともに、教育の主体《しゅたい》でもある」という観点《かんてん》を打ち出し、当時大きな論争《ろんそう》を巻《ま》き起《お》こしました。しかし、比較教育によって提供《ていきょう》される国外の先進的な教育理念の学習を通じて、「学生主体《がくせいしゅたい》」という観点はしだいに受け入れられるようになり、国家文書《こっかぶんしょ》のなかに盛《も》り込《こ》まれるまでになりました。

また、「教育を優先的《ゆうせんてき》に発展させ、マンパワー大国《たいこく》を建設《けんせつ》する」ことは、すでに中国の国策《こくさく》になっています。さらに、戦後、日本で取り組まれた三度の教育改革についても中国に紹介し、中国教育もそのなかから数多《かずおお》くの有益《ゆうえき》な経験を学びました。

現在、比較教育の任務《にんむ》はもはや各国の教育の表層的《ひょうそう》な状況を紹介するだけにとどまらず、さらに一歩《いっぽ》立ち入って各国の教育の法則《ほうそく》や趨勢《すうせい》を探究《たんきゅう》することにあります。

世界のいくつかの国々の教育を比較するなかで発見したことは、経済発展《けいざいはってん》が同等《どうとう》レベルで、政《せい》治制度《じせいど》も共通《きょうつう》しているにもかかわらず、教育の理念や制度がずいぶん違っていることです。たとえば、アメリカと日本はともに経済先進国《けいざいせんしんこく》であり、同じく資本主義《しほんしゅぎ》制度をとっていますが、両国の教育理念にはとても大きな差異《さい》があります。ところが、日本と中国では、経済発展のレベルに格差《かくさ》があり、政治制度も異《こと》なるにもかかわらず、多くの教育理念が共通しています。一例《いちれい》として、進学《しんがく》の圧力《あつりょく》や受験《じゅけん》の負担《ふたん》などがあげられます。

これはどういうわけでしょうか。それは、中日両国《りょうこく》はともに東洋《とうよう》の儒教文化圏《じゅきょうぶんかけん》に属《ぞく》しており、儒教文化が教育に深い影響《えいきょう》を及ぼしているからです。たとえ同じ先進国であっても、社会発展の歴史《れきし》的背景《てきはいけい》が異なり、文化もそれぞれ異なることから、各国の教育理念や制度には多くの差異があります。したがって、ある国の教育を研究しようとすれば、必《かなら》ずその国の文化を研究しなければならず、私はこれを「比較教育の文化研究」と呼んでいます。

また、今や世界はグローバル化、経済一体化《けいざいいったいか》の時代を迎えており、国際的《こくさいてき》に共通する多くの教育問題をかかえています。これらも比較教育によって、さらに掘《ほ》り下《さ》げて研究していく必要《ひつよう》があります。たとえば、先に挙げたような全民教育、生涯教育、女子《じょし》教育の権利《けんり》、環境《かんきょう》教育、教育と国家の発展の関係、国際理《こくさいり》解《かい》教育などの問題は、いずれも比較教育研究者が真剣《しんけん》になって研究に取り組む必要があります。

いずれにせよ、比較教育はたんに研究を通して教育発展の法則を探究し、互《たが》いに参考《さんこう》としながら、発展をうながしていくだけでなく、学習《がくしゅう》を通じて、互いに理解し合い、平和《へいわ》を促進《そくしん》させていくこともできるのです。

各国で「人間のための教育」を志向

池田　比較教育《ひかくきょういく》の研究《けんきゅう》は、生涯《しょうがい》教育や環境教育、国際理解《こくさいりかい》教育など、幅広《はばひろ》い分野《ぶんや》の研究にも通《つう》じます。比較教育は地球市民《ちきゅうしみん》を育成《いくせい》するために、欠《か》かすことのできない分野でもありますね。

比較教育を進めるためには、実際《じっさい》に各国《かっこく》に足を運び、現地の人々と言葉《ことば》を交《か》わし、文化《ぶんか》にふれることも大切《たいせつ》でしょう。創価《そうか》大学と各国の大学との交流《こうりゅう》のなかで、私も諸《しょ》大学・学術機関《がくじゅつきかん》の招聘《しょうへい》を受けて、通算《つうさん》三十二回に及ぶ講演《こうえん》をさせていただきました。米国・ハーバード大学（二回）、ロシア・モスクワ大学（二回）、イタリア・ボローニャ大学などで、貴国《きこく》では北京大学（三回）、復旦《ふくたん》大学、深圳《しんせん》大学、中国社会科学院《しゃかいかがくいん》などです。また、教員だけでなく、学生とも対話することを心がけてきました。英国・オックスフォード大学を訪《おとず》れた折《おり》には、学生寮《がくせいりょう》の部屋の中まで案内していただいたこともあります（一九七二年五月）。そうした交流の経験から得たものを、創価《そうか》教育《きょういく》の各校の諸先生《しょせんせい》や学生たちにもしばしば紹介してきました。

やはり、それぞれの文化や伝統《でんとう》に学ぶことは、じつに多くあります。また、授業のあり方や学生の気質《きしつ》などの違いを感じるところもあります。しかし、それ以上に感じたことは、たとえ文化的背景《はいけい》は違っても、優《すぐ》れた教育者は「人間のための教育」を志向《しこう》しているという点です。

その意味するところは、教条的《きょうじょうてき》に人間を型《かた》に押《お》し込《こ》める教育ではなく、人間自身《じしん》に具《そな》わる豊《ゆた》かな可能性《かのうせい》を引き出し、個性《こせい》を開花《かいか》させつつ、ともどもに人類《じんるい》の平和《へいわ》と幸福《こうふく》のために生かしていく教育です。この推進力《すいしんりょく》としても、比較教育の重要性は論《ろん》をまちません。

そこで、世界各国の教育をご覧《らん》になって、顧先生が最も驚《おどろ》かれたこと、最も共感《きょうかん》されたことを教えてください。中国の教育にも、ぜひ導入《どうにゅう》したいと思われたことはあったでしょうか。

ソ連・日本で出会った教育者と子どもたち

顧　池田先生は多くの国々を訪問《ほうもん》され、多くの学校に足を運ばれ、多くの大学から名誉教授《めいよきょうじゅ》の称《しょう》号《ごう》や名誉博士《はかせ》の学位記《がくいき》を授与《じゅよ》されています。大学で講演《こうえん》されるときにはつねに教育についてもふれられ、「人類《じんるい》の平和《へいわ》と幸福《こうふく》を祈《いの》っています」と語られ、人生《じんせい》の価値《かち》を確立《かくりつ》する上での教育の重要性について論《ろん》じられています。

池田先生がフィリピンのデ・ラ・サール大学を訪問された折、学長に対して、「平和を創造《そうぞう》しなければならない！　そのために人間教育《にんげんきょういく》が必要《ひつよう》です！」と語られました（一九九八年二月）。

イスラエルの教育者らとも、何度も会談《かいだん》されています。その際《さい》、「ノーベル賞《しょう》の全受賞者の約二〇パーセントはユダヤ人の方々である。ユダヤ人はなぜ優秀《ゆうしゅう》なのか？」との問題提起《もんだいていき》をされた

1974年、ユネスコ（国連教育科学文化機関）の国際会議出席のためパリを訪れた顧会長。エッフェル塔にて

り、「（イスラエルの）建国《けんこく》に先だって大学を創《つく》った」意義《いぎ》を讃《たた》えたりしておられます。これらの見解《けんかい》は比較教育《ひかくきょういく》が研究《けんきゅう》すべき問題ではないでしょうか。したがって、私は先生のお考えに大賛成《だいさんせい》です。先生はすでに比較教育の実践者《じっせんしゃ》であられると思います。

私が世界各国の訪問を通《つう》じて最も驚《おどろ》いたことは、どの国も教育の発展《はってん》を非常《ひじょう》に重視《じゅうし》しており、教育を自分たちの生命《せいめい》を継承《けいしょう》する手段《しゅだん》であるとみなし、子《し》女《じょ》の教育に関心《かんしん》をもっていることでした。また、どの国も人を育てること、人の徳性《とくせい》の涵養《かんよう》、高《こう》尚《しょう》な人格形成《じんかくけいせい》を最重要として位置《いち》づけていることでした。このことは世界平和《せかいへいわ》の基礎《きそ》であり、希《き》望《ぼう》であるといえるでしょう。

池田先生は、私が海外視察《かいがいしさつ》や留学《りゅうがく》するなかで、どのような感想《かんそう》をもったかと質問されましたが、

顧会長はモスクワのレーニン師範大学に学んだ（1951～56年）。1954年の新年祝賀夜会で（中央が顧会長）

私の感想はたくさんあります。

　とくに感じたことは、どの国へ行っても、私が接《せっ》した人たちは友好的《ゆうこうてき》で、平和を望《のぞ》んでいることでした。素朴《そぼく》で平凡《へいぼん》な人々の感情に、私は多くのことを教えられました。

　私は昔、ソ連に留学し、後《のち》に何度も北米《ほくべい》、欧州《おうしゅう》などの国々の学校を視察しましたが、貴《き》国《こく》・日本を訪《おとず》れたのが一番《いちばん》多く、おそらく二十数回になるでしょう。どの学校へ行っても、活発《かっぱつ》でかわいらしい児童《じどう》や生き生きとした青年《せいねん》に会い、明るい、前向《まえむ》きな気分《きぶん》にさせてくれました。これらの青年は人類の未来《みらい》です。どの教員や校長に会っても教育によって平和の種《たね》を蒔《ま》きたいと考えており、より多くの交流《こうりゅう》と理解を望んでいたことは、じつに喜ばしいことでした。

私がソ連で学んでいた時は、ちょうど第二次世界大戦後のソ連経済の復興期《ふっこうき》にあたり、活気《かっき》にあふれている時期《じき》でした。ソ連の市民《しみん》はとても友好的で、生活面でもこれほどまでにと恐縮《きょうしゅく》するほど、特別《とくべつ》に面倒《めんどう》を見てくれました。

たとえば、映画《えいが》を観《み》るときも、ソ連の人々は列《れつ》に並んでチケットを買わなくてならないところを、私たちに順番を譲《ゆず》ってくれ、先に買わせてくれました。また、学校のそばのクラブで新しい映画が上映《じょうえい》されると、私たちのために一番いい席《せき》を空《あ》けておいてくれました。

ソ連のクラスメートは、講義《こうぎ》ノートを補習《ほしゅう》するときに助けてくれました。学校の学長は、よく私たちを招《まね》き、「何か困《こま》ったことはないかい？」と尋《たず》ねてくれました。ソ連の教師たちは私たちを自宅《じたく》に招いてくれました。

ソ連の人民《じんみん》は読書好《どくしょず》きで、彼らの文学・芸術をこよなく愛しているようでした。電車の中であれ、買い物で並んでいる最中《さなか》であれ、本を手にして読んでいる姿《すがた》をよく見かけました。ロシア人は大《おお》らかで明るく、人に対しては誠実《せいじつ》です。クラスメートと築《きず》いた友情《ゆうじょう》は今も忘れることはありません。

日本では、四国の鳴門《なると》での四カ月間が最も長い滞在《たいざい》でした。貴国で印象深《いんしょうぶか》かったのは、礼儀正《れいぎただ》しく、秩序《ちつじょ》があり、きちんとしており、清潔《せいけつ》で、物静《ものしず》かだったことです。貴国の近代化《きんだいか》の過程《かてい》における文化的伝統《ぶんかてきでんとう》の継承《けいしょう》は中国よりも優《すぐ》れており、各種《かくしゅ》の文化財《ぶんかざい》の保護《ほご》についても非常《ひじょう》に重視《じゅうし》しています。

教育の面で最も印象に残ったことは、教育の発展の均衡《きんこう》がとれており、学生の公平《こうへい》の権利《けんり》を重視していたことや、障がいをもつ子どもを温《あたた》かく面倒《めんどう》を見ており、どの学校にも特別支援学級《とくべつしえんがっきゅう》があり、訓練《くんれん》を受けた専門《せんもん》の教師が授業を行っていたこと、また、学生が礼儀正しく、教師と学生とが一丸《いちがん》となって取り組んでおり、教師の机《つくえ》が教室の中にあったことです。

特筆《とくひつ》すべきことは、小学生は真冬《まふゆ》でも薄着《うすぎ》で、男子は半ズボン、女子はスカートしかはいておらず、二本の足は寒《さむ》さで真《ま》っ赤《か》になっていました。私が「寒くないの?」と尋ねると、「寒い」と答えます。「じゃあ、どうして長ズボンをはかないの?」ときくと、「これは学校のきまりで、鍛《きた》えるためだから」と答えるではありませんか。中国の子どもは冬になると、冷《ひ》えないように、両親によって何重《なんじゅう》にも厚着《あつぎ》をさせられます。中国の教育は貴国から学ばなければならないものがたくさんあると感じました。

子らの姿に、その国の未来が映る

池田　私の各国《かっこく》の方々との交流《こうりゅう》まで、つぶさにご存じで驚《おどろ》きました。もったいない評価《ひょうか》です。

ソ連の印象《いんしょう》については、私も同感《どうかん》です。これまで、多くの創大生《そうだいせい》がソ連そしてロシアで学んできましたが、誰《だれ》もが一様《いちよう》に、それはそれは温《あたた》かく遇《ぐう》していただいたと、感動《かんどう》と感謝《かんしゃ》を語っておりました。もちろん、貴国《きこく》の大学に留学《りゅうがく》した創大生も、中国の方々からいただいたご厚誼《こうぎ》を一生涯《いっしょうがい》の宝《たから》にしています。顧先生は、日本の子どもたちに生き生きとした印象を受けたと語られましたが、私はむしろ貴国で、子どもたちの凛々《りり》しい姿《すがた》や美しい瞳《ひとみ》に感動してきました。〝服装《ふくそう》などの表面的な華《はな》やかさよりも、子どもたちの心の輝《かがや》きや精神《せいしん》の強《つよ》さにこそ、豊《ゆた》かな未来《みらい》がある〟と、中国からの帰国後《きこくご》、日本での寄稿《きこう》に綴《つづ》ったこともあります。(13)

子どもたちの姿にこそ、その国の未来が映《うつ》し出されます。それは世界共通《せかいきょうつう》でしょう。

3 中国：教育の伝統と現代化

五種の要素が中国現代教育を形成

池田　顧先生も主張されているとおり、教育には、時《とき》とともに変化《へんか》する「時代性《じだいせい》」があります。

一方《いっぽう》で、時を経《へ》ても変わらず、国や民族の教育に脈打《みゃくう》つ「伝統的要素《でんとうてきようそ》」もあります。

ここでは、貴国《きこく》における教育の伝統と変化、現代化《げんだいか》についてうかがいたいと思います。

顧先生は〝中国現代教育を構成《こうせい》する主《おも》な要素〟として、次の五点を挙《あ》げておられます(14)。

①「何千年《なんぜんねん》という中国伝統文化《でんとうぶんか》」

②「五四運動《ごしうんどう》以来の科学《かがく》と民主《みんしゅ》に基《もと》づく優秀《ゆうしゅう》な教育思想《しそう》」

③「旧解放区《きゅうかいほうく》の教育伝統」

④「西方《せいほう》教育思想と制度《せいど》、方法論《ほうほうろん》の影響《えいきょう》」

⑤「建国以降《けんこくいこう》に学んだソ連教育の影響」

これらの要素が相互《そうご》に関係《かんけい》し融合《ゆうごう》して、現代教育の礎《いしずえ》となっているとされていますね。

顧　中国の教育は、悠久《ゆうきゅう》の歴史《れきし》をもっています。その源《みなもと》は遠《とお》く、流《なが》れは長《なが》い。今日《こんにち》の発展《はってん》までには、さまざまな文化の影響を受けてきました。

池田先生がおっしゃるように五種類の主要《しゅよう》な文化的要素《ようそ》が、今日の中国の教育的伝統に影響を及ぼしてきました。

そのなかで最も基本的《きほんてき》で核心的《かくしんてき》な文化的基礎《きそ》とは、当然《とうぜん》、中国の民族文化《みんぞくぶんか》の伝統です。なぜなら、中国文化は五千年もの間、連綿《れんめん》と続き、絶《た》えず多くの外来《がいらい》文化を吸収《きゅうしゅう》し融合《ゆうごう》しながらも、中華民族《ちゅうかみんぞく》の文化の主流《しゅりゅう》は変化《へんか》することはなかったからです。それはまるで長江《ちょうこう》や黄河《こうが》のように、源流《げんりゅう》から始まり、その過程《かてい》で多くの支流《しりゅう》が合流《ごうりゅう》しながら、最後に大河《たいが》となって大海《たいかい》へほとばしり出るようなものです。

中国における教育の現代化は、わずかここ百年来の出来事《できごと》にすぎません。この転換《てんかん》は徹底的《てっていてき》に行われ、試験制度《しけんせいど》を含《ふく》む教育制度からカリキュラムに至《いた》るまで根本的《こんぽんてき》に変化しましたが、中華民族の精神《せいしん》は変化することなく、依然《いぜん》として中国人の考え方や生き方に影響を与えており、それによって教育にまで影響を及ぼし続けているのです。

儒教文化の三段階――教育とのかかわり

池田　顧先生のおっしゃるとおり、中国文化の歴史《れきし》は悠遠《ゆうえん》なるゆえに、今日における影響もそれだけ大きく、深いのだと思います。

顧先生が挙《あ》げられた五つの要素《ようそ》に沿《そ》って見ていくと、貴国《きこく》の教育史《きょういくし》の具体的《ぐたいてき》な変遷《へんせん》と、時代を画《かく》する事項《じこう》が浮かび上がってきます。

まず、①の「何千年《なんぜんねん》という中国伝統文化《でんとうぶんか》」についてですが、その中心である儒学《じゅがく》については前章で顧先生に論《ろん》じていただきましたので、その議論《ぎろん》をたどりつつ、隋代《ずい》から清代《しん》の末《まつ》まで続いた「科挙制度《かきょせいど》」とともに、儒学が中国の教育に与えた影響を考察《こうさつ》していきたいと思います。

顧先生は、儒教文化《じゅきょうぶんか》の発展《はってん》には三つの段階《だんかい》があると記《しる》されました。

第一は、孔子《こうし》、孟子《もうし》、荀子《じゅんし》らによって展開《てんかい》された「仁《じん》」や「礼《れい》」を中心とする原始《げんし》儒教文化の時代です。それは本来《ほんらい》、決して教条的《きょうじょう》な教訓《きょうくん》の羅列《られつ》でもなければ、訓詁注釈《くんこちゅうしゃく》でもない。孔子の言《げん》行録《こうろく》『論語《ろんご》』に生き生きと残されているように、師《し》と弟子《でし》が人格的《じんかくてき》な交《まじ》わりのなかで、ともに正《ただ》しい道《みち》を追求《ついきゅう》していくものでした。

孔子自身《じしん》、早くに両親を亡《な》くし、貧《まず》しく不遇《ふぐう》な少年時代を送ったといわれますね。その逆境《ぎゃっきょう》に負《ま》けずに学び抜き、理想《りそう》への道を開いていきました。その門下《もんか》は三千人を数えたとされ、孔子は家系《かけい》等も問《と》わなかったと聞きます。いわば万人《ばんにん》に広々《ひろびろ》と教育の門《もん》を開いたともいえるでしょう。

孔子がその生涯《しょうがい》の歩《あゆ》みを振《ふ》り返《かえ》った、『論語』為政篇《いせいへん》の一節《いっせつ》は、日本でも大変有名《ゆうめい》です。

「吾《われ》十有《ゆう》五にして学《がく》に志《こころざ》す。三十にして立《た》つ。四十にして惑《まど》わず。五十にして天命《てんめい》を知《し》る。六十にして耳順《みみした》がう。七十にして心《こころ》の欲《ほっ》する所《ところ》に従《したが》いて矩《のり》を踰《こ》えず」と。

わが師《し》・戸田先生は軍部《ぐんぶ》政府《せいふ》と戦《たたか》い、投獄《とうごく》されましたが、その獄中《ごくちゅう》で、法華経《ほけきょう》を読み、思索《しさく》を重《かさ》ねて生命尊厳《せいめいそんげん》の仏法《ぶっぽう》の真髄《しんずい》を究《きわ》め、民衆救済《みんしゅうきゅうさい》への使命《しめい》を深く自覚《じかく》していきました。そして当時《とうじ》、四十五歳《さい》であったことから、決意《けつい》をこの『論語』の一節になぞらえて叫《さけ》ばれたのです。「かれ（孔子）に遅《おく》るること五年にして惑わず、かれに先立《さきだ》つこと五年にして天命を知る」と。

この時の師の決意こそ、戦後《せんご》の創価学会が発展《はってん》した大いなる淵源《えんげん》となっております。

ハーバード大学のドゥ・ウェイミン教授は、私との対談で、孔子を中心とする師弟《してい》の集《つど》いを、「対話《たいわ》の共同体《きょうどうたい》」という、まことに味《あじ》わい深《ぶか》い言葉《ことば》で評《ひょう》しておられました。[15] 教育の不滅《ふめつ》の理想像《りそうぞう》の一つを、この原始儒教文化の時代に見ることはできないでしょうか。

第二段階《だんかい》は、前漢《ぜんかん》の武帝《ぶてい》の時代です。「三綱五常《さんこうごじょう》」が唱《とな》えられ、帝国《ていこく》を支配《しはい》・維持《いじ》するための封建倫理《ほうけんりんり》道徳《どうとく》が打ち立てられていきます。

後漢《ごかん》の時代には、首都《しゅと》・洛陽《らくよう》に大規模《だいきぼ》な大学《だいがく》が作られるとともに、新《あら》たに定《さだ》められた経書《けいしょ》のテキストを石碑《せきひ》に彫《ほ》った「石経《せっけい》」もでき、儒学は事実上《じじつじょう》の「国教《こっきょう》」となっていきます。

さらに隋《ずい》代には、科挙制度が導入《どうにゅう》されます。詳細《しょうさい》は顧先生に論じていただきたいのですが、科挙は高等官吏《こうとうかんり》への登用《とうよう》の制度で、過酷《かこく》な試験《しけん》を課《か》すものです。試験では詩文《しぶん》をあやつる力が重視《じゅうし》されるとともに、経書も科目《かもく》になりました。出自《しゅつじ》ではなく実力《じつりょく》で高級官吏を選ぶこの制度によって、幅広《はばひろ》く人材《じんざい》が登用され、貴族階級《きぞくかいきゅう》が没落《ぼつらく》するとともに、皇帝《こうてい》を頂点《ちょうてん》とした政治体制《せいじたいせい》が確固《かっこ》たるものとなっていきます。

第三段階は、宋明理《そうみんり》学《がく》の成立《せいりつ》です。宋明理学は、仏教や道教《どうきょう》の宇宙論《うちゅうろん》や生死論《しょうじろん》などの思想、哲学をも吸収《きゅうしゅう》しつつ形成《けいせい》されていった一大《いちだい》儒教哲学です。しかも、当時の仏教や道教が出世間的《しゅつせけんてき》な傾向《けいこう》をもっていたのに対して、宋明理学は、宇宙論や人生論《じんせいろん》を世俗《せぞく》世界《せかい》の道徳や政治《せいじ》倫理《りんり》などと結びつけようとした特徴《とくちょう》があります。これは北宋《ほくそう》の周惇頤《しゅうとんい》、程明道《ていめいどう》、程伊川《ていいせん》、張載《ちょうさい》に始まり、南《なん》宋《そう》の朱子《しゅし》（朱熹《しゅき》）によって大成《たいせい》されました。[16] 科挙も、元《げん》代には朱子《しゅし》学《がく》を基盤《きばん》にするようになりますね。

朱子学は、日本においても江戸時代の教育、学問の主軸《しゅじく》となり、民族の精神性《せいしんせい》に多大《ただい》なる影響をもたらしました。しかし一方《いっぽう》で人々の思想を硬直化《こうちょくか》させるという側面《そくめん》もありました。この点、顧先生は前に、ものごとがきわまれば逆《ぎゃく》の方向《ほうこう》に動《うご》くものと論じておられましたね。(17)

世襲制度を打破——科挙制度の起源

顧　そのとおりです。科挙試験《かきょしけん》が文官登用《ぶんかんとうよう》試験の道を拓《ひら》いたように、儒家文化《じゅかぶんか》も、絶《た》えず新しい創造《そうぞう》のなかで発展《はってん》を遂《と》げてきました。

しかし、中国伝統《でんとう》文化の教育における影響《えいきょう》は、プラス面《めん》ばかりとは限《かぎ》らず、マイナス面の影響も存在《そんざい》します。中国の伝統文化は、封建社会《ほうけんしゃかい》のなかから生まれたものですから、多くの文化の内容《ないよう》には封建思想が浸透《しんとう》しています。

それゆえに、今日《こんにち》、それらを受《う》け継《つ》ぐ場合、選択《せんたく》と改変《かいへん》が必要《ひつよう》になります。

池田先生が挙《あ》げられた科挙について、具体的《ぐたいてき》に分析《ぶんせき》してみましょう。

中国の科挙の起源《きげん》は隋代《ずいだい》とされ、隋の煬帝《ようだい》が大業《たいぎょう》二年（六〇六年）に進士《しんし》科を設《もう》けたことが科挙の始まりとされています。唐《とう》代ではさらに発展し、完備《かんび》され、しだいに整《ととの》った一連《いちれん》の文官試験制度が形成《けいせい》されていきました。

科挙制度が人材《じんざい》登用制度として中国で生まれたことは、偶然《ぐうぜん》ではありません。

中国では、古代《こだい》の夏《か》、商《しょう》（殷《いん》）、周《しゅう》以来、中央支配《しはい》集団は世襲制度《せしゅうせいど》によって人材を登用してい

科挙試験の合格発表。かたずをのんで待つ受験者たち。明代の画家・仇英の作。16世紀

©Heritage Image/PPS

ました。この制度によって、世襲の子弟《してい》は怠惰《たいだ》になり、堕落《だらく》し、腐敗《ふはい》し、さらには既得権益《きとくけんえき》を貪《むさぼ》る勢力が跋扈《ばっこ》する温床《おんしょう》となっていました。

封建社会の発展にともない、支配者側は、皇帝《こうてい》の権《けん》力《りょく》を盤石《ばんじゃく》なものにするために、貴族《きぞく》の権限《けんげん》を弱体化《じゃくたいか》させ、人事《じんじ》権《けん》を中央へ集中化《しゅうちゅうか》させる必要にせまられます。

そこで漢《かん》代からは「察挙《さっきょ》制《せい》」が始まりました。これは古代の「郷挙里選《きょうきょりせん》」のやり方を借用《しゃくよう》するもので、地《ち》方官《ほうかん》によって、決められた科目《かもく》や基準《きじゅん》に基《もと》づいて人物《じんぶつ》を観察《かんさつ》し、選抜《せんばつ》を行い、朝廷《ちょうてい》に推薦《すいせん》します。そして皇帝自《みずか》ら出題し、その成績《せいせき》に応《おう》じて、それぞれ官職《かんしょく》が授《さず》けられるようになりました。(18)

隋代になって施行《しこう》された科挙制度は、国家による「科目」が設置《せっち》され、級《きゅう》ごとの統一《とういつ》試験を通じて、成績に応じて人材を選抜し登用するというものでした。

科挙制度は当然《とうぜん》、世襲制度に比べれば一段《いちだん》と進んだものでした。それは勢力のある貴族が握《にぎ》っている権力を抑制《よくせい》し、中小の氏族《しぞく》の子弟に官途《かんと》への門戸《もんこ》を開きました。彼らは、勉強に没頭《ぼっとう》し、科挙試験に合格さえすれば、高官《こうかん》となり、厚《あつ》い俸禄《ほうろく》を得、支配者の一員《いちいん》に加《くわ》わることができたのです。

しかし、それが拡大《かくだい》し続けた結果、後《のち》になると、私利《しり》を営《いとな》み、不正行為《ふせいこうい》が行われ、多くの弊害《へいがい》がもたらされるようになりました。

「何のため」を忘れて硬直化

池田 ある時の試験は十数万人が受験し、合格者《ごうかくしゃ》はわずか数百人であったと伝えられる科挙制度《かきょせいど》ですが、宋《そう》代の記録では、合格者の平均年齢《へいきんねんれい》は三十六歳《さい》。人々は難関《なんかん》を突破《とっぱ》するために、じつに長い年月《ねんげつ》や資本《しほん》を投《とう》じざるを得なかった。合格のための書院《しょいん》という学校も、民間《みんかん》に広く設《もう》けられました。

厳《きび》しい試験ゆえに、悲喜《ひき》こもごものドラマもありました。杜甫《とほ》は歌っています(19)。

「甫昔少年日　早充観国賓

読書破万巻　下筆如有神」

(甫《ほ》〔＝私〕はむかし青年《せいねん》であったとき、早くも都《みやこ》の科挙受験者に当《あ》てられました。書物《しょもつ》は万巻《ばんかん》を読破《どくは》し、筆《ふで》を下《お》ろせば神《かみ》の助《たす》けがあるかの如《ごと》くでありました)

「此意竟蕭条　行歌非隠淪

騎驢三十載　旅食京華春」

(この意気《いき》ごみもけっきょくはさびしく終わり、隠者《いんじゃ》でもないのに道《みち》のべの歌をうたっております。ろばの背《せ》の上でもう三十年もうろつき、花の都の春に旅住《たびず》まいをしています)

当時の青年にとって、科挙がいかに巨大《きょだい》な存在《そんざい》であったか――科挙受験に破《やぶ》れた悲哀《ひあい》を詠《えい》じたこの名歌《めいか》からも伝わってきます。

ともあれ、本来《ほんらい》、人間《にんげん》の理想《りそう》を追求《ついきゅう》した儒学が、科挙制度とともに、帝国《ていこく》を維持《いじ》するための硬《こう》直的《ちょく》な基盤《きばん》となりました。教育はつねに、その本義《ほんぎ》を問《と》い直《なお》していくべきものであることを改めて痛感《つうかん》します。

いかなる社会であっても、決して見失《みうしな》ってはならないのは「何《なん》のための学問《がくもん》か」「何のための教育か」ということです。

学歴主義・理論偏重——今も残る科挙の弊害

顧　とくに明《みん》、清《しん》時代になって「八股文《はっこぶん》」（科挙《かきょ》の答案《とうあん》として用《もち》いられた特殊《とくしゅ》な文体《ぶんたい》）が推進《すいしん》された後は、一変《いっぺん》して硬直化《こうちょくか》し、科挙制度も末路《まつろ》を迎えます。

実際、科挙制度の末路は、封建《ほうけん》制度の崩壊《ほうかい》を意味していました。なぜならば、科挙制度の内容や形式は封建制度が体現《たいげん》されたものだったからです。試験の内容は「四書《ししょ》」「五経《ごきょう》」で、封建の倫理道徳《りんりどうとく》を主《しゅ》として、古人《こじん》の思想の解釈に基《もと》づいて「聖賢《せいけん》の代わりに立言《りつげん》」するものであり、自分の見解《けんかい》をもつことはできませんでした。

封建的な礼教《れいきょう》（礼儀《れいぎ》に関する教え）に関しては、魯迅《ろじん》の最初の小説『狂人日記《きょうじんにっき》』に、容赦《ようしゃ》ないまでに暴露《ばくろ》されています。

「おれは歴史《れきし》をひっくり返してしらべてみた。この歴史には年代《ねんだい》がなくて、どのページにも『仁義道徳《じんぎどうとく》』といった文字がくねくねと書いてある。おれは、どうせ睡《ねむ》れないから、夜中《よなか》までかかって丹念《たんねん》にしらべた。そうすると字と字の間《あいだ》からやっと字が出てきた。本には一面《いちめん》に『食人《しょくじん》』の二字が書いてあった(20)」

科挙の形式を見ると、科目は繁多《はんた》で、試験は複雑《ふくざつ》であり、多くの級《きゅう》の試験に分かれていました。第一級は童試《どうし》で、州や県知事による試験が実施《じっし》されます。合格者《ごうかくしゃ》は「秀才《しゅうさい》」とよばれ、第二級の試験の受験資格《じゅけんしかく》が得られます。第二級の試験は郷試《きょうし》、すなわち省《しょう》の一級の試験で、三年に一度実施されます。合格者は「挙人《きょじん》」と呼ばれ、こうして中央の一級の試験を受験できるようになります。第三級の試験は会試《かいし》で、郷試の二年後に、中央の礼部《れいぶ》により実施され、合格者は「進士《しんし》」と呼ばれます。第四級の試験は「廷試《ていし》」あるいは「殿試《でんし》」と呼ばれるもので、皇帝自《こうていみずか》ら進士に対して試験を行います。そうしてようやく官職《かんしょく》を得ることができたのです。

このような試験には長い歳月《さいげつ》が必要とされました。どれほど多くの青春が浪費《ろうひ》されたことでしょう。中国の有名な小説『儒林外史《じゅりんがいし》』には、范進《はんしん》が五十数歳《すうさい》になってようやく挙人に合格したときの狂乱《きょうらん》的なシーンが描かれ、文学の角度《かくど》から、封建社会の科挙に対する熱狂《ねっきょう》的な追求《ついきゅう》がいきいきと映《うつ》し出されています。(21)

科挙制度は後《のち》に、受験者による利益《りえき》と官禄《かんろく》のための不正行為《ふせいこうい》が後《あと》を絶《た》たず、社会の腐敗《ふはい》をもたらすような末路をたどっていきますが、それは歴史の必然《ひつぜん》だったといえるでしょう。

科挙制度の中国社会における最大《さいだい》の影響《えいきょう》といえば、学歴主義《がくれきしゅぎ》の価値観《かちかん》をもたらしたことで、その影響は今日《こんにち》まで及んでいます。「読書《どくしょ》して役人《やくにん》になる」「書中《しょちゅう》におのずから黄金《おうごん》の屋《おく》あり、書中に女あり顔玉《ぎょく》の如《ごと》し」といった意識《いしき》は、今なお多くの中国人の頭にこびりついています。

今日、中国教育のさまざまな弊害《へいがい》は、たとえば、高学歴《こうがくれき》を追求することによって、悪性《あくせい》の進学《しんがく》競争が起こったり、理論《りろん》を重視《じゅうし》し技術《ぎじゅつ》を軽《かろ》んじたり、普通《ふつう》教育を重視し、職業《しょくぎょう》教育をないがしろにしたりするなど、いずれも学歴主義思想の影響を受けているものばかりです。

池田　優《すぐ》れた教科書のような、必要《ひつよう》にして十分《じゅうぶん》な解説、まことにありがとうございます。

中国という大国《たいこく》の同一性《どういっせい》を長く支《ささ》え続けた科挙制度が、長い伝統《でんとう》をもつゆえに、その負《ふ》の影響もまた大きいことはよく理解できます。

また、どんな制度《せいど》も、〝時《とき》〟の淘汰《とうた》を受けていくことは事実でありましょう。

歴史《れきし》的《てき》に見て、科挙制度の影響が、いかに大きかったか。少し違う観点《かんてん》ですが、それは中国国《こく》内《ない》にとどまらず、広く海外《かいがい》にまで波動《はどう》を起こしていました。

たとえば韓《かん》・朝鮮半島《ちょうせんはんとう》やベトナムでは、科挙制度を自国《じこく》に導入《どうにゅう》しています。のみならずフランスの啓蒙思想家《けいもうしそうか》レーナルらが、出自《しゅつじ》ではなく知識《ちしき》・才能《さいのう》で官吏《かんり》を登用《とうよう》する制度を讃《たた》えながら、「中国では平等観念《びょうどうかんねん》が完成《かんせい》の域《いき》に達《たつ》している」(22)と考察《こうさつ》したように、西洋《せいよう》にまでインパクトを与《あた》えていたのです。その認識《にんしき》の当否《とうひ》はともかく、興味深《きょうみぶか》い事実でありましょう。

封建教育の解体、西洋教育思想の受容

池田　さて、次に②「五四運動《ごしうんどう》以来の科学《かがく》と民主《みんしゅ》に基《もと》づく優秀《ゆうしゅう》な教育思想《しそう》」と、④「西方《せいほう》教育思想と制度《せいど》、方法論《ほうほうろん》の影響《えいきょう》」です。この二つの要素《ようそ》は切《き》り離《はな》せないものだと思います。

科挙は、一九〇五年に廃止《はいし》されました。このことは欧米列強《おうべいれっきょう》等の侵略に衝撃《しょうげき》を受けた清朝《しんちょう》が体《たい》

制《せい》を維持《いじ》するため、人材育成《じんざいいくせい》の方策《ほうさく》を転換《てんかん》したととらえられます。しかし、長年の抑圧支配《よくあつしはい》への抵抗《ていこう》から革命熱《かくめいねつ》が沸騰《ふっとう》し、一九一一年の辛亥革命《しんがいかくめい》によって、ついに清朝は倒《たお》れ、翌年、中華民国《ちゅうかみんこく》が誕生《たんじょう》します。

④に関することですが、この時期《じき》に西洋の教育思想が、日本の教育界を経由《けいゆ》して中国に受容《じゅよう》されはじめます。主《おも》にドイツのヘルバルト学派《がくは》(23)の理論が紹介されていますね。

合理的《ごうりてき》な教授法と道徳的品格《どうとくてきひんかく》の陶冶《とうや》を重《おも》んじるその理論は、中国の伝統教育における管理《かんり》と徳《とく》育《いく》の重視《じゅうし》とも理念的《りねんてき》に一致《いっち》していたため、清末民初《しんまつみんしょ》の教育界で多くの支持《しじ》を得た、と顧先生は指《し》摘《てき》しておられます(24)。

著名《ちょめい》な碩学《せきがく》・王国維《おうこくい》が編集をつとめた雑誌《ざっし》『教育世界』も、コメニウスや、ルソー、ペスタロッチなど、数々《かずかず》の西洋教育思想の名著《めいちょ》を紹介しました(25)。

知識人《ちしきじん》による新文化《しんぶんか》への欲求《よっきゅう》は高まり、一九一五年、民主(デモクラシー)と科学(サイエンス)のスローガンを掲《かか》げた雑誌『新青年』(当初《とうしょ》『青年雑誌』)が創刊《そうかん》されました。強く反儒教《はんじゅきょう》を打ち出す言説《げんせつ》が、誌面《しめん》を彩《いろど》ったことは有名です。

先ほど顧先生もふれられた、魯迅が口語体《こうごたい》で綴《つづ》った『狂人日記』も、その一つでした。同じく『新青年』に発表した「随感録《ずいかんろく》」では、「いかなる暗黒《あんこく》が思潮《しちょう》の流れをさえぎろうとも、いかなる悲惨《ひさん》が社会を襲《おそ》おうとも、いかなる罪悪《ざいあく》が人道《じんどう》を冒瀆《ぼうとく》しようとも、人類《じんるい》の完全《かんぜん》を渇仰《かつごう》する潜在《せんざい》力《りょく》は、それらの鉄条網《てつじょうもう》を踏《ふ》んで前進《ぜんしん》せずにはいない」(26)と魯迅は叫《さけ》んだのです。

民衆の桎梏《しっこく》と化《か》した悪《あ》しき伝統の壁《かべ》を力強く突《つ》き崩《くず》そうとしながら、胸中《きょうちゅう》には毅然《きぜん》たる誇《ほこ》りをもち続ける魯迅先生の作品《さくひん》は、前にも申し上げたように(27)、私自身も青春《せいしゅん》の書《しょ》として深く心に刻《きざ》んできました。

『新青年』では、アメリカの教育哲学者デューイ博士(28)の教育思想など「西方思想《せいほうしそう》」も紹介されました。当時、アメリカ的教育制度《きょういくせいど》は中国にも導入《どうにゅう》され、「児童《じどう》を中心に」という原則《げんそく》のもと、学制改革《がくせいかいかく》の論議《ろんぎ》が進められました。デューイ博士の教えを受けた陶行知《とうこうち》先生(29)の「生活教育」など、進歩的な教育実験も盛《さか》んになりました。

デューイ博士が一九一九年、あの「五四運動」の時期に貴国《きこく》を訪《おとず》れ、「ここに新しき中国が生まれようとしている」と洞察《どうさつ》したことは有名です(30)。「五四運動」を目《ま》の当《あ》たりにしたデューイ博士は、貴国の人々、とくに青年のなかに、はたして何を見、何を考えたのでしょうか。

また、そのころから一九二〇年代にかけて、デューイ博士の影響を受けたアメリカの教育学者キルパトリックの「プロジェクト・メソッド」や、パーカースト女史《じょし》の「ドルトン・プラン」が紹介されます(31)。いずれも伝統的な教科書中心主義《きょうかしょちゅうしんしゅぎ》・学級中心主義《がっきゅうちゅうしんしゅぎ》を排《はい》し、子どもの主体的《しゅたいてき》な学習活動を重《おも》んじる教育として大いに注目《ちゅうもく》されました。

この時期、旧来《きゅうらい》の封建的な教育が解体《かいたい》し、科学的《かがくてき》で民主的《みんしゅてき》な教育が成長《せいちょう》する契機《けいき》がもたらされ

たことを、顧先生は高く評価《ひょうか》されています。(32)

一九五〇年代以降《いこう》、中国のデューイ受容《じゅよう》は一時期《いちじき》、下火《したび》になりましたが、子どもの創造性《そうぞうせい》を重視するその思想は、一九八〇年ごろから再評価《さいひょうか》がなされ、今日《こんにち》に至《いた》っているとうかがっています。

じつは今（二〇一〇年十一月現在）、私は、七十五年の歴史をもつアメリカのデューイ協会のガリソン元会長（バージニア工科大学教授）、ヒックマン元会長（南イリノイ大学教授）と対話を重ね、新しい人間教育のあり方について意見交換《いけんこうかん》をしています。(33)

ニューヨークにあるＳＧＩの文化会館《ぶんかかいかん》は、かつてデューイが講演《こうえん》に訪《おとず》れたゆかりの建造物《けんぞうぶつ》でもあります。また、牧口会長もデューイの教育思想を大変に重視しておりました。

変遷《へんせん》はありますが、長年にわたって貴国で研究されてきたデューイ教育思想のどのような点が貴国で受容され、定着《ていちゃく》していったのでしょうか。貴国の教育に与えた影響を、具体的《ぐたいてき》に教えていただければ幸《さいわ》いです。

デューイに学んだ「平民教育」「教育即生活」

顧　中国の現代化《げんだいか》は当初《とうしょ》、日本の明治維新《めいじいしん》にモデルを見いだしていたため、教育の現代化も、日本の教育制度《きょういくせいど》を手本《てほん》にしていました。

しかし、（雑誌《ざっし》『新青年』が創刊《そうかん》された）一九一五年以後《いご》、おびただしい西洋《せいよう》の教育思想が勢《いきお》いよく入ってくると、とくに「五四運動《ごしうんどう》」以後、科学《かがく》と民主《みんしゅ》といった旗印《はたじるし》のもとで、次々と西洋の教育制度や方法《ほうほう》を模倣《もほう》するようになります。とりわけ、アメリカの教育思想の中国教育における影響《えいきょう》は、きわめて深く大きいものでした。

清末《しんまつ》の中国の留学生《りゅうがくせい》は、ほとんど貴国《きこく》・日本へ行きましたが、辛亥革命《しんがいかくめい》以後になると、中国留学生は西洋へ渡《わた》るようになりました。一九二〇年代には、中国から出国《しゅつこく》した留学生のうち八〇パーセントがアメリカへ留学しました。(34)

一九一九年五月一日、アメリカのプラグマティズムの教育家で、コロンビア大学のデューイ教授が、北京大学、江蘇《こうそ》省教育学会など、学術《がくじゅつ》五団体の招《まね》きで講義《こうぎ》のため中国へ来て、一九二一年七月まで、二年二カ月滞在しました。

彼の足跡《そくせき》は、奉天《ほうてん》、直隷《ちょくれい》、山西《さんせい》、山東《さんとう》、江蘇《こうそ》、江西《こうせい》、湖南《こなん》、福建《ふっけん》、広東《カントン》など十一の省に及びました。デューイは中国滞在《たいざい》中、数多《かずおお》くの講演《こうえん》を行い、プラグマティズム哲学や教育思想を伝えました。これらの講演は各雑誌にも発表《はっぴょう》され、なかには一冊の本としてまとめられ出版《しゅっぱん》されたものもあります。たとえば、『デューイの五大講演』(北京大学での講演)、『デューイの三大講演』(南京での講演)、『平民主義《へいみんしゅぎ》と教育』、『教育哲学』などです。

アメリカに留学しデューイのもとで学んでいた中国人学生たちは、彼の中国での講演実現《じつげん》に大きな役割《やくわり》を果《は》たしました。当時、教育界に名の知られた胡適《こてき》、蔣夢麟《しょうむりん》、陶行知《とうこうち》などは皆、コロン

デューイは中国に2年間（1919～21年）滞在し、中国の教育思想に大きな影響を与えた。写真中央がデューイとアリス夫人（1920年5月10日、南京）

ビア大学の学生でした[35]。彼らはデューイを中国へ招いただけでなく、各地の講演に随行《ずいこう》し、自《みずか》ら通訳《つうやく》を引き受けています。

デューイが中国にいたころは、ちょうど「五四」新文化《しんぶんか》運動《うんどう》が盛《さか》んに繰《く》り広《ひろ》げられていた時期《じき》で、教育の面《めん》でも民主思想の影響を受けて、「平民《へいみん》教育」運動が展開《てんかい》されている最中《さなか》でした。

彼の学生である胡適は、デューイが中国を訪《おとず》れる前から彼の思想を紹介しており、「デューイの教育理論は千言万語《せんげんばんご》を費《つい》やしてもその意味を表《あらわ》せないが、これまでの階級《かいきゅう》教育を打《う》ち破《やぶ》りさえすれば、平民教育の二大条件に帰着《きちゃく》できるということだ[36]」と述《の》べています。

デューイが講演で平民教育を鼓吹《こすい》したことから、彼の講演集は『平民主義と教育』と名づけられました。

この時期、中国では平民教育のブームが沸《わ》き起《お》こっています。一九一九年三月に結成《けっせい》された北京大学の「平民教育講演団」は一九二五年まで活動《かつどう》を続けています。北京高等師範《こうとうしはん》学校（北京師範大学の前身《ぜんしん》）では「平民教育社」が設立《せつりつ》されるとともに、一九一九年十月十日、機関誌《きかんし》『平民教育』が発行《はっこう》され、平民教育社は一九二四年下半期《しもはんき》まで活動を続け、『平民教育』はあわせて七十三号が発行されています。一九二三年六月には、朱其慧《しゅきけい》、陶行知、晏陽初《あんようしょ》によって、南京《ナンキン》で中華《ちゅうか》平民教育促進《そくしん》社が設立されました。(37) 平民教育は全国二十の省や区で展開《てんかい》されていきました。

池田先生は、デューイがどのように中国の青年《せいねん》を見たのか、そして何を考えたのか、と問《と》いかけられました。

デューイの中国滞在時間《たいざいじかん》の長さ、彼の平民主義教育思想と中国の平民教育運動が、これほどまでに共鳴《きょうめい》したことから考えると、彼は中国に対して、また中国の青年に対して、満腔《まんこう》の熱意《ねつい》と希《き》望《ぼう》を抱《いだ》いたと思われます。

当然《とうぜん》、デューイが宣伝《せんでん》したのはアメリカの民主思想《みんしゅしそう》であり、依然《いぜん》として封建主義《ほうけんしゅぎ》と帝国主義《ていこくしゅぎ》の圧迫《あっぱく》のもとにおかれていた当時の中国で、革命《かくめい》という手段《しゅだん》による社会変革《しゃかいへんかく》を望んでいる青年にとっては、この平民教育運動も一つの改良主義《かいりょうしゅぎ》にすぎませんでした。

平民主義教育のほかに、デューイは自身《じしん》の進歩主義《しんぽしゅぎ》教育思想も宣伝しました。この思想は、これまで中国が受容《じゅよう》したドイツのフレーベル(38)の教育思想とはまったく違《ちが》った体系《たいけい》のものでした。その主張は、「教育即《そく》生活」「学校即社会」「行動《こうどう》のなかで学ぶ」――すなわち児童《じどう》は活動《かつどう》のなかで学ぶべきであり、授業は学習者の既存《きそん》の経験《けいけん》から始めるべきである、というものでした。

新中国成立後《せいりつご》、デューイのプラグマティズム哲学は批判《ひはん》を浴《あ》び、これにともなって彼の教育思想も批判されるようになりました。しかし、彼が主張した子どもの自主的《じしゅてき》な活動を重視《じゅうし》する思想などは、依然として中国における教育実践《きょういくじっせん》のなかで広く影響を及ぼしています。改革開放《かいかくかいほう》以後、中国では、デューイの教育思想について再評価《さいひょうか》が行われ、彼の教育思想は再《ふたた》び重視《じゅうし》されるようになりました。

池田　デューイが貴国《きこく》の青年に対して感じたものは、まさに顧先生が指摘《してき》された〝満腔《まんこう》の熱意《ねつい》と希望《きぼう》〟にほかならないと私も確信《かくしん》します。

いつの時代にあっても、どの国にあっても、建設《けんせつ》の決意《けつい》に燃《も》える青年こそ、最大《さいだい》の希望です。志《こころざし》をもつ青年の息吹《いぶき》は、周囲《しゅうい》の人にも熱《ねつ》と力《ちから》を伝えていきます。ゆえに、私は青年を励《はげ》まし続け、教育に全力《ぜんりょく》を注《そそ》いできました。顧先生も同じ心情《しんじょう》であられることでしょう。

また、デューイの教育思想が貴国に広がった背景《はいけい》には、国境《こっきょう》も民族も超《こ》えて、麗《うるわ》しい師弟《してい》の絆《きずな》を結《むす》んだ青年学術者《がくじゅつしゃ》たちの活躍《かつやく》があった事実に、感動《かんどう》を禁《きん》じ得ません。

新中国建設の原動力となった教育

池田　さて、③「旧解放区《きゅうかいほうく》の教育伝統《でんとう》」に関しては、一九七四年に初めて貴国を訪問《ほうもん》した折《おり》、広州《こうしゅう》の農民運動《のうみんうんどう》講習所の旧跡《きゅうせき》を見学したことを思い出します。講習所の誕生《たんじょう》は一九二四年の七月。周恩来総理《そうり》も講師《こうし》として教えました。

それは、いわゆる全人格的《ぜんじんかくてき》な教育とは趣《おもむき》を異《こと》にするかもしれませんが、全土《ぜんど》から集《つど》ってきた青年を薫陶《くんとう》し、農民運動の発火点《はっかてん》の一つとなったこの場所に立ち、新中国建設の原動力《げんどうりょく》は、まさしく教育の力にあったのだ、と感銘《かんめい》を深くしました。

⑤の「建国以降《けんこくいこう》に学んだソ連教育の影響《えいきょう》」は、先ほども論《ろん》じ合いましたが、貴国の教育発展史《はってんし》全体を踏《ふ》まえながら、改めて、やや詳細《しょうさい》にうかがいたいと思います。

この時代、当初《とうしょ》はカイーロフ[39]の教育理論《りろん》が中心的に導入《どうにゅう》されましたね。カイーロフの理論は、子どもが系統的《けいとうてき》に秩序立《ちつじょだ》てて認識能力《にんしきのうりょく》を身につけ、共産主義《きょうさんしゅぎ》社会建設にふさわしい教養を育《はぐく》むために、教師が計画的《けいかくてき》に指導《しどう》するというものでした。

ただし、この理論は授業過程《じゅぎょうかてい》に関する科学的《かがくてき》な体系《たいけい》を有《ゆう》する半面《はんめん》、伝統的《でんとうてき》な授業中心主義・教師《きょうし》中心主義という問題も抱《かか》えていた、と顧先生は分析《ぶんせき》されています[40]。

一九五一年には、ソ連の学制《がくせい》が貴国に導入されました。新学制はとくに、労働者や農民に学《がく》習《しゅう》の機会《きかい》を与え、国家建設《こっかけんせつ》の要員《よういん》として育成《いくせい》することに力を入れました。

また、これと同時に、ソ連の教材《きょうざい》、授業モデル、教授方法《ほうほう》も導入されました。ただし顧先生のご指摘《してき》によると、残念《ざんねん》ながら、学生主体《がくせいしゅたい》のゼミナール（討論《とうろん》中心の少人数授業）は定着《ていちゃく》せず、教師主導的《きょうししゅどうてき》な側面《そくめん》での導入が主《しゅ》だったそうですね。そのため顧先生は、一九八〇年代に、ソ連教育理論のなかでも生徒の主体性重視《しゅたいせいじゅうし》の側面に着目《ちゃくもく》する論文《ろんぶん》を発表され、子どもの創造性《そうぞうせい》を高める「素質《そしつ》教育」(41)の推進《すいしん》に力を尽《つ》くしてこられました。

ソ連式教育受容の功罪

顧　先ほど申し上げたとおり、新中国の成立後《せいりつご》、中国が採《と》った「ソ連から全面的《ぜんめんてき》に学《まな》ぶ」方針《ほうしん》によって、最初の数年間に多くの学生がソ連へ留学《りゅうがく》に派遣《はけん》されました。毎年少なくとも二百余人《よにん》、最も多いときで一年間に二千余人にも達《たっ》しました。

中国側もソ連の専門家《せんもんか》を中国へ招《まね》いて講義《こうぎ》を行い、大量のソ連の教材《きょうざい》を翻訳《ほんやく》しましたが、学《がく》習《しゅう》の過程《かてい》では多くの紆余曲折《うよきょくせつ》がありました。多くのソ連の方法《ほうほう》は必《かなら》ずしも中国の国情《こくじょう》に合っていなかったのです。

例《れい》をあげると、ソ連の小・中学校は十年一貫制《いっかんせい》ですが、中国は十二年制をとっており、小・中の学校はそれぞれ分かれて設《もう》けられています。ソ連の十年間の小・中学校のカリキュラムを、中国の十二年の学制《がくせい》に導入《どうにゅう》すると、中国の中・高本来《ほんらい》のレベルを下げてしまうことになります。

たとえば、解放前《かいほうまえ》の中学では幾何《きか》、微積分《びせきぶん》を学ばなければなりませんでしたが、解放後の中・高では幾何や微積分の学習をとりやめました。ゆえに、一九五八年、中国は独自《どくじ》の道《みち》を提起《ていき》し、ここから教育大革命《だいかくめい》が展開《てんかい》されていきました。一九六〇年には、教育の少《しょう》・慢《まん》・差《さ》・費《ひ》（内容《ないよう》が少ない、進度《しんど》が遅い、レベルが低い、費用《ひよう》が高い）といった現象《げんしょう》に批判《ひはん》が突きつけられました。中ソ関係《かんけい》が悪化《あっか》した後《のち》、それまで以上にソ連の教育理論《りろん》が批判の対象《たいしょう》となりました。

しかし、ソ連の教育で、たとえば基礎《きそ》教育段階《だんかい》では学生が系統的《けいとうてき》に学科《がっか》の知識《ちしき》を把握《はあく》することが強調《きょうちょう》されたり、基本知識《きほんちしき》や基本技能《ぎのう》の訓練《くんれん》が強調されたり、教師《きょうし》の主導的役割《しゅどうてきやくわり》が強調されたりする点《てん》などは、中国で依然《いぜん》として大きな影響《えいきょう》を及ぼしています。これは、中国の伝統《でんとう》教育が重視《じゅうし》する知識の学習と、教師の役割を重視する理念《りねん》に合致《がっち》しているというべきでしょう。

高等《こうとう》教育の面《めん》では、新中国が建国《けんこく》された当初《とうしょ》はソ連に学び、高等学校に対し、二度にわたる大《だい》規模《きぼ》な単科《たんか》大学や学部《がくぶ》の調整《ちょうせい》を行いました。

そのプラスの効果《こうか》は、航空学院《こうくうがくいん》、地質《ちしつ》学院、石油《せきゆ》学院、鉱業《こうぎょう》学院、鋼鉄《こうてつ》学院、郵電《ゆうでん》学院など一《いち》連《れん》の専門性《せんもんせい》をもつ単科大学が創設《そうせつ》され、これら専門分野《せんもんぶんや》に多くの人材《じんざい》を養成《ようせい》し、工業の発展のために人材の基礎を築《きず》いたことです。マイナスの影響は、本来有名だったいくつかの総合《そうごう》大学を解《かい》体《たい》したことで、学術《がくじゅつ》の力が分散《ぶんさん》してしまったことです。たとえば、北京大学では工学院、医学院した。

を切り離《はな》した結果、文理《ぶんり》二科だけの大学になり、清華大学、浙江《せっこう》大学は総合工科大学に変わりましたが、ですから、一九九〇年代末《まつ》の中国の大学の合併《がっぺい》では、いくつかの真《しん》の総合大学を復活《ふっかつ》させたいという思惑《おもわく》もあったのです。

世界最初の社会主義国《しゃかいしゅぎこく》・ソ連は、新中国にとって強い魅力《みりょく》があったといえるでしょう。彼らが建国の初期や第二次世界大戦のなかで示した英雄主義《えいゆうしゅぎ》は、より一層《いっそう》、中国の青年《せいねん》の尊敬《そんけい》の的《まと》となりました。当時青年だった私も、ソ連の英雄に憧《あこが》れていました。以前にも述《の》べましたが、(42)たとえば『鋼鉄《こうてつ》はいかに鍛《きた》えられたか』という本を読み、その主人公であるパフカ（パーヴェル）・コルチャーギンの英雄的な行為《こうい》に深く心を打たれました。

私はロシアの文学や芸術が大好きで、解放前から、すでにチェルヌイシェフスキー、ドストエフスキー、チェーホフなどの作品《さくひん》を読んでいました。ソ連留学中には、さらにプーシキン、トルストイ、ショーロホフなどの作品を読み、トレチャコフ美術館で系統的《けいとうてき》に鑑賞《かんしょう》するなど、ロシアやソ連の文学、芸術に強い憧れを抱《いだ》いていました。(43)新中国成立後《せいりつご》、これらの作品は数多《かずおお》く翻訳され、中国にも広く伝わりました。とくに、ソ連の大祖国戦争《だいそこくせんそう》（第二次世界大戦時の独《どく》ソ戦《せん》）の時期《じき》の歌曲《かきょく》は今でも中国人に親《した》しまれています。

中ソ関係が悪化した後、すべての交流《こうりゅう》が途絶《とだ》えました。一九八四年になって、中ソ関係はやや改善《かいぜん》され、私たちは中国高等教育代表団《だいひょうだん》を組織《そしき》して、ようやく再《ふたた》びソ連の国土《こくど》を踏《ふ》むことができました。その折《おり》、モスクワ、レニングラード、キエフなどの高等学校や単科学校を視察《しさつ》して回《まわ》りましたが、交流は厳《きび》しく規制《きせい》されたものでした。

政治の対立を超えて──モスクワ大学と北京大学の友誼

池田　貴国《きこく》の現代教育《げんだいきょういく》が変遷《へんせん》を遂《と》げながら、ソ連からさまざまな影響《えいきょう》を受けてきたことが、さらによくわかりました。

私には、中ソ両国《りょうこく》の教育に関連《かんれん》して、忘《わす》れ得《え》ぬ思い出があります。

先ほども申し上げたとおり、私がソ連を初訪問《はつほうもん》したのは一九七四年九月。中ソ対立《たいりつ》の緊張《きんちょう》は、いまだ緩《ゆる》んでいませんでした。

ところが、名門《めいもん》モスクワ大学のキャンパスを訪《おとず》れたときのことです。ホフロフ総長《そうちょう》らの案内で、広壮《こうそう》な総長室に入ると、壁《かべ》に掲《かか》げられた見事《みごと》なタペストリーが目に飛《と》び込《こ》んできました。モスクワ大学の正面全景《ぜんけい》を描《えが》いたもので、聞けば、北京大学から贈《おく》られたというのです。

たとえ国家間《こっかかん》に波浪《はろう》があろうとも、教育は、一時《いちじ》の政治の動きなどに左右《さゆう》されてはならない──誇《ほこ》り高き学術者《がくじゅつしゃ》、教育者の信念《しんねん》を、友誼《ゆうぎ》のタペストリーに見た思いがし、深《ふか》い感動《かんどう》が全身《ぜんしん》を貫《つらぬ》いたことは、今もって忘れられません。

1974年9月、初めてソ連を訪問し、モスクワ大学でホフロフ総長らと語り合う池田名誉会長一行。総長室の壁には、中国の北京大学から贈られた大きなタペストリーが

また、この訪《ほう》ソの折《おり》、文豪《ぶんごう》ショーロホフ氏と語り合ったことも、よき思い出です。

私は、独《どく》ソ戦争の悲哀《ひあい》を力強く乗《の》り越《こ》えゆく「父子《ふし》」の姿《すがた》を描いた氏の傑作《けっさく》『人間の運命《にんげんのうんめい》』を思い浮かべながら、「人間の運命をどう考えるか」とうかがいました。氏はじっと考えられ、こう答えられました。

「運命とは何か? 大事《だいじ》なのは、その人の信念《しんねん》です。ある目的《もくてき》へ向かって、その人が目指《めざ》していく力です。信念のない人は、何もできやしません。われわれは皆《みな》、『自分の幸福の鍛冶屋』ですよ。精神的《せいしんてき》に強い人は、どんな運命の転回《てんかい》にも影響を与えられるものです」と。

偉大《いだい》な精神の力を感じました。今も繰《く》り返《かえ》し、青年《せいねん》に語っている言葉《ことば》です。

私は、ロシアとともに貴国の多くの友人にも、こうした力強き精神の輝《かがや》きを感じてきました。大祖国戦争《だいそこくせんそう》時代のロシアの歌曲《かきょく》が今でも貴国の人々に愛《あい》される理由《りゆう》も、わかる気がします。深き人間性《にんげんせい》に根差《ねざ》した文化は、国境《こっきょう》や時代を超《こ》えて共感《きょうかん》を呼《よ》ぶものです。

「マンパワー大国」目指して六大改革

池田　さて、ここまで顧先生が挙《あ》げられた五つの要素《ようそ》にしたがって、貴国の教育に流れる「伝《でん》統《とう》」を見てきました。
顧先生は「伝統的教育は、容易《ようい》に肯定《こうてい》もしくは否定《ひてい》できるものではない」と喝破《かっぱ》され、良《よ》い例《れい》として「材《ざい》に因《よ》りて教《おし》えを施《ほどこ》す」（子どもの発展《はってん》に応《おう》じて、教えを施す）や、「教学相長《きょうがくあいちょう》ず」（人に教《おし》えることと、人から学《まな》ぶことは、互《たが》いに補《おぎな》い合う）といった伝統を紹介《しょうかい》されています。逆に、悪《わる》い例として、科挙制度《かきょせいど》の影響を挙げておられます。[44]
数千年の歴史《れきし》が織《お》りなす教育の伝統を評価《ひょうか》し、良い部分を残しながら「現代化《げんだいか》」していく——貴国の教育関係者《かんけいしゃ》が取《と》り組《く》んでこられた挑戦《ちょうせん》に、どれほどのご苦労《くろう》があられたことでしょうか。
何より、今日《こんにち》、人口が十三億人《おくにん》を超《こ》える貴国での公教育《こうきょういく》の発展《はってん》は、それ自体《じたい》が全人類《ぜんじんるい》に希望《きぼう》を贈《おく》る壮大《そうだい》な実験《じっけん》といえるのではないでしょうか。

顧　ありがとうございます。

新中国成立後《せいりつご》六十年、とくに改革開放《かいかくかいほう》から三十年来《ねんらい》、中国教育の発展《はってん》は偉大《いだい》な成果《せいか》を収《おさ》めることができました。

かつて非識字者《ひしきじしゃ》に満《み》ちていた十三億の人口を抱《かか》える国が、九年制義務《ぎむ》教育を普及《ふきゅう》させ、基本的《きほんてき》に非識字者を一掃《いっそう》しました。高等《こうとう》教育は飛躍的《ひやくてき》発展を遂《と》げ、大衆化《たいしゅうか》の段階《だんかい》に入りました。

しかし、教育の現代化の実現《じつげん》には、まだ長い道のりを歩《あゆ》まなければなりません。

最近、中国では『国家中長期《ちゅうちょうき》教育改革《かいかく》と発展計画綱要《けいかくこうよう》（二〇一〇～二〇二〇年）』が制定《せいてい》され、「優先発展、育人為本、改革創新、促進公平、提高質量（教育事業を優先《ゆうせん》的に発展させ、人材育成《じんざいいくせい》を根本《こんぽん》とし、改革創新《かいかくそうしん》し、公平《こうへい》を促進《そくしん》し、質《しつ》を高める）」という二十字からなる基本方針《きほんほうしん》が打ち出されました。

この綱要は、二〇二〇年までに「教育の現代化を基本的に実現する」「学習型社会《がくしゅうがたしゃかい》を基本的に形成《けいせい》する」「マンパワー大国《たいこく》の陣列《じんれつ》に入る」という戦略目標達成《せんりゃくもくひょうたっせい》を要請《ようせい》し、さらに高いレベルの教育の普及、全国民《ぜんこくみん》に恩恵《おんけい》が及《およ》ぶ公平な教育、より豊富《ほうふ》な良質《りょうしつ》の教育の提供《ていきょう》、システムが整備《せいび》された生涯《しょうがい》教育の構築《こうちく》、活力《かつりょく》に満ちた教育体制の完備《かんび》を目指《めざ》すことになりました。

目標達成のためには、中国の教育従事者《じゅうじしゃ》は、以下に列挙《れっきょ》したように、より一層《いっそう》、思想を開放《かいほう》し、観念《かんねん》を新《あら》たにし、制度《せいど》を創新《そうしん》し、大胆《だいたん》に試行《しこう》しなければならないと考えています。

具体的には、まず――

一、教育の現代化《げんだいか》と中国伝統文化《でんとうぶんか》との関係《かんけい》を正《ただ》しく処理《しより》すること。――中国の教育は中国文化の基礎《きそ》の上に発展してきたもので、中国文化はその基礎の核心《かくしん》です。したがって、中国の教育が現代化を実現する過程《かてい》で、中国の伝統文化に正しく対応《たいおう》する必要があります。

一、中国文化の優秀《ゆうしゆう》な伝統を継承《けいしよう》、発揚《はつよう》し、古《ふる》くて立《た》ち遅《おく》れた思想観念を批判《ひはん》、破棄《はき》すること。

一、進学《しんがく》だけを目的《もくてき》とする狭隘《きようあい》な価値観を改《あらた》め、正しく、全面的《ぜんめんてき》な教育価値観を確立《かくりつ》すること。

一、旧習《きゆうしゆう》を守る保守的《ほしゆてき》な人材観《じんざいかん》、人材育成観《いくせいかん》を改め、「誰人《だれびと》も人材になれる。多様化《たようか》した人材」といった現代社会の多元的《たげんてき》人材観を確立すること。

一、学歴《がくれき》を重《おも》んじ、能力《のうりよく》を軽《かろ》んじる、また理論《りろん》を重んじ、技術《ぎじゆつ》を軽んじるといった人材登用《とうよう》観念を克服《こくふく》し、学歴、能力ともに重んじる人材登用観念を確立すること。

一、古い教授観《きようじゆかん》と資質観《ししつかん》を克服し、学生《がくせい》を主体《しゆたい》とし、教師《きようし》を主導《しゆどう》とする師弟連動《していれんどう》の教授観、全面的発展と個性《こせい》の発展が統一《とういつ》された資質観を確立すること。

一、閉鎖的《へいさてき》な学校教育観を克服し、生涯学習《しようがいがくしゆう》という大教育《だいきよういく》を確立すること。

一、外国《がいこく》の教育思想や経験《けいけん》にも正しく対応すること――です。

現代中国の教育制度は西欧《せいおう》から導入《どうにゆう》されたもので、そこには多くの西欧文化思想が自然《しぜん》に浸透《しんとう》しています。私たちは、西欧のものはすべて良《よ》しとし、現代化とは西洋化《せいようか》のことであるとするような観点をもつ西欧中心主義には反対します。

しかし、さらに開放《かいほう》に力を入れ、世界のあらゆる優秀な文化的成果《せいか》を努力して吸収《きゅうしゅう》していく必要があります。私たちはまた、ここ二十年来、勢《いきお》いよく入ってきたさまざまな教育思想を真剣《しんけん》に峻別《しゅんべつ》し、力を尽《つ》くして吸収し、それらを中国化《ちゅうごくか》・内在化《ないざいか》して、教育の伝統のため、また教育の発展のために奉仕《ほうし》させていかなければなりません。

そして最後に、「大胆に試行し、実践《じっせん》に努《つと》め、新しい経験を創造《そうぞう》していくこと」を挙《あ》げたいと思います。

「計画綱要《けいかくこうよう》」では、改革創新《かいかくそうしん》は教育発展の強力な原動力《げんどうりょく》であり、人材育成体制を改革の出発点《しゅっぱつてん》とすることが強調《きょうちょう》され、試験制度《しけんせいど》改革《かいかく》、現代学校制度改革、学校経営体制《けいえいたいせい》、教育管理《かんり》体制改革および教育開放の拡大《かくだい》を含《ふく》む六大改革の措置《そち》が提起《ていき》されました。

これらの改革は、実践のなかで試行し、創新する必要があります。経験は往々《おうおう》にして現場《げんば》からもたらされます。したがって、現場や集団《しゅうだん》による創造を尊重《そんちょう》しなければなりません。

いずれにせよ、中国教育の現代化実現の任《にん》は重《おも》く、その道のりは遠いといえます。

教育現場での実践こそ宝

池田　よくわかりました。とくに最後に顧先生が現場《げんば》での試行《しこう》と実践《じっせん》、経験《けいけん》を最重視《さいじゅうし》すべきであると強調《きょうちょう》されたことに、わが意《い》を得《え》た思いです。

現場で実際《じっさい》にご苦労《くろう》を重《かさ》ねてこられた言葉の重《おも》みを感じます。

一小学校長の立場《たちば》から、卓越《たくえつ》した教育学説《きょういくがくせつ》を打ち立てた牧口会長も、同様《どうよう》の意見《いけん》をもっていました。

「組織的科学的《そしきてきかがくてき》教育の大企画《だいきかく》を実現《じつげん》するためには、計画機関《けいかくきかん》と実行《じっこう》機関との確然《かくぜん》たる分業《ぶんぎょう》なることを意識《いしき》し、双方《そうほう》が互《たが》いに理解し合い、完全《かんぜん》な協力をなして遂行《すいこう》されねばならぬ」「実際教育に役立《やくだ》つ教育学は、教育生活《せいかつ》から生まれたものでなければならぬ」と強調されていたのです。[45]

その精神《せいしん》を受《う》け継《つ》ぐ教育本部《きょういくほんぶ》という組織が創価学会にあります。小中高の教員、幼稚園の教諭《きょうゆ》、保育園の保育士《ほいくし》など、教育に従事《じゅうじ》するメンバーの集まりです。現場に立つ先生方が「子どもが主《しゅ》役《やく》の教育」「教育革命《かくめい》は教員革命《きょういんかくめい》から」等《とう》の理念《りねん》と大情熱《だいじょうねつ》をもって、具体的《ぐたいてき》な教育実践を積《つ》み重ねてきました。

ともあれ、教育改革《かいかく》は世界共通の課題《かだい》です。日本でも、貴国《きこく》でも、現場の先生方をはじめ多くの関係者が努力を重ねられ、さまざまな取り組みがなされています。

顧先生をはじめ教育に携《たずさ》わる皆様《みなさま》が傾《かたむ》けておられる真摯《しんし》なる情熱と労苦《ろうく》が、必《かなら》ずや新しい教育の大道《だいどう》を開いていくものと確信《かくしん》してやみません。

4　日本：教育の伝統と近代化

顧　このたび、東日本《ひがしにほん》を襲《おそ》った大震災《だいしんさい》（二〇一一年三月十一日）に際《さい》し、心よりお見舞《みま》い申し上げます。厳《きび》しい被災《ひさい》の報道《ほうどう》に驚《おどろ》くとともに、一日も早い復興《ふっこう》を願《ねが》うばかりです。

池田　真心《まごころ》あふれるお言葉《ことば》、ありがとうございます。全力をあげて救援《きゅうえん》と復興の作業《さぎょう》が行われており、私たちも可能《かのう》なかぎり支援《しえん》に取り組んでまいりました。

折《おり》から、日本の大学や学校では卒業、入学の季節《きせつ》を迎《むか》えましたが、こういう苦難《くなん》の時《とき》だからこそ、社会の希望《きぼう》である青年《せいねん》の育成《いくせい》すなわち教育に、いや増《ま》して力を注《そそ》いでいくことが大事と思っております。

中国や日本の青年とも深く交流《こうりゅう》を結んだインドの詩聖《しせい》タゴールも語っていました。

「若者《わかもの》だけが　障害《しょうがい》を乗《の》り超《こ》える術《すべ》を知っている、

彼の希望は果《は》てしなく、彼の力は限《かぎ》りない！」(46)と。

青年の命《いのち》に秘《ひ》められたこの無限《むげん》の力を、いかに引き出し、まっすぐに伸《の》ばしていくか。多様《たよう》な可能性《かのうせい》を、いかに十全《じゅうぜん》に開花《かいか》していくか——ここに教育者の使命《しめい》と勝負《しょうぶ》があります。また、いかなる組織《そしき》も、団体《だんたい》も、地域《ちいき》も、国も、この一点に、次代《じだい》の繁栄《はんえい》を決《けっ》する急所《きゅうしょ》があると確信《かくしん》します。

顧　おっしゃるとおりですね。だからこそ、この語《かた》らいに真摯《しんし》に取り組んでいきたいと思っています。

中国の教育制度《きょういくせいど》は貴国《きこく》とは異《こと》なり、秋季《しゅうき》に入学して新年度《しんねんど》がスタートします。ですから、卒業式は七月の初め、入学式は九月の初めに挙行《きょこう》されるのが常《つね》です。どちらも暑《あつ》い季節にあたりますが、卒業生にせよ、新入生にせよ、彼らには炎熱《えんねつ》に勝《まさ》る熱情《ねつじょう》が漲《みなぎ》っています。卒業生は丈《たけ》の長い学士《がくし》、博士のローブを身にまとい、いたるところで記念《きねん》のカメラに納《おさ》まっています。

新入生は真新《まあたら》しい制服《せいふく》を着て、炎天下《えんてんか》、盛大《せいだい》な入学式を待ちます。それというのも本学《ほんがく》の新入生は、毎年約五千人にものぼり、どの校舎《こうしゃ》にも講堂《こうどう》にも収容《しゅうよう》しきれないため、運動場で行うのです。毎年のように、私は教員の代表として新入生の歓迎挨拶《かんげいあいさつ》をします。昨年は、学生諸君《しょくん》に、四年間を大切《たいせつ》に過《す》ごし、大学時代という人生《じんせい》で最も幸福《こうふく》な時間を享受《きょうじゅ》してほしいと語りました。

儒教・仏教を基盤に独自の発展

顧　さて、ここまで中国教育の伝統《でんとう》と変遷《へんせん》ならびに現代化《げんだいか》について論《ろん》じ合いました。そこで今度は、池田先生から日本の教育発展《はってん》の歴史《れきし》について語っていただけませんでしょうか。

また、貴国の歴史は儒家思想《じゅかしそう》の影響《えいきょう》を受けていますか。貴国は現代化の過程《かてい》で、どのようにして伝統と現代化との関係《かんけい》を処理《しょり》してきたのでしょうか。

池田　私は専門家《せんもんか》ではありませんので至《いた》らぬ点も多いと思いますが、顧先生からお話しいただいた観点《かんてん》から、日本の教育の流《なが》れを簡潔《かんけつ》に述《の》べさせていただきます。[47]

日本では六七〇年ごろ、最初期《さいしょき》の学校となる「大学《だいがく》」（大学寮《だいがくりょう》）が成立《せいりつ》したと考えられ、七〇一年、唐《とう》の律令《りつりょう》に倣《なら》った大宝《たいほう》律令において、中央に「大学」、地方に「国学《こくがく》」の設置《せっち》が明記《めいき》されました。

教育の対象《たいしょう》となったのは貴族《きぞく》と豪族《ごうぞく》です。当初《とうしょ》は明経道《みょうぎょうどう》と呼ばれる儒教《じゅきょう》に基《もと》づく教育が中心で、必須《ひっす》の教科書は『孝経《こうきょう》』『論語《ろんご》』でした。やがて、貴国の史学《しがく》、漢文学《かんぶんがく》を学ぶ紀伝道《きでんどう》が中心となり、『史記《しき》』『漢書《かんじょ》』『後漢書《ごかんじょ》』が用《もち》いられたようです。その他、陰陽《おんよう》、天文《てんもん》、医学《いがく》、音楽《おんがく》等も教えられました。その後、有力《ゆうりょく》な氏族《しぞく》は大学別曹《だいがくべっそう》といわれる教育機関《きょういくきかん》を独自《どくじ》で設《もう》け、一族《いちぞく》の子弟《してい》の教育を行うようになっていきます。

飛鳥《あすか》時代から平安《へいあん》時代にかけて、遣隋使《けんずいし》や遣唐使《けんとうし》を通《とお》して、「法《ほ》華経《けきょう》」や「華厳経《けごんきょう》」をはじめとする多くの仏典《ぶってん》が日本にもたらされました。日本には、南都六宗《なんとろくしゅう》や天台宗《てんだいしゅう》、真言宗《しんごんしゅう》が成立《せいりつ》していきますが、仏教の僧侶《そうりょ》教育は文字の教育（識字《しきじ》教育）の重要性を貴族や豪族のみならず、多くの人々に示し、向学《こうがく》の心、また文化への憧憬《しょうけい》を広く触発《しょくはつ》していきました。

さらに、奈良《なら》時代から平安時代の初めにかけて、漢字《かんじ》をもとにした日本独自の平仮名《ひらがな》・片仮名《かたかな》がつくられ、平安中期《ちゅうき》以後に女性文学者《じょせいぶんがくしゃ》による国風《こくふう》文化が開花《かいか》していきます。そして、詩歌《しいか》（漢《かん》詩《し》と和歌《わか》）、管弦《かんげん》（音楽）が教育され、「才容貌《ざえかたち》人に秀《ひい》で」[48]といった公家《くげ》の世界での理想《りそう》の人物像《じんぶつぞう》が生み出されました。一方《いっぽう》、広く民衆への教育としては、手工業《しゅこうぎょう》生産の技術《ぎじゅつ》などを伝習《でんしゅう》する技術教育が行われていきます。

ともあれ、日本の教育の揺籃期《ようらんき》、それは仏教や儒教の伝来《でんらい》とともに始まったといえましょう。私どもも、貴国を経《へ》て伝《つた》わった法華経の真髄《しんずい》を信奉《しんぽう》しています。日蓮大聖人《にちれんだいしょうにん》は「日本国《にほんこく》は彼《か》の二《に》国《こく》（震旦《しんたん》・高麗《こうらい》）の弟子《でし》なり」[49]とまで言われています。貴国から伝えられた文化の精髄《せいずい》をもととして、わが国の教育は発展《はってん》していくのです。

顧　儒家文化《じゅかぶんか》は中日両国《ちゅうにちりょうこく》の教育の共通する源《みなもと》です。当然《とうぜん》、発展《はってん》の仕方《しかた》は異《こと》なっていきますが、それらは、あたかも共通する源流《げんりゅう》から流れた二本の大河《たいが》のようなものです。日本の教育は早くから儒学経典《じゅがくけいてん》をその教育内容としましたが、中国からそっくりそのまま受容《じゅよう》したわけではなく、選択《せんたく》と創造《そうぞう》を経《へ》て、日本の特色《とくしょく》をもつ教育体系《たいけい》を確立《かくりつ》したといえますね。

たとえば、日本伝統《でんとう》の武士《ぶし》教育は、中国の「文《ぶん》」を重《おも》んじる教育伝統とは異なります。これは日本史上《しじょう》の幕府《ばくふ》制度《せいど》と関係がありますね。その後に発展した武士道《ぶしどう》の精神《せいしん》も、おそらく当時の幕府政治のもとでの教育と関係があるのではないかと思いますが、私の見方《みかた》は正《ただ》しいでしょうか。

池田　ええ。一一八五年ごろ、源頼朝《みなもとのよりとも》が鎌倉《かまくら》幕府を創設《そうせつ》[50]し、さらに一一九二年に征夷大将軍《せいいたいしょうぐん》となるなど、十二世紀末期に本格的な武家政権が生まれていきます。鎌倉時代から室町《むろまち》時代、戦国《せんごく》時代にかけての武家の世界では〝心猛《たけ》く勇《いさ》ましくして、弓馬《きゅうば》に秀《ひい》でた者〟が優《すぐ》れた人物《じんぶつ》とされ、「家《いえ》」のなかで武術《ぶじゅつ》などの訓練《くんれん》がなされました。

寺社《じしゃ》に子どもを預《あず》け、仏典や経書《けいしょ》を通して教養《きょうよう》を身につけさせる武士もいました。出家せずに寺院《じいん》にとどまる者のなかには「童子《どうじ》」と呼ばれた人たちもいました。ここには、武家の子にまじって庶民《しょみん》の子もいたようです。

ある戦国武将《ぶしょう》の記録《きろく》によれば、寺院では、『手習《てならい》』『仮名文《かなぶみ》』『観音経《かんのんきょう》（法華経観世音菩薩普門《ほけきょうかんぜおんぼさつふもん》品《ほん》）』『心経《しんぎょう》（般若心経《はんにゃしんぎょう》）』、『論語《ろんご》』などの「四書五経《ししょごきょう》」、また『万葉集《まんようしゅう》』『源氏物語《げんじものがたり》』などが用いられていました。[51] さらに、武人《ぶじん》として一族《いちぞく》を統合《とうごう》していくための「武家家訓《ぶけかくん》」がつくられたり、儒教や仏教の思想を基盤《きばん》として、武士の守るべき道徳《どうとく》や習慣《しゅうかん》が形成《けいせい》されていきます。

顧先生が指摘《してき》されたとおり、幕府政治のもとで、武士たちに武勇《ぶゆう》、質実《しつじつ》・剛健《ごうけん》、孝養《こうよう》、忠誠《ちゅうせい》などが重《おも》んじられ、それが十七世紀以降、江戸《えど》時代に入って「武士道」の精神として宣揚《せんよう》されていきました。

民衆に目を向ければ、中世《ちゅうせい》の都市部《としぶ》で経済活動が活発《かっぱつ》になるとともに、商業を担《にな》う町人《ちょうにん》の文化も発展します。「町人は算用《さんよう》」[52]ともいわれ、商《あきな》いを営《いとな》むために必要な実務的技術《じつむてきぎじゅつ》を身につける職業教育が施《ほどこ》されました。

渡辺崋山「一掃百態図」の一枚。寺子屋の様子を生き生きと。文政元年（1818）作（26.4cm × 19.5cm、田原市博物館蔵）

その後、江戸時代に、町人文化は商工業隆盛の潮流《ちょうりゅう》に乗って広がっていきます。建物《たてもの》、織物《おりもの》、陶芸《とうげい》の技術は進歩《しんぽ》し、為替《かわせ》や先物取引《さきものとりひき》も発達し、江戸末期《まっき》からの西《せい》洋《よう》の近代産業《きんだいさんぎょう》を受け入れる基盤《きばん》をつくったともいわれております。

また比較的安定《ひかくてきあんてい》した時代であったこの江戸期には、儒学《じゅがく》、国学《こくがく》、洋学《ようがく》（蘭学《らんがく》）などの学術研究が盛んになりました。なかでも儒学は、中国宋《そう》代の朱子《しゅし》学《がく》が中心であり、その他、陽明学《ようめいがく》や古学《こがく》なども影《えい》響《きょう》を与えております。教材は、『論語』や『孟子《もうし》』を含《ふく》めて「四書五経」でした。

国学は、『古事記《こじき》』『日本書紀《にほんしょき》』『万葉集』等の古《こ》典《てん》に基づき、日本人としての規《き》範《はん》を確立《かくりつ》しようとした学派《がくは》です。幕府直轄《ちょっかつ》の学校としては昌平黌《しょうへいこう》があります。

また、幕藩体制《ばくはんたいせい》のもとで、各藩《はん》は「藩校」を設《もう》けて、儒学を中心に国学や洋学による医学、兵法《へいほう》等の教育も行うようになります。江戸末期《まつき》には二百三十ほどの藩校があったとされ、そのなかには明治《めいじ》の学制《がくせい》における高等学校（現在の学制では大学）に発展していくものもありました。

さらに、身分《みぶん》による制限《せいげん》を設けない民間《みんかん》の私塾《しじゅく》が各地に生まれます。町にある私塾には武家の子弟や町人の子が通いました。農村では農家の子も私塾で学びました。〝よみ・かき・そろばん〟を教えるものから、専門的《せんもんてき》な学問や技術を教授《きょうじゅ》するものまで、多様《たよう》な形《かたち》の私塾が発展していきます。とくに庶民に根《ね》ざしたものを「寺子屋《てらこや》」と呼びますが――手習所《てならいじょ》ともいいますが厳密《げんみつ》な区別《くべつ》はありません――十九世紀前半には全国の寺子屋の数は一万五千校に達《たっ》したといいます。

明治の学制以後、全国に二万校以上の小学校が速《すみ》やかに設立《せつりつ》されましたが、寺子屋による民間教育の伝統《でんとう》が、それを可能《かのう》にしたとの見方《みかた》もあります。

政治体制変革で、日本は「文明開化」が可能に

顧　近代《きんだい》に入ると、中日両国の発展《はってん》は大きくかけ離《はな》れていきます。

両国はともに十九世紀に西洋《せいよう》の侵略《しんりゃく》と威嚇《いかく》に遭遇《そうぐう》しており、両国ともに西欧《せいおう》に学びましたが、発展の道のりはまったく違っています。これは、両国の文化と関係があるといわざるを得《え》ません。

当然《とうぜん》、異《こと》なる政治家《せいじか》が果《は》たした異なる役割《やくわり》によるものであるともいえるでしょう。

中国の洋務運動《ようむうんどう》（ヨーロッパの技術《ぎじゅつ》を取り入れ、中国の国力増強《こくりょくぞうきょう》を目指《めざ》した運動）と日本の明治維新《めいじいしん》は、ほぼ同時期《どうじき》に起こっています。日本は幕府《ばくふ》を倒《たお》し、明治の改革《かいかく》を経《へ》て、西洋の資本主義《しほんしゅぎ》の道を徹底《てってい》して歩《あゆ》むようになりました。しかし、中国の洋務運動は失敗《しっぱい》に終《お》わりました。何ゆえに、このような結末《けつまつ》の違いが生《しょう》じたのでしょうか。私は、両国の文化的精神構造《せいしんこうぞう》と政治的主張の違いに、その原因《げんいん》が見いだせるのではないかと考えます。

まず、日本は政治制度《せいじせいど》の改革から着手《ちゃくしゅ》しました。日本は西洋の科学技術《かがくぎじゅつ》を学び、戦艦《せんかん》や大砲《たいほう》を購入《こうにゅう》するだけでなく、西洋の政治体制《たいせい》を受容《じゅよう》し、天皇制《てんのうせい》のブルジョア階級政権《かいきゅうせいけん》を樹立《じゅりつ》し、「富国《ふこく》強兵《きょうへい》」「殖産興業《しょくさんこうぎょう》」「文明開化《ぶんめいかいか》」の三大方針《さんだいほうしん》を実行《じっこう》しました。そして、わずか数十年のうちに東アジアの雄《ゆう》となって列強《れっきょう》の仲間入《なかまい》りを果たしています。

しかし中国は「中学《ちゅうがく》を体《たい》とし、西学《せいがく》を用《ゆう》とする」（中国の学問《がくもん》を根本《こんぽん》とし、西洋の学問を利用《りよう》する）ことを主張し、西洋の技術だけを学び、中国の封建体制《ほうけんたいせい》に固執《こしゅう》し、いわゆる「夷《い》の長技《ちょうぎ》を師《し》として夷を制《せい》す」（西洋人《せいようじん》の進《すす》んだ技術を用《もち》いて西洋人を制す）方針をとりました。これは西洋の物質面《ぶっしつめん》、技術面だけを見て、西洋の学問の実質《じっしつ》を見なかったことになります。その結果、中日甲午《こうご》戦争（日本では「日清《にっしん》戦争」）では、中国が学んだ西欧の新式《しんしき》の海軍《かいぐん》は全滅《ぜんめつ》しました。中国は軍備上《ぐんびじょう》では日本よりはるかに勝《まさ》っていたにもかかわらず、日本に敗《やぶ》れたのです。[53]

当時、譚嗣同《たんしどう》、康有為《こうゆうい》、梁啓超《りょうけいちょう》など、中国の先進的《せんしんてき》な知識人《ちしきじん》は、この問題に気づいており、政治体制を改革しなければ、西洋の技術や機械を運んでくるだけでは何の役にもたたないと、「百日維新《ひゃくにちいしん》」を起こしました。(54) しかし、封建勢力《ほうけんせいりょく》によって無惨《むざん》に打《う》ち砕《くだ》かれてしまいました。中国はそれ以来ずっと半封建《はんほうけん》・半植民地《はんしょくみんち》の地位《ちい》に置かれてきたのです。

中国の支配階級《しはいかいきゅう》の精神構造《せいしんこうぞう》は、一方《いっぽう》で列強《れっきょう》の欺瞞《ぎまん》や侮辱《ぶじょく》という残酷《ざんこく》な現実《げんじつ》に直面《ちょくめん》し、改革しなければ生き残る道はないと感じながら、他方《たほう》で、中国の封建文化道徳《ぶんかどうとく》の喪失《そうしつ》を恐《おそ》れ、手放《てばな》すことは受け入れがたく、イデオロギーからも、政治制度上からも、西洋の学問を受容《じゅよう》できず、改革は成功するはずもありませんでした。

「国家目的に従属した教育」が拡大

池田　今、顧先生がおっしゃったとおり、「百日維新」――いわゆる「戊戌《ぼじゅつ》の変法《へんぽう》」は、残念《ざんねん》ながら、守旧的《しゅきゅう》な勢力《せいりょく》によって、あまりにも早く覆《くつがえ》されてしまいます。

一方、日本では、幕藩体制《ばくはんたいせい》が終結《しゅうけつ》した後《のち》、西洋の知識や技術をたんに輸入《ゆにゅう》するだけではなく、教育の面からも西洋流に変革《へんかく》しようとしました。

制度面《せいどめん》を見ると、日本の近代《きんだい》の学校制度は一八七二年に第一歩《だいいっぽ》を踏《ふ》み出します。「国民教育《こくみんきょういく》」の時代が、ここから始まりますが、その後の流れは、「一国富強《いっこくふきょう》の基《もとい》を成《な》す」(森有礼《もりありのり》(55))という国《こっ》家目的《かもくてき》に教育が従属《じゅうぞく》していくものでした。学校ではたしかに欧米《おうべい》の新知識《しんちしき》も教えられましたが、教育の根幹《こんかん》には、次第《しだい》に教条的《きょうじょうてき》な道徳主義《どうとくしゅぎ》が貫《つらぬ》かれていきます。

一八九〇年に制定《せいてい》された「教育勅語《きょういくちょくご》」には、こう記《しる》されています。

「我《わ》カ臣民克《しんみんよ》ク忠《ちゅう》ニ克ク孝《こう》ニ億兆心《おくちょうこころ》ヲ一《いつ》ニシテ世世厥《よよそ》ノ美《び》ヲ濟《な》セルハ此《こ》レ我カ國體《こくたい》ノ精華《せいか》ニシテ教育ノ淵源亦實《えんげんまたじつ》ニ此《ここ》ニ存《そん》ス」。この国家主義《こっかしゅぎ》の道徳を柱《はしら》として、「国民《こくみん》」形成《けいせい》の教育体制が整《ととの》えられていったのです。

当時、「内心《ないしん》の自由《じゆう》」等を謳《うた》うドイツの教育学者ヘルバルトの教授学《きょうじゅがく》も導入《どうにゅう》されましたが、(56)それらの本意《ほんい》とする内容が定着《ていちゃく》する前に、学校教育は「教育勅語」に代表《だいひょう》される、臣民《しんみん》への忠孝道《ちゅうこうどう》徳《とく》を強要《きょうよう》するものへと変容《へんよう》していきました。

顧　見るところ、日本は開《ひら》かれた心で西洋文化《せいようぶんか》を受容《じゅよう》し、大いに西洋の学問《がくもん》を導入し、教育を発展させ、民智《みんち》を開かせ、明治維新《めいじいしん》後まもなく、相次《あいつ》いで学制《がくせい》の改革《かいかく》に乗り出しました。一八七〇年三月、ヨーロッパの学制にならって、大学規則《きそく》と小中学規則を制定《せいてい》しました。

そして、池田先生が指摘《してき》されたように、一八七二年、明治政府《めいじせいふ》は「学制令《がくせいれい》」を頒布《はんぷ》し、教育改革を全面的《ぜんめんてき》に展開《てんかい》していきます。「国学派《こくがくは》」と「漢学派《かんがくは》」による反対に遭遇《そうぐう》しながらも、結果として西洋の学問が優勢《ゆうせい》を占《し》め、森有礼文部大臣《もんぶだいじん》が中心となって天皇制《てんのうせい》近代教育体制が確立《かくりつ》されます。

さらに、もう一つのポイントがあります。ドイツの国家主義が日本の「富国強兵《ふこくきようへい》」の思想に適合《てきごう》したことです。当時、実権《じつけん》を掌握《しようあく》した伊藤博文《いとうひろぶみ》はドイツに学び、ドイツの国家主義をもって欧米《おうべい》の個人主義《こじんしゆぎ》や自由主義《じゆうしゆぎ》の排斥《はいせき》を力説《りきせつ》しました。ご指摘のとおり、一八九〇年、天皇は「教育勅語」を頒布し、また天皇の徳化《とつか》と臣民《しんみん》の忠誠《ちゆうせい》を強調し、儒家《じゆか》の道徳《どうとく》と近代資本主義《きんだいしほんしゆぎ》の倫理《りんり》道徳を結びつけました。その後、好戦的《こうせんてき》で殺戮《さつりく》を好《この》む軍国主義《ぐんこくしゆぎ》の道を歩《あゆ》むことになっていくのです。

軍国主義教育に抗して「創価教育学」が誕生

池田　日本が戦争《せんそう》の時代《じだい》へと突《つ》き進《すす》むとともに、教育も野蛮《やばん》な軍国主義に利用《りよう》されていきます。たとえば一九二五年には、現役《げんえき》の陸軍将校《りくぐんしようこう》が中学校以上の男子校に配置《はいち》され、軍事教練《ぐんじきようれん》が行われるようになっていきます。

後年《こうねん》のことになりますが、私自身《じしん》も肺病《はいびよう》で苦しんだ少年時代、炎天下《えんてんか》に厳《きび》しい軍事教練を受けて倒《たお》れかけたことなどがあり、そうした記憶《きおく》は、今も決して消えません。

日本の教育が次第《しだい》に軍国主義に覆《おお》われていく一九三〇年の十一月十八日、牧口《まきぐち》初代会長は、創《そう》価教育《かきよういく》の原点《げんてん》となる『創価教育学体系《そうかきよういくがくたいけい》』（第一巻）を上梓《じようし》し、その「緒言《しよげん》」で、こう綴《つづ》っています。

「入学難《にゆうがくなん》、試験地獄《しけんじごく》、就職難《しゆうしよくなん》等で一千万の児童《じどう》や生徒《せいと》が修羅《しゆら》の巷《ちまた》に喘《あへ》いで居《い》る現代の悩みを、次代《じだい》に持越《もちこ》させたくないと思ふと、心は狂《きよう》せんばかりで、区々《くく》たる毀誉褒貶《きよほうへん》の如《ごと》きは余《よ》の眼中《がんちゆう》に

創価大学創立者の池田名誉会長は自ら保証人となって、戦後初となる新中国からの正式な留学生受け入れを実現。両国の学生が協力して開墾した同大学キャンパス内の農場の開園式に参加し、墨痕鮮やかに「日中友誼農場」としたためた（1976年6月26日）

はない」[57]と。
世界恐慌《せかいきょうこう》の大波《おおなみ》を受け、この年、日本では「昭和《しょうわ》恐慌」と呼ばれる経済不況《けいざいふきょう》に襲《おそ》われます。街《まち》には失業者や自殺者があふれ、前年の一九二九年から「大学は出たけれど（就職できない）」との言葉が流行語《りゅうこうご》になるほどでした。そうした時代のなかで、「子どもの幸福《こうふく》のための教育」を実現《じつげん》するため、牧口会長は創価教育学を世に問うたのです。

その後、日本は第二次大戦で敗戦《はいせん》し、アメリカ占領下《せんりょうか》の一九四七年、「教育基本法《きょういくきほんほう》」が制定《せいてい》されました。これは「教育勅語《きょういくちょくご》」に代わり、教育を国民自《みずか》らのものとする〝教育の権利宣言《けんりせんげん》〟的性質《せいしつ》をもつもので、「6・3・3」の新学制《しんがくせい》のもと、民主主義《みんしゅしゅぎ》、個人《こじん》の尊重《そんちょう》、戦争放棄《せんそうほうき》などに価値《かち》を置いた「戦後教育《せんごきょういく》」がスタートしました。

「戦後教育」は、奇跡《きせき》ともいわれた経済発展《けいざいはってん》の原動力《げんどうりょく》となった一方《いっぽう》で、過度《かど》の受験戦争《じゅけんせんそう》などの問題も引き起こしていきました。

私が創立《そうりつ》した創価学園《そうかがくえん》（中学・高校）の開校《かいこう》は一九六八年の四月。時《とき》あたかも、世界各地《せかいかくち》でスチューデントパワーが社会を席巻《せっけん》した時代でした。日本国内でも、ベトナム戦争反対、大学改革《だいがくかいかく》などを掲《かか》げる学生たちのエネルギーが噴出《ふんしゅつ》していました。私が、日中国交正常化《にっちゅうこっこうせいじょうか》とベトナムでの即時停戦《そくじていせん》を訴《うった》える提言《ていげん》を発表《はっぴょう》したのは、この年の九月八日です。一万数千人が集《つど》った創価学会《そうかがっかい》の学生部総会《がくせいぶそうかい》の席上でした。

一九七一年四月には、創価大学が「人間教育《にんげんきょういく》の最高学府《さいこうがくふ》たれ」「新《あたら》しき大文化《だいぶんか》建設《けんせつ》の揺籃《ようらん》たれ」「人類《じんるい》の平和《へいわ》を守《まも》るフォートレス（要塞《ようさい》）たれ」との建学《けんがく》の精神《せいしん》を掲げて開学《かいがく》しました。この春（二〇一一年）、「四十一期生《きせい》」を迎《むか》えています。

日本の教育も、時代の変化とともに大きな岐路《きろ》に立っています。そうした状況《じょうきょう》については、稿《こう》を改《あらた》めたいと思います。[58]

5

日中教育交流——教育の国際化のなかで

人間の「成長の法則」には共通性が

顧　教育は人《ひと》を育《そだ》てる活動《かつどう》であり、「人間の社会化《しゃかいか》」の過程《かてい》です。

教育は、国家・民族の経済発展《けいざいはってん》のために奉仕《ほうし》するものです。とともに、教育の過程は、人の成《せい》長《ちょう》の法則《ほうそく》にのっとる必要があり、人の発展には共通《きょうつう》する法則があります。ですから、教育と〝社《しゃ》会《かい》・経済《けいざい》・政治《せいじ》〟との関係《かんけい》にせよ、人材《じんざい》の育成《いくせい》の手法《しゅほう》や方法《ほうほう》にせよ、遵守《じゅんしゅ》すべき多くの共通の規《き》律《りつ》や法則があるものです。

このゆえに、中日両国《ちゅうにちりょうこく》の政治《せいじ》制度《せいど》は異《こと》なり、経済発展のレベルも違いますが、教育制度と人材育成の手法や方法の上では相互《そうご》に学び合えると思います。とくに中日両国はいずれも東洋《とうよう》の儒《じゅ》教文化圏《きょうぶんかけん》に属《ぞく》しており、教育の面では、より一層《いっそう》、多くの共通の問題に直面《ちょくめん》することからも、相互の交流と共通の探究《たんきゅう》が必要になってきます。

たとえば、西洋《せいよう》の文化《ぶんか》の衝撃《しょうげき》に直面して、どのように本国《ほんごく》の優秀《ゆうしゅう》な文化と伝統《でんとう》を守《まも》りながら、西洋の先進的《せんしんてき》な文化の成果《せいか》を吸収《きゅうしゅう》していくのか？　貴国《きこく》はこの面で私たちよりも、うまく対応《たいおう》しており、学ぶ価値《かち》があると思います。

また学生の受験《じゅけん》の圧力《あつりょく》、勉強への興味《きょうみ》の減退《げんたい》、創造力《そうぞうりょく》の抑圧《よくあつ》に対してどう対応するのか？　これも両国が直面している共通の問題です。かつて貴国では「ゆとり教育」が提唱《ていしょう》されました。最《さい》近《きん》では、その弊害《へいがい》が見られるようになったため、学生の授業時間数を増《ふ》やしている最中《さなか》のようですが、これらの経験《けいけん》と教訓《きょうくん》は、私たちが研究《けんきゅう》し吸収する価値があるものばかりです。

一方、中国は新世紀《しんせいき》に入ってより、新しいカリキュラム改革《かいかく》に取り組んでいます。そのなかの経験や教訓はおそらく貴国の教育界《きょういくかい》でも研究する価値があると思います。

いにしえから「文化の大恩の国」

池田　長い歴史《れきし》の上から中国と日本の教育史《きょういくし》を俯瞰《ふかん》するなかで、特筆《とくひつ》すべきことは、両国の教育が、つねに交流《こうりゅう》を通じて影響《えいきょう》を受け、触発《しょくはつ》し合いながら発展《はってん》してきたという事実《じじつ》です。

すなわち、日本の四〜七世紀ごろ、中国や韓《かん》・朝鮮半島《ちょうせんはんとう》から多くの渡来人《とらいじん》が日本に移住《いじゅう》し、武《ぶ》具《ぐ》製作《せいさく》・機織《はたお》り・農業などの先進技《せんしんぎ》術《じゅつ》を日本人に伝《つた》えてくれました。

七〜九世紀の隋《ずい》・唐《とう》時代には、日本から「遣隋使《けんずいし》」「遣唐使《けんとうし》」が公式《こうしき》の使節《しせつ》として何度も派遣《はけん》され、中国の文化全般《ぜんぱん》を学び、日本に持ち帰っています。こうした公式の使節には、官人《かんにん》や学僧《がくそう》らが同行《どうこう》し、中国の先進的な文化の習得《しゅうとく》に努《つと》めました。遣隋使では小野妹子《おののいもこ》が有名ですし、遣唐使には吉備真備《きびのまきび》や阿倍仲麻呂《あべのなかまろ》がいます。

吉備真備は大量の書物《しょもつ》を持ち帰り、それらは中国文化を日本に根《ね》づかせる大きな役割《やくわり》を果《は》たしています。一方《いっぽう》、阿倍仲麻呂は科挙《かきょ》に合格《ごうかく》し、唐朝《とうちょう》で官職《かんしょく》を歴任《れきにん》し、長安《ちょうあん》で没《ぼっ》しました。李《り》白《はく》や王維《おうい》との深い友情が感動的《かんどうてき》な詩歌《しいか》として残っております。(59)学僧としては、天台教義《てんだいきょうぎ》を学び、帰国後は日本天台宗《にほんてんだいしゅう》の開祖《かいそ》となった伝教大師《でんぎょうだいし》・最澄《さいちょう》などが有名です。

また、遣唐使は日本側が中国に渡《わた》って帰って来るという一面的《いちめんてき》な関係ではありません。諸外国《しょがいこく》の人々が日本に来る「通路《つうろ》」の役割も果たしました。唐の官人の往来自体《おうらいじたい》は少なかったようですが、中国人僧のほかインド人僧の菩提僊那《ぼだいせんな》のような人も来朝《らいちょう》しています。(60)なかでも、苦難《くなん》の末《すえ》に渡海《とかい》した鑑真《がんじん》は、弟子《でし》をはじめ多くの人々を伴《ともな》って来日《らいにち》し、戒律《かいりつ》だけでなく、天台大師《てんだいだいし》の『摩訶《まか》止観《しかん》』『法華玄義《ほっけげんぎ》』『法華文句《ほっけもんぐ》』等々の仏教の重書《じゅうしょ》をもたらしました。さらに彫刻《ちょうこく》や薬草《やくそう》の知識《ちしき》など唐の全盛時《ぜんせいじ》代《だい》の文化も伝えました。

宋《そう》代にも日中貿易《ぼうえき》が盛《さか》んで、多くの文物《ぶんぶつ》が、平安《へいあん》時代から鎌倉《かまくら》時代にかけての日本に伝えられております。その後、十三世紀、元朝《げんちょう》は二度にわたる武力侵略《ぶりょくしんりゃく》(「文永《ぶんえい》の役《えき》」「弘安《こうあん》の役」)を行いましたが、明《みん》代に入ると再び交流が活発化《かっぱつか》します。

なかでも、十七世紀、明末清初《みんまつしんしょ》の混乱期《こんらんき》に、明の儒学者《じゅがくしゃ》・朱舜水《しゅしゅんすい》が来日したことは重要な歴史です。柳川藩士《やながわはんし》で儒者《じゅしゃ》の安東省庵《あんどうせいあん》や、水戸藩主《みとはんしゅ》・徳川光圀《とくがわみつくに》とも深い交友《こうゆう》を結び、日本の江戸《えど》時代の儒学者を育てた恩人《おんじん》として尊敬《そんけい》されました(61)。

日本の朱子学《しゅしがく》、古学《こがく》、水戸学《みとがく》の多くの学者たちが、その思想の影響《えいきょう》を受け、さらに、その思想が二世紀後に、幕末維新《ばくまついしん》の原動力《げんどうりょく》の一つである尊皇攘夷《そんのうじょうい》思想を醸成《じょうせい》したのです。

顧

日本史《にほんし》をひもとくと、中日の交流は、はるか昔《むかし》にさかのぼります。早くも前漢《ぜんかん》、後漢《ごかん》、三国《さんごく》時代には、中国と日本の北九州一帯《いったい》の間に、交通の往来がありました。『後漢書《ごかんじょ》』の記載《きさい》によれば、五七年、日本から後漢の光武帝《こうぶてい》に朝貢使《ちょうこうし》が派遣され、光武帝からは金印《きんいん》が贈《おく》られています。およそ五世紀ごろ、中国の儒学《じゅがく》が日本に伝来《でんらい》し、ほどなくして仏教経典《きょうてん》が朝鮮経由《けいゆ》で日本にもたらされました。七世紀から八世紀になると、日本は集中的《しゅうちゅうてき》に中国文化を吸収《きゅうしゅう》する時期《じき》になり、ちょうどそのころ唐《とう》代は全盛期《ぜんせいき》を迎《むか》えています。日本はかつて十数回にわたり遣唐使を中国の長安や洛陽《らくよう》に派遣しましたが、その規模《きぼ》は大きく、一行《いっこう》は往々《おうおう》にして五百人から六百人に達《たつ》しました。彼らは中国の経学《けいがく》(62)、史学《しがく》、暦学《れきがく》、数学《すうがく》やさまざまな技術《ぎじゅつ》を持ち帰りました。池田先生が紹介された鑑真和尚《わじょう》は、何度も渡日を図《はか》り、ついに六十六歳《さい》のとき、六度目にして日本の奈良《なら》にたどりつくことができました。

これらの史実《しじつ》は、昔から中日両国の人民《じんみん》の間で語《かた》り継《つ》がれてきたもので、中日友好《ゆうこう》交流の心《こころ》温《あたた》まるエピソードとなっています。私も、京都《きょうと》、奈良へは何度も行きましたが、とくに京都は、まるで中国の古《ふる》い街《まち》を訪《おとず》れたかのようでした。当然《とうぜん》、日本の建築《けんちく》にも、さまざまな特徴《とくちょう》がありますが、京都と中国の建築物が予想《よそう》以上《いじょう》に似《に》ていたことに驚《おどろ》きました。中日両国の古くからの温かい交流の足跡《そくせき》が、現在の建築物を見てもはっきりとわかるのです。

日本を通して西洋を学ぶ

池田 私も一九七四年、最初の訪中《ほうちゅう》の折《おり》、西安市《せいあん》すなわち、いにしえの長安を訪問《ほうもん》することができました。まさに日本の京都や奈良の源流《げんりゅう》がこの長安にあったことを、まざまざと感じ取りました。貴国《きこく》の文化《ぶんか》の大恩《だいおん》は計《はか》り知《し》れません。

中国と日本の学者、文化人との友情、交流《こうりゅう》は、日本の明治維新《めいじいしん》後、一段《いちだん》と深《ふか》まり、また広がっていきました。二十世紀の初め、中国から日本への留学《りゅうがく》ブームが起き、同時《どうじ》に、日本語の書物《しょもつ》から中国語への翻訳《ほんやく》が盛《さか》んになりました。西洋《せいよう》の書籍《しょせき》の翻訳も、日本語訳から重訳《じゅうやく》されたりしました。一九〇一年、上海《シャンハイ》に誕生《たんじょう》した教育世界出版社は、日本の教科書を翻訳、出版し、また、一九〇二年には作新社《さくしんしゃ》が、留日《りゅうにち》学生の翻訳した西洋の書籍を出版しています。このなかには『進《しん》化論《かろん》』なども含《ふく》まれております。

日本の明治《めいじ》政府《せいふ》が、中国の留学生を積極的に受け入れたこともあり、中国の留学生のための学校も多数《たすう》、設立《せつりつ》されていました。

「宏文学院」での卒業記念写真（講道館柔道資料館所蔵）。2列目右から3人目が牧口創価学会初代会長。地理科の教師として中国人留学生に『人生地理学』を講義した。同書に感銘し、帰国後、中国語に訳し出版した留学生もいた

1902年（明治35年）に創立された「弘文学院」（後に宏文学院）。1909年（同42年）までの7年間開講し、3810人が卒業した。東京の「牛込区」にあった（現在の新宿区西五軒町）

一八九六年、最初の中国留学生を受け入れたのは、柔道《じゅうどう》の創始者《そうししゃ》として知られる嘉納治五郎《かのうじごろう》[63]でした。昨年（二〇一〇年）は彼の生誕《せいたん》百五十年にあたっていました。嘉納はやがて教育の場の規模《ぼ》を拡大《かくだい》し、三年後に「亦楽書院《えきらくしょいん》」、さらに一九〇二年には「弘文学院《こうぶんがくいん》」（後に宏文《こうぶん》学院）を設立し、留学生が学ぶ代表的《だいひょうてき》な学校として発展《はってん》させていきます。魯迅《ろじん》先生も、この「弘文学院」の学生でした。女性革命家《かくめいか》・秋瑾《しゅうきん》女史[64]も、このころ日本で学んでいます。

日露《にちろ》戦争《せんそう》後、大変残念《ざんねん》なことに、日本の一部の人々のおごりから、留学生を差《さ》別《べつ》し冷遇《れいぐう》する傾《けい》向《こう》が強まってしまいました。日本はこの後、軍国主義《ぐんこくしゅぎ》が支配《しはい》していきます。

顧　二十世紀初めの日本への留学ブームを紹介されましたが、実際《じっさい》、中国の近代教育《きんだいきょういく》は貴国から多くを学びました。「かつての中国の学生《がくせい》（日本のこと）が、中国の教師《きょうし》に変わった」といわれるほど、教育面で中国に与《あた》えた影響《えいきょう》は大きかったのです。

一八六〇年から九〇年まで、中国の洋務《ようむ》運動《うんどう》の時期《じき》の留学生は主《おも》に欧米諸国《おうべいしょこく》に派遣《はけん》されました。その後、「（光緒《こうちょ》）新政《しんせい》」[65]時期には主に日本へ留学し、その人数は年ごとに増加《ぞうか》しました。

一八九六年、清政府《しんせいふ》が派遣した第一期十三名の日本留学生から始まり、一九〇二年には五百人に増加し、一九〇三年には千三百余《よ》人《にん》、一九〇五年から翌年《よくとし》にはさらに一万人近くにまで達しました[66]。一九〇四年、清政府が頒布《はんぷ》した初《はつ》の一連《いちれん》の学制《がくせい》である「癸卯学制《きぼうがくせい》」[67]も日本の学制を原本《げんぽん》としたものでした。

なぜ欧米ではなく日本に学んだのでしょうか。それには以下の理由が挙《あ》げられます。

第一に、日本は明治維新以前《いぜん》、中国と同じような運命《うんめい》に遭遇《そうぐう》したことがありますが、日本は明治維新を通して幕府《ばくふ》を倒《たお》し、天皇制《てんのうせい》のブルジョア階級政権《かいきゅうせいけん》を樹立《じゅりつ》し、強力に教育を発展させ、急速《きゅうそく》に強大化《きょうだいか》していきました。したがって中国の維新派《いしんは》の人々は、日本を模倣《もほう》することに躍起《やっき》となり、教育を通して人材《じんざい》を育成《いくせい》し、維新変法《いしんへんぽう》を実行し、対内的《たいないてき》には王朝《おうちょう》を救い、対外的《たいがいてき》には強敵《きょうてき》に立ち向かおうとしました。

第二に、日本の学制も西欧《せいおう》から受け入れたもので、フランス、ドイツの教育制度を参照《さんしょう》していましたが、二十数年にわたって改革《かいかく》を模索《もさく》し続け、すでに日本化《にほんか》された独自《どくじ》の道《みち》を歩《あゆ》むようになっていました。そのやり方は「和魂洋才《わこんようさい》」（日本人が伝統的《でんとうてき》な精神《せいしん》を忘《わす》れずに西洋《せいよう》の文化を学び、巧《たく》みに両者を調和《ちょうわ》させること）と端的《たんてき》に表現《ひょうげん》されました。このような手法《しゅほう》は中国の洋務派《ようむは》が主張する「中学《ちゅうがく》を体《たい》とし、西学《せいがく》を用《ゆう》とす」（中国の学問《がくもん》を根本《こんぽん》とし、西洋の学問を利用《りよう》する）という思想と教育上、類似《るいじ》するところがあります。したがって、日本は東洋《とうよう》が西洋を学ぶときの模範《もはん》でした。

第三に、日本は西洋の学問を非常に積極的、かつ急速に学び、日本には多くの西欧の学術書《がくじゅつしょ》の訳本《やくほん》があり、日本の教育を学ぶことは、根本的には西欧の教育と文化を学ぶことになり、しかも手軽《てがる》で手っ取り早いものでした。

第四に、日本と中国は近隣《きんりん》で、文化も似《に》ており、文字《もじ》や言語《げんご》も似ています。日本に行って学べば、時間《じかん》と経費《けいひ》が節約《せつやく》できます。一八九八年八月二日の清政府の上諭《じょうゆ》には「出国游学《ゆうがく》は、西洋は東洋に如《し》かず。東洋は路《ろ》近くして費《ひ》省なり。文字相近《あいちか》くして、通暁《つうぎょう》において易《やす》し。且《か》つ一切《いっさい》の西《せい》学《がく》は均《ひと》しく日本の択要《たくよう》翻訳を経《へ》たり」とあることからもわかります。

しかしながら、中国の新学制《しんがくせい》は日本の学制の改革《かいかく》の精神《せいしん》を体得《たいとく》していたわけではありませんでした。先に述《の》べたように、中国と日本は西欧に学ぶ上で、まったく違うそれぞれの道を歩みました。日本が歩んだのは、西洋の資本主義《しほんしゅぎ》近代化《きんだいか》の道で、中国が歩んだのは半封建半植民地《はんほうけんはんしょくみんち》の道でした。

教育においても、形式《けいしき》は同じであっても、精神的な内実《ないじつ》では大きな差異《さい》があったのです。

学び合う――教育交流は人類発展の大道

池田　日本の明治維新以降《いこう》の教育改革が、隣国《りんごく》である貴国《きこく》にも影響《えいきょう》を広げていたことを紹介していただきました。距離的にも文化的にも近い日中両国は古来《こらい》、つねに相互《そうご》に影響を与え合いながら成長《せいちょう》していった関係《かんけい》であることを忘れてはなりません。

二十世紀初めに、中国から大変に多くの留学生《りゅうがくせい》が来日《らいにち》し、このときも日中の人々の間に深い友情の絆《きずな》が結ばれていきました。その象徴《しょうちょう》ともいうべき魯迅《ろじん》先生と日本の教育者・藤野《ふじの》先生との交流は、前にもふれたとおり[68]、日中交流史《こうりゅうし》の美《うつく》しいドラマです。

先に言及《げんきゅう》しましたように、[69] 牧口初代会長も、一九〇四年から足かけ四年ほど、「弘文学院《こうぶんがくいん》」（宏《こう》文《ぶん》学院）で教壇《きょうだん》に立ち、地理学《ちりがく》を教えていました。同年四月までこの学院で学んだ魯迅先生とは二カ月ほど重《かさ》なりますが、面識《めんしき》があったかどうかは定《さだ》かではありません。しかし、牧口会長は中国の留学生たちとは深い交流があったようです。日本が富国強兵《ふこくきょうへい》に突《つ》き進《すす》む時代にあって、教育を通し、日中友好の橋《はし》を架《か》けられたのです。

同じくこの「弘文学院」の教師《きょうし》であり、後《のち》に東亜《とうあ》高等予《こうとうよ》備《び》学校《がっこう》を創立《そうりつ》した松本亀次郎《まつもとかめじろう》先生は、[70] 若き日の周恩来総理《しゅうおんらいそうり》の恩師《おんし》でもあり、その深き交誼《こうぎ》も忘れることはできません。周総理夫人《ふじん》の鄧《とう》穎超《えいちょう》先生も来日《らいにち》された折《おり》、松本先生のご家族と面会《めんかい》され、総理の感謝《かんしゃ》の心を伝えておられました。

また、孫文《そんぶん》先生と日本の人々との友情も特筆《とくひつ》すべきものです。たとえば宮崎寅蔵《みやざきとらぞう》（滔天《とうてん》）[71] は一八九七年、横浜で孫文先生に出会って、その革命精神《かくめいせいしん》に感動《かんどう》し、以後、中国革命を支援《しえん》していきますが、同様《どうよう》の交友《こうゆう》は枚挙《まいきょ》に暇《いとま》がありません。

こうした両国人民《じんみん》の交流は、一九七二年の国交正常化《こっこうせいじょうか》以降、大きく水《みず》かさを増《ま》していきます。国交正常化当時、両国の人的往来《じんてきおうらい》は年間のベ一万人にも達《たっ》していなかったのに対し、現在（二〇〇七年）では年間のベ約五百十二万人です。留学生の数で見ますと、中国に留学する日本人の数は約二万人、日本に留学する中国人の数は約七万人にも及ぶようです。[72]

2010年5月、中国・清華大学から池田名誉会長に名誉教授称号が。授与式には程永華中国大使（左端）も列席した

いにしえの時代より、両国は親密《しんみつ》に教育交流を続けながら発展《はってん》してきました。大きく見れば、「教育交流」は国家《こっか》発展《はってん》そして人類《じんるい》発展の大道《だいどう》ではないでしょうか。

私どもも、牧口会長の意思《いし》を受《う》け継《つ》ぎ、創価大学を中心に、中国との教育交流に力《ちから》を入れてまいりました。日本で初めて新中国《しんちゅうごく》からの正式《せいしき》な国費留学生《こくひりゅうがくせい》を迎《むか》えたのも創価大学です。私の初訪中《はつほうちゅう》の翌年《よくとし》（一九七五年）、春四月のことです。私自《じ》身《しん》、創立者《そうりつしゃ》として、この英才《えいさい》たちの保証《ほしょう》人《にん》となって、全力で応援《おうえん》させていただきました。この留学一期生《いっきせい》の一人が、昨年（二〇一〇年）三月に駐日特命全権大使《ちゅうにちとくめいぜんけんたいし》として着任《ちゃくにん》された程永華《ていえいか》氏です。

交流の断絶から再開へ――道を開く

顧　これまで、中日両国《ちゅうにちりょうこく》の 教育交流《こうりゅう》がきわめて密接《みっせつ》であった事実《じじつ》を語り合ってまいりましたが、順調《じゅんちょう》な関係《かんけい》がその後も続いたわけではありませんでした。残念《ざんねん》なことに、「九・一八」事変《じへん》（日本では「満洲事変《まんしゅうじへん》」）以降《いこう》、日本が中国に対して侵略戦争《しんりゃくせんそう》を引き起こしたからです。一九三〇、四〇年代の中日においては、平等《びょうどう》な交流などは、あり得ませんでした。

新中国の成立後《せいりつご》は、日本がアメリカに追随《ついずい》し、中国とは国交《こっこう》を結ばなかったことから、政府間《せいふかん》の交流は途絶《とだ》えました。

しかし、それでも日本の民間《みんかん》の友好人士《ゆうこうじんし》は、中国と頻繁《ひんぱん》な交流をもっていました。たとえば西《さい》園寺公一《おんじきんかず》、井上靖《いのうえやすし》、松村謙三《まつむらけんぞう》、内山完造《うちやまかんぞう》などの各氏《かくし》はたびたび中国を訪《おとず》れていますし、中国側からも郭沫若《かくまつじゃく》、廖承志《りょうしょうし》、趙樸初《ちょうぼくしょ》、許広平《きょこうへい》など多くの著名《ちょめい》な要人《ようじん》が日本を訪れています。(73)

池田　そのとおりです。今、挙《あ》げられた両国の先達《せんだつ》とは、私も多くの方々と親交《しんこう》がありました。中国側では、廖承志先生や趙樸初先生、日本側では松村謙三先生や井上靖先生、西園寺公一先生や高碕達之助《たかさきたつのすけ》先生(73)……その出会いの思い出は深《ふか》く命《いのち》に刻《きざ》んでおります。

直接お会いする機会《きかい》のなかった郭沫若先生や許広平先生のことも、何度もスピーチ等で青年たちに語ってまいりました。郭沫若先生が初代学長を務《つと》められた中国科学技術大学《かがくぎじゅつだいがく》とも、深い交流

北京師範大学の本部棟。国際交流でも中国トップクラスの実績を誇り、1万人以上の留学生を受け入れてきた

を結ばせていただきました。

顧　魯迅夫人《ふじん》の許広平は、招《まね》きに応《おう》じて仙台で行われた魯迅記念碑《きねんひ》の除幕式《じょまくしき》にも参加しています。同じころ、中国の周恩来総理は「中日間で国交《こっこう》がなくても、貿易《ぼうえき》を中心とした民間《みんかん》交流を展開《てんかい》する」という方針《ほうしん》を打ち出し、「中日友好《ゆうこう》の道《みち》」を切《き》り拓《ひら》きました。一九五二年六月、中日両国は民間貿《みんかんぼう》易協定《えききょうてい》を締結《ていけつ》し、両国は民間貿易の往来《おうらい》を展開していきました。しかし、教育交流はなかなかスタートさせることができなかったのです。

こうした状況《じょうきょう》のなか、日本の創価学会《そうかがっかい》はいち早く中国との国交正常化実現《じつげん》を提唱《ていしょう》し、そのために多大《ただい》な努力《どりょく》を払《はら》われました。そして一九七二年に中日国交正常化が実現し、中日交流の新時代《しんじだい》が開幕《かいまく》したのです。

一九七九年、私は北京師範《ペキンしはん》大学の対外事務《たいがいじむ》を担当《たんとう》しており、第一回の広島大学大学教育研究センター（現在は、広島大学高等教育研究開発センター）代表団《だいひょうだん》を受け入れました。これがおそらく「文化大革命《ぶんかだいかくめい》」後、初《はつ》の中日教育交流だったと思います。

翌年七月、前にも申し上げたように、[74]私は日本比較教育学会《にほんひかくきょういくがっかい》の平塚益徳《ひらつかますのり》会長の招きに応じて初訪日し、日本の埼玉県で開催《かいさい》された第四回世界比較教育大会に参加しました。同年十月には、日本国立教育研究所の横山宏《よこやまひろし》研究員[75]を受け入れ、ここから中日教育界の頻繁《ひんぱん》な交流がスタートしたのです。

私は七年間、北京師範大学の副学長《ふくがくちょう》を務《つと》め、対外交流の仕事を担当《たんとう》しました。本学《ほんがく》では一九八一年より、日本からの留学生《りゅうがくせい》を受け入れています。現在、日本比較教育学会の会長を務めておられる大塚豊《おおつかゆたか》先生[76]は、最も早い第一陣《だいいちじん》として本学に研修《けんしゅう》に来られた方です。私が直接、中国高等教育発展史《はってんし》を講義《こうぎ》したこともあります。

それ以降《いこう》、本学の日本留学生は年ごとに増加《ぞうか》の一途《いっと》をたどり、本学からも多くの学生や教員《きょういん》を日本へ研修に派遣《はけん》してきました。中国教育学会と日本教育学会との交流も密接《みっせつ》で、その他の学校との間でも交流や協力が行われています。このあたりの内容《ないよう》を細《こま》かく語り始めれば、一冊《いっさつ》の中日教育交流史の本が書けるでしょう。

「平和の人を育てる」ために青少年交流を

顧　先ほど申し上げましたとおり、国交《こっこう》が断絶《だんぜつ》し、教育交流が滞《とどこお》るなかにあって、いち早く中日の国交正常化を提言《ていげん》した民間団体《みんかんだんたい》が創価学会です。創価学会の理念《りねん》は社会に慈愛《じあい》を広げ、世界平和《せかいへいわ》のために貢献《こうけん》することであり、苦難《くなん》にあえぐ民衆や子どもを救《すく》うために、教育改革《かいかく》に取り組むことです。私はこの目的《もくてき》は大変に重要《じゅうよう》と考えます。

教育の本質《ほんしつ》は、平和を希求《ききゅう》する人《ひと》を育《そだ》てることです。

私は池田先生のおっしゃる「文化交流と教育交流は憎悪《ぞうお》の心《こころ》を溶《と》かし、信頼《しんらい》と友情《ゆうじょう》を育《はぐく》む近道《ちかみち》である」という言葉に心から賛同《さんどう》します。世界的に、多くの事柄《ことがら》は政治家の仕事でありますが、私たち教育に従事《じゅうじ》する者も、政治に関心《かんしん》を寄《よ》せないわけにはいきません。しかし、それよりも大事《だいじ》な責任《せきにん》は、次世代《じせだい》を教育することにあります。

世界平和のために、次世代に対し、相互《そうご》に理解《りかい》し合い、互《たが》いに関心を寄せることが身につくよう教育しなければなりません。

では、どうしたらそれができるのでしょうか？

まず、昨今《さっこん》の世界の現実《げんじつ》を認《みと》め、異《こと》なる国、異なる民族の価値観《かちかん》を尊重《そんちょう》し、各民族の文化的伝統《ぶんかてきでんとう》を尊重し、彼らが選択《せんたく》した社会制度《しゃかいせいど》や切実《せつじつ》な利益《りえき》を尊重する必要があります。これができるよ

中国の未来は教育の振興にかかっている――中国教育学会会長である顧氏と握手する胡錦濤国家主席（2008年2月21日）

うになる第一歩《だいいっぽ》は、とても大事な第一歩ですが、相互に理解することです。次に相互に信頼し合うこと、そしてともに発展《はってん》することです。

　では、どうしたら相互理解ができるのか？

　それには、交流《こうりゅう》することです。

　二〇〇八年、北京で開催《かいさい》された第二十九回オリンピックのテーマは「一《ひと》つの世界《せかい》、一つの夢《ゆめ》」でした。オリンピックは世界中の人々の協力のもとで大成功《だいせいこう》を収《おさ》めましたが、これは世界の人民《じんみん》の相互交流、相互理解、相互協力のモデルであるとともに、より一層《いっそう》世界の人民の相互交流と相互理解を促《うなが》し、世界平和に貢献しました。昨年（二〇一

○年）の上海での万国博覧会《ばんこくはくらんかい》も同じような役割《やくわり》を果《は》たしています。
オリンピックはスポーツ交流が中心ですが、私は何よりも教育交流が重要であると考えます。なぜならば、成人世代《せいじんせだい》の相互理解を促すだけでなく、将来《しょうらい》の社会の主人公《しゅじんこう》――次世代《じせだい》の青少年の相互理解にまで影響《えいきょう》を及ぼしていくからです。教育交流は、最も望《のぞ》ましい交流スタイルで、教育交流がカバーする範囲《はんい》は最も広く、言語《げんご》、科学技術《かがくぎじゅつ》、教育思想《きょういくしそう》、内容《ないよう》や方法《ほうほう》などを含《ふく》みます。

「外国語習得が不可欠」の時代に

池田　顧先生がどれほど燃《も》え上《あ》がる情熱《じょうねつ》で、また、どれほど奥深《おくぶか》い友誼《ゆうぎ》の心で、日中両国の教育交流を進めてこられたかが、ひしひしと胸《むね》に伝《つた》わってまいります。

また、創価学会に対する深《ふか》い理解《りかい》に、改めて感謝《かんしゃ》いたします。世界平和《せかいへいわ》を築《きず》く鍵《かぎ》こそが教育交流であるとのお話でしたが、私も心から共感《きょうかん》するものです。

異《こと》なる文化圏《ぶんかけん》の人々が交流するためには、何より共通《きょうつう》する言語《げんご》をもたねばなりません。そこで、教育交流に不可欠《ふかけつ》な外国語《がいこくご》の習得《しゅうとく》について話を進めたいと思います。

ドイツの大文豪《だいぶんごう》ゲーテは、「外国語を知らない人は、母国語《ぼこくご》を知らない」[77]と語りました。私たちは今、ゲーテの時代とは比較《ひかく》にならない国際化《こくさいか》・グローバル化の時代を生きています。自国語《じこくご》だけでなく、他言語《たげんご》を習得する必要性《ひつようせい》は飛躍的《ひやくてき》に高まっています。

私自身《じしん》、人生《じんせい》のなかでの最大《さいだい》の後悔《こうかい》の一つが、外国語を学べなかったことです。私の青年時代《せいねんじだい》、日本は戦争《せんそう》に明《あ》け暮《く》れ、〝敵性語《てきせいご》〟の英語を学べる雰囲気《ふんいき》などありませんでした。終戦後《しゅうせんご》は、恩師《おんし》・戸田《とだ》先生の事業《じぎょう》が危殆《きたい》に瀕《ひん》し、窮地《きゅうち》を打開《だかい》するために進学《しんがく》を断念《だんねん》せざるを得ませんでした。

現在、私と世界《せかい》の識者《しきしゃ》との交流には、創価大学の卒業生をはじめ優秀《ゆうしゅう》な通訳《つうやく》の方々が協力してくれていますが、語学《ごがく》が自由《じゆう》に使えれば、どれほどよかったかと思う場面《ばめん》が、これまで何度もありました。

一例《いちれい》を挙《あ》げれば、かつてトインビー博士《はかせ》と対談を重《かさ》ねた折《おり》、二人きりになったことがあります。博士が、ロンドンの伝統誇《でんとうほこ》る紳士《しんし》専用《せんよう》クラブに案内してくださった時のことです。博士はできるだけ平易《へいい》な英語で話しかけてくださり、身振《みぶ》り手振《てぶ》りを交《まじ》えての対話《たいわ》となったのです。今では懐《なつ》かしき思い出ですが、語学を勉強しておけばよかったと、それはそれは痛感《つうかん》したひとときでした。

私自身の反省《はんせい》も踏《ふ》まえ、私はつねづね、学生たちに外国語を習得するように呼びかけています。

貴国《きこく》の外国語教育は、しばしば成功例《せいこうれい》として日本でも報道《ほうどう》されます。どのように外国語教育に取り組まれてきたのか。ぜひ、具体例《ぐたいれい》を交えて教えていただければと思います。

語学上達は「実際に使う」ことが決め手

顧　比較教育《ひかくきょういく》を研究《けんきゅう》するには外国語に精通《せいつう》している必要があり、できれば数種類《すうしゅるい》の言語《げんご》をマスターすれば、第一次資料《だいいちじしりょう》の収集《しゅうしゅう》ができます。しかし、私たち東洋人《とうようじん》にとって、外国語を学習《がくしゅう》することはとても困難《こんなん》なことです。

私自身《じしん》も経験《けいけん》していますが、私は小学、中学時代のほとんどを日本の占領下《せんりょうか》で過《す》ごしましたから、本来《ほんらい》であれば、十分《じゅうぶん》日本語を勉強できたはずですが、日本軍《にほんぐん》への憎悪《ぞうお》から、日本語の授業《じゅぎょう》をよくさぼっていました。まさか後《のち》に日本の友人《ゆうじん》と親《した》しくおつき合いすることになろうとは思ってもみませんでしたから。一九八〇年から二十数回《すうかい》、貴国《きこく》を訪《おとず》れましたが、日本語で友人たちと語り合えないことは、交流《こうりゅう》する上でじつに多くの不便《ふべん》があると身にしみて感じました。

英語も中学時代に勉強しましたが、それほど上手《じょうず》ではありません。ソ連で大学に入り、主《おも》にロシア語を勉強するようになると、英語はきれいさっぱり忘れてしまいました。このことは、後の比較教育研究に大きく影響《えいきょう》しました。語学力が壁《かべ》となって比較教育研究を深《ふか》く掘《ほ》り下《さ》げることができなかったことは残念《ざんねん》でなりません。

現在、国際化《こくさいか》の時代にあって、外国語学習は、もはや基礎《きそ》教育の重要なカリキュラムになっています。

中国の外国語教育は、長期《ちょうき》にわたってかんばしいものではありませんでした。一つには教員《きょういん》の資質《ししつ》が不足《ふそく》していたこと、二つには手法《しゅほう》が時代遅《じだいおく》れだったことにより、学生の外国語は中学を卒業しても標準《ひょうじゅん》に達《たつ》しない、あるいは、「唖者《あしゃ》の英語《えいご》」といわれているように、読《よ》むことしかできず、

北京第一実験小学校の児童が東京創価小学校を訪問し、図工や書道、理科の授業を通して交流（1990年9月）。関西創価小学校も含めて往来の歴史は重ねられ、両校児童の友好の「絵画展」も続けられてきた

会話《かいわ》ができないという状況《じょうきょう》でした。

　しかし、改革開放《かいかくかいほう》以来、中国政府はとくに外国語教育を重視《じゅうし》するようになりました。とくにここ二十年、国家は小学校から外国語クラスの開設《かいせつ》を要請《ようせい》し、全国の小学校では、たいてい三年生から外国語の授業を開設しています。発展《はってん》している地域《ちいき》では、小学一年生から外国語クラスを開設し、授業時間数は年《とし》ごとに増《ふ》えています。

　多くの学校では外国人教員を招《まね》き、直接英語による授業を行っています。それと同《どう》時《じ》に、高等教育機関《こうとうきょういくきかん》の入学試験も外国語が必須科目《ひっすかもく》となり、大学院《だいがくいん》の入学試験も必《かなら》ず外国語科目を受けなければならなくなりました。一連《いちれん》の強化策《きょうかさく》を通じ、さらに外国語教員の資質の向上《こうじょう》、教育法の改善《かいぜん》が図《はか》られ

北京師範大学附属実験中学校の2年生が、創価学園を訪問（2010年7月）。歓迎集会では、両校の生徒が合唱や舞踊などを披露した

たことにより、近年《きんねん》の学生の外国語レベルはたしかに向上しています。

しかし当然《とうぜん》、全国的《ぜんこくてき》な範囲《はんい》で見れば、発展はアンバランスで、北京、上海など発展した地域のレベルは高くなっていますが、西部地区《せいぶちく》ではやや遅《おく》れています。

ここ数年来《すうねんらい》、国際交流《こくさいこうりゅう》が頻繁《ひんぱん》に行われるようになり、学生同士《どうし》の交流、たとえばサマーキャンプ、ウインターキャンプなどさまざまな形の交流によって、外国語学習の面からも恵《めぐ》まれた環境《かんきょう》がつくられるようになりました。

外国語学習の上で最も重要なのは、応用練習《おうようれんしゅう》ができるような「外国語を使う環境」だと思われます。もし勉強しても使わなければ、すぐに忘れてしまうものです。六〇年代の初め、私は二年間ドイツ語を勉強したことがありましたが、「文化大革命《ぶんかだいかくめい》」によって中断《ちゅうだん》してしまい、その後すっかり忘れてしまいました。ですから、若い人たちには、なるべく多く外国人と交流させ、頻繁に応用する機会《きかい》をつくってあげたいと思っています。

池田　外国語学習に関する貴重《きちょう》なお話をうかがい、日本と意外に状況《じょうきょう》が近いことを知り、驚《おどろ》いております。一般《いっぱん》に日本の学生は、中学・高校と、多くの時間を割《さ》いて英語学習に力を入れていますす。しかし実情《じつじょう》としては、英文を読むことはできても、話す・聞くといった実践的《じっせんてき》な面が苦手《にがて》な学生が多くおります。そうした問題を背景《はいけい》に、日本では小学校への英語教育の導入《どうにゅう》が図《はか》られるなど、さまざまな改善《かいぜん》が試《こころ》みられています。子どもの外国語学習に関心《かんしん》をもっている若い親が、早い段階《だんかい》から、塾《じゅく》とか習《なら》い事《ごと》などで外国語学習の機会を与えようとしているケースもあります。

国内《こくない》では、早期《そうき》からの外国語学習は母《ぼ》国語《こくご》の習得《しゅうとく》が遅れるといったマイナス面を懸《け》念《ねん》する声は少なくありません。ただ、加速度《かそくど》を増《ま》してグローバル化するなかで、国外《こくがい》の人と円滑《えんかつ》にコミュニケーションを取る能力《のうりょく》は、必要不可欠《ひつようふかけつ》でしょう。まして世界《せかい》を舞台《ぶたい》に活躍《かつやく》する人材《じんざい》を育《はぐく》もうと思うのであればなおさらです。

顧先生が指摘《してき》されたように「外国語を使う環境《かんきょう》」をどのように整《ととの》えるのか。これが非常に大切《たいせつ》ですね。とくに日本は島国《しまぐに》であることから、外国の人とふれ合う機会が少ない。どんなに学習してもいっこうに語学力《ごがくりょく》が向上《こうじょう》しないのは、こうした「使う環境」が整っていないことに原因《げんいん》があるとも指摘されてきました。

　こうした背景を踏《ふ》まえ、多くの大学などで新しい試《こころ》みがなされています。

　創価大学でも、一九九九年より「ワールド・ランゲージ・センター」が設置《せっち》されています。ここでは原則《げんそく》、日本語が使えず、英語や中国語などさまざまな言語《げんご》を、在学中《ざいがくちゅう》の留学生《りゅうがくせい》との間で用《もち》いていく、実用的《じつようてき》な語学習得と異文化理解《いぶんかりかい》の場となっています。

　もちろん、世界各国《かっこく》への留学も盛《さか》んで、とくに中国とは、多くの大学と交流を結ばせていただいています。そのなかで、北京語言《ごげん》大学との間では、「デュアル・ディグリーコース」を開設《かいせつ》しました。北京語言大学と創価大学の二つの「学士号《がくしごう》」が同時《どうじ》に授与《じゅよ》される特別《とくべつ》プログラムです。ここで二年間の留学を経験《けいけん》することは、語学力の向上において目《め》を見張《みは》る成果《せいか》を示しており、今《こん》春《しゅん》（二〇一一年）、最初《さいしょ》の卒業生も送り出すことができました。

　またアメリカ創価大学では、全学生が三年次にスペイン語・中国語・日本語の三言語《げんご》圏《けん》に留学するプログラムを設《もう》けております。机上《きじょう》で学ぶだけでなく、実際《じっさい》に現地《げんち》で生活することで、その国の人々や文化との直接《ちょくせつ》のふれ合いを通し、実践的に語学を学び、習得することができます。学生からも大変に好評《こうひょう》です。

　なお、うれしいことに、創価大学にお迎《むか》えした貴《き》国《こく》の留学生のなかからは、日本人以上に流《りゅう》暢《ちょう》な日本語で名通訳《めいつうやく》として活躍《かつやく》する方も出てきています。胡錦濤《こきんとう》国家《こっか》主席《しゅせき》や温家宝《おんかほう》首相《しゅしょう》との会見《かいけん》

の際《さい》には、中国側の通訳も日本側の私の通訳も創価大学出身で、和《なご》やかな旧交《きゅうこう》を温《あたた》める場面《ばめん》がありました。(78)

時代は大きく変わっています。社会は変化《へんか》、変化の連続《れんぞく》です。教育手法《しゅほう》も、旧来《きゅうらい》の手法をそのまま踏襲《とうしゅう》すればよいという時代ではありません。学生の要望《ようぼう》に応《こた》える新しい発想《はっそう》の新しいカリキュラムを提供《ていきょう》することが求められます。

大事《だいじ》な未来《みらい》を開《ひら》く使命《しめい》をもった学生たちです。

私たちには、彼らが学力《がくりょく》を向上させ、心を豊《ゆた》かにするために創意工夫《そういくふう》を重《かさ》ね、努力していく責《せき》任《にん》があると考えております。

第4章

「創造的人間」を育てる

創価教育と素質教育

『東洋学術研究』第50巻第2号に掲載
（2011年11月発刊）

人物を育てよ――魯迅先生の戦いを継いで

池田　一九〇七年、若き魯迅《ろじん》先生は記《しる》されました。

「世《よ》の風潮《ふうちょう》に流されず、潮流《ちょうりゅう》のなかにすっくと立って、古《いにし》えの賢人《けんじん》のように、将来よき実《み》を結ぶ木の種《たね》を、今日《こんにち》においてまき、根《ね》のある幸福のもといを祖国《そこく》に移しうる人物は、これを社会に対して要求せざるをえず、また、まさに社会からも求められるべきものである」[1]

本年（二〇一一年）は、魯迅先生の生誕《せいたん》百三十年の佳節《かせつ》でした（一八八一年九月二十五日生まれ）。

じつは、この九月二十三日、上海《シャンハイ》市主催《しゅさい》の記念大会と上海魯迅文化発展センターの国際シンポジウムが開催《かいさい》され、ご招待《しょうたい》をいただきました。私は日程《にってい》の都合《つごう》上、出席できないため、代理に託《たく》して祝辞《しゅくじ》を贈《おく》らせていただきました。

これまでも顧《こ》先生と語り合ってきたとおり、魯迅先生は大教育者でもありました。帝国主義《ていこくしゅぎ》の時代、声高《こわだか》に富国強兵《ふこくきょうへい》の導入《どうにゅう》が叫ばれるなか、あえて魯迅青年は、表面的な繁栄《はんえい》のより根源《こんげん》にあるものを求めるよう、社会に訴《うった》えておられました。

未来の発展をもたらす根本《こんぽん》の光源《こうげん》――それは教育です。教育こそ、人間が、人間らしく、真《しん》の人間として開花《かいか》し、善《ぜん》なる使命《しめい》を果《は》たしゆく原動力《げんどうりょく》であります。現代中国にあって、この教育の種を蒔《ま》き、幸福の基《もとい》を築いておられるのが顧先生であられます。

「士《し》の相知《あいし》るや、温《あたた》かにして華《はな》を増さず、寒《さむ》くして葉《は》を改《あらた》めず」との諸葛孔明《しょかつこうめい》の言葉[2]のように、季節は移れども変わらぬ友誼《ゆうぎ》の心で、顧先生とご一緒《いっしょ》に、人間教育の理想《りそう》を探究《たんきゅう》できますことは、何よりの喜びです。

顧　本年、魯迅先生の生誕百三十年に際《さい》し、池田先生は魯迅先生の社会福祉《しゃかいふくし》に対する根本的な期待を紹介されました。それは今日《こんにち》にあっても依然《いぜん》として現実的意義《いぎ》をもっているものです。池田先生が述《の》べておられるように、未来の発展をもたらす根本的な光源は教育であり、教育こそ人間を真に人間として成長させ、善なる使命を完成させる原動力です。

魯迅先生は、この年（一九〇七年）に書いた他の論文「文化偏至論」でも、「争存天下、首在立人（天下《てんか》で生存《せいぞん》を争《あらそ》うには、まず人間を確立することである）」と論じ、「非物質（物質万能の否定）」や「重個人（個人の確立）」を強調しています。[3]これこそ、まさしく池田先生が述べられている教育の重要性ではないでしょうか。

魯迅先生は文学者であるだけでなく、教育家でもあり、多くの著作《ちょさく》で、教育の問題についても論及《ろんきゅう》しています。私たちの考え方も、魯迅先生と相通《あいつう》じるものがあり、魯迅先生の著作のなかから、多くのことを学びとることができると思います。

大変残念《ざんねん》なことに、今年（二〇一二年）の五月、魯迅先生のご子息《しそく》である周海嬰《しゅうかいえい》氏が病逝《びょうせい》されました。妻のいとこであり、かけがえのない親友《しんゆう》であった人を私は失《うしな》いました。周海嬰氏のこと

魯迅一家（1933年撮影）。許広平夫人とともに写っている子息の周海嬰氏から池田名誉会長に贈られた署名入り写真

は、永遠に私の心に深く刻《きざ》まれていることでしょう。

実《み》りの秋を過ぎれば、再び厳《きび》しい冬が巡《めぐ》り来《き》ます。誰《だれ》もが寒さに凍《こご》える季節です。しかし、社会に真心《まごころ》の人情《にんじょう》が行き渡っていれば、心のなかはぬくもりを感じるものです。

中国には「厳冬四友」、つまり、梅《うめ》、蘭《らん》、竹《たけ》、菊《きく》の四種の植物を讃《たた》えた古い詩《し》がありますが、私たちも歳寒《さいかん》の友《とも》（困難《こんなん》な境遇《きょうぐう》において頼りになる友）になれるのではないでしょうか。

池田　前にも申し上げましたが、(4) 周海嬰先生には、私も東京で二度お会いし、父君《ふくん》――魯迅先生のご生涯《しょうがい》と、そのペンの戦《たたか》いについて語り合いました。訃報《ふほう》に接《せつ》し、直《ただ》ちに弔電《ちょうでん》を打《う》たせていただきました。心よりご冥福《めいふく》を祈《いの》っております。

周海嬰先生も魯迅先生と同じく、青少年の教育に力を入れられました。

「大事《だいじ》なのは『人』であり、人を育てる『教育』です。次《つぎ》の世代《せだい》が、正しい道徳観念《どうとくかんねん》を身につけ、人格《じんかく》を形成《けいせい》していくための『教育』に今こそ力を注《そそ》がねばなりません」と力説《りきせつ》しておられたことも心に残っております。(5)

1 現代教育の問題点——日本と中国

「ゆとり教育」をどう考えるか

池田 さて、これまでのやりとりを通し、日本と中国の教育史《きょういくし》を概観《がいかん》しただけでも、両国の教育が、いかに深く相互《そうご》に影響《えいきょう》し合ってきたかを明《あき》らかにすることができました。ここでは、両国における現在《げんざい》の教育の課題《かだい》について、もう少し語り合いたいと思います。

まず日本について、さまざまな資料をもとに、改めて現代教育の状況を俯瞰《ふかん》したい。

一九四七年（昭和二十二年）に制定《せいてい》された「教育基本法《きょういくきほんほう》」のもと、いわゆる「戦後教育《せんごきょういく》」が進められてきました。

その教育基本法の第一条では「教育は、人格《じんかく》の完成《かんせい》をめざし、平和的な国家及び社会の形成者《けいせいしゃ》として、真理《しんり》と正義《せいぎ》を愛し、個人の価値《かち》をたっとび、勤労《きんろう》と責任《せきにん》を重《おも》んじ、自主的精神《じしゅてきせいしん》に充《み》ちた心身ともに健康な国民の育成を期《き》して行われなければならない」と謳《うた》われました。日本国憲法とも響《ひび》き合う理想主義を湛《たた》えた格調《かくちょう》高い内容といえるでしょう。日本の戦後教育は同質性《どうしっせい》の高い教育を全国の子どもたちに与えることに成功し、急速《きゅうそく》な戦後復興《ふっこう》と経済成長《せいちょう》を担《にな》う人材を育てる力になったことは、大方《おおかた》の見方が一致《いっち》するところです。

しかし一方《いっぽう》で、この戦後教育も、その崇高《すうこう》な目的観《もくてきかん》にもかかわらず、理想と現実の乖離《かいり》という問題から逃《のが》れられませんでした。高度経済成長にひた走る日本社会のもと、教育現場では、受験競争の激化《げきか》や詰《つ》め込《こ》み教育などの弊害《へいがい》を生みました。そうした点への反省もあり、八〇年代初頭《しょとう》から、授業時間数の削減《さくげん》、教育内容の縮小《しゅくしょう》を目指《めざ》した「ゆとり教育」が採用《さいよう》されました。しかし後《あと》でも述《の》べますが、経済一辺倒《いっぺんとう》の社会の行《ゆ》き詰《づ》まりは、教育現場にも大きく影《かげ》を落《お》としていったのです。

なお、この教育基本法は、二〇〇六年に約六十年ぶりに改定《かいてい》されています。比較教育学《ひかくきょういくがく》の専門家《せんもんか》であられる顧先生は、日本の戦後教育をどのように評価《ひょうか》されますか。

顧　私は貴国《きこく》の教育の現状については理解が不十分《ふじゅうぶん》ですし、十分な研究もしておりません。貴国には四カ月滞在《たいざい》したのが最も長い訪問《ほうもん》でしたが、それも大学に限られており、訪《おとず》れた小・

中学校はわずかでした。ですから、貴国の現代教育について客観的に評価をすることは難《むずか》しいと思いますので、中国の教育と比較《ひかく》し、それも小・中学校に限って、表面的な感想を述《の》べさせていただきます。大学についてはやや複雑《ふくざつ》な面《めん》があり、比較可能性《かのうせい》を見いだすことは難しいと思います。

まず戦後、貴国はとくに教育を重視《じゅうし》し、早い段階から教育の普及《ふきゅう》を提起《ていき》しました。高度経済成長は、教育によるマンパワーの下支《したざさ》えがなければ、とうてい実現不可能《ふかのう》だったでしょう。日本の教育は経済・社会の発展へ不滅《ふめつ》の貢献《こうけん》をしました。この点については、中国の研究者からも評価されてきましたし、中国政府も貴国やその他の先進国の経験に学び、「教育先行《せんこう》」という発展戦略《せんりゃく》を打ち出しています。

具体的に言いますと、日本では、基礎《きそ》教育の均衡《きんこう》がよくとれています。少数の私立の有名校はありますが、中国のように、公立学校を重点校《じゅうてんこう》や非《ひ》重点校に立て分けることで熾烈《しれつ》な入学競争を引き起こすようなことはありませんでした。ここ数年、中国政府は義務《ぎむ》教育における重点校を取り消すよう命《めい》じましたが、有名校は定着《ていちゃく》しており、競争は収《おさ》まっていません。

学校管理と授業の面では、私たちが学ぶべき点が多くあります。たとえば、規模《きぼ》が適切《てきせつ》で、生徒が千人を超《こ》えることは少なく、学校管理もきちんとしています。一クラスの生徒数も少なく、教師の目が行き届くようになっています。

池田　顧先生は、平等《びょうどう》を重《おも》んじた戦後日本の教育制度の特長を好意的に評価してくださいましたが、日本の教育界にも、多くの課題《かだい》があります。

その一つが「詰《つ》め込《こ》み教育」と、これに対する反省として生まれた「ゆとり教育」が抱《かか》える問題だと思います。近年《きんねん》、国際比較による学力低下などが指摘《してき》されたことから、「ゆとり教育」についても評価が割《わ》れ、見直《みなお》されつつあります。しかし、より本質的な問題は、学習すべき知識の「量《りょう》」ではなく、子どもたちの「学ぶ意欲《いよく》」「学ぶ動機《どうき》」「学ぶ目的観《もくてきかん》」をどう育《はぐく》んでいくかです。そうであってこそ、才能《さいのう》の芽《め》も急速に伸《の》びていきます。「英知《えいち》を磨《みが》くは　何のため」――この一点が定《さだ》まれば、人は苦学《くがく》さえ厭《いと》わない存在《そんざい》であるからです(6)。

そこで、さらに具体的に見ると、不登校《ふとうこう》やいじめの問題も根強《ねづよ》く残っており、さらに、ここ十数年来《すうねんらい》、「学級崩壊《がっきゅうほうかい》」と呼ばれる事態《じたい》も頻発《ひんぱつ》しています。すなわち、〝教師の指導に生徒が従《したが》わず、授業が成立《せいりつ》しない〟といった現象《げんしょう》が、初等教育から中等教育の現場《げんば》で起こっているのです。

その要因《よういん》として、教育技術の低下を嘆《なげ》く声が上がる一方、たんに教師の力量《りきりょう》の問題ではなく、社会の変化とともに〝子どもたち自身《じしん》が変質《へんしつ》してしまった〟側面《そくめん》もあるのではないかという指摘《してき》もあります。たとえば、幼少時《ようしょうじ》より、テレビやコンピューターゲームのほか、モノがあふれかえる消費経済から少なからず影響《えいきょう》を受けているというのです。加《くわ》えて、親の世代《せだい》も、学校や教師に昔のような尊敬心《そんけいしん》をもたなくなったともいわれます。その姿《すがた》を、子どもたちも敏感《びんかん》に見ています。

一部では、学校に理不尽《りふじん》な要求を繰《く》り返《かえ》す親の存在が指摘されています。東京都教育委員会の調査（二〇〇八年）にも、〝いじめの加害児童《かがいじどう》を指導したところ、これを不当《ふとう》として保護者が学級担任に恐喝的言動《きょうかつてきげんどう》を繰り返す〟〝家庭内の虐待《ぎゃくたい》を児童相談所に通告《つうこく》したところ、保護者が学校に暴言《ぼうげん》を繰り返す〟（要旨《ようし》）等の事例《じれい》があり、そのほか、わが子の特別扱《とくべつあつか》いを要求する、わが子への学校での処遇《しょぐう》を不当としてクレームをつけるといったケースも見られるようです。(7) なかには、学校側の対応《たいおう》における行き違いなどがあって、親の怒《いか》りや不信感《ふしんかん》を増幅《ぞうふく》してしまっている場合もあろうかと思われます。

子どもたちのために協力し合うべき学校・教師と保護者の間で信頼《しんらい》が揺《ゆ》らいでいるとすれば、憂慮《ゆうりょ》すべき事態《じたい》です。いずれにせよ、生活や社会環境の変化により、教育現場の諸問題《しょもんだい》が以前にも増して解決困難《かいけつこんなん》になっているということは、教育問題が社会全体の課題でもあることを、改めて示しているといえましょう。

顧　かねてより、「受験地獄《じゅけんじごく》」「教育の荒廃《こうはい》」「校内暴力《こうないぼうりょく》」といった点が、戦後日本の教育問題としていわれてきましたが、そのなかには、私たちアジア諸国に共通しているものもあります。

たとえば学歴主義《がくれきしゅぎ》です。日本の小・中学生の多くは、休みの日にも塾《じゅく》へ通って補習《ほしゅう》を行い、有名校に合格するためにさまざまな模擬試験《もぎしけん》を受けるようですね。

このような状況から、日本の教育を「受験地獄」と呼ぶ日本の研究者もいますが、先述《せんじゅつ》のように、これは中国でも見られ、韓国などでも似たような状況《じょうきょう》が存在するようです。ここから、アジア文化の要素《ようそ》が見てとれます。

「ゆとり教育」については、二つに立て分けて考える必要があると思います。

学習は楽《たの》しくも苦労《くろう》の過程《かてい》であるべきです。幼《おさな》い子どもに対しては、楽しくゆとりをもって学習に取り組ませ、興味《きょうみ》をわかせ、好きになるようにすべきです。興味がわけば、つらい学習にも取り組めるようになるからです。

しかし、授業時間を減《へ》らし学習内容を少なくするだけではだめで、教師は授業を上手《じょうず》に運営し、生徒の学習意欲《いよく》を引き出さなくてはなりません。「ゆとり教育」を実施《じっし》することで、たんに授業時間を減らし学習内容を少なくすれば、当然のことながら教育の質《しつ》は低下《ていか》してしまうでしょう。

中国でも「ゆとり教育」の実験に取り組む学校はありますが、「勉強とはそもそも苦労するものである」と異《い》を唱《とな》える学者もいます。この実験について、私は支持をしてきました。先ほど述べたように、興味がわく学習とは楽しいもので、楽しいと感じられれば苦労することも厭《いと》わないのです。

現在、中国では、親の子どもに対する期待は限りなくふくらんでいます。中国では、ほとんどの家庭が一人っ子で、親は自分の子どもを天才《てんさい》だと思い込み、教育の責任を学校に押しつけるようになりました。

しかし、中国では、教師と両親が対立《たいりつ》するような現象は現《あらわ》れておりません。なぜなら、教師にせよ、保護者にせよ、子どもたちがしっかりと勉学に取り組み、人材に成長してほしいと願っているからです。逆に、教師のなかには、保護者に多くのことを要求したり、保護者が自分の子どもに関心《かんしん》を寄《よ》せないことを批判《ひはん》するような強面《こわもて》の教師もいます。

実際、教育は社会全体の事業《じぎょう》で、社会全体の関心を必要としています。学校に責任《せきにん》があり、家庭に責任があり、社会にも責任があります。学校を社会から切り離すことはできず、学校はつねに社会環境、社会の風紀《ふうき》から影響を受けています。

子どもの多くの悪癖《あくへき》は大人の世界からもたらされたものです。大人は自分たちの思想や行動が、どのように子どもの世界に影響を与えているのかを、反省しなければならないと思います。

学校・家庭・地域の「教育力」を向上

池田 同感《どうかん》です。子どもは大人社会の鏡《かがみ》――このことを痛感《つうかん》せずにおれません。

現在の日本の教育が、さまざまな問題を抱《かか》えている背景《はいけい》には、戦後《せんご》、都市部《としぶ》に人口《じんこう》が急増《きゅうぞう》するなかで進んだ核家族化《かくかぞくか》と、近年《きんねん》の急速《きゅうそく》な少子化《しょうしか》という変化《へんか》も挙《あ》げられるでしょう。

昔に比《くら》べて生活は便利になりましたが、経済格差《けいざいかくさ》も広がりました。情報化《じょうほうか》の進展《しんてん》とは裏腹《うらはら》に、人と人とのつながりが薄《うす》れてきています。人間関係の希薄化《きはくか》は、精神的にも大きく影響《えいきょう》を及ぼすものです。

高度経済成長期には、核家族化が進行《しんこう》しながらも、まだ至《いた》るところに子どもがたくさんいました。近隣《きんりん》の子育て中の家族同士《どうし》が、お互《たが》いに助け合い、子育てをすることも日常風景《にちじょうふうけい》としてありました。しかし現在では、そうしたつながりも薄れ、母親あるいは父親が、誰《だれ》かに相談したり、手助けを得たりできずに、子育てに行《ゆ》き詰《づ》まり、ストレスを抱《かか》え込《こ》んでしまっているケースも少なくない。

こうした社会構造《しゃかいこうぞう》の変化《へんか》は、子どもの成長にも影響を与えています。きょうだいや近所の遊び友達が比較的少なくなり、コミュニケーションが苦手《にがて》な子どもが増えているという指摘《してき》もあります。

中国では、改革開放《かいかくかいほう》後に一人っ子政策を取り、今や、きょうだいがいない家庭が多数《たすう》を占《し》める状況であると思いますが、教育的な視点《してん》から見て、どのように評価《ひょうか》されますか。日本のような少子化と同じような問題が起きているのでしょうか。問題点があるとすれば、どのような改善策《かいぜんさく》を打ちたてておられますか。ぜひ、教えていただきたいと思います。

現在、日本では、先ほど述《の》べたような教育事情《じじょう》を踏《ふ》まえ、今一度《いまいちど》、家庭の教育力をはじめ、学校の教育力、地域社会の教育力を高める必要性が叫ばれております。

そうした社会の要請《ようせい》を受け、私ども創価学会《そうかがっかい》も、さまざまな教育運動を展開《てんかい》してきました。前

韓国でも「教育の目的は子どもの幸福」「そのために、『いかなる状況下でも価値創造できる人間』を育成」という創価教育の運動が広がっている。2010年年頭にも全国5会場でSGI教育部の教育実践報告大会が（写真は1月24日、ソウル市内で）

にも申し上げた(8)教育本部では、かねてより「学校」「家庭」「地域・社会」の三つの教育力の向上《こうじょう》を目指《めざ》し、「教育のための社会」の実現《じつげん》を掲《かか》げ、全力で取り組んでいます。

ここで、改めて、具体的な活動の一部を紹介します。

まず、学校教育力の向上を願《ねが》って推進《すいしん》されてきた「教育実践記録《じっせんきろく》運動」です。

これは、教師の教育実践の内容をまとめたもので、子どもを伸《の》ばすための現場の知恵《ちえ》と工夫《くふう》が記《しる》されています。この教育実践記録は、じつに五万事例《じれい》を数えています。

また、「人間教育実践報告《ほうこく》大会」と題し、教師たちの教育実践、体験を報告し

ブラジルSGI教育部の「牧口教育プロジェクト」は、たとえば園芸を通して「いのちを育てる苦労と喜び」を学び合うなど、創価教育の理念を情操教育などに応用する試み。全土の200校以上に広がり、100万人を超える児童が参加している（写真は2003年11月、サンパウロでの同プロジェクト第6回実践報告大会）

合う集《つど》いも設《もう》けております。現場で子どもたちと真剣に向き合っている教師たちにとって、教育技術の向上に大いに役立つ内容になっています。

　また、家庭教育力の向上のために、さまざまな家庭の悩《なや》みを相談できる「教育相談室」も開設《かいせつ》しています。ボランティアのカウンセラーが担当し、これまで四十年以上にわたって、のべ三十六万人を超《こ》える来談者《らいだんしゃ》のケアに当たってきました。

　地域・社会の教育力の向上の面では、地域で教育セミナーを開き、教育に携《たずさ》わっている者同士が情報交換できる集いなども頻繁《ひんぱん》に開催《かいさい》しています。また、大学生などの青年が地域の子どもたちと積極的に交流《こうりゅう》を深め、話し相手となり、アドバイスを与えたり、学習の応援をしたりしております。学校、家庭、地域・社会──。この三つの連携《れんけい》を密《みつ》にし、三位一体《さんみいったい》となって教育のための社会づくりに励《はげ》んでこそ、本来《ほんらい》の教育の力が発揮《はっき》されるのではないでしょうか。

一人っ子政策の教育への影響

顧　池田先生よりお話をいただきましたので、この機会《きかい》をお借《か》りして、私は中国の一人っ子政策の問題について申し上げたいと思います。これは、日本を訪《おとず》れるたびに、つねに友人から尋《たず》ねられるテーマです。

中国が一人っ子政策を実施《じっし》するようになったのは、やむを得《え》ないことでした。なぜなら中国は人口が膨大《ぼうだい》で、負担《ふたん》があまりにも大きすぎるからです。

しばしば中国は「地大物博（土地が広大《こうだい》で物産《ぶっさん》・資源《しげん》が豊富《ほうふ》）」といわれていますが、じつは中国も資源が乏《とぼ》しい国で、人口一人あたりで計算すると、資源はきわめて少ないのです。ですから、産児制限《さんじせいげん》を行わなければ、中国の資源はその負担にとても耐《た》えられないでしょう。

核家族《かくかぞく》の増加や少子化《しょうしか》をめぐり、池田先生がおっしゃったような現象《げんしょう》は、中国でも存在《そんざい》しています。

一人っ子は家庭で自己中心主義《じこちゅうしんしゅぎ》を身につけ、他人《たにん》に関心《かんしん》をもちにくい傾向《けいこう》があります。

また、一人っ子政策で生まれた子どもに対して、家庭のなかでは六人の大人《おとな》、つまり父母、父方の祖父母《そふぼ》、母方の祖父母が、彼や彼女一人に愛情《あいじょう》を注《そそ》ぐ、といったことが現実にあります。おいしい物を食べさせてもらい、きれいな洋服を着せてもらうだけでなく、大人に依存《いそん》し、自分の生活すら処理《しょり》することができない子もいます。なかには大学を卒業して就職をしたものの、家庭を顧《かえり》みず、自分の快楽《かいらく》だけを追い求め、毎月の給与をそのために使《つか》い果《は》たしてしまう子どももいます。インターネット上では、このような子どもは「月光族《ユエグアンズウ》」と呼ばれています。〈＊中国語で「光」とは何もない、まったく空白《くうはく》という意味〉

さらに、お金を使い果たし、両親に無心《むしん》したり、あるいは両親に住宅や車などを買ってもらう「啃老族《ケンラオズウ》（ニート）」と呼ばれる子どもたちもいます。〈＊「啃」は「かじる」という意味。高齢者のすねをかじること〉

じつに心が痛《いた》みますが、もちろん、このような子どもは比較的裕福《ゆうふく》な家庭に属《ぞく》しており、普遍《ふへん》的《てき》な現象ではありません。

ですから、かつて提起《ていき》した素質《そしつ》教育は生徒の革新的精神《かくしんてきせいしん》と実践能力《じっせんのうりょく》を養成《ようせい》することだけを挙《あ》げていましたが、前章で取り上げた二〇二〇年までの「計画綱要《けいかくこうよう》」では、国家に奉仕《ほうし》し、人民《じんみん》に奉仕する社会的責任感《せきにんかん》の養成をとくに強調しています。

一方で、農村の子どもが家庭のぬくもりに飢《う》えているという状況があります。両親が都市に出《で》稼《かせ》ぎに出るため、農村に残っている祖父母が子どもの面倒《めんどう》を見ることになり、両親の愛情が欠乏《けつぼう》するのです。「留守児童《るすじどう》」と呼ばれていますが、孤独症《こどくしょう》、自閉的《じへいてき》傾向などの心理的障がいが生じる子どももいます。現在、彼らが教師の愛情、仲間の愛情を得られるように、政府によって寄宿制《きしゅくせい》の学校が建設されつつあります。

建設関係などの労働をする両親に連れられて都市へ出たものの、仕事の関係で、すぐに違う都市に移らねばならない子どもたちもいます。「流動児童《りゅうどう》」と呼ばれています。現在、現地の政府が彼らのために学校をつくり、九年制義務《ぎむ》教育を施《ほどこ》すべきことが明確《めいかく》になっていますが、彼らの流動性は難題《なんだい》です。

貧困家庭《ひんこんかてい》の子どもたちを助けるため、私は毎年わずかな金額を積み重ねて奨学金《しょうがくきん》を設立《せつりつ》しています。微々《びび》たる額《がく》ですが、心ばかりの気持ちを表《あらわ》しています。いずれにせよ、中国はいまだ発展途上《はってんとじょう》であり、経済発展も不均衡《ふきんこう》で、社会の転換期《てんかんき》のまっただ中にあります。

青少年に表出《ひょうしゅつ》している問題は、その根源《こんげん》は成人社会《せいじんしゃかい》にあります。問題を解決するためには、成人社会を改革《かいかく》することから着手《ちゃくしゅ》しなければならないと思います。また、このような国情《こくじょう》は、教育にも多くの問題を投げかけているのです。

核家族《かくかぞく》と少子化《しょうしか》は一つの環境《かんきょう》です。子どもの成長にとって、たしかに不利《ふり》な面《めん》もあります。しかし、鍵《かぎ》となるのは教育です。社会や保護者は教育の観念《かんねん》を変えるとともに、教育方法《ほうほう》を変えなければなりません。とくに生徒を実践《じっせん》のなかで鍛《きた》えていくことです。

中国では二〇〇八年の四川大地震《しせんおおじしん》以後、地震被害の救災活動のなかで多くの青年が表現した犠《ぎ》牲《せい》の精神と博愛《はくあい》の精神は、心を動かされるものでした。また、北京《ペキン》オリンピックや上海万博《シャンハイばんぱく》のときも、数百万の青少年ボランティアによる真心《まごころ》の奉仕《ほうし》のなかに、私たちは青年の希望を見いだしました。ですから私は、後世《こうせい》は私たちの世代《せだい》を凌駕《りょうが》していくに違いないと信じています。貴国《きこく》の青年《せいねん》も希望に満《み》ちあふれていると思います。

「教育のための社会」へ思考転換

池田　一人っ子政策に関して、率直《そっちょく》に語ってくださり、感謝《かんしゃ》申し上げます。

「後世《こうせい》は私たちの世代《せだい》を凌駕《りょうが》していくに違いない」――深く心に響《ひび》くご発言《はつげん》です。私も、そう祈《いの》っておりますし、信《しん》じております。

顧先生がおっしゃったとおり、青年には希望があります。いな、青年それ自体《じたい》が希望であり、未来そのものです。

今回の東日本大震災《ひがしにほんだいしんさい》においても、多くの青年が郷土《きょうど》の復興《ふっこう》のために奮闘《ふんとう》してくれています。自《みずか》らも被災《ひさい》した人が少なくないなか、近隣《きんりん》の家の泥《どろ》の掻《か》き出しや片づけ、支援物資の運搬《うんぱん》など、地《じ》味《み》にして際限《さいげん》のない作業に、人々のため、地域《ちいき》のために勇《いさ》んで献身《けんしん》してくれているのです。

未曽有《みぞう》の災害《さいがい》に立ち向かうなかで、逞《たくま》しき次代《じだい》のリーダーたちが確実に育っていることを、私たちは肌《はだ》で実感《じっかん》しております。

ところで、日本の大学では、全大学の定員総数より入学希望者数が少ない「全入時代《ぜんにゅうじだい》」が実質的に到来《とうらい》しました。しかし、その一方で、不景気《ふけいき》による就職氷河期《ひょうがき》が続き、安定した求人があり卒業後の就職を心配する必要のない大学は、上位一五パーセントだけであるともいわれます。受験競争は緩和《かんわ》されるどころか、受験勉強がより低年齢化《ていねんれいか》しているとの見方もあります。また、理《り》数系離《すうけいばな》れなどの学力低下の問題もありますし、グローバル化などにともなって「学力観《がくりょくかん》」そのものが変化の過程《かてい》にあります。

山積《さんせき》する問題群《もんだいぐん》、いな次から次に表面化する教育課題《かだい》――これに立ち向かう現場の教育関係者のご苦労はどれほどか。

本来《ほんらい》、人間は誕生《たんじょう》から成人《せいじん》に成長するまで、何年もの時間を必要とする存在《そんざい》です。どんなに科学が進歩したとしても、赤ん坊が一夜《いちや》で大人《おとな》になることはあり得ません。同様《どうよう》に教育も、短時日《たんじじつ》で成否《せいひ》は決められず、貴国《きこく》の古典《こてん》『管子《かんし》』に、「終身《しゅうしん》の計《けい》は、人を樹《う》うるに如《し》くは莫《な》し」とあるとおり、(9)長期間の展望《てんぼう》でとらえるべき「百年の大計《たいけい》」でありましょう。

教育は、時勢《じせい》や権勢《けんせい》に絶対に左右《さゆう》されてはなりません。私自身が体験してきた戦前日本の軍国《ぐんこく》主義《しゅぎ》教育の事例《じれい》を挙《あ》げるまでもなく、誤《あやま》った教育によって一番苦しむのは子どもたちであり、学生たちです。

人間は手段《しゅだん》ではなく、それ自身が目的《もくてき》である。人間の幸福を目指《めざ》す教育もまた、社会のための手段ではなく、むしろ教育こそが社会の目的と考えるべきではないでしょうか。

私が「社会のための教育」から「教育のための社会」へのダイナミックな思考転換《しこうてんかん》をと訴《うった》えてきたのも、そうした考えからです。

私は、中国の著名《ちょめい》な歴史家である章開沅《しょうかいげん》博士とも対談を行いましたが、かつて章博士は、近代《きんだい》中国《ちゅうごく》の大教育者・陶行知《とうこうち》先生の学説《がくせつ》に関する国家的研究に携《たずさ》わられました。そうした成果《せいか》を踏《ふ》まえ、陶先生が、デューイ哲学《てつがく》の「教育即《そく》生活」「学校即社会」の思想を、「生活即教育」「社会即学校」へと発展させ、民衆教育を通して中国の近代化《きんだいか》に寄与《きよ》したことを論じておられました。[10]

「人間の幸福のための教育」の、一つの偉大《いだい》なる先例《せんれい》といえましょう。

創価教育の父である牧口《まきぐち》初代会長は、教育の目的を、「子どもたちの幸福のため」「民衆の幸福のため」と見定《みさだ》めておりました。

百年の大計——教育計画の作成に携わる

顧　新中国の建国《けんこく》から六十年、教育の発展はめざましい成果《せいか》を挙《あ》げてきましたが、課題《かだい》も少なからず存在《そんざい》しています。

先ほどもふれましたが、中国政府は「計画綱要《けいかくこうよう》」を公布《こうふ》しました。

その序言《じょげん》のなかで、新中国は、中国の特色《とくしょく》をもつ社会主義教育発展の道を切り開き、世界最大の教育システムを構築《こうちく》し、億万《おくまん》の民衆に教育を受ける権利《けんり》を保障《ほしょう》したと記《しる》されています。とくに短時日《たんじじつ》で十三億人もの人口の九年制義務《ぎむ》教育の普及《ふきゅう》を実現《じつげん》し、高等教育でも飛躍的《ひやくてき》な発展を成《な》し遂《と》げました。

しかし、中国の教育は、良質《りょうしつ》な教育を授《さず》けたいという国家および人民大衆《じんみんたいしゅう》の要請《ようせい》をいまだ満《み》たしてはいません。教育の観念《かんねん》は立ち後れており、内容や手法《しゅほう》も時代遅《じだいおく》れで、小・中学校の宿題の負担《ふたん》も過重《かじゅう》で、素質《そしつ》教育の推進《すいしん》も困難《こんなん》です。また、都市と農村、地域における教育の発展も不均衡《ふきんこう》です。

貴国《きこく》の小・中学校が抱《かか》える課題には、中国でも直面《ちょくめん》しています。まさに池田先生がおっしゃるように、教育の課題は山積《さんせき》しており、それは全国の人民が最も関心《かんしん》を寄《よ》せ、毎日のように議論《ぎろん》している問題です。

今後十年間で努力して解決しなければならない課題は、まず教育の公平《こうへい》を促進《そくしん》し、質《しつ》を向上《こうじょう》させることであり、その核心《かくしん》は、国民全体の素質を向上させ、社会的責任感《せきにんかん》をもち、革新《かくしん》の精神と実行力を備《そな》えた多くの人材を養成《ようせい》することです。教育の公平を促進するには、政府の資本投入《しほんとうにゅう》を増やし、手薄《てうす》な地域や学校の運営条件を改善《かいぜん》する必要があります。

池田先生がおっしゃるように、教育は長期間の展望《てんぼう》でとらえるべき「百年の大計《たいけい》」です。社会全体のたゆまぬ努力が必要です。

私は池田先生に心から賛同《さんどう》します。教育は功利《こうり》に走りすぎてはならないと思います。教育の根本目的《ぽんもくてき》は人間自身《じしん》の発展にあるのです。

現代の社会には功利主義が横行《おうこう》しており、政治家は教育を政争《せいそう》の具《ぐ》にし、経済学者や企業家は教育を経済発展のための手段《しゅだん》とみなし、保護者は教育を就職や社会的地位を改善《かいぜん》する手づるとみなし、人間自身の発展をないがしろにしています。

私は、「計画綱要」制定《せいてい》の全過程《ぜんかてい》にかかわりました。二〇〇八年八月から調査研究に着手《ちゃくしゅ》し、全国の人民から広く意見を求め、二〇一〇年七月二十九日に公布されるまで、ほぼ二年の歳月《さいげつ》を費《つい》やしました。制定過程で、私は、教育は社会にとっても個人の発展にとっても重要であるということを痛感《つうかん》し、全国の一般大衆からの熱い注目《ちゅうもく》と強い関心を身にしみて感じました。

そして、「計画綱要」では、とくに「以人為本（人を以《もっ》て本《ほん》と為《な》す）」を強調し、「立徳樹人（徳《とく》を立て人を樹《う》える）」を打ち出しました。人を以て本となさなければならない――人間は最も尊《そん》貴《き》なものです。それぞれの個人が発展してこそ社会の発展があります。社会を現代化《げんだいか》するには、まず人間を現代化しなければなりません。人間を現代化するには、教育によらなければなりません。教育は、人類の持続的《じぞくてき》な発展のための重要な方途《ほうと》であり、世界平和の重要な架《か》け橋《はし》なのです。

現代の教育は、私たちの青年時代とは同じものではありません。科学技術が発達し、物が豊《ゆた》かになることで、欲望《よくぼう》の増長《ぞうちょう》や道徳《どうとく》の喪失《そうしつ》をもたらしました。経済のグローバル化は、各国との文化交流をもたらしましたが、一方で民族文化《みんぞくぶんか》は衝撃《しょうげき》を受けました。今の子どもたちは、「三片」――ポテトチップス（薯片）を食《た》べ、ICチップ（芯片）で遊《あそ》び、流行の映画（大片＝製作コストの高い映画）を観《み》る――の生活をしているという学者もいます。こうした子どもたちの多くは、自己中心的で社会的責任感に乏《とぼ》しく、誰《だれ》もがこのことを憂慮《ゆうりょ》しています。

しかし、人類はつねに進歩に向かうものです。

青年は絶《た》えず経験や教訓《きょうくん》を生かし、しだいに成熟《せいじゅく》へと向かっていくに違いない、と私は思っています。

2 人間の本性とは何か

性善説・性悪説・性白紙説

池田 顧先生は書簡《しょかん》で、私たちに大事な問題意識《もんだいいしき》を提起《ていき》してくださいました。

「教育発展を総合的に見てみると、教育は決して、つねにプラスであったわけではありませんでした。子どもに愛する心を育《はぐく》むどころか、反対に、争奪《そうだつ》し合う心、略奪《りゃくだつ》し合う心を育ててしまっているように思えるときもありました。孟子《もうし》は性善説《せいぜんせつ》、荀子《じゅんし》は性悪説《せいあくせつ》を説きましたが、いったいどちらが正しいのでしょうか」と。

人間の本性《ほんしょう》とは何か？　弱肉強食的な自然淘汰《しぜんとうた》のメカニズムは、人間社会に必然的《ひつぜんてき》なものなのか？――これは、教育のみならず、人間の社会の根本《こんぽん》にかかわる重要な問題でありましょう。

とくに、性善説、性悪説に関しては、古来《こらい》、東洋のみならず西洋においてもさまざまに論《ろん》じられてきたテーマでありますし、私自身《じしん》、歴史家《れきしか》トインビー博士や国学者《こくがくしゃ》の季羡林《きせんりん》博士らとも語り合ってきました。(11)

「万物《ばんぶつ》をつくる者の手をはなれるときすべてはよいものであるが、人間の手にうつるとすべてが悪くなる」という、性善説的なルソーの洞察《どうさつ》も想起《そうき》されます。(12) また逆に、「万人《ばんにん》の万人に対する闘争《とうそう》」という、ホッブズに帰《き》せられる性悪説的な人間観《にんげんかん》も思い起こされます。(13)

この問いは、幾多《いくた》の問題提起を与え続ける、古くて新しい命題《めいだい》といえましょう。ここでは基本に立ち返り、まず孟子の性善説を整理したい。(14)

孟子は、巧《たく》みな比喩《ひゆ》で語りました。

「たとえば、ヨチヨチ歩く幼《おさ》な子が今にも井戸に落ちこみそうなのを見かければ、誰《だれ》しも思わず知らずハッとしてかけつけて助けようとする」。危険《きけん》に直面《ちょくめん》した赤ん坊を助けようとする心は、万人に共通するとの指摘《してき》です。続けて、孟子はこう論《ろん》じます。

「あわれみの心は仁《じん》の芽生《めば》え（萌芽《ほうが》）であり、悪をはじにくむ心は義《ぎ》の芽生えであり、譲《ゆず》りあう心は礼《れい》の芽生えであり、善《よ》し悪《あ》しを見わける心は智《ち》の芽生えである。人間にこの四つ（仁義礼智）の芽生えがあるのは、ちょうど四本の手足と同じように、生まれながらに具《そな》わっているものなのだ」——明快《めいかい》な論理《ろんり》です。

しかし孟子は、人間はそのあるがままの姿《すがた》で「善《ぜん》」なのだから、どんな行《おこな》いをしてもいい、善の芽生えをただ座《ざ》して待《ま》てばいい、と楽天的《らくてんてき》に考えたわけではありません。

滕《とう》の文公《ぶんこう》から、治世《ちせい》の道《みち》を問われた孟子は、農業や租税《そぜい》の大切さ等を説いた後、こう語っています。「つぎには教育の政策《せいさく》が肝要《かんよう》です。庠《しょう》・序《じょ》・学校などをつくって人民《じんみん》を教育せねばなりません。……〔教育の力によって〕人間の道を明《あき》らかにして教えみちびけば、しも人民《じんみん》はみなそれに感化《かんか》されて、互いに親《した》しみむつみあい国は大いに治《おさ》まるものです」

人が人の道を歩むためには、教育が不可欠《ふかけつ》であると喝破《かっぱ》しているのです。

一方、荀子はどう考えたのでしょうか。[15]

「一般に人間には誰にも共通するところがある。飢《う》えれば食物を求め寒《さむ》ければ暖《だん》を求め疲労《ひろう》すれば休息《きゅうそく》を求め利益《りえき》を好《この》んで損害《そんがい》を嫌《きら》うというのは、生得的《しょうとくてき》なもので後天的《こうてんてき》な習得《しゅうとく》ではなく、夏《か》王朝《おうちょう》の聖王禹《せいおうう》とその最後の暴君桀《ぼうくんけつ》王とにも共通することである」――荀子の言う「悪《あく》」とは、衣《い》食住《しょくじゅう》を求めるような、いわば本能的《ほんのうてき》なものととらえられます。続けて、荀子は強調します。

「人間の生まれつきはもちろんつまらない小人《しょうじん》〔程度〕で、教導者《きょうどうしゃ》もなく規範的法則《きはんてきほうそく》もなければただ利益を求めるばかりである」

人間が、ただ生まれついたままの姿《すがた》であれば、本能に操《あやつ》られる愚《おろ》か者《もの》にすぎない。つまり人間は、環境や教育など後天的要素《ようそ》によって変化し、本能を肥大化《ひだいか》させたり抑制《よくせい》したりするため、伝《でん》統的《とうてき》教えの「礼《れい》」を学ぶべきである――荀子の論理《ろんり》の展開《てんかい》は、このようなものでした。

いわゆる「自然状態」に置かれた人間が本性をどう発現《はつげん》するかという点において、孟子と荀子のアプローチは異《こと》なりますが、人間性の涵養《かんよう》・陶冶《とうや》のためには広義《こうぎ》の「教育」が必要であるとい

「世界の大文学を読もう」「学ばずは卑し」「誠実と実力を兼ね備えた指導者に」――期待を込めて、創価大学の学生に青春を生きる哲学を語る創立者・池田名誉会長（2002年9月30日、同大学本部棟で）

う点は一致《いっち》していますね。

顧　池田先生は人間論《にんげんろん》について記《しる》されましたが、これは古代《こだい》から現代《げんだい》に至《いた》るまで議論され続けてきた問題です。

　中国では大きく三派にわけられます。一派は孟子を代表とする性善派、もう一派は荀子を代表とする性悪派、そして告子《こくし》を代表とする善《ぜん》も不善《ふぜん》もないと主張する派です。[16]

　ご存じのように、孟子は性善を主張し、仁《じん》・義《ぎ》・礼《れい》・智《ち》は人間が生まれながらにして備《そな》えているもので、それらは人の本性であると考えました。

　一方、荀子は孟子の見解《けんかい》を然《しか》りとせず、人間の本性は悪であり、「今、人の性は生まれながらにして利《り》を好《この》むこと有《あ》り」（い

ま考えてみるのに、人間の本性には生まれつき利益を追求《ついきゅう》する傾向《けいこう》があり）とし、次のように主張しました。(17)

「凡《およ》そ性なる者は、天《てん》の就《な》せるなり、学《まな》ぶべからず、事《こと》とすべからざる者なり。礼儀《れいぎ》なる者は聖人《せいじん》の生《しょう》ずる所なり、人の学んで能《よ》くす所《べ》（可）く、事として成《な》る所（可）き者なり。学ぶべからず、事とすべからずして人に在《あ》る者、これを性と謂《い》う。学んで能くすべく、事として成るべくして人に在る者、これを偽《ぎ》（作為《さくい》）と謂う。是《こ》れ、性と偽との分〔別《べつ》〕なり」（そもそも本性というものは自然な生まれつきであって、後天的な学習や努力によって獲得《かくとく》するものではないのである。〔それにひきかえ〕礼儀というものは聖人がつくり出したものであって、人々が学習して実行《じっこう》でき努力して完成《かんせい》できるものである。後天的な学習や努力にはよらないものとして先天的《せんてんてき》に人に備わっているもの、それを本性——生まれつきの性質——といい、学習して実行でき努力して完成できるものとして人に備わるもの、それをしわざ——後天的作為《さくい》によるもの——というのであって、これが生まれつきの性質と後天的に作為〔矯正《きょうせい》〕されたものとの区別である）

つまり、「性」とは生まれながらに備わっている素質《そしつ》で、人の本能であり、「学ぶべからず、事とすべからず」（後天的な学習や努力にはよらないもの）というのです。

しかし、荀子は、人は教育を施《ほどこ》すことができるものであるとも述《の》べます。「偽《ぎ》」とは人為的《じんいてき》であるという意味で、それはつまり教育を経た後の質《しつ》を指しています。

「性なる者は本始材木《ほんしざいもく》なり、偽なる者は文理隆盛《ぶんりりゅうせい》なり。性なければ則《すなわ》ち偽の加《くわ》うる所なく、偽なければ則《すなわ》ち性は自《おのずか》らは美《び》なること能《あた》わず、性と偽と合《がっ》して然《しか》る後に聖人《せいじん》の名《な》を成《な》し」（人間本性というものはそもそもの出発点であり、素朴《そぼく》な素質であって、後天的作為こそは修飾性《しゅうしょくせい》と合理性《せい》とを兼《か》ねた盛大《せいだい》なものである。本性がなければ後天的作為を施すべき素地《そじ》もなく、後天的作為がなければ本性はそれ自体《じたい》立派であるというわけにはいかない。生まれつきの本性と後天的な作為とが合わさってはじめて聖人という名目《めいもく》が立ち）

つまり、本性とは人間の原始《げんし》の素材《そざい》であり、教育（「偽」ともいう）は後天的努力であり、両者が合体《がったい》してはじめて聖人となることができるというのです。

池田　人間の性分《しょうぶん》を見《み》すえ、理想《りそう》の生き方を求めた先哲《せんてつ》の洞察《どうさつ》を、わかりやすく示していただきました。「性悪派」と冠《かん》される荀子も、やはり、教育によって人間は善《よ》き人間になると考えたといえますね。

このような教育論の視点《してん》を、仏教思想《ぶっきょうしそう》から見るとき、貴国《きこく》の天台大師《てんだいだいし》（智顗《ちぎ》）の『摩訶止観《まかしかん》』等に示された十界論《じっかいろん》（十界互具論《じっかいごぐろん》）が重要な示唆《しさ》を与えてくれます。天台は、人間生命《にんげんせいめい》から発現《はつげん》する働《はたら》きを詳細《しょうさい》に観照《かんしょう》し、体系化《たいけいか》して論《ろん》じていきました。

人間の生命からは、仁や慈悲《じひ》に代表される善心《ぜんしん》も発現してくれば、争《あらそ》いや貪欲《どんよく》に支配される悪《あく》心《しん》も発現してきます。これらの心の働きを、天台は十種類に分類したのです。

これを一人一人の人間の「生命の境涯論《きょうがいろん》」としてとらえ、悪心に近いほうから、次第に境涯が高まり善心の究極《きゅうきょく》へと至《いた》る順に並べてみると、次のようになります。説明の便宜《べんぎ》のため、いささか概念的《がいねんてき》な表現になりますが……。

第一に、瞋恚《しんに》や怨念《おんねん》が引き起こす「地獄界《じごくかい》」、第二に、貪欲《どんよく》が引き起こす「餓鬼界《がき》」、第三に本能《ほん　のう》のみに執着《しゅうちゃく》する「畜生界《ちくしょう》」、第四に、怒《いか》りにかられて争《あらそ》う「修羅界《しゅら》」です。

ここまでが、「四悪趣《しあくしゅ》」という悪い心の働きに入ります。

第五に、良心《りょうしん》、理性《りせい》、倫理性《りんりせい》が引き出される「人間界《にんげん》」となり、環境条件が非常に良くなれば、欲望《よくぼう》も充足《じゅうそく》されて、第六の喜びに満ちた「天界《てん》」となります。

仏教では、この「天界」の頂点《ちょうてん》には「他化自在天《たけじざいてん》」（第六天《だいろくてん》の魔王《まおう》）という魔性《ましょう》の働きが潜《ひそ》むとも洞察《どうさつ》しています。これは、たとえば傲慢《ごうまん》な権力者が保身《ほしん》のために、他者《たしゃ》の生命を操《あやつ》り破壊《はかい》することさえ快楽《かいらく》とし、正義《せいぎ》や善意《ぜんい》を憎《にく》む、エゴイズムの虜《とりこ》になった姿《すがた》といえます。

日常の人間生命は、この六つを巡《めぐ》っているとして、「六道輪廻《ろくどうりんね》」といいます。

しかし欲望の充足は、結局は「無常《むじょう》なもの」です。それを「常《つね》なるもの」と執着するところに苦悩《くのう》が生まれる。この無常を見つめ、苦悩を越え出ていく境涯の始まりとして、次の第七の「声聞界《しょうもん》」と第八の「縁覚界《えんがく》」があります。

「声聞界」や「縁覚界」とは、学術者、教育者、芸術家等が育む内省的《ないせいてき》な智慧《ちえ》に通じます。この

「二乗《にじょう》界」（「声聞界」と「縁覚界」）の智慧の働きも人間生命には具《そな》わっています。

さらに、第九として「菩薩《ぼさつ》界」を説きます。この生命境涯は、中国の精神性《せいしんせい》の精髄《せいずい》でもある「仁」とも通じる豊《ゆた》かな善性を具え、自他共《じたとも》の幸福を創《つく》りゆこうとする働きです。

そして、生命の実相《じっそう》を悟《さと》った智慧を具え、生々流動《せいせいりゅうどう》する九界《きゅうかい》を包み込《こ》む、大宇宙《だいうちゅう》と一体《いったい》となった「仏界《ぶっかい》」があります。

天台の生命論から敷衍《ふえん》すれば、教育とは、「人界」「天界」「二乗界」「菩薩界」として発動《はつどう》してくる善心を育《はぐく》み、強化することであり、さらに地獄界から修羅界までの悪心の働きを制御《せいぎょ》し、善心へと止揚《しよう》し、人生《じんせい》に活《い》かしていくことであるともいえるのではないでしょうか。

顧　人の性に、いわゆる善悪《ぜんあく》というものは無《な》いという思想家《しそうか》として、私は告子を思い出します。

告子は水《みず》の譬《たと》えをもって次のように説いています。(18)

「性は猶湍水《なおたんすい》のごとし。諸《これ》を東方に決《きりひら》けば則《すなわ》ち東に流れ、諸《これ》を西方に決《きりひら》けば則ち西に流る。人の性の善不善を分《わか》つことなきは、猶《なお》水の東西を分つことなきがごとし」

（人間の本性はぐるぐる渦《うず》巻いて流れる水のようなものだ。〔渦巻いている水は流れる方向が決まっていないから〕これを東に切って落とせば東に流れていくし、西に切って落とせば西に流れていく。人間の本性もこれと同じで、始めから善悪の区別があるわけではない。人為《じんい》でいかようにもなるものだ。それはちょうど水には東に流れるか西に流れるかの区別《くべつ》がないのと同じである）

孟子はこの論点《ろんてん》に反駁《はんばく》し、次のように述《の》べました。

「人の性の善なるは、猶《なお》水の下《ひく》きに就《つ》くがごとし。人善ならざることあるなく、水下《くだ》らざることあるなし」

（人間の本性ががんらい善であるということは、ちょうど水がほんらい低い方へ流れるのと同じようなものだ。だからこそ、人間の本性には誰《だれ》しも不善なものはなく、水には低い方に流れていかないものはないのだ）

しかしながら、孟子のこれらの反駁は説得力《せっとくりょく》に欠《か》けています。水が下方に流れることと水が東西どの方向に流れるかはまったく別の問題だからです。

西欧《せいおう》でも人間の本性についての議論《ぎろん》がありました。

コメニウス、ルソーは自然教育論を主張し、教育は自然状態に回帰《かいき》しなければならないとしました。これは性善説といえるでしょう。

キリスト教は原罪説《げんざいせつ》を主張し、人間は生まれながらにして罪《つみ》を負《お》っているので、一生かけて罪を償《つぐな》わなければならないとしました。これは性悪説といえるでしょう。

ロックは、タブラ・ラーサ（tabula rasa）を主張し、生まれたばかりの子どもを一枚《いちまい》の白紙《はくし》になぞらえました。(19) これは人の性は本来《ほんらい》、善も不善もないとする学派《がくは》といえるのではないでしょうか。

しかし、まさに池田先生がおっしゃるように、いずれの派にせよ、人間は教育を受ける必要があり、教育を受けてはじめて人間は一般の動物と区別され、真《しん》の人間となり、社会人となる——そう教えていると私は考えます。ですから、教育理論の分野《ぶんや》では、教育は人間の社会化《しゃかいか》の過程《かてい》であり、「立徳樹人」（徳《とく》を立て人を樹《う》える）の過程であるととらえているのです。

あらゆる生物は、利益《りえき》を求《もと》め損害《そんがい》を嫌《きら》う本能《ほんのう》を備えるがゆえに、絶《た》えず進化《しんか》を遂《と》げてくることができました。しかし人間には、思想《しそう》があり、理性《りせい》があります。人間は社会生活を営《いとな》む天性《てんせい》を習《しゅう》得《とく》してきました。

他人《たにん》を害《がい》することで、自己《じこ》の利益《りえき》を図《はか》ってはならないことや、誰《だれ》にでも惻隠《そくいん》の心が備わっていること、これこそ人類が長期にわたり集団生活のなかで習得した天性でしょう。しかし、人間が後天的に受ける環境、教育の影響はきわめて大きい。古人《こじん》の言葉に「朱《しゅ》に交《まじ》われば赤《あか》くなる」とありますが、それは子どもの育つ環境のことをいっています。教育の影響は、それよりもさらに大きいものです。教育は目的《もくてき》をもった意識的《いしきてき》な営みであるからです。社会に、善人《ぜんにん》、悪人《あくにん》が存在《そんざい》するのは、すべて環境と教育の結果《けっか》なのです。

私は、人間には本来、性善《せいぜん》、性悪《せいあく》という区別はなく、鍵《かぎ》を握《にぎ》るのは後天的な教育だと考えています。大人は子どもに対し、人間社会に共通するルールを認識《にんしき》させ、そのルールを遵守《じゅんしゅ》するよう教育する必要があります。

欲望に負けない「善心」を育む

池田 深い人間観《にんげんかん》に基《もと》づいた顧先生の教育哲学の核心《かくしん》にふれ、心から感銘《かんめい》しました。他人《たにん》を害《がい》することで、自己《じこ》の利益《りえき》を図《はか》ってはならない——この点こそ、教育が何より先に子どもたちに教えるべき事柄《ことがら》だと思います。私もつねづね、創価《そうか》のキャンパスで学ぶ生徒や学生たちに訴《うった》えてきました。「他人の不幸の上に、自《みずか》らの幸福を築《きず》いてはならない」と。

ともあれ、釈尊《しゃくそん》や孔子《こうし》、「聖人《せいじん》」と呼ばれる存在の多くは、人々の豊《ゆた》かな精神性《せいしんせい》を開きゆく「偉大《いだい》な教師」でありました。

現代においても、善の心を育《はぐく》み、強める回路《かいろ》としての〝教育〟を絶対に失《うしな》ってはなりません。欲望《よくぼう》に使われるだけの、たんなる知識《ちしき》の伝達《でんたつ》が、教育であっては決してならない。

私も、善の心を陶冶《とうや》し、強化し、悪を打ち破っていくという教育的観点《かんてん》から、とくに青年に対して、東西の人類《じんるい》の英知《えいち》に学ぶことを勧《すす》め、人間主義《にんげんしゅぎ》や平和、人権《じんけん》、また正義や勇気、友情の重要性をつねに訴えてきました。さらに活字《かつじ》文化《ぶんか》の大切さを訴えながら、『三国志《さんごくし》』や『史記《しき》』をはじめ、魯迅《ろじん》、ゲーテ、トルストイ、タゴールの著作《ちょさく》など、東西の古典的作品を通して、生徒・学生たちと語り合うことを常《つね》としてきました。

以前も話題に上《のぼ》りましたが、[20] 貴国《きこく》においては、聖人・孔子に再《ふたた》び光があてられています。

さらに、数千年にわたって人間精神を錬磨《れんま》してきた、あまりにも豊《ゆた》かな文化の伝統《でんとう》が貴国にはあります。西洋の「自由七科」（古代《こだい》ギリシャ・ローマで生まれ、ヨーロッパ中世《ちゅうせい》の教育機関の基礎的教科となった諸学科の総称《そうしょう》。文法、修辞学《しゅうじがく》、論理学《ろんりがく》、算術、幾何学《きかがく》、天文学、音楽などのこと）にも通じる、教養人育成《きょうようじんいくせい》の「六芸《りくげい》」（古来《こらい》、中国の紳士《しんし》に必須《ひっす》とされてきた礼《れい》・楽《がく》〈音楽〉・射《しゃ》〈弓術《きゅうじゅつ》〉・御《ぎょ》〈馭《ぎょ》＝馬術〉・書《しょ》・数《すう》〈数学〉の六つの教養）も知られています。精神性豊かな人間を育むための資源《しげん》は、どの国よりも豊富《ほうふ》に存在《そんざい》するといえるのではないでしょうか。

もちろん現実に目を転《てん》じると、急速《きゅうそく》な発展の渦中《かちゅう》にあればこそ、貴国においても厳《きび》しい教育的課題《かだい》があるのかもしれません。たとえば、刹那《せつな》主義《しゅぎ》的な若者たちの行動や受験競争の過熱《かねつ》も、顧先生が語ってくださったとおりです。

弱肉強食《じゃくにくきょうしょく》のジャングルと呼ばれるような今日《こんにち》の市場経済《しじょうけいざい》の営《いとな》みに適応《てきおう》した人だけを是認《ぜにん》し勝者とするような教育ではなく、各人がその個性を生かし、多様性《たようせい》が輝《かがや》く調和《ちょうわ》社会のための教育をともどもに目指《めざ》したい。その実現のために、顧先生のいわれる子どもたちへの「愛」をもって、大人社会が協力して、粘《ねば》り強《づよ》く挑《いど》んでいくことが大事でありましょう。

3 人間教育の「理念」と「行動」

「教育は子どもの幸福のためにある」

池田　一九三〇年、牧口《まきぐち》初代会長の畢生《ひっせい》の大著《たいちょ》『創価教育学体系《そうかきょういくがくたいけい》』（第一巻）が発刊《はっかん》された時代、日本の多くの教員が採用していた教育手法《しゅほう》は、現実から遊離《ゆうり》した観念的《かんねんてき》なもので、実際の子どもたちの生活向上に結びついていませんでした。

「哲学的《てつがくてき》教育学は厳存《げんそん》して居《い》るには違ひあるまい。けれどもそれが果《はた》して、実際的の教育者にどれだけ役に立つて居るか。二階から目薬ほどの効能《こうのう》もないといふのが、欺《あざむ》かざる告白ではないか」(21)

このように牧口会長は当時の行《ゆ》き詰《づ》まった教育事情を強く憂《うれ》えておりました。

そこで牧口会長は、未来を見すえ、教員の教育手法を正《ただ》し、子どもの実生活に変革《へんかく》をもたらす新たな教育学説《がくせつ》を提唱《ていしょう》したのです。

『創価教育学体系』は、牧口会長の弟子《でし》である戸田《とだ》第二代会長の奮闘《ふんとう》により出版に至《いた》りました。

編集も、出版も、その資金も、若き戸田会長が一身《いっしん》に担《にな》ったのです。まさに牧口・戸田両会長という不二《ふに》の師弟《してい》が織《お》り成《な》した偉業《いぎょう》でした。

『創価教育学体系』全四巻は古今《ここん》の哲学思想《てつがくしそう》を土台として構想《こうそう》されています。最も根幹《こんかん》をなすのは、コメニウス、ルソー、ペスタロッチ、ヘルバルト、スペンサー、デューイ等から引き継いだ「児童中心」という教育の理念《りねん》です。その理念を実現するべく、ベーコン、ロック、ヒューム等の経験主義《けいけんしゅぎ》哲学や、コント、デュルケム、ウォード等の社会学から、実証《じっしょう》重視の研究姿勢《しせい》を受容《じゅよう》しています。(22)

これらの理論を総合して一個の学問体系《がくもんたいけい》を構築《こうちく》するために、カントの批判主義《ひはんしゅぎ》哲学と、その系譜《けいふ》に連《つら》なるヴィンデルバントやリッケルトの新カント派哲学から、価値論《かちろん》という主題《しゅだい》を受容しました。また、近代経済学を学び、マルクスやリカードの客観価値説《きゃっかんかちせつ》、メンガーやジェヴォンズの主観《しゅかん》価値説などを渉猟《しょうりょう》した結果、価値とは生命《せいめい》と対象《たいしょう》との関係性《かんけいせい》であると定義《ていぎ》するに至ったのです。(23)

以上のような西洋の思想家とともに、東洋の儒教《じゅきょう》からは『論語《ろんご》』や『孟子《もうし》』が取り上げられ、朱子学《しゅしがく》、陽明学《ようめいがく》にも及んでいます。さらに究極的《きゅうきょくてき》には、統合《とうごう》の原理《げんり》として仏教思想を位置づけました。釈尊《しゃくそん》の教説《きょうせつ》を踏まえつつ、最後には日蓮大聖人《にちれんだいしょうにん》の仏法《ぶっぽう》にまで到達《とうたつ》しています。

このように、『創価教育学体系』のなかには、教育学史上《しじょう》、他《た》に例《れい》をみないほど、多くの人物の思想、理論が組み込まれています。それは、創価教育が、人類の思想史研究のなかで形成されてきたことを如実《にょじつ》に物語っており、そのスケールの大きさは「思想の交響楽《こうきょうがく》」ともいえましょう。

ここで、私どもの創価教育とは何か、牧口会長の『創価教育学体系』をもとに、簡単《かんたん》に述《の》べさせていただきます。

牧口会長は、当時の軍国主義《ぐんこくしゅぎ》の一翼《いちよく》を担《にな》った教育の危《あや》うさに警鐘《けいしょう》を鳴《な》らしました。そして、幸福こそが人生の目的《もくてき》であり、したがって幸福が教育の目的でなければならないと訴《うった》えたのです。

では、幸福とは何か？　それは「価値《かち》を創造《そうぞう》する」なかにあると、牧口会長は示しました。「創《そう》価《か》」とは価値創造《かちそうぞう》を意味しております。

そして求められるべきは、以前にも少々述べましたが、[24]「美《び》・利《り》・善《ぜん》」の価値であり、それを実生活《じっせいかつ》のなかで創造しゆく人格《じんかく》を育《はぐく》むことが、創価教育の目的であり、使命《しめい》であるとしたのです。

牧口会長は創価教育学を、「人生の目的たる価値を創造し得る人材を養成する方法の知識体系《ちしきたいけい》」とも定義《ていぎ》しています。[25]

よく私たちが、創価教育を、別の言葉で「人間教育《にんげんきょういく》」と表現するのは、こうした「人格」を育てていく作業を重視《じゅうし》しているからです。機械では人間をつくれません。国家の政策《せいさく》が人間をつくるのでもありません。人間は、人間同士のぶつかり合い、人格のふれ合いにより、磨《みが》かれ、成長することができるのです。

子どもたちが豊かな価値創造の力を備《そな》え、自《みずか》ら幸福な人生を切り開いていけるようにすること。一人一人がもっている本来《ほんらい》の可能性《かのうせい》を引き出し、どんな悪条件にも、強靭《きょうじん》な生命力で価値創造をやめない人格を育むこと。これが人間教育を標榜《ひょうぼう》する創価教育の目指《めざ》すところです。

顧　創価学会の初代会長であられる牧口常三郎先生の『創価教育学体系』について、要《よう》を得《え》た内容のご紹介をいただき、ありがとうございます。池田先生のご紹介から、牧口先生は偉大《いだい》な平和主義者《しゅぎしゃ》であられただけでなく、偉大な哲学者、教育家であられたことがよくわかりました。残念なことに『創価教育学体系』中国語版が私の手元《てもと》にはありません。もしあれば、丹念《たんねん》に拝読《はいどく》し、啓発《けいはつ》を得られたことでしょう。

牧口先生は「教育は子どもの幸福のためにある」と主張されましたが、実に正鵠《せいこく》を射《い》たものであると思います。私たちは、教育の最終目的は、それぞれの人間のもつ潜在能力《せんざいのうりょく》をすべて自由かつ存分《ぞんぶん》に発達させ、幸福者になることだと言っています。

子どもは人間の一生のなかで最も憂慮《ゆうりょ》のない時期にあたり、存分に幸福を享受《きょうじゅ》する幼年期《ようねんき》であるべきです。教育は彼らの知《ち》を求めるニーズを満たすものであり、さらに彼らの心の発達の重要な方途《ほうと》であるべきです。残念なことに、現在の教育の現実では、子どもたちはそのような幸福を享受できていません。彼らは学習の過重《かじゅう》な負担《ふたん》に疲《つか》れ、競争《きょうそう》に疲れ、両親のあれこれときりのない要求《ようきゅう》に疲れています。大学に合格するため、彼らには遊びもなく、遊び相手もいません。

牧口先生は、幸福こそが人生の目的であり、幸福は「価値を創造する」なかにあると訴えられましたが、たしかに鋭《するど》い見解《けんかい》です。

価値創造には当然ながら物質の価値、つまり牧口先生が言われた「利《り》」も含みます。また、精神的価値も含まれます。それはつまり、「善《ぜん》」と「美《び》」でしょう。私は創価学会が、なぜ〝創価学会〟という名称《めいしょう》となったのかを理解することができました。

今のご紹介から、牧口会長の『創価教育学体系』について、多くのことを学び、深い啓発を得ることができました。

「文化の人格」をつくる六大指標

池田　先ほどの「美《び》・利《り》・善《ぜん》」の話に戻します。牧口会長は、小学校の教員、校長を歴任《れきにん》され、現場で子どもたちの幸福を実現《じつげん》するべく、奮闘《ふんとう》されました。ゆえに教育学を考えるにしても、観《かん》念《ねん》の遊戯《ゆうぎ》の穴《あな》に陥《おちい》ることを嫌《きら》いました。

価値《かち》に「利」を入れたのは、現実の生活において、経済的価値を含《ふく》めた「利」の価値が、人々にとってどれほど重要であるかを知悉《ちしつ》していたからです。ともすれば教育になじまないととらえられてしまいがちな経済活動も、「社会的共同生活《きょうどうせいかつ》を害《がい》しない限りに於《おい》てのみ、許《ゆる》さるゝ所《ところ》で、害さへなければ利的活動それ自身《じしん》は、無意識的《むいしきてき》に社会の幸福に貢献《こうけん》する訳《わけ》である」(26)と述《の》べ、「利」

の価値の創造《そうぞう》が、「善」の価値につながるとも指摘《してき》されているのです。

現代人は、刹那的《せつなてき》な快楽《かいらく》や物質的な豊《ゆた》かさ、物質的な欲望《よくぼう》の充足《じゅうそく》をもって幸福であると考える傾向《けいこう》があります。しかし、物質的欲望にのみとらわれることは、牧口会長の価値論から見れば、決して真《しん》の「利」の価値でもなければ、幸福を導《みちび》くものともいえません。牧口会長が説く「利」とは、経済的に自《みず》らが潤《うるお》うことのみを目指すのではなく、それによって他者《たしゃ》に貢献しゆく「善」の価値を生むことを最終的に志向《しこう》しております。牧口会長の思想は、現代のいわゆる経済至上《しじょう》主義に警鐘《けいしょう》を鳴《な》らすものともいえるでしょう。

では、この三つの価値を創造しゆく人間に育成するための「創価教育」の概要《がいよう》について、少しふれたいと思います。

牧口会長は、教育の制度《せいど》、方法《ほうほう》、教材《きょうざい》の問題を論《ろん》ずるにあたり、「創価教育の六大指標《しひょう》」を示しました。(27)

①感情《かんじょう》の理性化《りせいか》（衝動《しょうどう》を制御《せいぎょ》する分別《ふんべつ》を身につけること）
②自然《しぜん》の価値化《かちか》（生来《せいらい》の素質《そしつ》を向上《こうじょう》させ価値をもたせること）
③個人《こじん》の社会化《しゃかいか》（社会生活にふさわしい行動様式《こうどうようしき》を習得《しゅうとく》すること）
④依人《えにん》の依法化《えほうか》（人を基準《きじゅん》にするのではなく、道理《どうり》に即《そく》して判断《はんだん》し行為《こうい》すること）
⑤他律《たりつ》の自律化《じりつか》（受動的《じゅどうてき》ではなく、自主的《じしゅてき》に判断し行為すること）

⑥放縦《ほうじゅう》の統一化《とういつか》（無秩序《むちつじょ》の状態を規則《きそく》あるものに整《ととの》えること）

これらの六つの指針《ししん》に基《もと》づいて教育することで、生まれてから何も教えられていない「自然《しぜん》の個性《こせい》」から、「文化《ぶんか》の人格《じんかく》」を育成することができるとしたのです。

「文化の人格」とは、いかなる環境に置かれても、自らの力で価値を創造できる人格のことです。若き無限《むげん》の可能性《かのうせい》を秘《ひ》めた存在《そんざい》に六つの指針実現への的確《てきかく》な教育を施《ほどこ》すことで、この「文化の人格」を創《つく》ることを目指《めざ》したのです。

牧口会長は、この考えに即《そく》し、教育を「体育《たいいく》」と「知育《ちいく》」の二本柱とし、知育を基盤《きばん》として、徳育《とくいく》・美育《びいく》・利育《りいく》が成立すると主張しました。つまり、知育のなかで「美」「利」「善」の価値創造を教えることができるというのです。(28)

ここで、体育とは、幸福の基礎《きそ》となる健康のために身体的《しんたいてき》能力を高める教育です。知育とは、社会の本質《ほんしつ》を理解させるための教育であり、価値創造の基礎となります。知育に含まれるものとして、徳育が公共《こうきょう》的意識を身につける教育であり、美育が文化的生活の素養《そよう》を身につける教育、たとえば芸術《げいじゅつ》教育です。利育は経済的価値のための教育、たとえば職業技術《しょくぎょうぎじゅつ》教育です。

また、牧口会長は、このほかに創価教育を進めるにあたり、後で詳《くわ》しく述《の》べますが、「半日学《はんにちがっ》校制度《こうせいど》の提唱《ていしょう》」や「教育者の技術力の向上《こうじょう》」「知識詰《つ》め込《こ》み教育の批判《ひはん》」など、教育全般《ぜんぱん》にわたる独自《どくじ》の考えを提唱しました。

このように、時代に先駆《さきが》けて教育革命《かくめい》を論じた『創価教育学体系』は現在、日本語のほか、中国語（繁体字《はんたいじ》）、英語、フランス語、スペイン語、ポルトガル語、ベトナム語、ヒンディー語など十四言語で出版されています。

さらに、創価教育の学舎《まなびや》も世界各地に生まれ、有為《ゆうい》の人材群《じんざいぐん》が陸続《りくぞく》と巣立《すだ》つに至っております。日本には、本年（二〇一一年）で創立《そうりつ》四十周年《しゅうねん》を迎えた創価大学をはじめ創価学園（東京・大阪の小・中・高等学校、及び北海道の幼稚園）があり、二〇〇一年に誕生《たんじょう》したアメリカ創価大学、ブラジル創価学園も本年で創立十周年を迎えました。また、韓国、香港、シンガポール、マレーシアにも創価幼稚園が開設《かいせつ》されています。

教育こそ未来を創《つく》る最大の力です。私は創立者《そうりつしゃ》として、価値《かち》創造《そうぞう》の人生《じんせい》を送りゆく卒業生の姿《すがた》に何よりの喜びを感じます。

素質教育――人間の「全面的発展」を促進

池田　ここまで創価教育について、歴史《れきし》的《てき》な背景《はいけい》を踏《ふ》まえ、その教育の中身や現在の状況について、概観《がいかん》ではありますが、述《の》べさせていただきました。ここでぜひ、顧先生にうかがいたいことがあります。

貴国《きこく》では「応試《おうし》（受験）教育」の弊害《へいがい》を踏まえ、「素質《そしつ》教育」の研究・実践《じっせん》が広く推進《すいしん》されて

1930年発刊の『創価教育学体系』は「教師が学ぶべき最重要の本」（インド国立図書基金からグジャラート語版を発刊した際のインド政府の評価）など反響を広げつつ、世界の14言語で出版されている

きましたね。

一九八五年五月、鄧小平《とうしょうへい》氏が全国教育工《こう》作会議《さくかいぎ》の席で〝将来の経済発展は、時《とき》が経《た》てば経つほど労働者の素質によって決定する〟と指摘《してき》し、同月末、党中央は『教育体制改革《かいかく》決定』を発布《はっぷ》し、「改革の根本《こんぽん》の目的は民族の素質の向上である」と記《しる》しました。この時から、「素質」研究が力強く進み始めたとうかがいました。

そのインパクトは、きわめて大きいものだったようで、「九〇年代、教育の観念《かんねん》の面《めん》で最大の衝撃《しょうげき》を与えたのは素質教育の推進である」と、顧先生は綴《つづ》っておられますね。[29] 近年では、日本のメディアでも、素質教育という用語《ようご》が取り上げられたこともありました。

ダイナミックに発展する貴国が今、素質教育で、どのような人材を育てようとしているのか。日本の読者にとっても、じつに興味深《きょうみぶか》いテーマです。

素質教育に関連《かんれん》して、顧先生は「今日《こんにち》、創造的精神《そうぞうてきせいしん》および実践的能力《じっせんてきのうりょく》を備《そな》えた人材を育成しなければならず、児童・生徒を教育の主体的位置《しゅたいてきいち》に置き、児童・生徒により積極的《せっきょくてき》に、主導的《しゅどう》に、自主的《じしゅ》に学習させなければならない」と論じ、「教育の本質《ほんしつ》は人を育て、その人の資質《ししつ》を高めることである」と強調しておられます。(30)

創造性、主体性、全体性《ぜんたいせい》豊かな人材の育成、また総合的な徳育《とくいく》、知育《ちいく》、体育《たいいく》の実現《じつげん》——こうした「素質教育」に込《こ》められた理想《りそう》には、私どもが目指《めざ》す人間教育との共鳴《きょうめい》を感じずにはいられません。

私もこれまで、知識に偏《かたよ》ることのない全人格的《ぜんじんかくてき》な「全体人間《ぜんたいにんげん》」教育の重要性を強調してきました。また、「知識は、智慧《ちえ》を汲《く》み上げるための手段《しゅだん》であり、「智慧こそ幸福の源泉《げんせん》である」とも訴《うった》えてきました。

そうした意味でも、素質教育について、素質の構造《こうぞう》、素質教育の基本的特徴《とくちょう》と考え方、素質教育を支える理論的基盤《きばん》、また、その目的はどこにあるのか、なぜ導入《どうにゅう》されたのか等、改めて顧先生に論じていただきたく存じます。

顧　じつは、中国ではずっと全面的《ぜんめんてき》な発達を目指す素質教育が提唱《ていしょう》されています。

早くも孔子《こうし》の時代には、人間の発達には、徳《とく》、体《たい》、美《び》が含まれることが主張されました。孔子の教育の内容は、先ほど池田先生もふれられた六芸《りくげい》、すなわち礼《れい》、楽《がく》、射《しゃ》、御《ぎょ》、書《しょ》、数《すう》が含まれ、礼、つまり今日《こんにち》言うところの徳育、「立徳樹人（徳《とく》を立て人を樹《う》える）」が首位《しゅい》におかれました。楽とは美育のことで、人間の情操《じょうそう》を高めることです。じつはこれも礼のために奉仕《ほうし》するもので、礼の表現形式《ひょうげんけいしき》の一つでした。射と御は体育のことで、弓《ゆみ》を射《い》たり、車《くるま》を巧《たく》みに扱《あつか》ったりするには剛健《ごうけん》な身体《しんたい》が必要でした。書と数とは智育のことで、経典書籍《けいてんしょせき》や数学を学ぶことを通して人生の発展の知識を獲得《かくとく》することでした。

新中国成立後《せいりつご》から今日までは、「徳《とく》、智《ち》、体《たい》、美《び》、労《ろう》」が全面的に発達した人間を育成《いくせい》することが中国の教育方針でした。一九五七年、毛沢東《もうたくとう》は、われわれの教育方針は社会主義の覚悟《かくご》をもち、教養《きょうよう》のある労働者を育成することであると提起《ていき》しました。「中華人民共和国教育法」のなかには、「教育は必ず社会主義近代化《きんだいか》のために奉仕するべきで、生産労働と相互《そうご》に結合《けつごう》し、徳、智、体など全面的に発達した社会主義事業の建設者と後継者《こうけいしゃ》を育成すべき」であると提起されています。(31)

非常に明確《めいかく》な方針《ほうしん》ではありましたが、なぜ一九八〇年代になって、さらに「素質教育」が打ち出されなければならなかったのでしょうか。そこには二つの背景《はいけい》と要因《よういん》があったと、私は思います。

一つは、進学率だけを追求するようなマイナスの影響《えいきょう》を克服《こくふく》するためであり、もう一つは、教育の質《しつ》と国民的素質を高めるため、とくに義務《ぎむ》教育が普及《ふきゅう》したあとのより高度な要求に対応《たいおう》するためであったと思います。

中国は教育を大変重視《じゅうし》する国です。歴史的伝統《でんとう》からも、家が富《と》み身分《みぶん》が高い人や、ある道に精《せい》熟《じゅく》した人にせよ、庶民《しょみん》や一般大衆《いっぱんたいしゅう》にせよ、条件さえあれば、なんとかして自分の子どもを学ばせようとしてきました。新中国の成立後、生産力の解放《かいほう》、経済の回復《かいふく》と発展にともない、人民大衆《じんみんたいしゅう》の求学《きゅうがく》への積極性はとくに高まりました。

とりわけ、「文化大革命《ぶんかだいかくめい》」後、国家の知識人、人材の重視にともない、中国の教育は急速《きゅうそく》に回復と発展を遂《と》げていきました。青年の求学の熱意《ねつい》はさらに高揚《こうよう》していきました。

一九七七年には高考《こうこう》（全国大学統一《とういつ》入学試験のこと。日本の大学入試センター試験に相当《そうとう》する）が復活し、同年は二十七・三万人の学生募集《ぼしゅう》がありましたが、それに対し受験者は五百七十万人にのぼりました。当然ながら、これは十年間にわたって蓄積《ちくせき》された、進学の機会《きかい》を失《うしな》った青年の求学の熱意が一気《いっき》に爆発《ばくはつ》したものでした。その後数年間、進学の熾烈《しれつ》な競争は続きました。

進学率だけを追求するために、生徒の健康を顧《かえり》みず、道徳教育を軽視《けいし》し、課外《かがい》の授業を行って受験に対応する一部の学校もあります。人材を育成する、生徒に人生の幸福を享受《きょうじゅ》させるという教育の本質《ほんしつ》を忘れて、進学率を高めるために、試験問題のやまをかけるような学校もあります。

一九八一年、『中国青年報』第二十二期に、有名な教育家・葉聖陶《ようせいとう》先生(32)の論文「我呼吁（私は呼びかける）」が掲載《けいさい》され、中学生が全国大学統一入学試験の大きなプレッシャーのもとで、過重《かじゅう》な負担《ふたん》を負《お》っている問題に関心《かんしん》を寄《よ》せるよう社会各界に提起し、当時の中学校や一部の小学校で見られた進学率だけを追求する誤《あやま》った行き方を批判《ひはん》しました。葉聖陶先生は、このような現象《げんしょう》はまるで「千万《せんまん》の軍馬《ぐんば》が一本の丸太橋《まるたばし》に殺到《さっとう》する」ようだと憂慮《ゆうりょ》を表《あらわ》しました。

一九八三年十二月三十一日、教育部は『全日制《ぜんにちせい》普通中学の党《とう》の教育方針を全面的《ぜんめんてき》に貫徹《かんてつ》し、片面的《へんめんてき》に進学率を追求する傾向《けいこう》を糾《ただ》す十項目《こうもく》の規定《きてい》』（試行草案《しこうそうあん》）を頒布《はんぷ》し、進学だけを重視し、就職準備としての育成を軽視してはならないと指摘《してき》しました。また、〝試験の点数だけに力を入れ、徳育と体育を軽視し、基礎的知識と能力の養成を軽視する〟〝少数を大事にし、多数を軽視する〟〝卒業間近《まぢか》なクラスだけを重《おも》んじ、そうではないクラスを軽視する〟〝高等中学だけを重視し、中等中学を軽視する〟などの諸現象《しょげんしょう》を指摘《してき》し、改善《かいぜん》を求めました。しかし、その文書《ぶんしょ》が通達《つうたつ》されたあとも、効果《こうか》はそれほど上がりませんでした。

一九九三年、中国共産党、国務院《こくむいん》は「中国教育改革と発展綱要《こうよう》」を発布《はっぷ》し、そのなかで、「小、中学生は『応試《おうし》（受験）教育』から全面的に国民素質を向上《こうじょう》させる軌道《きどう》に転換《てんかん》し、生徒のいきいきとした活発《かっぱつ》な主体的《しゅたいてき》発達を促進《そくしん》し、独自《どくじ》の特色《とくしょく》を出して運営しなければならない」と提起されました。これにより素質教育は中国の重要な教育政策となったのです。

素質教育が提起された第二の歴史的背景《はいけい》と重要な目的《もくてき》として、教育の質《しつ》を高め、国民素質の向上を図《はか》るということがあります。八〇年代以前においても、「素質教育」という言葉こそ正式な文書には盛り込まれていませんでしたが、教育の質を向上させ、国民素質の向上を図るということは、中国の指導者や各級の教育部門《ぶもん》からつねに関心《かんしん》が寄《よ》せられていた問題でした。

先ほど池田先生が紹介されたとおり、一九八五年五月十九日、鄧小平氏は全国教育工作会議《こうさくかいぎ》の席上《せきじょう》、「われわれの国家の国力の強弱《きょうじゃく》、経済発展の効果の大小《だいしょう》は、ますます労働者の素質によって、知識人の数と質によって決定づけられるようになった」と指摘しました。五月二十七日に発布された「中共中央教育体制改革に関する決定」には次のように明確《めいかく》に示されました。

「あらゆる教育体制改革の過程《かてい》で、改革の根本目的《こんぽんもくてき》は民族の素質を高めることであり、人材を多く輩出《はいしゅつ》し、良い人材を出すことであることを必ずしっかりと覚《おぼ》えておかなくてはならない」

一九八六年に公布《こうふ》された「中華人民共和国義務教育法」第三条には、次のように定《さだ》められました。

「義務教育は必ず国家の教育方針を貫徹《かんてつ》し、努力して教育の質を高め、児童、少年に、品徳《ひんとく》、智力《ちりょく》、体質《たいしつ》などの面で全面的な発達をさせなければならない。全民族の素質を高めるために、理《り》想《そう》、道徳《どうとく》、文化《ぶんか》、規律《きりつ》を備《そな》えた社会主義建設の人材のために基礎《きそ》を定めなければならない」

それ以降《いこう》も、そのほか多くの文書において民族の素質の向上の問題が取り上げられています。

「素質教育」が提起したのは、中国の教育がある一定《いってい》の段階《だんかい》にまで発展した時点《じてん》の「質の問題」であり、時代の要請《ようせい》でもあります。すなわち、中国の発展地域で九年制義務教育が普及《ふきゅう》した後、基礎教育において、どのように教育の質を高めるかについて議事《ぎじ》日程《にってい》にのぼりましたが、江蘇省《こうそ》では一九九〇年、「江蘇省教育委員会の当面《とうめん》の小学教育改革に関する意見」が発布され、次のような内容が盛り込まれました。

「素質の向上を核心《かくしん》とする教育を実施《じっし》するとき、その鍵《かぎ》となるのは、教育思想《しそう》の転換《てんかん》であり、国民素質教育の観念《かんねん》を打ち立てることにある。各級の教育行政部門《ぶもん》は、学校や教師を組織し、教育科学理論《りろん》を学習し、素質教育の研究と討論《とうろん》を展開《てんかい》し、あわせて家庭や社会にまで展開し、中華《ちゅうか》民族《みんぞく》の未来のために、学生の素質を高める公教育《こうきょういく》の意識《いしき》を喚起《かんき》し、強大《きょうだい》な世論《せろん》の力と良好《りょうこう》な改革の環境を形成《けいせい》し、小学素質教育の全面的実施を推進《すいしん》しなければならない」

これは初めて「政府《せいふ》の文書《ぶんしょ》」という形で、「素質教育」について明示《めいじ》されたものです。一九九一年、江蘇省はさらに素質教育シンポジウムを開催《かいさい》しています。

江蘇省が提起した素質教育の背景から考えると、それは主《しゅ》として進学率だけを追求する現象《げんしょう》に対して突《つ》きつけたものではなく、たとえば、当時の小学生の宿題の負担《ふたん》が過重《かじゅう》だったこととも無関係ではありません。九〇年代初め、珠江《しゅこう》デルタ、長江《ちょうこう》デルタ地域においても、あいついで教育の現代化《げんだいか》の実現が提起されました。教育の現代化の主な内容は国民の素質を向上させることでした。こうして見ると、素質教育は九年制義務教育を普及させた後、教育界でどのようにしてさらに向上と発展をさせていくのかという思索《しさく》を経《へ》るなかで提起されたものといえるでしょう。

先ほどよりご紹介している、二〇一〇年公布の「計画綱要《けいかくこうよう》」では、再度《さいど》、素質教育が同年の教育工作の戦略的《せんりやくてき》テーマに取り上げられ、重要な地位に引き上げられました。そこでは、次のように述《の》べられています。

「『以人為本（人を以《もっ》て本《ほん》と為《な》す）』を堅持《けんじ》し、素質教育を全面的に実施することは、教育改革と発展の戦略的テーマであり、それは党の教育方針を貫徹《かんてつ》した時代の要請《ようせい》である。その核心《かくしん》はどのような人を育成《いくせい》するのか、どのように人を育成するのか、という重要な問題を適切《てきせつ》に解決することにあり、その重点は、学生全体に対し、学生の全面的発展を促進《そくしん》することにあり、学生が国家に奉仕《ほうし》し、人民《じんみん》に奉仕する社会的責任感《せきにんかん》、勇《いさ》んで探究《たんきゅう》する革新的《かくしんてき》な精神と問題解決にすぐれた実践能力《じっせんのうりよく》に力を入れて高めていくことにある」

ここに中国が推進する素質教育の目的と内容が明快《めいかい》に示されていると思います。

なぜ、素質教育の推進が困難《こんなん》であるのか。それは、社会の矛盾《むじゅん》が教育分野《ぶんや》へも反映《はんえい》されているからです。中国は改革開放《かいかくかいほう》の三十数年来《すうねんらい》、経済発展は急速《きゅうそく》で、かつては少数の人々しか享受《きょうじゅ》できなかった就学《しゅうがく》の権利《けんり》が、今では普遍的《ふへんてき》に誰《だれ》でも享受できる権利となりましたが、教育資源《しげん》の不足、とくに教育発展の不均衡《ふきんこう》により、熾烈《しれつ》な教育競争を引き起こしました。

そのため、この問題を解決するためには、教育資源を拡大《かくだい》し、教育の公平《こうへい》を促進《そくしん》し、教育の質を向上させる必要があります。これも「計画綱要」を制定《せいてい》し提起した背景です。

素質教育の推進の困難さは、人々の教育観念、すなわち人材観《じんざいかん》の変化《へんか》にもあります。どの両親も、自分たちの子どもが良質《りょうしつ》な教育を受けることを望んでいます。そのことに非難《ひなん》の余地《よち》はありません。それと同時に、社会資源の分配《ぶんぱい》の不公平《ふこうへい》により、優越《ゆうえつ》した職位《しょくい》を追求するため、両親は子どもが勉学を通《つう》じて人より抜《ぬ》きんでること、すなわち中国の伝統《でんとう》でいうところの「学而優則仕(学《まな》んで優《ゆう》なれば則《すなわ》ち仕《つか》う)」あるいは「読書做官(勉強して将来《しょうらい》、官職《かんしょく》に就《つ》く)」ことを望んでいます[33]。

しかし、人はそれぞれ異《こと》なり、しかも誰もが勝者《しょうしゃ》になれるわけでもありません。それなのに、両親は子どもの実情《じつじょう》を顧《かえり》みず、子どもの成長の法則《ほうそく》を認識《にんしき》せず、子どもにひたすら丸暗記《まるあんき》を要求しているのです。学校の教師は保護者の要請《ようせい》を満たすため、そして上司の業績《ぎょうせき》上の要求を満たすため、生徒の負担をさらに増やし、生徒に丸暗記や棒暗記《ぼうあんき》を強要《きょうよう》しています。生徒の全面的な素質の向上をないがしろにしているのです。

これは一つの社会問題であり、純然《じゅんぜん》たる教育問題ではありません。ですから、社会全体の努力を必要とし、そうしてはじめて少しずつ解決していけるのです。

池田　素質教育が導入《どうにゅう》された背景や目的、さらには現在の教育の問題など、多岐《たき》にわたり教えていただきました。大変に価値《かち》のあるものであり、多くの教育関係者にとっても研鑽《けんさん》の助けとなるでしょう。

とくに、「一つの社会問題であり、純然たる教育問題ではありません」とのお言葉に、真剣勝負《しんけんしょうぶ》で取り組んでおられるがゆえの顧先生の忸怩《じくじ》たる思いを感じずにはいられません。

「誰もが勝者になれるわけでもありません」とのお言葉に図《はか》らずも示されているとおり、過度《かど》の競争教育は矛盾《むじゅん》を生むだけです。各人の個性《こせい》を輝《かがや》かせていく「素質教育」や「人間教育」などがさらに必要でしょう。そのためには社会全体の価値観《かちかん》の転換《てんかん》が不可欠《ふかけつ》になっています。

4 生涯教育——多様で豊かな人生へ

学び続ければ人は若く、社会も発展

池田 これまでは、主《おも》に青少年期を対象《たいしょう》にした教育の話を進めてまいりましたが、学習は青少年期だけに限るものではありません。これだけ社会が複雑《ふくざつ》になり、しかも進化の激《はげ》しい時代にあっては、成人《せいじん》して以降《いこう》も学び続けなければ、社会の動きに適応《てきおう》していくことは難《むずか》しいでしょう。い

や、むしろ成人以降にこそ、青少年期での学習を土台《どだい》に、さらに実用的な知識を習得《しゅうとく》し、生かすことが求められます。実際、就職して働くようになってからも、スキルアップを目指《めざ》し、専門学校等に通って学び続けたり、逆に定年《ていねん》になり働かなくなってから、これまで知りたかった事柄《ことがら》を学ぼうと、大学に入り直して学ぼうとする人も、近年《きんねん》、たしかに増えております。

教育を論《ろん》ずるときは、学校教育に限らず、こうした「成人教育」、さらには「生涯教育《しょうがい》」への視点《してん》も非常に大切でしょう。学び続ける人は、つねに若々しく、美しいものです。人間性《にんげんせい》の輝《かがや》きに包まれています。学び続ける人は謙虚《けんきょ》であり、人生の喜びを感じられる人です。ゆえに生涯教育の充実《じゅうじつ》は、より良き社会をつくる鍵《かぎ》でもありましょう。

デンマークの著名《ちょめい》な教育者へニングセン氏も、「『生涯教育』は個人だけでなく、社会全体にとっても有益《ゆうえき》なものになる」と指摘《してき》しておられました。(34)

そこで、牧口会長が『創価教育学体系』のなかで提唱《ていしょう》した一つに「半日学校制度《はんにちがっこうせいど》」があります。これは、一日のうち半日は学校で学び、半日は勤労《きんろう》するという制度です。労働を通して地《ち》に足《あし》のついた生活感覚《せいかつかんかく》を養《やしな》いながら、知識を習得していくことが、学習の効率《こうりつ》も上げるという洞察《どうさつ》でした。学習を大人になるための、たんなる準備《じゅんび》とするのではなく、生活をしながら学習する習慣《しゅうかん》を身につけさせることで、一生涯《いっしょうがい》、どんな立場にあっても、自己研鑽《じこけんさん》に励《はげ》める人を育成《いくせい》する意味があったのです。

また牧口会長は、より多くの人々が、より多様《たよう》な生き方を志向《しこう》できるよう、働きながら学べる教育制度《せいど》の必要性《ひつようせい》を早くから痛感《つうかん》していました。実際、一九〇五年には、女性の通信教育の先駆《さきが》けともいえる「高等女学講義《こうとうじょがくこうぎ》」の事業《じぎょう》を始めました。通学《つうがく》できない女性のために、学びの機会《きかい》を提供《ていきょう》するものでした。

また、弟子《でし》である戸田会長も、それから四十年後の一九四五年、中学生向けの数学等の通信教育、英語講座《こうざ》を開始しています。創価教育には、つねに生涯学習を志向し、学び続けられる環境の提供に尽力《じんりょく》してきた歴史があります。

師《し》の後《あと》を継《つ》いだ私も、一九七六年に、創価大学に通信教育部を開設《かいせつ》しました。ニーズは強く、向学《こうがく》の心に燃える多くの友が集《つど》い、年を経《へ》るごとに発展し、今や日本有数《ゆうすう》の在籍者《ざいせきしゃ》数を誇《ほこ》っています。

現在、経済学部・法学部・教育学部の三学部四学科を擁《よう》し、年齢・職業に関係なく、いつでも、どこでも、自由に主体的《しゅたいてき》に学習できます。高・中・小・幼稚園の教員免許《きょういんめんきょ》の取得《しゅとく》を目指し、働きながら学んでいる通教生もいます。

毎年、夏と秋には、創価大学のキャンパスなどで「スクーリング」を行います。なかでも夏期《かき》スクーリングは最大規模《さいだいきぼ》で、働きながらも時間をやりくりして、世界中から受講生《じゅこうせい》が集い、学び合っています。年齢も二十代から八十代まで幅広《はばひろ》く、この夏（二〇一一年）も、世界十二カ国・

地域から、約七千人の受講生が集まりました。

「通信教育」は生涯学習の柱《はしら》であり、インターネットの先端技術《せんたんぎじゅつ》なども利用しながら、今後もより多くの学びのニーズに応《こた》えていく使命《しめい》を担《にな》っていると感じています。

そこで、「生涯教育」が果《は》たす役割《やくわり》について、顧先生のご意見をお願いします。また、中国では生涯教育に関して、どのような取り組みをされているのでしょうか。また、今後《こんご》、働き方も多様化《ようか》するなかで、学び方も多様化してくることでしょう。顧先生は、とくに社会人《しゃかいじん》が効率的な学習をするのには、どのような方法が最適《さいてき》であるとお考えですか。

生涯学習へ、中国の四つの取り組み

顧　池田先生は、生涯教育はより良き社会をつくる鍵《かぎ》であるとおっしゃいました。そして牧口先生も『創価教育学体系』のなかで生涯教育の必要性についてふれられ、より多《た》様《よう》な生き方を志向《しこう》できると述《の》べられています。牧口先生は二十世紀初めにすでに通信教育を実施《じっし》されていますが、これは素晴《すば》らしい壮挙《そうきょ》であり、生涯教育の先駆《せんく》といえるでしょう。

池田先生は、この牧口先生の遺志《いし》を継《つ》がれ、創価大学に「通信教育部」を開設《かいせつ》されたのですね。また、おっしゃるとおり、インターネットという先進《せんしん》技術による遠隔《えんかく》教育も生涯教育を実施《じっし》する上で有効《ゆうこう》な方途《ほうと》でしょう。

中国には古くから「学無止境（学問に終わりはない）」ということわざがあり、また「活到老、学到老（生きている限り学び続ける）」という俗語《ぞくご》もあります。人は絶《た》えず学んでこそ、学問を高め、修養《しゅうよう》を積《つ》んでいけるという意味ですが、これは古代《こだい》の素朴《そぼく》な修身《しゅうしん》教育思想です。

今回、語り合おうとしている生涯教育は、そのような古い思想ではなく、科学技術が発展し、生産革命《せいさんかくめい》がもたらされたあとの要請《ようせい》です。現代の科学技術は生産の絶《た》え間《ま》ない変革《へんかく》をもたらし、労働者は全面的に流動化《りゅうどうか》しています。このような変革に適応《てきおう》するため、人々は学び続けなければなりません。生涯教育の思想は、前世紀《ぜんせいき》初めに起こり、六〇年代に風靡《ふうび》しました。当初《とうしょ》は成人《せいじん》教育、職業教育と関連《かんれん》し、つながっているものでした。時代の進歩や教育の普及《ふきゅう》、および人々の文《ぶん》明精神生活《めいせいしんせいかつ》の追求《ついきゅう》にともない、生涯教育はもはや、たんに生計《せいけい》をはかるためだけでなく、人々が自己実現《じこじつげん》を追求する需要《じゅよう》となりました。生涯教育は今や生涯学習に転換《てんかん》しつつあり、人々の生活の一部となって、人間の全面的な発展を促《うなが》しています。

中国の現在の取り組み方は、「計画綱要《けいかくこうよう》」のなかで示されているように「都市と農村の『社区教《しゃく》育』（居住地域《きょじゅう》またはコミュニティー内における教育）を広範《こうはん》に展開《てんかい》し、各種学習型組織の建設《けんせつ》を加《か》速《そく》し、全民《ぜんみん》学習、生涯学習の学習型社会を基本的に形成《けいせい》する」ということです。これは今後十年にわたって努力していく方向性《ほうこうせい》であり、そのために私は次の四点が必要と考えております。

第一に、正規《せいき》教育（政府の教育部門が認可《にんか》した教育機関が提供する教育）と非正規《ひせいき》教育（教育部門に認可されていない教育）、正式《せいしき》教育（正規教育と非正規教育を含《ふく》めた組織的に行われる教育）と非正式《ひせいしき》教育（家庭でのしつけや、マスコミによる情報など、一定《いってい》の手続《てつづ》きや規範《きはん》に則《のっと》っていない教育）を含《ふく》む、各レベル、各種の教育を生涯教育のシステムに取り込み、小学校から生涯教育の意識と能力を培養《ばいよう》すること。

第二に、継続《けいぞく》教育（正規の学校教育機関を卒業し、仕事をもった人を対象《たいしょう》に、さらに追加《ついか》して行われる教育）を強化《きょうか》し、生涯教育と結びつけ、非正規教育と正規教育のつながりをつけること。

第三に、社区教育（居住地域、またはコミュニティー内における教育）、とくに老年《ろうねん》教育を重視《じゅうし》すること。

第四に、遠隔《えんかく》教育（eラーニング）を展開し、衛星《えいせい》、テレビやインターネットなどを媒体《ばいたい》とした遠隔、開放《かいほう》、継続教育、および公共《こうきょう》サービスステーションを構築《こうちく》し、学習者の便宜《べんぎ》を図《はか》ること、です。

私は一九九九年、七十歳《さい》のときからパソコンを使用するようになり、今やパソコンは学習や執《しっ》筆《ぴっ》で必要不可欠《ひつようふかけつ》なものとなっています。

5

教師と学生

教師こそ子どもの「最大の教育環境」

池田　言うまでもなく、学校教育では、教師《きょうし》の役割《やくわり》がきわめて重要《じゅうよう》です。どんなに制度面《せいどめん》の変革《へんかく》に国家が取り組んだとしても、実際の教育の現場《げんば》で子どもたちに接し、教育を実行《じっこう》するのは教師のほかにいません。生徒の可能性《かのうせい》をどこまでも信じ、温《あたた》かく見守《みまも》ってくれる教師と出会えた生徒は、どんなに幸福でしょうか。

　これまでの語らいのなかでも、顧先生は教師を学校の「代替不可能《だいたいふかのう》な資源《しげん》」と言われましたが、教員の質《しつ》の向上《こうじょう》にこそ、教育を向上させる鍵《かぎ》があります。学校教育の成否《せいひ》は、教師自身《じしん》の力量《りきりょう》に大きく左右《さゆう》されるのです。

　ゆえに、教師自身が自己《じこ》の教育技術と人格《じんかく》を磨《みが》き努力し続けることが求められます。

　牧口会長は、教師に求められる教育技術について、こう論《ろん》じています。[35]

「教師の仕事は時勢《じせい》の進歩《しんぽ》に応《おう》じて変遷《へんせん》して居《い》る。現代の教師は小学から大学まで、之《これ》に対照《たいしょう》して大いに反省しなければならぬ。印刷出版は進歩し図書の価額《かがく》は低廉《ていれん》となつた現今《げんこん》に於《おい》て、今も尚《な》ほ原書《げんしょ》、種本《たねほん》の伝授《でんじゅ》をその本務《ほんむ》と心得《こころえ》て居るのは不経済至極《ふけいざいしごく》である」

「目下《もつか》教師の直面《ちょくめん》せる仕事に対しての労力《ろうりょく》の分配《ぶんぱい》は、教育材料に対する児童《じどう》の感応作用《かんのうさよう》の指導をなす事が其《そ》の本質的《ほんしつてき》の働きといふべきである」

「教材それ自身をして直接児童に物語《ものがた》らせる」ことが大事であると、知識詰《つ》め込《こ》み型《がた》の教育手法の欠陥《けっかん》を指摘《してき》し、子どもが自《みず》ら学べる力を育《はぐ》むことこそが、教師がもつべき教育技術であると訴《うった》えているのです。

牧口会長は子どもたちが自らの力で知恵《ちえ》を開発《かいはつ》し、その知恵で幸福になれるように育てることを目指《めざ》しました。教育とは、字のごとく、教えるとともに育てることです。

育てるためには、教師が自ら努力して、自分の新しい気《き》づき、発見《はっけん》、感動《かんどう》を子どもに伝えていくことが必要です。そうするなかで、子どもは啓発《けいはつ》され、伸《の》び伸《の》びと成長していくに違いありません。私どもが推進《すいしん》する「教育実践《じっせん》記録」も、そうした幾多《いくた》の教師の経験や努力を共有《きょうゆう》することで教育技術を高める機会を提供するものです。

牧口会長は、次のように語っておりました。(36)

「教師は、自分のように偉《えら》くなれ、というような傲慢《ごうまん》な態度《たいど》で、生徒を指導するのであってはならない。自分のような人物に満足《まんぞく》してはならぬ。さらに偉大《いだい》なる人物を目標《もくひょう》として進まねばならぬ、といった教え方が大事であろう。そのためには、自分と一緒《いっしょ》に進もう、という謙虚《けんきょ》な態度をもつことこそ正しい教師のあり方である」

「学校は苗代《なわしろ》のようなものである。苗《なえ》の発育《はついく》がよければその年の収穫《しゅうかく》が多いのと同じように、学校は、人材をつくる苗代であるから、教師が大切である」

ともすれば、教師は生徒に対して、なんでも自分のほうがわかっているという気持ちになって、上から子どもを見下《みお》ろすような態度を取ってしまう場合があります。

しかし、そうした教師の姿勢《しせい》では、子どもたちの心は離《はな》れ、自発的《じはってき》な学びを促《うなが》すことはできません。結局、教師が自ら「ともに学ぼう」という姿勢を示し、子どもたちの信頼《しんらい》や敬意《けいい》を集めるなかから、生き生きとした「学び」は生まれてくるのではないでしょうか。

顧　歴史上の思想家《しそうか》、教育家のなかで、誰一人《だれひとり》として教師を重視《じゅうし》しなかった人はいません。偉大な教育家コメニウスは教師を「太陽の下にある最も輝《かがや》かしい職業《しょくぎょう》」と称《たた》えましたが、これ以上の栄誉《えいよ》はないでしょう。

中国は古代《こだい》、教師を重要《じゅうよう》な位置《いち》に置き、いわゆる「天地君親師《てんちくんしんし》」、つまり教師の地位を天《てん》、地《ち》、君主《くんしゅ》、父母《ふぼ》と同じ位置に置いたのです。「事師如事父（師《し》に事《つか》うること父《ちち》に事うるがごとし）」、これは中国の伝統《でんとう》です。孔子《こうし》がこの世を去った後、多くの弟子《でし》たちが孔子の陵墓《りょうぼ》のそばで三年間喪《も》に服《ふく》し、陵墓を守り、子貢《しこう》は六年間墓《はか》を守ったといいます。ここからも、どれほど教師を尊重《そんちょう》していたかがわかります。

なぜ人々は、このように教師を尊重するのでしょうか。それは教師が学生に知識を授《さず》け、学生の知恵を啓発《けいはつ》し、学生の情操《じょうそう》を陶冶《とうや》し、学生の人格《じんかく》を育《はぐく》むからです。

中国古代の著名《ちょめい》な教育家である韓愈《かんゆ》の『師説《しのせつ》』は、教師について著《あらわ》した経典《けいてん》であるとされてきました。韓愈は「道《みち》の存《そん》する所《ところ》は、師の存する所なり」と述《の》べ、教師の職責《しょくせき》は「伝道《でんどう》、授業《じゅぎょう》、解惑《げわく》（道を伝えること、学術《がくじゅつ》を授けること、疑問《ぎもん》を解決すること）」であるとしています。(37)

「道」とは修己治国《しゅうこちこく》の道、現代の理解でいえば、高尚《こうしょう》な道徳《どうとく》を涵養《かんよう》し、遠大《えんだい》な理想《りそう》と抱負《ほうふ》をもつことといえるでしょう。「業《ぎょう》」とは、知識や能力のことで、「道」を実現《じつげん》する本領《ほんりょう》のことです。「解惑《わく》」とは、学生の知識上、人生上の困惑《こんわく》を、ともに排除《はいじょ》し、解決する手助《てだす》けをしてあげることです。ですから、教師はかけがえのない職業なのです。

現代科学技術は高度に発展し、教育の媒体《ばいたい》も膨大《ぼうだい》で、学生が知識を獲得《かくとく》するルートは多様《たよう》です。教師はもはや学生が知識を獲得する唯一《ゆいいつ》の媒体ではなくなりました。ですから、教師の役割《やくわり》に対して新しい認識《にんしき》が現《あらわ》れました。「学校滅亡《めつぼう》論」を唱《とな》え、子どもの成長のために学校はなくてもよく、当然、教師も必要ないとする一部の学者も出てきました。しかし、この理論《りろん》はおそらく成り立たないでしょう。なぜなら、どのハイテク製品も、人間の役割に取《と》って代《か》わるものはないからです。師弟《してい》の関係《かんけい》は人の感情《かんじょう》や意識《いしき》の上に成り立つもので、機械は人間の感情や知恵に取って代わることはできません。子どもの成長とはたんに、知識を獲得することだけではなく、より重要なのは、自然《しぜん》の人間から社会人《しゃかいじん》へと成長していくことです。それには、両親や年長者、とくに教師の薫陶《くんとう》と養成《ようせい》によらなければなりません。

そして、当然ながら、教師も時《とき》とともに進歩《しんぽ》し続けることが求められます。池田先生が牧口先生のご高見《こうけん》を紹介してくださったように、「教師の仕事は時勢《じせい》の進歩に応《おう》じて変遷《へんせん》して」おり、「子どもが自《みずか》ら学べる力を育《はぐく》む」べきであると考えます。当時、このような観点《かんてん》を打ち出すことはきわめて先進的《せんしんてき》だったといえます。

八〇年代初め、私は「生徒は教育の対象《たいしょう》であるだけでなく、教育の主体《しゅたい》である」とし、教師は生徒の主体的役割を発揮《はっき》させなければならないと主張しました。当時、中国の教育界ではこの問題について何年も論争《ろんそう》がありましたが、今では皆《みな》、この問題の重要性を認《みと》めるようになりました。池田先生は「牧口会長は、子どもたちが自らの力で知恵《ちえ》を開発《かいはつ》し、その知恵で幸福になれるよう育てることを目指された」ことを紹介してくださいましたが、たしかに教育の真髄《しんずい》であり、現在の教師が心に深く銘記《めいき》するに値《あたい》するものです。

残念なことに、現在、多くの教師はいまだ観念《かんねん》を改めておらず、授業は教授《きょうじゅ》と訓練《くんれん》が中心で、採用《さいよう》する方法も相変《あいか》わらず啓発型《けいはつがた》ではなく知識詰《つ》め込《こ》み型です。教師は、学生が独自《どくじ》で学ぶ大きな潜在力《せんざいりょく》をもっていることを信じていません。これは当然、現実の生活のなかで、進学率だけを

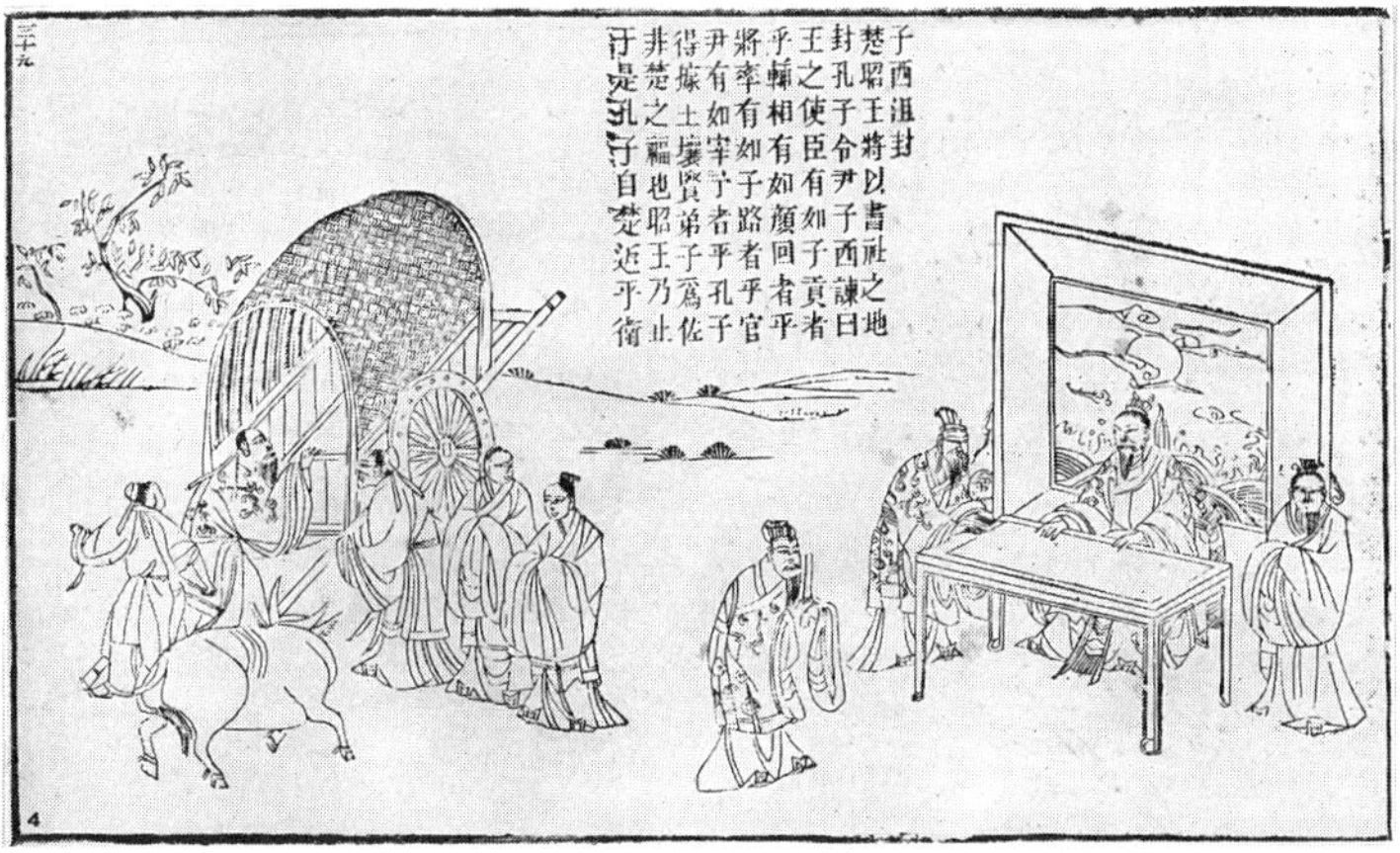

右側の画面は、楚の昭王の宮廷を訪れた孔子。昭王は孔子を用いようとするが、宰相である子西の反対にあい、登用を止めてしまう。左画面には、牛車で楚の国を去ろうとする孔子とその弟子の一行が描かれている。19世紀の木版画より　©Granger/PPS

追求していることと関係があり、ペーパーテストの成績《せいせき》だけで簡単《かんたん》に学生を評価《ひょうか》することと関係があります。

「良き師弟関係」から人材が輩出

池田　ここまで、教育の要《かなめ》は教師にあることを語り合いました。次に、教師と学生の関係性《かんけいせい》について取り上げたいと思います。

　本来《ほんらい》、教師と生徒の関係は師弟《してい》のような結びつき——たとえば、貴国《きこく》の孔子一門《いちもん》や古代《こだい》ギリシャのソクラテスとプラトンの師弟に代表されるような、人格《じんかく》と人格のふれ合いによって互《たが》いに高め合う、麗《うるわ》しい人間関係が理想《りそう》ではないでしょうか。

　師匠《ししょう》は弟子《でし》の成長を願《ねが》い、今まで知り得た真《しん》理《り》をあらゆる形で伝授《でんじゅ》する。一方《いっぽう》、弟子は、み

ジョン・デューイ（左）の出身大学であるアメリカのバーモント大学には、博士夫妻の遺灰を納めた記念碑が。1987年7月、敬愛するデューイを偲んで訪れた顧会長

ずみずしい求道心《きゅうどうしん》をもって、師匠の教えを吸《きゅう》収《しゅう》し、自《みずか》らの血肉《けつにく》に変えていく。そして、師匠から受けた恩《おん》に報《むく》いるために、一生涯《いっしょうがい》にわたって努力し抜く。こうした師弟関係にみられる魂《たましい》の交感《こうかん》が、教師と生徒の関係にも必要でしょう。

　この点、顧先生は、これまでの対談のなかでも、「教師の生徒への愛は、親子の血縁《けつえん》を超《こ》えて、民族への愛であり、人類《じんるい》の未来への愛の表現なのです。反対に、生徒の教師への愛は、教師から受けた厚恩《こうおん》をつねに心に銘記《めいき》することです」と語られました。[38] さらに著作《ちょさく》のなかでも「師弟観《していかん》を研究することは、教育近代化《きんだいか》を実現《じつげん》する上で、きわめて重要な意義《いぎ》を有《ゆう》している」と指摘《してき》され、[39] 教育における師弟の在《あ》り方《かた》に注目《ちゅうもく》されています。

もとより、貴国《きこく》は師弟を重視《じゅうし》する文化をもつ国です。

「三人行けば、必ず我《わ》が師あり。その善《ぜん》なる者を択《えら》びてこれに従《したが》い、その不善《ふぜん》なる者にしてこれを改《あらた》む」（三人で道を歩いていたとする。ほかの二人からは必ず教えられることがあるはずだ。よい点があればそれを見習《みなら》えばいいし、ダメな点があれば自分を反省《はんせい》する材料にすればよい）[40]

これは師を求め抜く姿勢《しせい》の大切さを伝えた『論語《ろんご》』の一節《いっせつ》ですが、そもそもこの『論語』自体《じたい》が、孔子とその弟子たちの言行録《げんこうろく》であり、師弟の交流記録《こうりゅうきろく》です。孔子がいかに弟子たちを訓育《くんいく》していったか、それを弟子がいかに学んでいったか、そのドラマは今も胸に熱《あつ》く迫《せま》ります。

また、『荀子《じゅんし》』勧学篇《かんがくへん》を踏《ふ》まえて、天台大師《てんだいだいし》の『摩訶止観《まかしかん》』に記《しる》された「従藍而青《じゅうらんにしょう》」（青《あお》は藍《あい》より出《い》でて藍より青し）[41]も、師弟関係を表《あらわ》した言葉です。学問の上で師を越えて、弟子が成長することの譬《たと》えです。

前にも申し上げましたが、[42]私も十九歳《さい》で戸田会長に出会い、師事《しじ》しました。今日《こんにち》の私があるのも、すべてはこの師匠のもとでの十年余《よ》にわたる薫陶《くんとう》のおかげです。私自身の体験《たいけん》を通《とお》しても、師のありがたさは言葉で言い表せるものではありません。ともあれ、師弟関係を根幹《こんかん》とした教育は、世々《せせ》代々《だいだい》にわたる有為《ゆうい》の人材を輩出《はいしゅつ》する要《かなめ》でありましょう。

米国のジョン・デューイ協会元会長で、南イリノイ大学のヒックマン教授は、私とのてい談で指摘しておられました。

「今日のように、どちらかといえば時代が安定《あんてい》して、物資《ぶっし》が豊《ゆた》かな時代にあって、とりわけ重要なことは、いかなる危機《きき》に直面《ちょくめん》してもなお維持《いじ》し、更《さら》に強まり成長するような〝良《よ》き師弟関係〟を呼《よ》び起《お》こし、称揚《しょうよう》することであると思います」

さらに教授は、「私たちは、みなそれぞれが自分として、最善《さいぜん》の弟子あるいは最善の師となれるよう、なおいっそうの努力を重《かさ》ねる義務《ぎむ》がある」と述《の》べています。(43)

私は、師弟関係で見るとき、教師は自《みずか》らが生徒たちの師たりうる存在《そんざい》であるか、資質《ししつ》があるのかを真摯《しんし》に見つめながら、つねに向上《こうじょう》する意欲《いよく》と行動《こうどう》を示すことが必要であると感じます。そのためには、教師自身が尊敬《そんけい》し、自らの生き方の規範《きはん》たる師匠をもっているかどうかが大事であると思うのです。

社会に師弟の麗《うるわ》しき人間関係が脈打《みゃくう》つときにこそ、本格的《ほんかくてき》に「教育のための社会」が実現《じつげん》するのではないでしょうか。

顧　師弟関係は大きな教育の力です。池田先生は「教師と学生は『よき師弟』関係が理想《りそう》である」と述べられましたが、師弟関係はたしかに古代《こだい》教育からの伝統《でんとう》であり、西洋にせよ、東洋にせよ、教師と学生は師弟関係の上に成り立っていました。このようなわけで、当時の教育は個性《こせい》的《てき》なもので、一人の教師が数人の学生しか受け持たず、学生もしばしば教師の家で食事をご馳走《ちそう》になったり、寝泊《ねと》まりしたりしていました。クラス授業が採用《さいよう》されてから、このような師弟関係は希《き》薄《はく》になっていきました。

中国の伝統《でんとう》教育は師弟関係を非常に重視《じゅうし》します。初期《しょき》の私学《しがく》時代、学生（古代では弟子と称《しょう》しましたが）はひとたび師匠と仰《あお》ぐようになると、たいてい師匠と生活をともにし、朝夕《あさゆう》をともに過ごしながら、父母に仕《つか》えるのと同じように師匠に仕えました。孔子は「事有《ことあ》れば、弟子《ていし》其《そ》の労《ろう》に服《ふく》し、酒食《しゅし》有れば、先生に饌《せん》す」（骨《ほね》の折《お》れる仕事があれば、弟子が引き受け、ご馳走があれば先生に召《め》し上《あ》がっていただく）[44]と述べていますが、このような密接《みっせつ》な師弟関係を通して、師匠から弟子へ知らず知らずのうちに与える感化《かんか》の影響《えいきょう》は深いものでした。

当然、伝統の師弟関係には、開放性《かいほうせい》に乏《とぼ》しく、多方面《たほうめん》から知識を獲得《かくとく》することができない、狭《きょう》隘《あい》な派閥《はばつ》を形成《けいせい》しやすいなどという限界《げんかい》がありました。とくに昨今《さっこん》の情報化、ネットワーク化の時代にあって、師弟がともに開放的な心で、皆の優《すぐ》れているところを広く取り入れてこそ、一定《いってい》の革新《かくしん》があり、一定の発展《はってん》があると思います。孔子は「三人行けば、必ず我《わ》が師あり」と述べました。当然、このなかの「師」とは一般《いっぱん》の教師を指すのではなく、異《こと》なる人々から役立つ知識を学ぶことができるという意味です。これは一つの開放的な心のありようといえるでしょう。

師弟関係について、もう一つ議論《ぎろん》したい問題があります。それは師弟の間で、ある問題について意見が異なったとき、どう対応《たいおう》すればよいかという問題です。ハーバード大学には「プラトンを友とせよ。アリストテレスを友とせよ。しかし、真理をこそ最上の友とせよ」という校訓《こうくん》があると聞いています。[45] 中国でも「吾《われ》は吾が師を愛《あい》す、真理をば更《さら》に愛す」という学者もいます。

しかし、私は教師と真理を対立《たいりつ》させないほうがいいと思います。教師は学生の啓蒙者《けいもうしゃ》であり、学生を真理に向かわせる導《みちび》き手《て》です。教師の学識《がくしき》は必ずしも真理とは限らず、つねに学生が自分を乗り越えられるよう、つまり「従藍而青《じゅうらんにしょう》（青《あお》は藍《あい》より出《い》でて藍より青し）」を望《のぞ》んでいるものです。一つの世代《せだい》の人々が前の世代の人々を乗り越えていきながら社会は進歩《しんぽ》を遂《と》げていくものです。

ただし、教師による啓蒙と導きがなければ、真理に向かうことはできず、ましてや教師を乗り越えることなど不可能《ふかのう》です。当然、世の中には教師をもたずして何かを究《きわ》める人もいますが、その人の進歩は教師の教えがある人ほど速くはないと思います。ですから、私はむしろ甘《あま》んじて先ほどの句《く》を「吾は真理を愛す、吾が師も愛す」と改《あらた》めたいと思います。

池田 師弟の本質《ほんしつ》に関する問題を指摘《してき》していただきました。「吾は真理を愛す、吾が師も愛す」――素晴《すば》らしい至言《しげん》です。顧先生が、長年の深い体験の上から、幾多《いくた》の逸材《いつざい》に訴《うった》えてこられた精神と拝察《はいさつ》します。

わが師・戸田会長もよく言われていました。

「『先生』というのは、先に生まれたから、そういうのだ。『後生畏《こうせいおそ》るべし』という言葉がある。君たちは『後生』だから、先生より偉《えら》くなれ」と。晩年《ばんねん》は、「教えるべきことは、すべて教えた。

これからは君たち青年が私に教えてもらいたい」とも言われました。これまた、師の大きさでありました。なお、そうした真摯《しんし》なる求道《きゅうどう》の師と弟子、そして真理に関連《かんれん》して、仏典《ぶってん》には、「よき師」と「よき弟子」と「よき法《ほう》」の三つが一体《いったい》となってこそ祈《いの》りを成就《じょうじゅ》し、社会の大難《だいなん》をも払《はら》って、よき建設ができる——と示されております。(46)

ともあれ、偉大な師に巡《めぐ》り会ってこそ、人の才能《さいのう》は大きく開花《かいか》できます。ともに、ある日本の文人《ぶんじん》は「我《われ》以外皆我師《みなわがし》」と言いましたが、(47)顧先生の言われたとおり、一生涯《いっしょうがい》、あらゆる人から学びゆく心をもち、成長していくことが大事ですね。

教師が「教育に自信をもてる」環境を

池田　未来をつくるのが教育の使命《しめい》であり、その担《にな》い手《て》は教師にほかなりません。しかし、昨今《さっこん》、教師自身《じしん》が自分の教育方法に自信《じしん》を失《うしな》いかねない状況が起きています。たとえば、先ほど紹介したような「学級崩壊《がっきゅうほうかい》」なども、その理由として挙《あ》げられるでしょう。さらに親のほうも、鷹揚《おうよう》に学校まかせにせず、厳《きび》しい目を現場《げんば》の教師に向けるようになってきています。そのなかで、多くの教師は一生懸命《いっしょうけんめい》に教育に励《はげ》んでいるものの、子どもへの指導そのものが萎縮《いしゅく》してしまう傾向《けいこう》があるように感じられます。

本来《ほんらい》、教師の地位《ちい》はとても高いものであり、尊敬《そんけい》に値《あたい》する聖業《せいぎょう》です。にもかかわらず、こうした状況に陥《おちい》っていることは大変に悲しむべき問題でしょう。

中国でも、「文化大革命《ぶんかだいかくめい》」以降《いこう》、教師の地位は著《いちじる》しく低下《ていか》したと聞いたことがありますが、現在の状況《じょうきょう》はどうでしょうか。教師自身が教育に自信をもてるような環境づくり、また教師の地位の向上《こうじょう》に向け、どのような取り組みが大切であると考えておられますか。

また、顧先生は「私は鍵《かぎ》を握《にぎ》るのは教師で、教師陣《じん》の布陣《ふじん》強化に重点《じゅうてん》をおかなければならないと考える」と言われ、教師の質《しつ》を高める必要性を強調されていますが[48]、質を高めるために、どのような取り組みが必要なのでしょうか。


顧　教育の大計《たいけい》は教師が根本《こんぽん》です。教師の一挙手一投足《いっきょしゅいっとうそく》が学生の一生《いっしょう》に影響《えいきょう》します。ですから、「いい教師がいてこそ、いい教育がある」と訴《うった》えています。

中国はこれまで「尊師重教」（師《し》を敬《うやま》い教《おしえ》を重《おも》んじる）という伝統《でんとう》がありました。しかし、おっしゃるとおり、「文化大革命」期間、教師は徹底的《てっていてき》に虐《しいた》げられました。なぜなら、「文化大革命」は〝文化《ぶんか》の命を革《あらた》める〟ことでしたから、文化が要《い》らなくなった以上、文化を伝《つた》える使者《ししゃ》である教師も必要なくなったのです。

「文化大革命」終焉《しゅうえん》後、混乱《こんらん》が収束《しゅうそく》し、正常な社会に戻った後、ここ三十年来《ねんらい》、教育の重視《じゅうし》にともない、教師の地位は大きく引き上げられました。しかし、子どもの成長はすべて学校や教師まかせとし、自分は顧客《こきゃく》の立場にあり、教師は自分に奉仕《ほうし》するものと考え、子どもの教育の面で、自分の責任《せきにん》を忘《わす》れているような間違った考えをもつ両親もおり、保護者と教師の間に矛盾《むじゅん》が生《しょう》じています。池田先生が言われているように、保護者が子どもたちを学校に預《あず》けることに安心できず、厳《きび》しい眼差《まなざ》しで現場《げんば》の教師を見張《みは》っている状況は、中国にも存在《そんざい》しています。

教師の地位の引き上げには、二つの面から着手《ちゃくしゅ》する必要があると思います。

一つは、教師の物質的待遇《たいぐう》を引き上げ、教師という職業が社会的に羨望《せんぼう》に値《あたい》する職業となること。それと同時に、社会は優秀《ゆうしゅう》な教師を奨励《しょうれい》し、精神的な栄誉《えいよ》を与え、社会全体から尊敬されること。

他方《たほう》で、教師の専門化《せんもんか》のレベルを高め、学生を愛するという、望《のぞ》ましい職業道徳《どうとく》を身につけること。尊敬に値する、熟練《じゅくれん》した教育教授力や高い教育の質《しつ》を備《そな》えることが挙《あ》げられます。

教師の物質的待遇と社会的地位を引き上げることは政府の職務《しょくむ》です。教師陣の建設《けんせつ》とは、主に後者《こうしゃ》を指しています。つまり教師の素質《そしつ》を高めることです。三十数年来の改革開放《かいかくかいほう》の努力により、中国の教師陣の質は大きく向上しました。教師は学歴《がくれき》の面からも基本的に「教師法」の要請《ようせい》レベルに達《たっ》し、しかも少しずつ高まっています。しかし、現実のレベルからいうと、さらなる向上が待《ま》たれます。学歴が規定《きてい》の基準《きじゅん》に達した次は、師徳《しとく》と教授力、育成力の強化《きょうか》がより一層《いっそう》、際立《きわだ》って重要になってきます。

中国では今日《こんにち》まで、教師の専業《せんぎょう》基準や教師の資格認証制度《しかくにんしょうせいど》というものは設《もう》けられてきませんでした。ですから、教師陣の建設には、これらの制度の建設も含《ふく》まれます。それと同時に、教師の職業訓練制度の建設も含まれます。今回公布《こうふ》した「計画綱要《けいかくこうよう》」では、とくに一章を割《さ》いて、今後の教育改革《かいかく》と発展《はってん》の最も重要な保障《ほしょう》と措置《そち》として、「教師陣建設の強化」（第十七章）が論述《ろんじゅつ》されています。また、次のように指摘《してき》しています。

「教師の地位を高め、教師の権益《けんえき》を守り、教師の待遇を改善《かいぜん》し、教師を人々から愛され尊重《そんちょう》される職業とする。教員資格を厳格《げんかく》にし、教師の素質を向上させ、教師の道徳を高潔《こうけつ》にし、業務《ぎょうむ》に精通《せいつう》し、合理的構造《ごうりてきこうぞう》で、活力に満ちた高い素質の専門化した教師陣を努《つと》めて養成《ようせい》する」

これこそ、中国の今後の教師陣建設の目標《もくひょう》なのです。

第5章

教育と平和

東洋の精神文化の使命

『東洋学術研究』第51巻第1号に掲載
（2012年5月発刊）

池田　「念頭寛厚《ねんとうかんこう》なるは、春風《しゅんぷう》の煦育《くいく》するがごとし。万物《ばんぶつ》これに遭《お》うて生《しょう》ず」（寛大《かんだい》であたたかい心の持ち主は、春風《はるかぜ》が万物を育てるように、すべてのものを発展《はってん》させる）[1]

温《あたた》かな慈愛《じあい》の心で幾多《いくた》の後継《こうけい》を育《はぐく》んでこられた顧《こ》先生との語《かた》らいは、私自身《じしん》にとっても麗《うら》らかな春風の薫《かお》るがごとく、深い感化《かんか》を受ける機会でありました。この対話も、早いもので、ついに最終章を迎えました。

顧　池田先生は東西の学問に通じ、博学《はくがく》であり、話題は古今《ここん》にわたり、文化・教育に関する多くの問題に及び、私にとっても益《えき》するところ浅《あさ》からぬものとなりました。また、その世界平和《せかいへいわ》と中《ちゅう》日友好《にちゆうこう》を堅持《けんじ》し抜く胆力《たんりょく》と勇気《ゆうき》に、深く敬服《けいふく》いたしました。私も、今回の対談を通して多くのことを学びました。

池田　私こそ感謝《かんしゃ》は尽《つ》きず、敬意《けいい》は深《ふか》まるばかりです。また、昨年（二〇一一年）十二月に、私ども創価学会《そうかがっかい》の「日中友好教育者交流団《こうりゅうだん》」が貴国《きこく》を訪問《ほうもん》し、顧先生と親《した》しく懇談《こんだん》させていただきましたことにも、心より御礼《おんれい》申し上げます。先生が、東日本大震災《ひがしにほんだいしんさい》からの復興《ふっこう》に向けて慈愛あふれる励《はげ》ましを送ってくださったこと、そして創価学会の教育本部が取り組む「教育実践記録《じっせんきろく》」運動を高く評価《ひょうか》してくださったことなど、すべてうかがいました。

交流団のメンバーは口々《くちぐち》に、顧先生の温かな心にふれた感動《かんどう》を語っておりました。

中国の教育政策をリードされる顧先生との出会いは交流団のメンバーの心に深く刻《きざ》まれ、学校などの現場《げんば》でより充実《じゅうじつ》した教育実践を展開《てんかい》していくための、大切な原点《げんてん》になると確信《かくしん》しております。

顧　教育本部の方々と交流する機会をいただき、私こそ御礼申し上げます。交流団の皆様《みなさま》は私たちの対談を読んでおられ、「愛情なくして教育なし。興味《きょうみ》なくして学習なし」との私の信念《しんねん》を教育実践に生かしたいと語られていました。このような有意義《ゆういぎ》な対談を進めてくることができ、感謝の思いは尽きません。

団員のなかには宮城県からお越《こ》しの方もおり、東日本大震災の被災地《ひさいち》の様子《ようす》をお聞きしました。私も今回の大震災には、大変に心を痛《いた》めておりました。

中国には、「多難興邦《たなんこうほう》」という言葉があります。国が多事多難《たじたなん》であるほど、人民《じんみん》はかえって奮《ふん》起《き》して国に興隆《こうりゅう》をもたらすとの意味です。

本年（二〇一二年）は辰年《たつどし》です。池田先生も、辰年のお生まれですね。池田先生、また日本の皆様が龍《りゅう》のごとく勢《いきお》いよく前進されることを、さらに、被災地の一日も早い復興を重《かさ》ねてお祈《いの》り申し上げます。

池田　ありがとうございます。

「多難興邦」――二〇〇八年の四川大地震《しせんおおじしん》の折《おり》、温家宝総理《おんかほうそうり》が被災地でこの言葉を示され、人民を励まされた姿《すがた》が世界に伝えられました。私も、貴国の不屈《ふくつ》の精神《せいしん》に強く胸《むね》を打《う》たれた一人です。

1

中国の平和思想：孫文「三民主義」から

「民族」「民権」「民生」のために

池田　さて、私たちのこの対談では、これまで、互《たが》いの生《お》い立《た》ちに始まり、文化《ぶんか》・文明《ぶんめい》の定義《ていぎ》、中日両国の教育史、教育現場での課題《かだい》など、さまざまなテーマをめぐって有意義《ゆういぎ》に語り合ってきました。この対話を締《し》めくくる話題として、両国の未来にとって重要な「教育と平和」について意見交換《いけんこうかん》させていただきたく存じます。

昨年（二〇一一年）、貴国《きこく》の「辛亥革命《しんがいかくめい》」から百周年《しゅうねん》の節目《ふしめ》を刻《きざ》みました。民衆の圧倒的《あっとうてき》な支持《しじ》を得て清朝《しんちょう》を倒《たお》し、近代中国建設への画期《かっき》となった同革命は、日本に留学《りゅうがく》した多くの青年もかかわるなど、わが国にも縁《えにし》深きものです。

百周年を記念《きねん》して、日本各地でも辛亥革命や孫文《そんぶん》先生をテーマにしたシンポジウム、展示会《てんじかい》が活発に開催《かいさい》されました。記念行事の一環《いっかん》として、孫文先生を献身的《けんしんてき》に支えた実業家・梅屋庄吉《うめやしょうきち》夫妻と孫文先生(2)の銅像《どうぞう》も、貴国から梅屋氏の出身地の長崎県に寄贈《きぞう》されました。

2011年、辛亥革命100周年を迎えるにあたり、梅屋庄吉夫妻と孫文の銅像が中国から長崎県に贈呈された。これは辛亥革命と孫文の功績を記念するとともに、梅屋庄吉が中国に4体の孫文銅像を贈呈した返礼の意義が込められている

あわせて本年は、日中国交《にっちゅうこっこう》正常化《せいじょうか》から四十周年にあたります。私は、この佳節《かせつ》を新《あら》たな起点《きてん》として、後継《こうけい》の青年たちとともに、両国の友誼《ゆうぎ》の道をさらに力強く進みゆく決意《けつい》をいたしております。

そこで、貴国の伝統《でんとう》に息づく平和思想《へいわしそう》とはいかなるものか——ここではまず、孫文先生の「三民主義《さんみんしゅぎ》」に基《もと》づいて考えてみたいと思います。

私は若き日から、近代中国の夜明《よあ》けを開いた孫文先生を敬愛《けいあい》してまいりました。二十歳《さい》のころの愛読書《あいどくしょ》の一つとして、私の書棚《しょだな》には孫文先生の伝記（『孫文傳《でん》』王枢之《おうすうし》著〈鈴江言一《げんいち》の筆名《ひつめい》〉）[3]も並んでいたものです。

言うまでもなく、「三民主義」は、民族《みんぞく》主義、民権《みんけん》主義、民生《みんせい》主義を合わせた政治思想《せいじしそう》です。

一九〇五年、中国同盟会《どうめいかい》(4)の綱領《こうりょう》として提唱《ていしょう》されたものを源流《げんりゅう》とし、その後の辛亥革命などの激動《げきどう》を経《へ》て、さらに練り上げられていきました。孫文先生が逝去《せいきょ》前年の一九二四年（大正十三年）に行った「三民主義」の連続講演《れんぞくこうえん》は邦訳《ほうやく》され、日本でも大変よく知られています。

顧　辛亥革命は孫文先生の指導のもと、満清《まんしん》政府を倒しただけでなく、数千年にわたった封建王朝《ほうけんおうちょう》の支配《しはい》に終止符《しゅうしふ》を打ち、さらに中国社会の偉大《いだい》なる変革《へんかく》を切《き》り拓《ひら》きました。孫文先生は中国民主革命《みんしゅかくめい》の偉大《いだい》な先駆者《せんくしゃ》です。したがって、辛亥革命を記念することは、孫文先生の崇高《すうこう》な革命精神を偲《しの》ぶことにつながるのです。

昨年十月十日、首都《しゅと》・北京《ペキン》の各界《かっかい》で盛大《せいだい》な記念式典《きねんしきてん》が開かれ、すべての国家指導者が式典に出席しました。胡錦濤国家《こきんとうこっか》主席《しゅせき》は、次のような重要演説《じゅうようえんぜつ》を行い、孫文先生に対し、きわめて高い評価《ひょうか》をしました。「孫文先生は偉大な民族の英雄《えいゆう》であり、偉大な愛国主義者《あいこくしゅぎしゃ》であり、中国民主革命の偉大な先駆者である」と。

そして全国の人民《じんみん》に次のように呼びかけたのです。「（今日、辛亥革命百周年を盛大に祝い、孫氏ら革命先駆者の歴史的功績《こうせき》を深く偲ぶことは）中国振興《しんこう》のために志《こころざし》を貫《つらぬ》き通《とお》すという崇高《すうこう》な精神《せいしん》を学び、発揚《はつよう》させ、国内外《こくないがい》の中国人による中華《ちゅうか》民族の偉大な復興《ふっこう》に向けた努力を鼓舞《こぶ》することにほかならない」(5)と――。この日、中国の全国各地でもさまざまな記念活動が行われ、各紙誌《しし》にも辛亥革命を記念し孫文先生を偲ぶ文章が掲載《けいさい》されました。

私は幼《おさな》いころから、孫文先生の「三民主義」思想の教育を受けて成長しました。小・中学校時代、毎週月曜日の朝には、孫文先生の遺影《いえい》の前で黙禱《もくとう》をささげ、「総理遺嘱《そうりいしょく》」を暗唱《あんしょう》しました。「余《よ》、力を国民革命《こくみんかくめい》に致《いた》すこと爰《ここ》に凡《およ》そ四十年……革命尚《な》お未《いま》だ成功するに至らず。……以《もっ》て之《これ》が貫《かん》徹《てっ》を期すべし[6]」という遺嘱は、今なお脳裏《のうり》に深く刻《きざ》まれています。

孫文先生は、古い世界を倒した革命家《かくめいか》であるだけでなく、新しい世界の建設者《けんせつしゃ》でもありました。実業《じつぎょう》による国家建設を主張し、中国を民主の富強《ふきょう》な国家につくりあげようとしたのです。

学者の研究によれば、孫文先生は当初《とうしょ》、満清政府に幻想《げんそう》を抱《いだ》いていました。一八九四年、満清政府の軍機大臣《ぐんきだいじん》であった李鴻章《りこうしょう》に意見書を提出し[7]、洋務運動《ようむうんどう》が追求した堅牢《けんろう》な艦船《かんせん》と大砲《たいほう》は本末《ほんまつ》転倒《てんとう》であると批判《ひはん》。実業《じつぎょう》の振興《しんこう》を通じて経済を発展させる道こそが、中国の経済の大綱《たいこう》を救うことができると進言《しんげん》しました。しかし、李鴻章は取り合いませんでした。

一八九五年、日清戦争《にっしんせんそう》に惨敗《ざんぱい》したことにより、孫文先生は清朝政府の腐敗《ふはい》ぶりは、もはや手《て》の施《ほどこ》しようがないことをはっきりと見て取りました。そこで、決然《けつぜん》と武力《ぶりょく》による清朝政府打倒《だとう》の革命の道を歩みはじめたのです。

孫文先生は、革命の根本目的《こんぽんもくてき》は中国の独立《どくりつ》と富強を図《はか》ることにあると考え、「すみやかに人民《じんみん》を水火《すいか》の苦《くる》しみより救い、まさに傾《かたむ》かんとする大廈《たいか》（大きな建物）を支《ささ》えよう」と声高々《こえたかだか》に呼びかけ、民族、民権、民生の「三民主義」という政治主張を打ち出したのです。

ここでいう「民族《みんぞく》」とは、帝国主義《ていこくしゅぎ》列強《れっきょう》が堅牢な艦船と大砲をもって中国に迫《せま》り締結《ていけつ》した不平《ふびょう》等条約《どうじょうやく》を撤廃《てっぱい》し、中華民族の独立を実現《じつげん》することです。「民権《みんけん》」とは、清王朝の専制支配《せんせいしはい》を覆《くつがえ》し、共和民主《きょうわみんしゅ》の政体《せいたい》を築《きず》くことです。「民生《みんせい》」とは実業を発展させ、富強な国家を建設し、人民大衆《たいしゅう》の生活を改善《かいぜん》することです。

「一人の変革」から始めて「平天下」へ拡大

池田　急所《きゅうしょ》を押さえた明快《めいかい》なご説明、大変にありがとうございます。

また、人民《じんみん》のため、祖国《そこく》のため、革命の炎《ほのお》を燃《も》やし続けた孫文先生の叫《さけ》びを、顧先生が少年時代から現在まで深く心に刻《きざ》まれていることを知り、感銘《かんめい》しました。

「三民主義」が欧米出自《おうべいしゅつじ》のデモクラシー（民主主義）等と関連《かんれん》することは、一見《いっけん》、明白《めいはく》のように思えます。ところが孫文先生の本意《ほんい》は、たんに外国の政治思想を輸入《ゆにゅう》・移植《いしょく》するということではなかった。むしろ、中国の豊《ゆた》かな精神風土《せいしんふうど》にこそ、「三民主義」の真《しん》の源泉《げんせん》を見いだされているのであります。人民中心の新《あら》たな社会体制《しゃかいたいせい》を指し示した孫文先生の「三民主義」の講演《こうえん》には、全編《ぜんぺん》にわたって中国伝統《でんとう》の高潔《こうけつ》な理想主義、平和主義の思想が力強く脈打《みゃくう》っております。

辛亥革命《しんがいかくめい》において、皇帝《こうてい》の退位《たいい》や清朝《しんちょう》から民国《みんこく》への政権移行《せいけんいこう》は、いわゆる〝無血《むけつ》〟で行われました。孫文先生は、それを可能《かのう》にした原因《げんいん》について語りました。「たいして血を流さなかった原因は、中国人が平和を愛するからである。平和を愛することこそ、中国人の一大道徳《いちだいどうとく》なのである。世界でもっとも平和を愛するのが中国人だ」と。さらに、「中国人は何千年も平和を愛しているのは、まったく天性《てんせい》からでたものだ」と断言《だんげん》するのです(8)。

そして〝中国人が平和を愛する天性をもつ〟ことの一つの例《れい》として、古《いにしえ》から現在まで人民に読《よ》み継《つ》がれる孟子《もうし》の言葉を紹介します。これは、紀元前《きげんぜん》の中国・戦国時代《せんごくじだい》、梁《りょう》の恵王《けいおう》の子である襄《じょう》王《おう》が、「一体誰《だれ》が能《よ》く（天下を）統一《とういつ》するだろう」と問《と》うたことへの応答《おうとう》です。

孟子は語りました。「人を殺すことを好まない者が、能くこれを統一するだろう……天下《てんか》の民《たみ》がこの人君《じんくん》に帰服《きふく》すること、ちょうど水が低い方に向かってどんどん流れてゆくようなもので、誰がよくそれをさまたげとどめ得《え》ようぞ(9)」

これは儒教《じゅきょう》の柱《はしら》である仁愛《じんあい》の思想や徳治主義《とくちしゅぎ》を、端的《たんてき》に表《あらわ》した言《げん》でありましょう。

さらに孫文先生は、己《おのれ》の徳《とく》によって国《くに》を治《おさ》めるという理想について、儒教の原理《げんり》である〝格物《かくぶつ》、致知《ちち》、誠意《せいい》、正心《せいしん》、修身《しゅうしん》、斉家《せいか》、治国《ちこく》、平天下《へいてんか》〟の八条目《じょうもく》にふれます。

もとは『大学《だいがく》』に「物格《ものただ》しくして后知至《のちちいた》る。知至りて后意誠《のちいまこと》なり。意誠《いまこと》にして后《のち》心正し。心正しくして后《のち》身修《おさ》まる。身修《おさ》まりて后《のち》家斉《ととの》ふ。家斉《ととの》ひて后国治《のちくに》まる。国《くに》治まりて后《のち》天下平《たいら》かなり」と説《と》かれたものです。〈ものごとが正しく受けとれるようになってこそ、知が極め（て明晰《めいせき》に）なる。知が極め（て明晰に）なってこそ、意が誠実になる。意が誠実《せいじつ》になってこそ心が正しくなる。心が正し

孫文が創立した中国・中山大学の黄達人副学長が来日し、池田名誉会長に同大学「孫中山研究所」の「名誉所長」の称号を贈った。「これは孫文先生が唱えた『博愛』の二字をしたためた書です。池田先生は生涯、博愛精神で行動してこられました」と（1999年4月22日、八王子市・東京牧口記念会館で）

くなってこそ、身が（善良《ぜんりよう》に）修まる。身が（善良に）修まってこそ、家族が和《わ》合《ごう》する。家族が和合してこそ国家が（安《やす》らかに）治まる。国家が（安らかに）治まってこそ、天下が平和《へいわ》になる〉[10]

　孫文先生は、これに基《もと》づいて、「一人の人間を内から外へと発展させ、一人の人間の内部からはじめて『平天下』にまでおしおよぼすものである」と説いています。若き日、私が『孫文傳《でん》』を読んだ際《さい》にも、この原理《げんり》にふれた箇所《かしょ》はとくに感銘深《かんめいぶか》く、当時の〝読書ノート〟に書き留《と》めたものです。

　一人の人間の内《うち》なる変革《へんかく》を起点《きてん》として、社会の安穏《あんのん》をもたらし、世界の平和を築く——中国の伝統《でんとう》思想《そう》に基づいた〝革命《かくめい》の父《ちち》〟の信念《しんねん》は、まさに私たち仏法者《ぶっぽうしゃ》が目指《めざ》す「人間革命《にんげんかくめい》」の思想と深く共鳴《きょうめい》するものです。

また孫文先生は、先にあげた中国固有《こゆう》の平和思想を礎《いしずえ》にして、「『大同《だいどう》の治《ち》』をつくらなくてはならぬ」と訴《うった》えました。「三民主義」講演の一つの結論《けつろん》であります。「大同の治」とは、以前も論《ろん》じあった、『礼記《らいき》』に説かれる理想社会のことにほかなりません。(11)

利己主義《りこしゅぎ》がなく、人々があまねく固《かた》い信頼《しんらい》で結ばれている。そして、誰《だれ》もが安心して暮《く》らすことができる——。こうした「大同」の世を目指して、孫文先生は革命を志《こころざ》しました。

「民が最も貴く、君主は最も軽い」

顧　たしかに池田先生のおっしゃるように、孫文先生の三民主義は中国文化の平和思想を源《みなもと》としています。

中国の伝統文化は平和を重《おも》んじ、道義《どうぎ》を重んじています。

孔子《こうし》の『論語《ろんご》』には、「義《ぎ》」を説いたところが二十四箇所もあります。孔子は弟子の子産《しさん》を批評《ひひょう》したとき、一人の人間に求められるべき人格上《じんかくじょう》の要件《ようけん》をこう説きました。「君子《くんし》の道《みち》四あり。其《そ》の己《おのれ》を行《おこな》ふや恭《きょう》なり。其の上《かみ》に事《つか》ふるや敬《けい》なり。其の民《たみ》を養《やしな》ふや恵《けい》なり。其の民を使《つか》ふや義《ぎ》なり」（彼には君子たるの道が四つ備《そな》わっている。すなわち、その身《み》を持《じ》する態度が実にうやうやしい。

君につかえてはうやまいの心を持っている。人民を養うのに恵《めぐ》み深い。人民を使役《しえき》するのに、宜《よろ》しきを得《え》た道理にかなった使い方をする）と。[12]

また、孟子《もうし》は「民貴君軽《みんきくんけい》」を主張し、「民を貴《たっと》しと為《な》し、社稷之《しゃしょくこれ》に次《つ》ぎ、君を軽《かろ》しと為《な》す」（国家にとっては民を一番《いちばん》貴いものとし、土地や穀物《こくもつ》の神《かみ》をその次に貴いものとし、国君を一番軽いものとする）と説きました。[13]

中山大学と創価大学が共同で出版した孫文研究の論文集『理想・道徳・大同』（2002年の国際シンポジウム「孫中山と世界平和」の発表論文43編を収録）

孟子が梁《りょう》の恵王《けいおう》に会ったとき、王は孟子に問いました。「先生は、千里《せんり》もの遠い路《みち》をはるばる来てくださったが、わが国にとって、どんな利益があるのでしょうか」。すると孟子は答えました。「王様よ。そう利《り》することばかりを言うことはありません。仁義《じんぎ》のことだけを考え、行《おこな》えばいいのです」と。

またあるとき、孟子が斉国《せいこく》の宣王《せんおう》に会いに行ったところ、王は孟子に問いました。「周《しゅう》の文王《ぶんおう》の囿《ゆう》（鳥獣《ちょうじゅう》を飼養《しよう》しておく囲いの場所）は、七十里四方《しほう》もあったということだが、文王の民はそれでもまだ小さすぎると思っていたと先生（孟子）は言われる。私の囿は、四十里四方しかないのに、民はそれをも広すぎるとするのは、一体どういうわけでしょうか」

　孟子はこう応《おう》じます。

「周の文王の囿は、その中へ、牧草刈《ぼくそうが》りにも薪採《たきぎと》りにも行くことができ、雉《きじ》や兎《うさぎ》を捕《と》らえようとする狩人《かりうど》も行くことができました。つまり、文王は民とその囿を共《とも》にしたのです。このようなわけで、民が七十里四方の囿をも小さすぎるとしたのです。自分が初めて斉の国境に着いたとき、聞いたところでは、斉国の首都の近くに四十里四方の囿があり、その中で大鹿《おおじか》や鹿を殺《ころ》す者は、人を殺したと同じような罪《つみ》になる、とのことでした。これではあたかも四十里四方という大きな落《お》とし穴《あな》をつくっているようなものです。民がその囿を大きすぎるとするのも、もっともなことでしょう」と。

　孟子が民を重視《じゅうし》したのは、君子《くんし》として、より良い統治《とうち》を行うためでもありました。ゆえに、孟子は「諸侯《しょこう》の宝《たから》は三あり。土地《とち》・人民《じんみん》・政事《せいじ》なり」（諸侯の宝とすべきものは三つある。土地と人民と政事とである）、さらに「丘民《きゅうみん》に得《え》られて天子《てんし》と為《な》る」（民に喜ばれてはじめて天子となれる）と説きました。「民貴君軽」とは、孟子の民本思想《みんぽんしそう》であるといえます。

　こうしたことからも、孫文先生の三民主義は、たしかに中国文化の伝統《でんとう》における道義《どうぎ》と民本思想を継承《けいしょう》し、発揚《はつよう》したものであるといえるでしょう。

池田　貴国《きこく》の精神性《せいしんせい》の基礎《きそ》となった『論語』や『孟子』の思想において、いかに道義と民が重んじられてきたかを、より鮮明《せんめい》にしていただきました。こうした、二千年以上にわたって流れ通《かよ》ってきた指導者《しどうしゃ》の理想像《りそうぞう》、平和建設《へいわけんせつ》の理念《りねん》、人間の善性《ぜんせい》への確信《かくしん》を孫文先生が受け継ぎ、革命への原動力《げんどうりょく》としたことは、哲学、思想のもつ強靭《きょうじん》な生命力《せいめいりょく》の証左《しょうさ》ともいえましょう。

　孫文先生は辛亥革命を経て、中華民国臨時《ちゅうかみんこくりんじ》政府《せいふ》の臨時大総統《だいそうとう》に就任《しゅうにん》しますが、わずか二カ月余《よ》で職《しょく》を退《しりぞ》きます。そして袁世凱《えんせいがい》[14]が大総統になると、彼は強大な武力を背景《はいけい》に権謀術数《けんぼうじゅつすう》を尽《つ》くし、ついにはまったく時代逆行《ぎゃっこう》というべき皇帝《こうてい》の位《くらい》に就《つ》く。一方、孫文先生は、「反袁《はんえん》」闘争《とうそう》（袁世凱打倒《だとう》への革命運動）に立ち上がるも、当初《とうしょ》は失敗して亡命《ぼうめい》を余儀《よぎ》なくされるなど、苦闘《くとう》を重ねました。そして一九二五年、「革命《かくめい》いまだ成《な》らず」と遺言《ゆいごん》して逝去《せいきょ》します。

　いわば、志《こころざし》半《なか》ばの無念《むねん》の死であられたかもしれません。しかし、「至誠《しせい》にして動《うご》かさざる者は、未《いま》だ之《こ》れ有《あ》らざるなり」（『孟子』）です。[15]時《とき》を超《こ》え、今なお、孫文先生を中国の人々は深く敬愛《けいあい》されています。

　「中国革命の父」として尊敬《そんけい》を受けることは当然《とうぜん》でしょうが、それにもまして、孫文先生の厳《げん》父《ぷ》のごとき不屈《ふくつ》の精神と行動を誰《だれ》もが模範《もはん》と仰《あお》いでいるからではないでしょうか。顧先生のご見《けん》解《かい》をうかがいたい点です。

顧　孫文先生が人民から敬愛される理由――それは、孫文先生が中国民主革命の先駆者《せんくしゃ》として人民を指導し、それまで人民の頭を押さえつけてきた封建王朝《ほうけんおうちょう》を倒して、民主共和国を築いたことにあります。辛亥革命の成果《せいか》は袁世凱によって窃取《せっしゅ》され、中国の半封建半植民地《はんほうけんはんしょくみんち》という立場《たちば》を変えることはできませんでしたが、最終的には革命の新しい道を切《き》り拓《ひら》きました。

中国共産党は、孫文先生の革命の松明《たいまつ》を受《う》け継《つ》ぎ、ついに封建主義と帝国主義《ていこくしゅぎ》という二つの大きな山を覆《くつがえ》しました。孫文先生が指導する辛亥革命がなかったならば、今日《こんにち》の新中国《しんちゅうごく》もあり得なかったでしょう。

中国人民が孫文先生を敬愛する理由は、他に、その愛国主義《あいこくしゅぎ》精神にあります。孫文先生は、真《ま》っ先《さき》に「中華民族を振興《しんこう》させよう」と雄叫《おたけ》びをあげ、自《みずか》ら行動《こうどう》に移しました。そして、「わが志の向かうところ、勇敢《ゆうかん》に前進し、挫折《ざせつ》すればするほど勇気《ゆうき》を奮《ふる》い起《おこ》し、やり遂《と》げる」という誓《ちか》いのままに実践《じっせん》し、中国を世界へと羽ばたかせました。

また、孫文先生が国際的な見識《けんしき》をもち、中華民族を振興させる青写真《あおじゃしん》を描《えが》いたことも、尊敬される理由の一つでしょう。その理想は実現《じつげん》には至《いた》りませんでしたが、実業《じつぎょう》を発展させるという思想は、とぎれることなく中国人に継承《けいしょう》され、新中国の共産党の指導のもとで、一つ一つ現実のものとなっていったのです。

荒廃の世を救え！「文化の力」で

池田　私は、孫文先生の母校《ぼこう》である香港《ホンコン》大学の学長を務《つと》めた歴史学者・王賡武《おうこうぶ》博士と教育論や歴《れき》史観《しかん》、さらに孫文先生の生涯《しょうがい》などをめぐり、何度も語り合ってきました。(16)

その王博士が昨年、〝中国の改革《かいかく》の方向性《ほうこうせい》を決定する「四大歴史遺産《れきしいさん》」〟を考察《こうさつ》した論文《ろんぶん》を英字《えいじ》紙《し》に発表されました。(17)

この「四大歴史遺産」の第三に挙《あ》げられていたのが、「中国人の意識《いしき》に生《しょう》じた近代性《きんだいせい》の最初の火花《ひばな》を代表」する孫文先生の思想です。「(孫文思想は) 外の世界から学ぶと同時に、中国の伝統《でんとう》的価値観《てきかちかん》を肯定《こうてい》するという開明的《かいめいてき》な呼びかけの要素《ようそ》も含《ふく》まれる」とし、その民族主義《みんぞくしゅぎ》の前提《ぜんてい》には、「民主主義的《みんしゅしゅぎてき》理想の尊重《そんちょう》」「貧《まず》しい農民大衆《のうみんたいしゅう》を千年来《せんねんらい》の低い身分から解放《かいほう》すること」があると指摘《してき》されています。

貴国《きこく》における孫文先生の存在感《そんざいかん》の大きさを改めて感じるとともに、その思想と理想は今も、否《いな》、今後も将来にわたって生き続けることを感じました。

ほかにも、兼愛《けんあい》・非攻《ひこう》を説いた墨家《ぼっか》、(18)反戦《はんせん》の心を詠《うた》った杜甫《とほ》の詩など、(19)いにしえから現在まで確固《かっこ》として伝わる精神の遺産が貴国にはあります。

もちろん、歴史においては、治乱興亡《ちらんこうぼう》の繰り返しのなかで、武力による争闘《そうとう》の時代がありましたし、幾多《いくた》の暴君《ぼうくん》も存在《そんざい》した。元《げん》代などのように領土拡大《りょうどかくだい》の戦争を続けた時代もありました。仏法《ぶっぽう》では「闘諍言訟《とうじょうごんしょう》」(20)ともいいますが、争《あらそ》い、闘争《とうそう》の絶《た》えない社会には、思想の混乱《こんらん》と、人心《じんしん》の荒廃《こうはい》が必ずある。現代社会においては、急激《きゅうげき》な経済発展《けいざいはってん》の半面《はんめん》として、拝金主義《はいきんしゅぎ》や利己主義が蔓延《まんえん》し、モラルの低下《ていか》が指摘されます。

私たちはこの人間性《にんげんせい》の危機《きき》の時代を〝文化《ぶんか》の力《ちから》〟で克服《こくふく》していかねばならない。そしてやはり、私は〝教育の力〟が大切であると思います。「修身《しゅうしん》、斉家《せいか》、治国《ちこく》、平天下《へいてんか》」のプロセスを敷衍《ふえん》すれば、自己《じこ》を律《りつ》し人格《じんかく》を高め、家庭・地域を安穏《あんのん》にし、国や社会の平和を達成《たっせい》する大道《だいどう》は、まず教育から始まると強く確信《かくしん》するのです。

貴国の中山《ちゅうざん》大学は、孫文すなわち孫《そん》中山先生の逝去《せいきょ》の前年に創立《そうりつ》された学府《がくふ》ですが、「三民主義」の講演は、この大学で十六回にわたって続けられたものでした。

この中山大学とは、創価大学も交流協定《こうりゅうきょうてい》を結んでおり、交流を深めてきました。一九九六年には東京で王 珣章《おうしゅんしょう》学長をお迎えしております。孫文先生が衰弱《すいじゃく》した体をおして、中山大学の学生たちに烈々《れつれつ》と世界の民衆の連帯《れんたい》を訴《うった》えられた足跡《そくせき》なども語り合いました。その三年後、同大学の「孫中山研究所」の名誉《めいよ》ある一員《いちいん》とさせていただいた折《おり》には、「中国の黎明《れいめい》　革命の大人《たいじん》――偉大《いだい》なる孫中山先生に捧《ささ》ぐ」との一詩をお贈《おく》りさせていただきました。

ともあれ、孫文先生は、当時の学生に対し、語っております。

「凡《およ》そ国家の強弱《きようじやく》は其国《そのくに》の学生の程度《ていど》を以《もつ》て知り得るものである」「道路の開削《かいさく》に譬《たと》うれば余《よ》は荊《いばら》を披《ひら》き棘《いばら》を斬《き》る者で、諸君等《ら》は橋梁《きようりよう》を架《か》し石をたたむ者であるから、諸君の責任の重きこと、遙《はるか》に余に過《す》ぐるものがあるのである」と。(21)

〝革命の父〟が教育に託《たく》した思いは、いかに深いものだったか。青年への期待《きたい》は、どれほど大きいものだったか。

そのことに思《おも》いを巡《めぐ》らすとき、教育に携《たずさ》わる一人として、私は〝青年よ、孫文先生の大精神《だいせいしん》に学《まな》べ!〟と叫《さけ》びたい気持ちで一杯《いっぱい》になるのです。

顧 孫文先生は愛国主義者であり、その生涯《しょうがい》を中華民族の復興《ふっこう》という偉大な事業《じぎょう》に捧《ささ》げました。同時にまた、孫文先生は広大《こうだい》な視野《しや》と開放的《かいほうてき》な思想をもつ世界市民《せかいしみん》でもありました。「享年《きょうねん》五十九歳であったが、三十一年間にわたって、前後して十四カ国と地域で活動し、〝世界市民〟と呼ぶにふさわしい」とも指摘されています。(22)

孫文先生の革命事業は多くの海外の友人、とりわけ日本の友人から支持を受けました。一九九八年、私は神戸市の孫文記念館(23)を見学し、感慨深《かんがいぶか》いものがありました。もし日本の友人の手助けがなかったら、辛亥革命はおそらく成功することは困難《こんなん》だったでしょう。

中日両国の関係史上《かんけいしじょう》、中国の唐《とう》代から始まり、中日交流には数多《かずおお》くの美しいエピソードがあります。日本の中国侵略《しんりゃく》は歴史の長河《ちょうが》の一つの挿話《そうわ》にすぎません。中日両国の人民が歴史を正視《せいし》し、教訓《きょうくん》を汲《く》み取《と》り、万代《ばんだい》にわたる友好《ゆうこう》が築かれていくことを望《のぞ》んでいます。

今日《こんにち》、青年は、優秀《ゆうしゅう》な伝統文化《でんとうぶんか》から滋養《じよう》を摂取《せっしゅ》し、正視《せいし》眼《がん》で歴史をみつめ、歴史のなかから経験や教訓を汲み取る必要があります。それと同時に、視野を広くもち、世界に目を向け、世界文明《せかいぶんめい》のすべての優秀な成果《せいか》を吸収《きゅうしゅう》し、世界平和のために努力していかなければならないと思います。

2 仏教の平和思想:「立正安国論」から

池田 日本の中国侵略《しんりゃく》は歴史の長河《ちょうが》の一つの挿話《そうわ》にすぎない——顧先生のあまりにも寛大《かんだい》なお言葉に、感涙《かんるい》しました。歴史の教訓《きょうくん》を、日本人は永遠《えいえん》に忘れてはならない。青年に正《ただ》しく伝《つた》えていかねばなりません。

「戦争ほど、残酷《ざんこく》なものはない。

戦争ほど、悲惨《ひさん》なものはない」

これは、私がライフワークとして執筆《しっぴつ》してきた小説『人間革命《にんげんかくめい》』の冒頭《ぼうとう》の一節《いっせつ》です(現在は『新・人間革命』の題で継続中)。一九六四年十二月、沖縄《おきなわ》の地《ち》で書き起こしました。沖縄は、広島《ひろしま》や長崎《ながさき》とともに、先《さき》の大戦《たいせん》で、日本では最も悲惨な、多くの犠牲者《ぎせいしゃ》が出た地です。

この小説の序文《じょぶん》には、全体を貫《つらぬ》くテーマを、次のように掲《かか》げました。

「一人《ひとり》の人間《にんげん》における偉大《いだい》な人間革命は、やがて一国《いっこく》の宿命《しゅくめい》の転換《てんかん》をも成《な》し遂《と》げ、さらに全人《ぜんじん》類《るい》の宿命の転換をも可能《かのう》にする」

「人間革命」とは、師《し》・戸田《とだ》先生が私どもの運動の方途《ほうと》・目的《もくてき》を一言《いちごん》に凝結《ぎょうけつ》した謂《いい》で、各人《かくじん》が自身《じしん》の内《うち》なる精神《せいしん》・生命《せいめい》を変革《へんかく》し、崩《くず》れざる幸福な境涯《きょうがい》を確立《かくりつ》していくことを意味します。人間自身の変革があって、社会、ひいては世界の変革も可能になる。これは先ほども申し上げたとおり、孫文先生の平和思想とも深く共鳴《きょうめい》すると思っております。一人一人が自身の人間革命を目指《めざ》しつつ、善《よ》き連帯《れんたい》を広げていくことが、社会の安穏《あんのん》、世界の平和を達成《たっせい》していく根本《こんぽん》の道《みち》であるというのが、創価《そうか》の師弟《してい》に貫《つらぬ》かれた揺《ゆ》るがぬ大確信《だいかくしん》です。

宗教が「民衆支配の道具」となる悲劇

顧　池田先生の『人間革命』を私は何度も読ませていただきましたが、まさに平和を呼びかける宣言書《せんげんしょ》であると思います。すなわち、「人間革命」とは、人間の考えを改《あらた》め、自己《じこ》を変革し、人生の幸福を確立《かくりつ》しゆくことであり、これによって全人類の運命《うんめい》を変え、世界平和が促進《そくしん》されていくのです。

先生は『新・人間革命』で、「常《つね》に人間は、人びとの幸福のために、平和のために、勇気《ゆうき》の叫《さけ》びをあげていくべきだ。英知《えいち》の言葉《ことば》を発《はっ》していくべきだ。ともあれ、行動《こうどう》だ。生きるとは戦《たたか》うということなのだ」[24]と提起《ていき》され、重《かさ》ねて平和のために呼びかけられています。

とくに、中日両国の万代《ばんだい》にわたる友好《ゆうこう》のために、池田先生は全力を傾注《けいちゅう》してこられ、その不撓《ふとう》不屈《ふくつ》のご精神に深く敬服《けいふく》しています。

創価学会は仏教を信奉《しんぽう》する団体です。私は宗教について研究をしているわけではありませんが、あらゆる宗教――当然ながら、邪教《じゃきょう》は宗教とは呼べませんが――の創始者《そうししゃ》は皆、この世の中で解《と》けない多くの難題《なんだい》に遭遇《そうぐう》し、社会の苦難《くなん》を救うため、人々に善《ぜん》をなすことを勧《すす》め、平和を主張したのだと思います。

後世《こうせい》に起こった宗教間の争《あらそ》い、教派《きょうは》どうしの争い、さらに宗教紛争《ふんそう》に至《いた》っては、宗教の創始者たちも予想《よそう》していなかったに違いありません。ゆえに、私たちは宗教の本義《ほんぎ》に立ち返ること、つまり、人々に善をなし、平和を祈念《きねん》していかなければならないと思います。

私の院生《いんせい》であった沈立《ちんりつ》博士は、仏教に帰依《きえ》し、仏教を詳細《しょうさい》に研究していました。そこで、私は彼に教育学の角度から仏教を考察《こうさつ》し、仏教における教育的意義《いぎ》を研究するよう勧めました。

こうして彼の博士論文は「覚人《かくじん》教育――仏教教育論」というテーマで、仏教の発祥《はっしょう》、その教育的意義、教育内容《ないよう》、教育方式《ほうしき》、教育機関《きかん》などをまとめたものになりました。私も彼の論文指導のため、いくつか仏教の著作《ちょさく》を読んで感じたことは、仏教は善に従《したが》う宗教であり、仏教は名聞名利《みょうもんみょうり》を求めず、ただ衆生《しゅじょう》を救い、人々を幸福社会に至らせるためにあるということです。

すでに言及《げんきゅう》されたように、仏教が中国に伝わった後、中国文化と結びついて、儒教《じゅきょう》に大きな影《えい》響《きょう》を及ぼしました。それと同時に、儒教思想を吸収し、仏教自体《じたい》も大きく発展していきました。小乗教《しょうじょうきょう》から大乗教《だいじょうきょう》に移り変わり、誰《だれ》でも仏《ほとけ》になれることを宣揚《せんよう》するようになったのです。

沈立博士は、池田先生の『私の釈尊観《しゃくそんかん》』の一節《いっせつ》を引用《いんよう》しています。

「私は、そんな稀《まれ》にみる思想的巨人《しそうてききょじん》の先駆《せんく》として、ゴータマ・ブッダをあげたい。特に際立《きわだ》った、苛烈《かれつ》な論理《ろんり》もなく、熱いドグマもなく、更《さら》には、切り立った巌《いわお》を打ち砕《くだ》くかのような壮大《そうだい》な体系《たいけい》を駆使《くし》することもなく、むしろ驚《おどろ》くべきほど、淡々《たんたん》とした調子で、しかも誰人《だれびと》にもわかる比喩《ひゆ》と説話《せつわ》で、人間の奥底《おうてい》にある魂《たましい》を、一つ一つ呼《よ》び醒《さ》ましていく人。それでいて、無思想《むしそう》というのではない。さりげなく人間に即《そく》して語る、その平明《へいめい》な言葉の中に、自身で闇《やみ》を打ち払った達人《たつじん》の、止揚《しよう》された境涯《きょうがい》の波音《なみおと》が、聞こえてくる」(25)

仏教は中国において広範《こうはん》な信徒《しんと》を獲得《かくとく》しました。中国文化といえば、仏教の伝来《でんらい》と切り離して考えるわけにはいきません。当然ながら、寺院《じいん》へ行って仏に詣《もう》で焼香《しょうこう》する人々は必ずしも仏陀《ぶつだ》の思想を理解しているわけではありませんが、善事《ぜんじ》を実践《じっせん》しなければならないことは皆、知っています。

池田　私の著作《ちょさく》のことはともかく、仏教はただ衆生《しゅじょう》を救い、人々を幸福にするためにあるとのご指摘《してき》は、まったくそのとおりです。仏教が説《と》かれた目的《もくてき》は、この一点《いってん》にあります。

残念ながら、これまでの人類の歴史では、しばしば〝人間のため〟という本義《ほんぎ》を見失《みうしな》った宗教の対立《たいりつ》が、政治的・経済的利害《りがい》とからんで、紛争や戦争を引き起こす要因《よういん》にもなりました。宗教が人間を縛《しば》る権威《けんい》となり、ドグマとなり、民衆を苦しめる邪悪《じゃあく》な道具《どうぐ》となってはなりません。

必要なのは、開《ひら》かれた精神性《せいしんせい》をもった「対話《たいわ》」であり、その土台《どだい》となる教育ではないでしょうか。私たちの運動も、そこに力点《りきてん》を置いてきました。ともに、自《みずか》らの人格《じんかく》を絶《た》え間《ま》なく向上《こうじょう》させゆく「人間革命」の実践を重視しています。人間のための宗教――この原点《げんてん》は、絶対に変えてはならないと思っております。

私どもが信奉《しんぽう》する日蓮大聖人《にちれんだいしょうにん》は、一二六〇年（文応《ぶんおう》元年）七月、諫暁《かんぎょう》の書《しょ》「立正安国論《りっしょうあんこくろん》」を、当時の鎌倉幕府《かまくらばくふ》の最高権力者・北条時頼《ほうじょうときより》[26]に宛《あ》てて提出しました。その後も大聖人自身《じしん》が幾度《いくど》も同《どう》書《しょ》を書写《しょしゃ》し、後《のち》には加筆《かひつ》をするなど、日蓮仏法《にちれんぶっぽう》における最重要の書です。

前にもふれましたが[27]、「立正安国」――「正《しょう》を立《た》てて国《くに》を安《やす》んずる」という題号《だいごう》そのものから、大聖人の理想《りそう》と確信《かくしん》が伝わってきます。

改めて申し上げると、「立正《りっしょう》」とは、正しい生命尊厳《せいめいそんげん》の思想・哲理《てつり》を人間の行動の中心、社会の根本《こんぽん》に据《す》えることです。すなわち、人間に具《そな》わる悪《あく》の生命――魔性《ましょう》や獣性《じゅうせい》とも言《い》い換《か》えられます——を統御《とうぎょ》し、内なる善を確立《かくりつ》することであり、胸中《きょうちゅう》に慈悲《じひ》や共生《きょうせい》の智慧《ちえ》を発現《はつげん》していくことです。現代的に表現すれば「人間革命」ともいえましょう。

　ここには「立正」を土台としてこそ、「安国《あんこく》」すなわち社会の安穏《あんのん》、民衆の幸福という目的も達成《たっせい》されるという道理《どうり》が示されています。繰り返すようですが、これは貴国の英知《えいち》が志向《しこう》していた「修身《しゅうしん》、斉家《せいか》、治国《ちこく》、平天下《へいてんか》」という思想と、まさに同じ方向性《ほうこうせい》をもっているといえるでしょう。

　さらに、「一身《いっしん》の安堵《あんど》を思《おも》わば先《ま》ず四表《しひょう》の静謐《せいひつ》を禱《いの》らん者《もの》か」(28)と同書《どうしょ》には記《しる》されています。「四表の静謐」とは、世の中が穏《おだ》やかに治《おさ》まることです。わが身の幸福を願うならば、地域、社会の安泰《あんたい》を実現《じつげん》しなければならないというのです。

中国伝統文化の核心は「人を愛す」こと

顧　貴国の日蓮大聖人が当時の幕府に諫言《かんげん》し、法華経《ほけきょう》を勧《すす》めたのは、衆生《しゅじょう》を救うためでした。心を正してこそ、国は安定して立つことができるという思想は、たしかに、中国の「修身、斉家、治国、平天下」の思想と、ある部分では類似《るいじ》する点があると思います。

　中国の儒教《じゅきょう》の学説《がくせつ》も、人を以《もっ》て本《ほん》となし、人に善をなすことを勧めています。孔子の思想の核《かく》心《しん》は、ただ「仁《じん》」の一字《いちじ》に尽《つ》きます。

『論語』では「仁」を説いているところが、百四箇所もあります。「仁」とは、総括的《そうかつてき》にいえば、

「仁者《じんしゃ》は人を愛《あい》す」ことに、その本質《ほんしつ》があるといえるでしょう。孔子いわく、「弟子《ていし》入《い》りては則《すなわ》ち孝《こう》、出《い》でては則ち弟《てい》、謹《つつし》みて信《しん》、汎《ひろ》く衆《しゅう》を愛して仁に親《した》しみ」（世《よ》の若者たちは、家庭にあっては父母に対して子供らしく振舞《ふるま》い、世間《せけん》に出ては目上《めうえ》に対しておとなしくありたい。そして、素直《すなお》に慎《つつし》んで行動し、言葉に信実《しんじつ》があるようにする。まただれかれの分《わ》けへだてなく広く人を愛すべきだが、特に仁徳《じんとく》の人に親しみ近づいてその影響《えいきょう》をうけるようにせよ）と。(29)

孔子が列国《れっきょう》を周遊《しゅうゆう》したのは、「仁」の一字を広め、各国の君主《くんしゅ》に周《しゅう》代の礼節《れいせつ》を取り戻し、民《たみ》に仁の政治を施《ほどこ》し、和諧《わかい》（調和）の社会を築くことを勧めるためでした。

孟子もまた、仁《じん》、義《ぎ》、礼《れい》、智《ち》の四つの道徳規範《どうとくきはん》が人の本性《ほんしょう》であるとしました。

さらに、先ほど池田先生もあげられましたが、墨子《ぼくし》は「兼愛《けんあい》」つまり親疎《しんそ》の別《べつ》なく、すべての人々を愛することを説きました。

こうした点からも明《あき》らかなように、中国の伝統文化《でんとうぶんか》においては、「人を愛すること」が核心をなしており、「人を愛すること」とは、つまり平和を意味します。したがって、平和思想は中国人の心のなかに深く染《し》み込《こ》んでいるといえるでしょう。

池田　「人を愛すること」——顧先生が自《みずか》ら教育現場で示してこられた信条《しんじょう》そのものでもありますね。思想は、それを体現《たいげん》する模範《もはん》の存在《そんざい》があって、不朽《ふきゅう》の輝《かがや》きを放《はな》っていくものです。

その意味でも、多くの後継《こうけい》を育てた孔子はやはり、行動《こうどう》の人《ひと》であったのだと感銘《かんめい》します。また、

「仁」の一字に深き哲理《てつり》を凝結《ぎょうけつ》したことで、その教えは万人《ばんにん》の行動規範《こうどうきはん》となりえたのではないでしょうか。その点にも、人類《じんるい》の教師《きょうし》の大《おお》いなる英知《えいち》を感じます。

日蓮大聖人は、その御生涯《ごしょうがい》を通して、「立正安国」の実践《じっせん》を貫《つらぬ》き通《とお》されました。「立正安国論」は、私たちの平和運動の永遠《えいえん》の指針《ししん》となっています。たんに座《ざ》して仏法を学べば「立正」を達成できるのではなく、社会の太平《たいへい》を祈《いの》り、自身の足下《そっか》から行動を起こしていくべきだという、ダイナミックな実践論を私たちは胸《むね》に刻《きざ》んできました。

なお、大聖人は同書のなかで、「国」を意味する文字として、国構《くにがま》えに玉や或と書く字（国、國）の代わりに民と書く字（囻）を多く用いました。[30] そこにも民衆が社会の根本であるとの思想があります。「立正安国」の精神は、時代や場所の制約《せいやく》を超《こ》え、世界の民衆の幸福と平和実現に益《えき》するものであると確信しております。

3 環境教育と平和

顧 現在の世界が太平《たいへい》でないのは、一部の国家、一部の人々が独占的《どくせんてき》に世界のトップになろうとし、自分の価値観《かちかん》を人々に押《お》し付《つ》けているからにほかなりません。

彼らは同時に、利《り》に目がくらんで道義《どうぎ》を忘れ、資源《しげん》を争奪《そうだつ》し、自分独《ひと》りの利益のために、他の民族を塗炭《とたん》の苦《くる》しみのなかに陥《おとしい》れても顧《かえり》みようとはしません。このようなわけで、世界平和を希《き》求《きゅう》するには「和《わ》して同《どう》ぜず」に〝両者の勝利《りょうしゃのしょうり》〟を求めていく必要があります。

経済のグローバル化は全人類を一艘《いっそう》の船に縛《しば》りつけてしまいました。互《たが》いに助け合い、人類が遭遇《そうぐう》するさまざまな危機《きき》をともに克服《こくふく》していってこそ、人類は滅亡《めつぼう》に至《いた》らずにすむのではないでしょうか。

「万民が自己を開花」できてこそ「平和」

池田　そのとおりだと思います。創価教育《そうかきょういく》の父《ちち》である牧口《まきぐち》初代会長は、世界は軍事《ぐんじ》的《てき》・政治《せいじ》的・経済《けいざい》的競争《きょうそう》の時代から、「人道《じんどう》的競争」の時代へと移るべきだと訴《うった》えました。そして、個人においても、社会においても、自己《じこ》を益《えき》するためだけでなく、「他《た》の為《た》めにし、他を益しつゝ自己も益する方法」の選択《せんたく》が必要であると主張しました。(31)
経済力や、軍事力といったハード・パワーの拡大《かくだい》競争が、人々を幸福にするのかといえば、決してそうではない。では、いかにして人々を幸福にし、平和をもたらすか――。こうした点で皆《みな》が競《きそ》い、ともに益しゆく〝ウィン・ウィン〟(皆が勝者となる)の時代を、牧口会長は展望《てんぼう》したといえます。

それでは、幸福な社会、平和な社会とはどんな状態をいうのでしょうか。そこから、少し考えてみたいと思います。

「立正安国論」のなかに、社会の理想的状態《りそうてきじょうたい》の一つとして、「四表《しひょう》の静謐《せいひつ》」と綴《つづ》られていることは、先ほどご紹介しました。「四表」とは東西南北のことで、近くは身《み》の回《まわ》りの地域、遠くは世界をも含意《がんい》します。「静謐」は静かで平穏《へいおん》な様子《ようす》をいいますから、「四表の静謐」とは、社会の安《あん》穏《のん》、世界の平和をも意味するといえるでしょう。

また、同書《どうしょ》では、「立正安国」が実現した理想の社会像《しゃかいぞう》として「羲農《ぎのう》の世《よ》」「唐虞《とうぐ》の国《くに》」があげられています。羲農の世とは、中国古代の伏羲《ふっき》と神農《しんのう》の時代のことです(32)。伏羲は網《あみ》を作って民衆に漁猟《ぎょりょう》を教え、神農は農耕《のうこう》を人々に授《さず》けたとされる伝説《でんせつ》の帝王《ていおう》です。つまり、生活環境に恵《めぐ》まれ、人々が豊《ゆた》かに暮《く》らせる世の中の状態が、羲農の世であるととらえられます。日蓮大聖人は「立正安国」が実現したとき、「吹《ふ》く風枝《かぜえだ》をならさず雨壌《あめつちくれ》を砕《くだ》かず、代《よ》は羲農《ぎのう》の世《よ》(33)」となる、とも述《の》べています。

唐虞は、『論語』にもその名が見られます。

「舜《しゅん》には賢臣《けんしん》が五人あって、天下がよく治《おさ》まった。武王《ぶおう》は、『私には天下をよく治める臣下《しんか》が十人ある』といった。これについて孔子が言うには、世間《せけん》では人材を得ることは困難《こんなん》であるといっているが、まことにその通りではなかろうか。堯《ぎょう》の治《おさ》めた唐《とう》の時代、舜の治めた虞《ぐ》の時代は、斯《これ》より、すなわち、周《しゅう》の武王の時代より盛《さか》んである(34)」

すなわち、孔子が模範《もはん》と仰《あお》いだ武王の周の国よりも有為《ゆうい》な人材が豊富にいるのが唐虞であるというのです。

このように、日蓮大聖人が抱《いだ》いた平和の理想は、たんに武力による戦乱《せんらん》がない状態ではなく、生活環境が充実《じゅうじつ》し、自然環境と調和《ちょうわ》し、人々が自身の能力を生き生きと開花《かいか》できる社会であったといえます。

ところで「立正安国論」は、一二五七年（正嘉《しょうか》元年）に起こった「正嘉の大地震《じしん》(35)」を直接の機《き》縁《えん》として執筆《しっぴつ》された書です。

「天変地夭《てんぺんちよう》・飢饉疫癘《ききんえきれい》・遍《あまね》く天下《てんか》に満《み》ち広《ひろ》く地上《ちじょう》に迸《はびこ》る牛馬巷《ぎゅうばちまた》に斃《たお》れ骸骨路《がいこつみち》に充《み》てり死《し》を招《まね》くの輩《ともがら》既《すで》に大半《たいはん》に超《こ》え悲《かなし》まざるの族《やから》敢《あえ》て一人《いちにん》も無《な》し(36)」と、同書の冒頭《ぼうとう》に、塗炭《とたん》の苦《くる》しみにあえぐ民衆の様子が綴《つづ》られています。これは遠い過去の物語ではなく、今も自然災害《さいがい》や紛争《ふんそう》、内戦《ないせん》、貧《ひん》困《こん》や飢餓《きが》、また環境問題などが私たち人類を脅《おびや》かしています。

東日本大震災《ひがしにほんだいしんさい》では、深刻《しんこく》な原発事故《げんぱつじこ》も起きました。被災者《ひさいしゃ》の救済《きゅうさい》に国をあげて全力を尽《つ》くしていかねばなりません。さらに、安全性《あんぜんせい》を厳《きび》しく検証《けんしょう》しつつ、今後のあり方を検討《けんとう》していくことが求められています。私が本年（二〇一二年）一月に発表した提言《ていげん》では、原発に頼《たよ》らないエネルギー政策《せいさく》への転換《てんかん》も提唱《ていしょう》しました。

ともあれ、広義《こうぎ》の自然環境との調和がなくては、これからの人類社会の安定的《あんていてき》な発展《はってん》はあり得ませんし、ひいては永続的《えいぞくてき》な平和の実現《じつげん》もあり得ないでしょう。

顧 池田先生は、平和から環境へと展開《てんかい》されましたが、たしかに平和と環境とは密接《みっせつ》な関係があります。調和（和諧《わかい》）した環境があってはじめて人類は平和を実現できます。ここでの調和とは、人間と自然との調和であり、人間と人間の調和を意味します。

科学技術の急速《きゅうそく》な進歩《しんぽ》により、人類には豊かな物質的富《ぶっしつてきとみ》がもたらされましたが、それと同時に深刻な環境汚染《かんきょうおせん》も引き起こされました。

人類の環境への認識《にんしき》は非常に立《た》ち遅《おく》れ、産業革命《さんぎょうかくめい》から二百余年もの間、環境破壊《はかい》について、意外なことに誰も気づかずにいたのです。

一九八〇年代後半《こうはん》に入って、ようやく有識者《ゆうしきしゃ》により、環境問題は前面《ぜんめん》に押し出されてきました。このとき、地球の上空にはすでにオゾン層《そう》の空洞《くうどう》が現れ(37)、地球気候の温暖化現象《おんだんかげんしょう》などがほしいままに襲《おそ》うようになりました。人類は生存《せいぞん》の脅威《きょうい》を感じ、そこで環境問題を重視《じゅうし》し始めるようになったのです。

今回の日本の放射性物質《ほうしゃせいぶっしつ》の漏出《ろうしゅつ》は、より一層《いっそう》、人類に警鐘《けいしょう》を鳴《な》らし、人々に大自然に畏敬《いけい》の念《ねん》をもつよう警告《けいこく》を発《はっ》することになりました。

人類は大自然の中で生活する、大自然の一構成要素《いちこうせいようそ》です。人類は自然を利用《りよう》し、自然を改造《かいぞう》し、自《みずか》らの生存と発展のために役立《やくだ》たせています。だからこそ、人類は必ず自然の発展の規律《きりつ》を理解し、自然の発展の規律を破壊しないという前提《ぜんてい》のもとで、自然を利用し、自然を改造しなければなりません。

中国の環境思想――天人合一

池田　貴国《きこく》が総力《そうりょく》をあげて推進《すいしん》する「和諧社会《わかいしゃかい》（調和社会）」の建設について、二〇〇六年の中国共産党中央委第六回会議（第十六期六中全会）で、二〇二〇年までの目標が発表されました。

その項目《こうもく》として、〝都市と農村、地域間の発展格差《はってんかくさ》の解消《かいしょう》〟〝良好な道徳的風潮《どうとくてきふうちょう》、調和の取れた人間関係の醸成《じょうせい》〟などに続き、「資源《しげん》の利用効率《りようこうりつ》を顕著《けんちょ》に向上《こうじょう》し、環境問題を顕著に好転《こうてん》させる」と謳《うた》われています。(38)

貴国にあっては、人口が二〇三〇年には十四億《おく》人以上にまで増加すると予測《よそく》されており、(39)急速な経済発展も相俟《あいま》って、自然環境へのさらなる負荷《ふか》が憂慮《ゆうりょ》されていると聞いています。温室効果《おんしつこうか》ガスや廃棄物《はいきぶつ》の排出《はいしゅつ》のみならず、人口増にともなう水資源《みずしげん》の逼迫《ひっぱく》なども考えられるでしょう。

日本でも戦後の高度経済成長にともない公害問題《こうがいもんだい》が噴出《ふんしゅつ》し、今なお苦しまれている被害者《ひがいしゃ》の方々も多くおられます。また、地球温暖化《ちきゅうおんだんか》への対策《たいさく》は、当然、喫緊《きっきん》の課題《かだい》になっています。さらに過疎化《かそか》による里地《さとち》里山《さとやま》の荒廃《こうはい》なども深刻化《しんこくか》しています。

中国の教育現場で、環境教育はどう構想《こうそう》され、どう実施《じっし》されているでしょうか。また、どんな課題があるでしょうか。環境の分野《ぶんや》は、日本の教育でも力を入れていくべき問題です。

顧 中国では生産を発展させ一日も早く貧困《ひんこん》から脱却《だっきゃく》するため、多くの地方では、工業とくに化学工業を発展させた結果、河川《かせん》や湖沼《こしょう》の汚染《おせん》、森林破壊《しんりんはかい》がもたらされました。

一九九〇年代初めになって、そのことをようやく自覚《じかく》しはじめ、政府が乗り出し、汚染の処理《しょり》、環境の保全《ほぜん》に着手《ちゃくしゅ》したのです。とくに二〇〇八年、北京で開催《かいさい》されたオリンピックと連動《れんどう》して、環境保全の重要性を大々的《だいだいてき》に宣伝したことは、市民《しみん》の意識《いしき》を高めました。

それと同時に、環境教育も重視されはじめ、学校のカリキュラムに組み込まれました。ある地方では、現地の自然、農工業生産の状況と結びつけ、環境教育の内容を現地の教材や学校の教材として、編集・執筆《しっぴつ》したところもありました。

しかし、中国はまだ発展途上国《はってんとじょうこく》であり、工業化《こうぎょうか》も未完成《みかんせい》であり、都市化《としか》も現在、加速度的《かそくどてき》に進められているところです。また、現在、人口は十三億六千万人に達《たっ》しましたが、依然《いぜん》として伸《の》び続けています。

環境汚染の問題はきわめて深刻《しんこく》であり、国民の環境保護《ほご》の意識《いしき》もまだ低く、たとえば、都市のゴミ分別処理《ぶんべつしょり》も非常に困難《こんなん》な状況です。

政府はより一層《いっそう》、力を入れる必要があります。中国共産党第十七回大会（二〇〇七年）では、資源《しげん》を節約《せつやく》した、環境にやさしい社会の建設が提出されました。政府はすでに「京都議定書《きょうとぎていしょ》」の枠組《わくぐ》みにしたがって、排出量削減《さくげん》、省エネ計画を策定《さくてい》しています。

他方で、環境教育は、さらに強化する必要があります。子どもたちに対しては、小さいときから環境保護の重要性を認識《にんしき》させ、それと同時に、一般市民に対しても、環境保護の教育を強化する必要があります。

文明《ぶんめい》都市の建設《けんせつ》を進めるとともに、環境保全に取り組み、美《うつく》しく、快適《かいてき》で、住みやすい都市にしていかなければなりません。いずれにせよ、環境教育は長期にわたる課題《かだい》です。環境保全に真剣に取り組み、人類生存《じんるいせいぞん》の〝ふるさと〟を護《まも》っていく任《にん》は重く、その道のりは長いといえます。

池田　世界《せかい》の大国《たいこく》たるがゆえの大事業《だいじぎょう》です。

貴国の人々は、環境と人間の関係をどのようにとらえてきたか。私は、国学者《こくがくしゃ》の季羨林《きせんりん》先生やドゥ・ウェイミン教授らと、貴国の「天人合一《てんじんごういつ》」の思想についても語り合ったことを思い起こします。

「天《てん》」は、いにしえの中国より、人々の世界観《せかいかん》を示す重要な概念《がいねん》でありました。たとえば、天《てん》命《めい》を受けた天子《てんし》が徳《とく》を失《うしな》うと、天命もあらたまり、新《あら》たな王朝《おうちょう》が始まるという易姓革命《えきせいかくめい》の思想は日本でもよく知られています。「天」は、このように人格神《じんかくしん》的性格を帯《お》びたイメージが強かったものの、次第に自然界の道理《どうり》といった非《ひ》人格的な意味を帯びていったようですね。

季羨林先生は端的《たんてき》に、「『天』とは大自然のことで、『人《じん》』とは人間のことです。『合《ごう》』とはたがいに理解し、友誼《ゆうぎ》を結び、たがいに敵対《てきたい》しないこと」と述《の》べられ、「人間と自然界が矛盾《むじゅん》にあふれることは、避《さ》けられないことですが、矛盾があるからこそ、それを解決しなければならない。矛盾が解決されれば、調和《ちょうわ》に到達《とうたつ》できるのです」と語っておられました。(40)

一方、儒教《じゅきょう》ルネサンスの旗手《きしゅ》であるドゥ・ウェイミン教授は、「中国思想の精華《せいか》が、『大同思想《だいどうしそう》』であり、儒教の『天人合一』の哲学である」と指摘《してき》し、「『天人合一』における『人』は、絶対者《ぜったいしゃ》に従属《じゅうぞく》する〝被創造物《ひそうぞうぶつ》〟ではなく、宇宙《うちゅう》と自然に創造的《そうぞうてき》かつ積極的に関《かか》わる〝共同創造者《きょうどうそうぞうしゃ》〟なのです」と述べられました。(41)

世代《せだい》も、歩《あゆ》んできた歴史も異《こと》なる二人の思想家が、伝統《でんとう》の「天人合一」の思想から、かくも豊《ゆた》かな智慧《ちえ》を引き出されている。自然を畏敬《いけい》しながらも、人間の大《おお》いなる可能性《かのうせい》に確信《かくしん》をもち、粘《ねば》り強《づよ》く課題に立ち向かうことが、環境問題の解決には不可欠《ふかけつ》なのではないでしょうか。

顧　中国においては、古来《こらい》、「天人合一」の思想がありました。中国人は、古くから人間と自然は調和し、共存《きょうそん》しなければならないことを認識《にんしき》しており、それを最高《さいこう》の道徳基準《どうとくきじゅん》としていました。

『易経大伝《えききょうだいでん》』のなかには、次のようにあります。「天地《てんち》有《あ》りて、然《しか》る後《のち》に万物《ばんぶつ》有り。万物有りて、然る後に男女《だんじょ》有り。男女有りて、然る後に夫婦《ふうふ》有り」〈天地（乾坤《けんこん》）があって万物がはじめて生《しょう》じる。

万物があれば、そのなかに人は含《ふく》まれており、こうして男女の性別《せいべつ》が生じる。男女があれば、ここに夫婦の関係《かんけい》が成立《せいりつ》することになる[42]〉

また老子《ろうし》は次のように説きました。

「道《みち》は大《だい》なり。天《てん》は大なり。地《ち》は大なり。王《おう》も亦《また》大なり。域中四大《いきちゅうしだい》有り。而《しか》して王も其《そ》の一《いつ》に居《お》る。人は地に法《のっと》り、地は天に法り、天は道に法り、道は自然に法る」〈道は大《だい》である……天は大きい存在だ。地は大きい存在だ。そして王もまた大きい存在だ。国の中にはこの四つの大きい存在があり、王もその一つにいる。（だがこの四大の間には秩序《ちつじょ》があって）人は地にのっとり、地は天にのっとり、天は道にのっとっている。（ただ道だけは最初からあり、天地《てんち》万物《ばんぶつ》を支配《しはい》している絶対《ぜったい》の存在《そんざい》であるから、他にのっとるということはない。すなわち）道は自然、ありのままを則《のり》とするのだ。（従《したが》って人の窮極的にのっとるべき対象《たいしょう》は道であり、自然であれということになる）〉[43]

このように、老子が説く「道」とは基本法則《きほんほうそく》であり、基本法則も必ず自然の発展の規律《きりつ》を遵守《じゅんしゅ》し、天《てん》・地《ち》・人《じん》は皆、自然を尊重《そんちょう》することを強調《きょうちょう》しています。

そして宋《そう》代の思想家である張載《ちょうさい》は、明確に「天人合一」という命題《めいだい》を提起し、人間は自然の一部であり、人間と自然は調和しながら発展していかなければならないと考えたのです。

仏教の環境思想――依正不二・一念三千

池田　「天人合一」の概念《がいねん》について、改めて原典《げんてん》から説き起こしていただきました。

牧口初代会長が、人間と環境の深い関係性《かんけいせい》を論《ろん》じた大著《たいちょ》『人生地理学《じんせいちりがく》』を発刊《はっかん》したことは、これまでもふれてきました。

地理学研究における牧口会長の問題意識《もんだいいしき》は次のようなものでした。「周囲《しゅうい》の各要素《かくようそ》を如何《いか》にして観察《かんさつ》するかの問題是《これ》なり。吾人《ごじん》は之《これ》を『地と人とは如何に交渉《こうしょう》するものなるか』の事実を確《たし》むるによりて解決するを得《う》べし」(44)。自然と人間という両者《りょうしゃ》の相互《そうご》に影響《えいきょう》し合う不可分《ふかぶん》な関係を前提《ぜんてい》としていたのです。

この著作《ちょさく》は、牧口会長が日蓮仏法《にちれんぶっぽう》と出あう以前に書かれたものですが、仏法と深く通じる思想《しそう》性《せい》があります。すなわち、日蓮大聖人は、「依正不二《えしょうふに》なり身土不二《しんどふに》なり」(45)と綴《つづ》られています。「依正」とは「依報《えほう》」と「正報《しょうほう》」のことで、「正報」「身《しん》」は生命活動を営《いとな》む主体《しゅたい》・人間《にんげん》のこと、「依報」「土《ど》」はその身がよりどころとする環境《かんきょう》・国土《こくど》のことです。この両者は別々《べつべつ》ではなく根源《こんげん》において「不二《ふに》」であるというのです。

また、「衆生《しゅじょう》の心《こころ》けがるれば土《ど》もけがれ心清《こころきよ》ければ土《ど》も清《きよ》し」(46)とも記《しる》されています。人間と環境を分断《ぶんだん》されたものとしてとらえるのではなく、人間が主体的に、より良き環境世界を築くべきであると促《うなが》しているのです。まさに、儒教の「天人合一」と深く響《ひび》き合う思想です。

日蓮大聖人は、前にも少しふれた、天台大師《てんだいだいし》が法華経《ほけきょう》を基礎《きそ》として打ち立てた「一念三千《いちねんさんぜん》」の法門《ほうもん》を活用《かつよう》しておられます。一念三千は、衆生の生命（一念）に三千の諸法《しょほう》（現象世界《げんしょうせかい》のすべて）が収《おさ》まり、具足《ぐそく》していることを示す法理《ほうり》ですが、この三千諸法には「国土《こくど》」（衆生の住む環境）も包含《ほうがん》されています。すなわち、有情《うじょう》（人間など感情・意識《いしき》をもつ者）と非情《ひじょう》（意識や感情をもたない草木国土《そうもくこくど》）の連関性《れんかんせい》を明《あ》かした法理です。

したがって、「仏界《ぶっかい》」は有情、非情の生命に広くわたっています。天台宗《てんだいしゅう》の中興《ちゅうこう》の祖《そ》、妙楽《みょうらく》も「法身《ほっしん》は遍《へん》ずと許《ゆる》す、何《なん》ぞ無情を隔《へだ》てんや」と述べています。[47] 仏《ほとけ》の生命《せいめい》そのもの（法身）が、有情に止《とど》まらず、無情にも遍《あまね》く広がっていると述べているのです。

仏法のような、衆生（有情）と草木国土（非情）が分《わ》かち難《がた》く結びついていると見る共生《きょうせい》の思想は、地球社会の持続可能性《じぞくかのうせい》を守る上で大いなる示唆《しさ》を与えていくと確信《かくしん》します。

現代社会は人間と自然の関係性《かんけいせい》も忘《わす》れ、ひたすら自然を開発し続け、異常気象《いじょうきしょう》や温暖化《おんだんか》などを招《まね》いてしまいました。今こそ、共生の思想を時代精神《じだいせいしん》にまで高めていく必要があります。

「地球の一員」の自覚をもたせる教育

顧　創価学会の創立者《そうりつしゃ》である牧口初代会長が一九〇三年に出版された『人生地理学』は、私も読ませていただきました。

以前、池田先生がそのことにふれられたので、北京師範《しはん》大学の図書館へ借りに行ったところ、図書館側では、一九〇七年の中国語版は、優《すぐ》れた古籍《こせき》として所蔵《しょぞう》されており、図書館内でしか閲《えつ》覧《らん》できず、貸出は行っていないとのことでした。しかし二〇〇四年、復旦《ふくたん》大学の陳莉《ちんり》、易凌峰《いりょうほう》の両先生が翻訳《ほんやく》出版された新版の書《しょ》は借りてくることができました。そのなかには、池田先生が二〇〇二年の英語版のために寄《よ》せられた序文《じょぶん》も収《おさ》められていました。

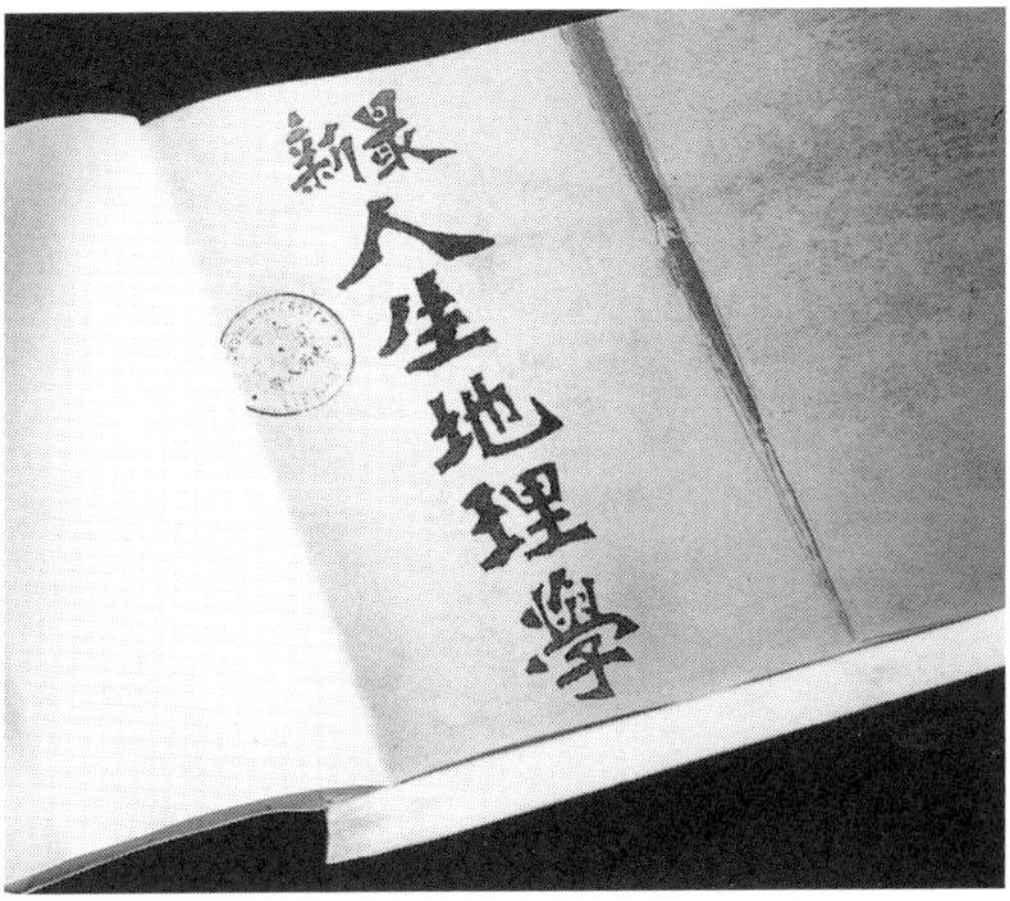

『人生地理学』の中国語版（複製）。1907年（光緒33年）発行。翻訳は「世界語言文字研究会」。千頁に及ぶ原著の全訳で、豊富な地図・表・挿絵なども収められている。中国語版には、編者の異なる1906年版や1909年版もあり、同著への高い評価がうかがえる

同書を拝読《はいどく》し、大変勉強になりました。

これはたんに人間と環境について論《ろん》じられた地理学の書であるだけでなく、人生《じんせい》の百科全書《ひゃっかぜんしょ》であり、〝人生教育学〟の書であると思います。この本は、地球上の山脈、大河、海洋、陸地を平易《へいい》に紹介するだけでなく、いたるところで人生と結びつけ、社会、人と国家の関係にまで論及《ろんきゅう》されており、

旧式《きゅうしき》の教育に対しても批判《ひはん》をしています。

牧口先生は次のように述べています。「無限《むげん》の材料が其間《そのかん》に森羅《しんら》するを発見すべし。……吾等《われら》多数の凡人《ぼんじん》が此深趣《このしんしゅ》ある基礎的観察を怠《おこた》りて、たゞ書籍にのみ維《こ》れ拘《かか》はり(48)」

この本は、百年あまり前に書かれたものですが、今なお、親《した》しみを感じさせ、依然《いぜん》として重要な教育的意義《いぎ》をもっていると思います。

この本を読ませていただき、一九九二年、福島大学附属小学校を訪問《ほうもん》した折《おり》のことが思い起こされました。私は福島県を四度訪《おとず》れたことがあり、そこには大勢《おおぜい》の友人もいました。福島県の美しい風景《ふうけい》、文化教育を今も印象深《いんしょうぶか》く覚《おぼ》えております。

同校では、「地理科」を「地球科《ちきゅうか》」と改《あらた》めて取り組んでいました。

私は、両教科はどう違うのかと教師に尋《たず》ねたところ、「以前の地理科は客観的《きゃっかんてき》に地理的現象《げんしょう》を教えるだけでしたが、現在の地球科は人間を地球の一員《いちいん》として、人間と地球を結びつけ、人間は地球を守らなければならないと教えています」との答えが返ってきました。

その日、三年生の子どもたちは自分たちが創作《そうさく》した環境保護《かんきょうほご》の寸劇《すんげき》を上演《じょうえん》してくれ、強い印象を受けました。これは日本の文部省（当時）からモデルケースとして特別に認可《にんか》されたものだったそうです。このような改革《かいかく》はその後、広く推進《すいしん》されたのでしょうか。あの学校は大震災《だいしんさい》による損壊《そんかい》は免《まぬか》れたのでしょうか。今も気がかりです。遠くから彼らの無事《ぶじ》を祈《いの》っております。

池田　『人生地理学』を手に取っていただき、感激《かんげき》です。牧口先生も、そして世界に師《し》の哲学《てつがく》を広《ひろ》めることを宿願《しゅくがん》されていた戸田先生も、どれほどお喜びでしょうか。

また、今もなお苦境《くきょう》のなかにある福島県の子どもたちに思いを馳《は》せていただき、顧先生の幾重《いくえ》にも温《あたた》かな慈愛《じあい》のお心が改めて胸に染《し》み入《い》ります。地元《じもと》の方におうかがいしたところ、ご心配いただいた福島大学附属小学校は、先《さき》の大震災では大きな被害《ひがい》はなく、放射性物質《ほうしゃせいぶっしつ》の除染《じょせん》も済《す》み、児童《じどう》は元気に学んでいるようです。

また「地球科」に関してですが、これは文部省（当時）の指定を受けて、三年間にわたって理科・社会科・家庭科を「地球科」と「人間科《にんげんか》」に、図工・音楽を「表現科《ひょうげんか》」として実験的に取り組んだものでした。この試《こころ》みそのものは三年間で終了しましたが、その後、二〇〇〇年（平成十二年）から、全国の小学校で「総合的な学習の時間」が順次実施《じゅんじじっし》されています。

福島大学附属小学校では、この「総合的な学習の時間」のなかで——たとえば、地元の火山である吾妻山《あづまやま》を通して地球全体の営《いとな》みを学んでいくといったように——「地球科」の経験《けいけん》が生《い》かされているようです。

ともあれ、福島県出身で日中友好にも尽力《じんりょく》した詩人《しじん》・草野心平《くさのしんぺい》は謳《うた》っております。

「組み合ひたい腕《かいな》は組み合はさなければならない
　万倍《まんばい》の力は万倍の人間からくる」

「友よ　朗《ほが》らかであらう
　苦しみが俺達《おれたち》を結びつける」と。(49)
変わらず心を寄《よ》せてくださる顧先生をはじめ世界の皆様《みなさま》の御支援《ごしえん》は、福島の方々にとっても朗《ほが》らかな春の日を迎えゆくための万倍の力となっていくことでありましょう。

4　東アジアを平和の模範地域に

「共生のエートス」脈打つ文化

池田　ここまで、孫文《そんぶん》先生の思想《しそう》や儒教《じゅきょう》、「天人合一《てんじんごういつ》」など中国の伝統《でんとう》思想、さらに日蓮大聖人の「立正安国《りっしょうあんこく》」の思想などを通して、日中両国《にっちゅうりょうこく》の精神的伝統《せいしんてきでんとう》や文化には、平和と共生《きょうせい》の社会を創造《そうぞう》する鍵《かぎ》となる発想《はっそう》があることを見てまいりました。
　私は、こうした精神文化は、中国と日本のみならず、漢字文化圏《かんじぶんかけん》を形成《けいせい》する東アジア一帯《いったい》にも共通していえるものではないかと考えます。

この点について、私は一九九二年に、貴国《きこく》の中国社会科学院《しゃかいかがくいん》で「21世紀と東アジア文明」と題《だい》し、講演《こうえん》を行いました。[50] そこで強調《きょうちょう》したのは、「共生《きょうせい》のエートス（道徳的気風《どうとくてききふう》）」と表現できる、東アジア地域の文化、精神性を特徴《とくちょう》づけるものがあるという点でした。「共生のエートス」とは、対立《たいりつ》よりも調和《ちょうわ》、分裂《ぶんれつ》よりも結合《けつごう》、〝われ〟よりも〝われわれ〟を基調《きちょう》に、人間同士《にんげんどうし》が、また人間と自然とが、ともに生き、支《ささ》え合いながら、ともどもに繁栄《はんえい》していこうという心的傾向《しんてきけいこう》のことです。調和を促《うなが》す「共生のエートス」が脈打《みゃくう》つ社会で育った人間は、いわば自分中心のエゴを基調とした生き方ではなく、相手を尊重《そんちょう》し、讃《たた》え、協力《きょうりょく》し合うことを大切にする人格《じんかく》をもつようになるでしょう。

　こうした「共生のエートス」を育《はぐく》んだ思想的基盤《きばん》は、古来《こらい》、東アジアの各国《かっこく》・地域に営々《えいえい》と受《う》け継《つ》がれてきた、儒教、大乗仏教《だいじょうぶっきょう》などの精神文化や伝統思想《でんとうしそう》にあるといえましょう。

　すでにふれたように、孫文先生が理想とされた「大同《だいどう》の治《ち》」にしても、あるいは「天人合一」の思想にしても、自己《じこ》と他者《たしゃ》、〝われ〟と〝われわれ〟、人間と自然などを対立的に見るのではなく、それぞれが共存《きょうそん》し、調和していく方向が明確《めいかく》にあります。これらが、儒教をはじめとした中国の伝統思想に根差《ねざ》していることは言うまでもありません。

　さらに仏教は「縁起《えんぎ》」、つまり、あらゆる事象《じしょう》は「縁《よ》りて起《お》こる」――さまざまな原因《げんいん》と条件《じょうけん》が相互《そうご》に関連《かんれん》し合って生《しょう》じているととらえます。これは万象《ばんしょう》の根源《こんげん》を唯一《ゆいいつ》の創造神《そうぞうしん》などに帰《き》する考え方とは大きく異《こと》なります。縁起の思想から見れば、万物《ばんぶつ》は結《むす》び合い、支《ささ》え合い、分《わ》かちがたく影響《えいきょう》し合っているのです。

これらの思想は、東アジアの人々の「共生のエートス」を育む精神的な大地《だいち》となってきましたし、未来に向かって相続《そうぞく》すべき重要な精神的財産《ざいさん》であると思います。

前に顧先生は「東アジア諸国《しょこく》は、団結《だんけつ》して世界平和に貢献《こうけん》しなければなりません」と言われましたが、[51] 私も幾度《いくど》となく、日本、中国、韓国などによる「東アジア共同体《きょうどうたい》」の構築《こうちく》を提言《ていげん》するとともに、信頼《しんらい》と友情《ゆうじょう》の拡大《かくだい》のために私なりに行動してきました。

東アジア地域の発展は、世界の平和と安定《あんてい》と繁栄《はんえい》に大きく寄与《きよ》すると思うからです。

顧　先に語り合った環境と平和にも関連《かんれん》しますが、望《のぞ》ましい生態環境《せいたいかんきょう》がなければ平和はなく、その反対に、平和がなければ望ましい生態環境もありません。もし戦争に明《あ》け暮《く》れていたとしたら、望ましい生態環境など、どこからもたらされるというのでしょう。

中国古代《こだい》の思想の「天人合一」にせよ、孫文先生の「三民主義」、あるいは、日蓮大聖人の「立正安国論」にせよ、いずれも平和を提唱《ていしょう》しているものばかりです。これらの偉人《いじん》たちの思想は中国と日本の両国に影響を及ぼしただけでなく、東アジア文化圏《ぶんかけん》全体にまで影響を及ぼしました。

繰り返すようですが、東アジア文化圏の価値観《かちかん》と西洋文化《せいようぶんか》のそれとは異《こと》なっています。私たちが教育を研究するにあたっては、教育の基礎《きそ》を定《さだ》める文化的背景《はいけい》を研究する必要があります。当然ながら、文化は教育に影響を与えるだけでなく、人間のその他の社会的活動にも影響を与えています。

池田先生が提起《ていき》された、東アジア文化と精神には「共生のエートス」が備《そな》わっているという視《し》点《てん》は、道理《どうり》にかなっていると思います。東アジアの文化は、つねに統一《とういつ》、和諧《わかい》（調和）、助け合い、集団を大切にします。中国の儒家《じゅか》の「修身《しゅうしん》、斉家《せいか》、治国《ちこく》、平天下《へいてんか》」も、一人の人間における学《まな》びと修養《しゅうよう》が最終的には天下を安定させられることを示しています。また儒家は「義《ぎ》」を説いていますが、「義者《ぎしゃ》」とは、簡単《かんたん》に説明するならば、集団の利益のために個人の利益を犠牲《ぎせい》にしてもよいということです。

以前にも紹介した(52)『礼記《らいき》』の大同歌《だいどうか》には、儒家が追求する天下大同《てんかだいどう》、すなわち世界平和《せかいへいわ》という理想が、あますところなく映《うつ》し出《だ》されています。

東アジアの文化のなかで重要な位置《いち》を占《し》める仏教と道教《どうきょう》も、世界平和への同様の理想《りそう》をもっています。現実の状況から見ると、はるか彼方《かなた》にある理想にすぎないように思えますが、このような理想をもっているからこそ、私たちは世界平和を追求《ついきゅう》し、平和のために戦《たたか》わなければならないのです。

環境・災害支援など「共通課題への協力体制」を

池田　世界平和を展望《てんぼう》するとき、やはり東アジアの安定《あんてい》と繁栄《はんえい》はきわめて重要です。

　東アジア共同体《きょうどうたい》の構想《こうそう》も、これまでに各国の首脳《しゅのう》がさまざまな形で提言《ていげん》してきました。その共同体の参加国については、まだまだ議論《ぎろん》があるにせよ、ＡＳＥＡＮ《アセアン》（東南アジア諸国連合《しょこくれんごう》）とも経済、政治、安全保障《あんぜんほしょう》などの分野《ぶんや》で連携《れんけい》を深めていくことが模索《もさく》されています。

　この東アジア共同体が、どこまで政治次元《じげん》などにおいて進むのか――。それらはすべて今後《こんご》の課題《かだい》と思いますが、この共同体においては、一部の強大《きょうだい》な権力《けんりょく》に他国《たこく》が従属《じゅうぞく》するような不平等《ふびょうどう》があってはなりません。それぞれの国は対等《たいとう》の関係《かんけい》であり、互《たが》いの文化や歴史を十分に尊重《そんちょう》し、どこまでも対話を基調《きちょう》にして共存共栄《きょうそんきょうえい》していく関係が基本であると私は考えます。

　改めて言うまでもなく、長い間、覇権《はけん》を争《あらそ》い、資源《しげん》や利権《りけん》を争い、幾多《いくた》の戦争を繰り返してきたヨーロッパには、二十世紀後半《こうはん》に至《いた》ってＥＵ（欧州連合）が誕生《たんじょう》しました。現在、財政危機《ざいせいきき》などさまざまな問題を抱《かか》え、課題は多くあるにせよ、国家間の戦争のない社会、ひいては恒久平和《こうきゅうへいわ》を築きゆくために、大きな一歩になったと、多くの人々が感じています。

　このＥＵのような地域共同社会《ちいききょうどうしゃかい》を、そのまま東アジアに築くことはできないとしても、同じ文化的伝統《でんとう》を有《ゆう》する国々が相互《そうご》連携《れんけい》を深めつつ、平和的連帯《れんたい》を築いていくなかで、世界レベルでの平和社会への道筋《みちすじ》が開かれていくと考えます。

　東アジア地域は、ダイナミックに発展を続けています。二〇〇五年に発表した提言でも述《の》べたのですが、東アジア地域共同体を可能《かのう》にするためには、具体的《ぐたいてき》に「環境問題《かんきょうもんだい》」「人間開発《にんげんかいはつ》」「災害《さいがい》対策《たいさく》」の三分野《ぶんや》での地域協力にとくに力を入れながら、まず各国が信頼醸成《しんらいじょうせい》を図《はか》っていくことが重要ではないでしょうか。

　たとえば「環境問題」では、自然と人間との調和《ちょうわ》をはかるための協定《きょうてい》づくりや、環境汚染《おせん》を防止《ぼうし》するためのネットワークづくりを進めることができます。「人間開発」では、保健衛生《ほけんえいせい》の分野も欠《か》かせません。人口の増加とともに懸念《けねん》されている水不足《みずぶそく》を防《ふせ》ぐための水資源確保《かくほ》の体制《たいせい》づくりや、世界的に流行する可能性のあるウイルス予防《よぼう》も大切です。「災害対策」では、相互《そうご》に深刻《しんこく》な災害を被《こうむ》ったときの復興支援《ふっこうしえん》の体制づくりなどができるでしょう。

　こうした相互の協力体制を進め、信頼関係を深めるなかで、共同体づくりの地盤《じばん》が出来上《できあ》がってくると思います。実際に、東アジアでの連携は着実《ちゃくじつ》に進みつつあり、今回の東日本大震災《ひがしにほんだいしんさい》の折《おり》にも、貴国《きこく》をはじめ、多くの東アジアの国々から、献身的《けんしんてき》な支援をいただきました。国際社会からのこうした援助《えんじょ》は、何《なに》よりの励《はげ》ましであり、日本国民は心から感謝《かんしゃ》しております。私どもは、ひとたび困難《こんなん》が起きた国があれば、お互《たが》いに協力し合い、迅速《じんそく》に援助の手を差《さ》し伸《の》べる。こうした体制づくりの大切さを、感謝とともに改めて実感《じっかん》しております。

また、私は、二〇〇六年に、包括的《ほうかつてき》かつ実効《じっこう》的な「日中環境パートナーシップ（協力関係）」の構築《こうちく》を提言させていただきました。[53] これは、環境汚染の防止、省エネルギー・循環型《じゅんかんがた》社会への転換《てんかん》、環境問題への理解を深める教育という三点の促進《そくしん》を柱《はしら》とするものです。地理的にも文化的にも近い日中両国が、環境問題の克服《こくふく》に向けて、人的交流《じんてきこうりゅう》、技術協力などの面で相互に協力し合い、具体的な成果《せいか》を出していくことが、今、大事ではないでしょうか。

顧　世界平和という課題も、あまりにも遠い道のりではありますが、共同《きょうどう》の文化《ぶんか》圏《けん》から着手《ちゃくしゅ》できるのではないでしょうか。この構想《こうそう》は、すでに何度も中日両国とASEANの首脳会議《しゅのうかいぎ》で打ち出されています。二〇〇二年のASEAN＋3首脳会議の席上《せきじょう》、東アジア・スタディ・グループ（EASG）が立ち上げられ、「東アジア共同体」構築のレポートが提出されました。

二〇〇三年の「東京宣言《とうきょうせんげん》」でも「東アジア共同体」構築の目標《もくひょう》が確認《かくにん》されました。二〇〇九年、東アジアサミットの席上では、中国の温家《おんか》宝総理《ほうそうり》によって「東アジア共同体」構築の原則《げんそく》が打ち出されました。

ご存じのとおり、「東アジア共同体」とは、地理的に近い東アジア各国が、中長期的な相互協力と一体化《いったいか》を通じて形成《けいせい》される緊密《きんみつ》な共同体のことです。それは共通する利益と地《ち》域認識《いきにんしき》を基礎《きそ》として築かれ、地域経済一体化を基礎とし、自由貿易区《じゆうぼうえきく》経済共同体を通じて連盟《れんめい》を結成《けっせい》するものです。しかし、区域外《くいきがい》の国は対象《たいしょう》としない、という排他《はいた》的《てき》な集団ではありません。

「東アジア共同体」の構築は、まさに池田先生が提起《ていき》された「共生のエートス」を基礎として築かれる地域共同体の理念《りねん》と合致《がっち》しています。現在、この構想について各国の認識《にんしき》は、それぞれ温度差《おんどさ》があり、今なお協議《きょうぎ》を重《かさ》ねているところではありますが、私は一日も早い実現《じつげん》を期待《きたい》しています。

「東アジアの平和」は日中友好が基盤

池田　東アジアの平和の要《かなめ》として、長きにわたる友好交流史《ゆうこうこうりゅうし》をもつ日中両国が、堅固《けんご》な信頼関係《しんらいかんけい》を築く必要があることは論《ろん》を待《ま》ちません。

私は、一九六八年の「日中国交正常化提言《こっこうせいじょうかていげん》」においても、中国敵視政策《てきしせいさく》を続ける日本政府に対し、中国の正式承認《せいしきしょうにん》と国交正常化を訴《うった》えました。さらに中国の国連加盟《こくれんかめい》、経済・文化交流の推進《すいしん》などを主張しました。

この提言に対する当時の内外《ないがい》の反響《はんきょう》は非常に大きく、日中交流の先達《せんだつ》である松村謙三《まつむらけんぞう》氏などは「百万《ひゃくまん》の味方《みかた》を得《え》た」と高く評価《ひょうか》してくださいました。[54] 一方で、前に申し上げたとおり、[55] 非難中《ひなんちゅう》傷《しょう》も多々《たた》あり、脅迫《きょうはく》の電話や手紙もありました。日本政府内には、〝池田会長の発言《はつげん》は政府の外《がい》交《こう》の障害《しょうがい》になる〟との批判《ひはん》もあったようです。もとより、そうした批判は覚悟《かくご》の上《うえ》でした。私は、日中国交正常化は、日本のみならず、アジアの情勢《じょうせい》を平和に向けるための大きな一歩であるとの確《かく》たる信念《しんねん》があったからです。

この日中提言では、政府間《せいふかん》の外交交渉《がいこうこうしょう》を促《うなが》すだけでなく、民間次元《みんかんじげん》も含《ふく》めた幅広《はばひろ》い「人間と人間の交流」が必要であることを強く訴えました。未来《みらい》を担《にな》うべき両国の青年同士《せいねんどうし》がお互いに対話し、交流し合う道が築かれていけば、万代《ばんだい》にわたる両国の友好が可能《かのう》になるからです。

私自身《じしん》、一九七四年以降《いこう》、十度にわたって貴国《きこく》を訪問《ほうもん》させていただきました。また、創価大学などの教育機関や民主音楽協会《みんしゅおんがくきょうかい》、東京富士美術館《とうきょうふじびじゅつかん》、東洋哲学研究所《とうようてつがくけんきゅうしょ》などの、音楽、美術、学術の諸団体《しょだんたい》が文化・教育交流を推進《すいしん》してきました。

先ほども申し上げましたが、二〇一二年の本年は、日中国交正常化四十周年《しゅうねん》の節目《ふしめ》になります。今や貴国は世界《せかい》の大国《たいこく》です。政府間ではさまざまな変化があっても、年々、日中両国の経済関係は深まり、民間交流も盛《さか》んになってきております。

日本と中国の確たる友好《ゆうこう》を基盤《きばん》に、東アジア、ひいては世界平和への道が開かれていくことを私も強く念願《ねんがん》しています。そのためにも、若き平和の旗手《きしゅ》を全力で育てていかねばなりません。

万代にわたる平和は、青年に期待《きたい》し、青年に託《たく》す以外にありません。現在、幾多《いくた》の青年たちが、平和と調和《ちょうわ》の理想《りそう》を掲《かか》げ、貴国に留学《りゅうがく》して学び、友情を育《はぐく》み、世界平和への道を開拓《かいたく》していることは心強《こころづよ》い限《かぎ》りです。

歴史を正視してこそ信頼関係ができる

顧　前に私たちは、中国の伝統文化《でんとうぶんか》のなかの哲学思想《てつがくしそう》の一つに、「和《わ》して同《どう》ぜず」というものがあることにふれましたが、[56] 心から世界平和を希求《ききゅう》する上で、「和して同ぜず」という精神《せいしん》を堅持《けんじ》しなければならないと思います。

一九五〇年代に、周恩来総理《しゅうおんらいそうり》が打ち出した「平和共存《へいわきょうぞん》の五原則《げんそく》」は、国際関係《こくさいかんけい》における「和して同ぜず」の具体的《ぐたいてき》な表現であり、その影響《えいきょう》はきわめて大きなものがありました。その五原則とは、「領土《りょうど》・主権《しゅけん》の相互尊重《そうごそんちょう》」「相互不可侵《ふかしん》」「内政不干渉《ないせいふかんしょう》」「平等互恵《びょうどうごけい》」「平和的共存《へいわてききょうそん》」の五つです。

もし、それぞれの国が平和共存の五原則を遵守《じゅんしゅ》できれば、国際的に解決不可能《かいけつふかのう》な問題はなくなるでしょう。残念なことに、多くの国家指導者《こっかしどうしゃ》は自国《じこく》の利益《りえき》のために、ひいては派閥闘争《はばつとうそう》、政権《せいけん》闘争の利益のために、この五原則を守ることができず、そのために世界ではおびただしい戦争や紛争《ふんそう》が起きてきました。毎年、絶《た》え間《ま》なく地域紛争が起こり、多くの家庭が危機《きき》に直面《ちょくめん》し、落ち着く場所を失《うしな》い、さまよっています。平和を願うことは焦眉《しょうび》の急《きゅう》となっています。

もし、「東アジア共同体」がすぐには構築《こうちく》できないのであれば、まずは中日両国が協力して東アジア繁栄《はんえい》の責任《せきにん》を担《にな》うことです。中国と日本は一衣帯水《いちいたいすい》の隣国《りんごく》であり、数千年《すうせんねん》もの間、世々《せせ》代々《だいだい》にわたる友好《ゆうこう》を貫《つらぬ》いてきました。ここ百年ばかりの摩擦《まさつ》や対立《たいりつ》によって、その友誼《ゆうぎ》を水泡《すいほう》に帰《き》してしまうことなど、あってはなりません。

中国人が歴史を重視《じゅうし》し、歴史を記憶《きおく》するのは、歴史を鑑《かがみ》とし、より一層《いっそう》友好的に発展《はってん》していくためです。多くの日本人は、中国人が日本の侵略戦争《しんりゃくせんそう》にこだわり続けるのは、つねに「反日《はんにち》」や「日本への憎悪《ぞうお》」の感情をあおり続けるためではないのかと考えているのかもしれません。

実際《じっさい》、ある日本の記者が私にそのような質問をしてきたことがあります。私は「それはまったく違います」と答えました。私たちは日々、中日友好を訴《うった》えています。毎年、抗日戦争《こうにちせんそう》を記念《きねん》するのは、歴史を風化《ふうか》させないためなのです。私たちは抗日戦争を記念するだけでなく、鑑真和尚《がんじんわじょう》が日本に渡ったことや藤野《ふじの》先生と魯迅《ろじん》との友誼も偲《しの》びますし、辛亥革命《しんがいかくめい》百周年《しゅうねん》にあたっては、孫《そん》文《ぶん》先生に対する日本からの援助《えんじょ》についても忘れることはありません。これは歴史です。歴史を記憶することによって、私たちが今何《なに》をするべきか、何をしてはならないのかが明《あき》らかになるのです。とくに青年たちに中日友好が持続《じぞく》できるよう、歴史を理解《りかい》してほしいと思います。

中日両国が友好的に共存《きょうぞん》し、互《たが》いに助《たす》け合《あ》い、互いに利益を享受《きょうじゅ》し、ともに発展していくことができれば、それはあたかも如意棒《にょいぼう》が備《そな》わったようなもので、世界にどのような波浪《はろう》が起こっても鎮《しず》めることができ、世界平和を守っていくことができるのです。

中日友好の基礎《きそ》は、信頼関係《しんらいかんけい》を築くことにあります。現在、中国人と日本人との間には、まだ不信感《ふしんかん》がくすぶっています。中国人は日本の閣僚《かくりょう》や議員が（A級）戦犯《せんぱん》を祀《まつ》っている靖国神社《やすくにじんじゃ》に参拝《さんぱい》することを理解できずに苦しんでいます。日本人も中国がつねに侵略戦争のことを取り上げることを理解できないでいます。こうした点も、歴史を正しく見つめ、歴史の経験《けいけん》と教訓《きょうくん》を記憶に刻《きざ》み、平和を堅持《けんじ》して戦争反対の立場に立つならば、互いに理解し合えるはずなのです。

中日両国の友誼を揺《ゆ》るぎないものにするためには、平和五原則を堅持し、相互に尊重《そんちょう》し、平等互恵で、あらゆる事柄《ことがら》の協議を通じて、平和的に解決していくことです。経済協力の発展に力を入れ、市場《しじょう》を繁栄《はんえい》させ、人民《じんみん》の生活を改善《かいぜん》していくことです。仕事に励み、安定《あんてい》した生活を手に入れられてこそ、世界平和は実現《じつげん》できます。

また、文化・教育の民間交流《みんかんこうりゅう》と協力にも力を入れることです。文化交流は人々の思想を通《かよ》い合《あ》わせる絶好《ぜっこう》の方法《ほうほう》であり、教育は平和を築く橋梁《きょうりょう》です。まさに池田先生がおっしゃっているように、文化と教育で、平和の橋を架けていこうではありませんか。ともどもに努力を重《かさ》ねてまいりましょう。

5

世界市民の育成へ

智慧・勇気・慈悲をもつ「地球民族主義者」

池田　文化と教育で架《か》ける「平和《へいわ》の橋《はし》」――まさに、この対談のテーマですね、大賛成《だいさんせい》です。その橋をより一層堅固《いっそうけんご》なものとすべく私も全力を尽《つ》くしてまいります。

長いスパンで歴史を見ると、現今《げんこん》の世界の潮流《ちょうりゅう》も、平和と共生《きょうせい》の方向へ進んでいるといってよいでしょう。それが民衆の強い意志《いし》だからです。その潮流を加速《かそく》し、不可逆《ふかぎゃく》のものとするため、人類《じんるい》の英知《えいち》を結集《けっしゅう》しなければなりません。

インターネットに代表される科学技術の発展や交通インフラの整備《せいび》により、外国との交流も以前よりはるかに容易《ようい》になりました。

そこで大切なことは、共存共栄《きょうそんきょうえい》の思想をさらに根付《ねづ》かせつつ、世界は一つとの認識《にんしき》で活躍《かつやく》する青年を育成《いくせい》することでしょう。いわば、世界市民《せかいしみん》の育成こそ人類が目指《めざ》すべき道であると信じます。

これまでも言及《げんきゅう》したことですが、(57)牧口《まきぐち》初代会長の『人生地理学』は、百年以上前のナショナリズム全盛《ぜんせい》の時代に、人々が「郷土民《きょうどみん》」「国民《こくみん》」「世界民《せかいみん》」という重層的《じゅうそう》な自覚《じかく》をもつ大切さを訴《うった》えていました。

また恩師《おんし》・戸田《とだ》第二代会長は、自《みずか》らの思想として〝地球民族主義《ちきゅうみんぞくしゅぎ》〟を提唱《ていしょう》しました。第二次世界大戦後、東西《とうざい》の冷戦《れいせん》が激しさを増す一九五二年のことです。(58)以来《いらい》、六十年になりました。人々が国家や民族、宗教、イデオロギーの差異《さい》に強くこだわっていた時代にあって、恩師は人類という見地《けんち》から一人一人が地球に生きる世界市民としての自覚《じかく》をもつことこそが、平和な社会を創造《そうぞう》する最大《さいだい》の鍵《かぎ》であると考えていたのです。

私は一九九六年、アメリカのコロンビア大学ティーチャーズ・カレッジで講演(59)した折《おり》、この世界市民に求められるべき要件《ようけん》を三つ挙《あ》げました。

一、生命《せいめい》の相関性《そうかんせい》を深く認識しゆく「智慧《ちえ》の人《ひと》」

一、人種《じんしゅ》や民族《みんぞく》や文化《ぶんか》の〝差異《さい》〟を恐《おそ》れたり、拒否《きょひ》するのではなく、尊重《そんちょう》し、理解《りかい》し、成長《せいちょう》の糧《かて》としゆく「勇気《ゆうき》の人」

一、身近《みぢか》に限らず、遠いところで苦しんでいる人々にも同苦《どうく》し、連帯《れんたい》しゆく「慈悲《じひ》の人」

すなわち、人類は相互《そうご》につながり合い、恩恵《おんけい》を受け合っているという価値観《かちかん》のもと、他者《たしゃ》と調和《ちょうわ》を求めゆく人のことだと思うのです。

この点を前提《ぜんてい》にした上で、では、どのような教育をもって世界市民を育成すればよいか。その一例《いちれい》として、日本では、過去の反省《はんせい》を踏《ふ》まえ、戦争を知る世代《せだい》の人々がその実体験《じったいけん》を語る場《ば》を設《もう》ける試《こころ》みも行われています。戦争を体験していない世代が大多数《だいたすう》となった今、こうした試みの重要性はますます増していくでしょう。

私ども創価学会でも、当初《とうしょ》から、こうした運動に積極的に取り組んできました。一九七四年から取り組んだ反戦出版《はんせんしゅっぱん》『戦争を知らない世代へ』シリーズは全八十巻に及びます。(60)これは三千人を超《こ》える戦争体験などを集め、まとめたものです。とくに日本は被爆国《ひばくこく》であり、核兵器《かくへいき》の恐《おそ》ろしさを訴《うった》えた証言集《しょうげんしゅう》も残してきました。婦人を中心に平和の文化を創造《そうぞう》するためのフォーラムを開催《かいさい》したり、一般市民《いっぱんしみん》を啓発《けいはつ》するための展示活動《てんじかつどう》も行ったりと、さまざまな平和教育を推進《すいしん》してきました。

こうした平和の問題とともに、もはや待《ま》ったなしの状況《じょうきょう》に追《お》い詰《つ》められた環境問題も、先ほど論《ろん》じたように全人類的課題《ぜんじんるいてきかだい》です。貴国の学芸界《がくげいかい》の至宝《しほう》と仰《あお》がれる饒宗頤《じょうそうい》博士と語り合った折にも、この点が話題にあがりました。

饒宗頤博士は述《の》べられました。

「最重要《さいじゅうよう》の課題は、いかにして地球を護《まも》るか、ということです。グローバル化の時代の到来《とうらい》は、エネルギーの大消費時代《だいしょうひじだい》が人類に迫《せま》っているともいえます。現代人の地球資源《ちきゅうしげん》の浪費《ろうひ》は、すでに恐《おそ》るべきレベルに達《たっ》してしまっています。環境は悪化《あっか》の一途《いっと》をたどり、あたかも人間の身勝手《みがって》な破壊行為《はかいこうい》に対して大自然が罰《ばつ》を与《あた》えているかのようです。私たちは心してこの状況に立《た》ち向《む》かわなければならず、決して油断《ゆだん》してはならないのです」[61]

経済発展《けいざいはってん》する一方《いっぽう》で、自然破壊や資源の枯渇化《こかつか》は深刻度《しんこくど》を増しています。これにどう対応《たいおう》するのか。省エネ技術などの促進《そくしん》や循環型《じゅんかんがた》社会への転換《てんかん》とともに、一人一人の意識啓発《いしきけいはつ》が何《なに》より重要なことは論《ろん》を待《ま》ちません。

環境教育は、さまざまなレベルに及びます。私たちＳＧＩは他のＮＧＯなどと協力して、国連《こくれん》に対し、「持続可能《じぞくかのう》な開発《かいはつ》のための教育の十年」の設置《せっち》を呼びかけました。[62]二〇〇五年に施行《しこう》されてからは、展示や講演活動などを通して、啓蒙運動《けいもううんどう》を推進しています。

また身近《みぢか》なこととして、日本では資源を有効《ゆうこう》に使うためにゴミを分別《ぶんべつ》する取り組みや、実際《じっさい》に森林などに捨てられたゴミを拾い、清掃《せいそう》する運動、また植物を育てることを通して、自然を大切にする心を教える教育なども行われています。創価《そうか》学園《がくえん》や創価大学でも、「蛍《ほたる》」をはじめ、「桜《さくら》」や「蓮《はす》」などを育てる自然保護《ほご》活動をしています。関西《かんさい》創価学園では十年以上前から、環境教育の一環《いっかん》として、アメリカ航空宇宙局《こうくううちゅうきょく》（ＮＡＳＡ）の教育プログラム「アースカム」に参加しています。これは、世界各国の中学・高校生が国際宇宙ステーション（ＩＳＳ）のカメラを遠隔操作《えんかくそうさ》して、地球を撮影《さつえい》する企画《きかく》です。生徒たちは、撮影した写真を分析《ぶんせき》し、環境保護を訴える展示会

ブラジル・アマゾナス州マナウス市近郊にあるアマゾン自然環境保護センターでは、2001年以降、環境教育に力を注ぎ、マナウス市の環境開発局環境教育部と協力して、週1回、公立学校の児童・生徒たちを受け入れ、環境教育の場を提供している

を開いています。

また環境教育の場《ば》を、日本国内だけではなく、世界にも広げています。たとえば南米《なんべい》ブラジルに「アマゾン自然《しぜん》環境《かんきょう》保護センター」や「創価大学自然環境研究センター」を設立《せつりつ》し、深刻《しんこく》な森林破壊《しんりんはかい》に歯止《はど》めをかける一助《いちじょ》として、森林保護、環境保全《ほぜん》などの活動と研究を行っています。このアマゾン自然環境保護センターでは行政《ぎょうせい》と協力し合い、週一回、公立学校の生徒たちを敷地内《しきちない》に受け入れ、環境教育の場を提供しています。

私どもの取り組みをいくつか紹介させていただきましたが、青少年が環境を身近な問題としてとらえるための教育が、今後《こんご》ますます大切になってくることは間違いありません。

ここまで、私のほうから世界市民《せかいしみん》を育《はぐく》むための「平和教育」や「環境教育」の例《れい》を挙《あ》げさせていただきました。このほか、私は前に語り合った[63]「語学教育」も大切であると考えます。顧先生は、世界市民の育成のため、どのような教育が最も大切であると考えられているか、ご教示《きょうじ》ください。


顧　中国が二〇一〇年に公布《こうふ》した二〇二〇年までの教育の「計画綱要《けいかくこうよう》」については、これまでも紹介してきましたが、これは教育を優先的《ゆうせんてき》に発展させ、国民素質《そしつ》の向上《こうじょう》を戦略的地位《せんりゃくてきちい》に置くことを目指《めざ》すものです。

青年に対する要請《ようせい》として、国家に奉仕《ほうし》し、人民《じんみん》に奉仕する責任感、勇《いさ》んで探求《たんきゅう》する創造的精神《そうぞうてきせいしん》と問題解決《もんだいかいけつ》にたけた実践能力《じっせんのうりょく》を備《そな》えることを掲《かか》げたほか、教育の開放《かいほう》を拡大《かくだい》し、大規模《だいきぼ》な国際的《こくさいてき》視野《しや》をもち、国際ルールに精通《せいつう》し、国際的事務や国際的競争に参画《さんかく》できる国際化《こくさいか》した人材《じんざい》を養成《ようせい》することを要請しています。

現在、全国で徹底《てってい》を図《はか》り、取り組んでいる最中《さなか》ですが、多くの学校でも「世界市民」養成という主張を打ち出しています。

創価学会の歴代《れきだい》会長は、「世界市民」の養成を提唱《ていしょう》してこられました。これは遠大《えんだい》な見識《けんしき》をもつ主張です。池田先生は、あらゆる場で、平和を呼びかけ、「世界市民」とは「智慧の人」「勇気の人」「慈悲の人」であらねばならないと訴え、さらに戦争の苦難《くなん》を経《へ》てこられた人々の生《なま》の体《たい》験《けん》を紹介し、青年を教育されています。大変に有意義《ゆういぎ》なことをなさっていると思います。創価大学のあらゆる取り組みは、私たちが学び、鑑《かがみ》とするのに値《あたい》します。

インターネットで世界は「小さな村」に

池田 深いご理解《りかい》に心から感謝《かんしゃ》します。

さて、現在の社会で大きな影響力《えいきょうりょく》をもっているのがインターネットです。インターネット技術の進歩《しんぽ》は目覚《めざ》ましく、人々のコミュニケーションのあり方まで変えたといってよいでしょう。インターネットの発達は、当然のことながら、教育にも大きな影響を与えています。この点について顧先生も、ご著作《ちょさく》『中国教育の文化的基盤《ぶんかてききばん》』において多方面《たほうめん》から論《ろん》じられています。

子どもたちにとっては、いつでも、どこでも、知りたいことを自由に学べるのがインターネットの大きな利点《りてん》です。全世界に向けて自分の考えや表現を発信《はっしん》することも可能になり、今までふれ合う機会《きかい》の少なかった海外《かいがい》の人たちと瞬時《しゅんじ》にやり取りができるようになりました。こうした通《つう》信《しん》技術の進歩によって、世界をより身近《みぢか》に感じられるようになったのは大変に喜ばしいことです。

しかし、手放《てばな》しで喜べることばかりではありません。顧先生が先《さき》の著作のなかで、「長時間《ちょうじかん》の人《ひと》と機械《きかい》との対話《たいわ》は青少年児童《じどう》・生徒の心身《しんしん》の健全《けんぜん》な発展《はってん》に悪影響《あくえいきょう》を与えうる」と警鐘《けいしょう》を鳴《な》らされているように、技術を通した交流《こうりゅう》に頼る「落《お》とし穴《あな》」にも注目《ちゅうもく》しなければなりません。

たとえば日本国内では、メールを介《かい》したコミュニケーションが発達する一方《いっぽう》で、生身《なまみ》の人間とのコミュニケーションが上手《じょうず》にとれない子どもたちが増えているという指摘《してき》も聞かれます。メールでは一方的に言《い》いたい放題《ほうだい》に自分の気持ちを伝えられても、いざ相手《あいて》を目の前にすると、うまく気持ちを伝えられない。人間関係《にんげんかんけい》を築く醍醐味《だいごみ》を味わえず、結局《けっきょく》、人間との交流を避《さ》け、狭《せま》い空間《くうかん》の中での生活ばかりを好《この》むようになっている場合もあるようです。

いかなる時代であれ、どんなに科学技術が発達したとしても、人間と人間の心を結ぶ方法は、実際《じっさい》に会い、対話しながら生まれてくるものです。「世界市民《せかいしみん》の育成《いくせい》」という点から見て、こうしたインターネット技術がもたらす影響について、良い面、悪い面、双方《そうほう》のお考えをお聞かせください。

また、日本も貴国《きこく》も高齢社会《こうれいしゃかい》を迎《むか》えています。そこで大切なのは年齢《ねんれい》を問《と》わず、すべての人々が「青年の心」をもって生き生きと生活していくことではないでしょうか。前章で「継続教育《けいぞくきょういく》」について論じた際《さい》、顧先生は七十歳《さい》からパソコンを習得《しゅうとく》されたとうかがいました。顧先生が今も若々《わかわか》しく活躍《かつやく》されているその秘訣《ひけつ》は何か、教えていただけないでしょうか。

顧　池田先生は現代のネットワークテクノロジーについて論及《ろんきゅう》されました。ネットワークテクノロジーは日進月歩《にっしんげっぽ》で、情報《じょうほう》はリアルタイムに伝達《でんたつ》され、インターネットは津々浦々《つつうらうら》にまで入り込み、私たちの生活を変えてしまいました。

インターネットは、人類を小さな村へと連《つ》れ込《こ》んでしまいました。この村では、人々の政治、経済、文化の営《いとな》みは互《たが》いに緊密《きんみつ》に関係《かんけい》し合っています。しかし、どのような技術にも二面性《にめんせい》があります。その技術をどのような人間が支配《しはい》し、どのように運用《うんよう》するのか。それ次第《しだい》で、良い方向にも悪い方向にも行くのです。

先進《せんしん》技術がテロリストの手にわたれば、それは戦争の武器《ぶき》と化《か》します。心ある科学者の手に入れば、それは人民《じんみん》の生活を改善《かいぜん》する手段《しゅだん》になり、人々に幸せをもたらします。科学者は技術を濫《らん》用《よう》せず、科学の倫理《りんり》を堅守《けんしゅ》することを望《のぞ》まれているのです。

教育に関していえば、インターネットによって、教育の性質《せいしつ》、教育の内容《ないよう》、教育の方式《ほうしき》や師弟《してい》関係《かんけい》など、教育のさまざまな側面《そくめん》が変えられています。インターネットは教師と学生の意思疎通《いしそつう》を促《うなが》し、学生の自習《じしゅう》や遠隔地《えんかくち》との交流に有益《ゆうえき》です。現在、多くの有名大学では、カリキュラムをネット上で公表《こうひょう》し、世界各国の大学生がインターネットで学習するのに便宜《べんぎ》を図《はか》っています。教育の国際化《こくさいか》が進んでいます。

「人間同士の直接交流」を豊かに

顧　しかし、インターネットが若い学生にもたらすマイナスの影響《えいきょう》もないがしろにはできません。

インターネット上には、たとえば暴力《ぼうりょく》、詐欺《さぎ》、アダルトサイトといったものもあります。これらは、青少年に百害《ひゃくがい》あって一利《いちり》なしです。

次に、多くの青少年はネットゲームにふけり、学業《がくぎょう》を放棄《ほうき》しています。以前に、ある少年が、幾晩《いくばん》もネットゲームにのめり込んだあげく、急死《きゅうし》したというニュースを耳にしたことがあります。

第三に、池田先生がご指摘《してき》されたように、つねにパソコンと対話をしていると、逆《ぎゃく》に人と対話ができなくなってしまいます。インターネットは、本来《ほんらい》は開かれた世界ですが、人を封《ふう》じ込《こ》めてしまい、現実の社会から離脱《りだつ》させてしまう一面《いちめん》をもっているのです。

中国の学生について言えば、一日中、パソコンを操作《そうさ》しているうちに、中国の漢字《かんじ》さえも正しく書けなくなってきています。ですから、私はよく教師たちに次のように話しています。

「技術を過信《かしん》せず、科学的に適切《てきせつ》に情報技術を運用《うんよう》しなければならない。どのようなパソコンとの対話も人間の感情の交流《こうりゅう》に取って代わることはできない。教師は、知識《ちしき》と人格《じんかく》の魅力《みりょく》で学生を引き付けていかなければならない」と。

インターネットは国際《こくさい》交流に有益《ゆうえき》です。教育の情報を相互《そうご》に交《か》わし、相互に各大学が開設《かいせつ》しているカリキュラムを受講《じゅこう》し、相互にある問題について議論《ぎろん》し研究する。これらは「世界市民《せかいしみん》の育《いく》成《せい》」に有益《ゆうえき》なものばかりです。しかし、より重要なのは、やはり直接、対面《たいめん》した交流だといえます。

池田先生は社会の高齢化《こうれいか》にもふれられましたが、インターネットは高齢者の学習や交流にも有益です。中国はすでに高齢社会に突入《とつにゅう》しています。高齢者は孤独《こどく》を最も恐《おそ》れ、人々との交流を喜《よろこ》びます。現在、多くの都市では、高齢者のレジャーと交流の施設《しせつ》を計画しています。たとえば、杭州《こうしゅう》の西湖《せいこ》のほとりには多くの茶室《ちゃしつ》があり、多くの高齢者が連《つ》れ立《だ》って、そこでお茶を飲み、和気《わき》あいあいとおしゃべりに興《きょう》じています。

なかにはインターネットを使って国際時事《じじ》やニュース記事を理解し、ネット愛好者《あいこうしゃ》とチャットをするような高齢者もいますが、高齢者が長時間パソコンの前に座《すわ》りっきりになるのは好ましくありません。身体《からだ》を動かしてこそ、健康増進《けんこうぞうしん》に役立《やくだ》つのです。

私も以前は、自分はもう高齢であるし、今さら新しい技術を習得するのは難《むずか》しいと思っていましたが、海外在住《かいがいざいじゅう》の娘《むすめ》と通話《つうわ》をする必要にせまられ、加《くわ》えて、パソコンの技術もますます簡便《かんべん》になってきたため、パソコンを習うようになりました。今ではほとんどパソコンなしではいられなくなってしまったほどです。文章を書くにも、友人と連絡《れんらく》を取り、交流するにも、じつに便利《べんり》ですし、（短文投稿《とうこう》サイトの）「ツイッター」を使えば、多くのネット愛好者、とくに若い人たちと教育について意見《いけん》を交《か》わすこともできます。

6　日中青年へのメッセージ

「忍耐強くあれ」

池田　顧明遠先生のお話は、期《き》せずして若い人とのコミュニケーションに及びました。

そこに、未来《みらい》を開く急所《きゅうしょ》もあります。どこまでも青年を信《しん》じ、青年にかかわり、青年を守《まも》り、青年と語《かた》らい、そして偉大《いだい》な青年を育《そだ》てていくしかありません。

今から半世紀《はんせいき》以上も前になりますが、インドのネルー首相《しゅしょう》が来日《らいにち》した折《おり》、若者たちに「青年は〝明日《あす》の世界《せかい》〟だ」と呼びかけました。当時、私も深《ふか》く感銘《かんめい》した言葉です。(64)

〝明日の世界〟は、青年のものです。そして、青年たちが希望《きぼう》をもって、生き生きと前進《ぜんしん》している社会は、必《かなら》ずや大きく発展《はってん》していくでしょう。

未来の主役《しゅやく》である青年たちに、顧明遠先生がとくに望《のぞ》まれていることは何でしょうか。

かつてトインビー博士に、「若《わか》い世代《せだい》に伝えたい助言《じょげん》」をうかがったところ、一言《ひとこと》、「忍耐強《にんたいづよ》くあれ」と言われました。同様《どうよう》に、今、顧先生から青年に対し、何か「助言」「指針《ししん》」を贈《おく》るとしたら、どのような点でしょうか。

「愛の心を」そして「戦う心を」

顧　この章を通し、環境教育と平和の問題について意見《いけん》を交《か》わしてきましたが、この二大テーマは人類《じんるい》の未来の生存《せいぞん》にかかわる問題であり、これらの解決をみるには、おそらく数世代《すうせだい》にわたる人々、とりわけ青年の智慧《ちえ》によるほかないでしょう。

毛沢東《もうたくとう》は一九五七年、モスクワで、中国からの留学生《りゅうがくせい》に対しての談話《だんわ》で、「世界はわれわれのものであり、君たちのものでもあるが、つまるところは、君たちのものだ。君たちは朝八時か九時の太陽《たいよう》のようなもので、世界は君たちに属《ぞく》しているのだ」と述《の》べたことがあります。きわめて的《まと》を射《い》たものだと思います。

われわれの世代は戦争という洗礼《せんれい》を受け、戦争が人民《じんみん》にもたらす苦難《くなん》を知り、平和がいかに尊《とうと》いものであるかを身《み》に染《し》みて感じています。ところが、現代の青年、とりわけ中日両国《ちゅうにちりょうこく》の青年は、戦争という苦難を経験しておらず、平和をつかむことが生易《なまやさ》しいものではないことがわかりません。平和で幸せな生活を大切にすることを知らないのです。

現在、一部の青年は何《なに》かというと他人《たにん》とけんかをし、刃物《はもの》を持ち出して相手《あいて》を殺《ころ》してしまったり、挫折《ざせつ》に遭遇《そうぐう》して自殺《じさつ》をしてしまったりする者もいます。生命を大事《だいじ》にすることを知らないのです。これは、じつに驚《おどろ》くべきことです。だからこそ、教育はきわめて重要なのです。

私は二〇〇五年、北京師範《しはん》大学で開催《かいさい》された第二回世界比較《ひかく》教育フォーラムで、「国際理解《こくさいりかい》と比較教育」という講演を行いました。そこでは、「人類《じんるい》を覚醒《かくせい》させるため、最初《さいしょ》に踏《ふ》み出す第一歩《だいいっぽ》は国際理解です。国際理解は世界の平和の基礎《きそ》です」と訴《うった》えました。また、それと同時に、次の点を指摘《してき》しました。

「教育は国際理解の絶好《ぜっこう》の方途《ほうと》です。世界は多極的《たきょくてき》であり、文化は多元的《たげんてき》です。相互《そうご》に理解し合ってこそ、平和共存《へいわきょうそん》となるのです。教育は平和の種子《しゅし》を蒔《ま》くことで、憎悪《ぞうお》の種子を撒《ま》くことではありません。また、教育は平和の橋梁《きょうりょう》を架《か》けることで、憎悪の溝《みぞ》をつくることではないのです」

二〇一〇年十一月二十七日、本学《ほんがく》の教育学部《がくぶ》国際・比較教育研究所で、「国際理解教育フォーラム」を開催《かいさい》し、あわせて「国際理解教育研究センター」を立ち上げました。フォーラムには、日本、韓国、アメリカの学者らも参加しました。私はこの席上《せきじょう》でも、「教育はコミュニケーションと理解の橋梁であり、平和の種子を蒔くこと」というテーマで次の発言《はつげん》をしました。

「二十一世紀が始まって以来《いらい》、人類はさまざまな危機《きき》に遭遇《そうぐう》しました。文明《ぶんめい》の衝突《しょうとつ》の理論《りろん》では、危機の原因《げんいん》を明《あき》らかにはできず、ましてや危機を回避《かいひ》することはできません。人類は、文化は多元的であり、相互《そうご》に受容《じゅよう》し合い、相互に意思疎通《いしそつう》を図《はか》り、相互に理解し合うものであってこそ、共存《きょうそん》できることを認識《にんしき》しなければなりません。教育はコミュニケーションと理解の絶好の方途であり、平和の種子なのです」

　これは池田先生がおっしゃる「共生《きょうせい》のエートス」と一致《いっち》するものです。中国では、ここ数年来《すうねんらい》、一般社会《いっぱんしゃかい》で用《もち》いられる言語《げんご》のなかで、「愛《あい》」という文字が最も多く使われています。誰《だれ》もが、それぞれ社会に対して、他人に対して、愛の心を差《さ》し出《だ》せば、温《あたた》かな社会となり、調和《ちょうわ》できることを訴えています。世界という範囲《はんい》でも愛の心を訴え、弱者《じゃくしゃ》に寄《よ》り添《そ》っていく必要があります。

　当然、これは空想《くうそう》にすぎないのかもしれません。現在、国際競争《こくさいきょうそう》は熾烈《しれつ》で、地域紛争《ちいきふんそう》は猛烈《もうれつ》な勢《いきお》いで起こっています。強権国家《きょうけんこっか》が弱小国家の内政《ないせい》に干渉《かんしょう》するような劣悪《れつあく》な環境のもとで、愛の心、平和を訴えることとは、ある意味で贅沢《ぜいたく》なことともいえるでしょう。

　しかし、人類は平和を忘《わす》れることはできないゆえに、戦《たたか》わなければなりません。平和のために戦わなければならないのです。池田先生がおっしゃるように、たんなる「慈悲《じひ》の人」だけでなく、「勇気《ゆうき》の人」「智慧《ちえ》の人」を育成《いくせい》しなければなりません。先ほども引用《いんよう》しました(65)、『新・人間革命』に書かれている「常《つね》に人間は、人びとの幸福のために、平和のために、勇気の叫《さけ》びをあげていくべきだ。英知《えいち》の言葉《ことば》を発《はっ》していくべきだ。ともあれ、行動《こうどう》だ。生きるとは戦《たたか》うということなのだ」との言葉に心から賛同《さんどう》します。

　青年の皆様方《みなさまがた》に「愛」という文字を贈《おく》り、あわせて「愛が天下《てんか》に満《み》ちる」よう、お祈《いの》り申し上げます。

池田　長年《ながねん》の深い教育体験の上からの、また真《しん》に青年を愛するお心からの言葉です。

人間教育こそが万人《ばんにん》の能力《のうりょく》を引き出し、人格《じんかく》を陶冶《とうや》し、ついには社会の繁栄《はんえい》と地上の安穏《あんのん》を築く原動力《げんどうりょく》となります。私自身《じしん》、「人生《じんせい》の総仕上《そうしあ》げの事業《じぎょう》は教育なり」とかねてより定《さだ》め、全力で取り組んできました。

次代《じだい》を担《にな》う人材《じんざい》が育たなければ、未来の発展はありません。人間を育て、人材をつくる以外にない。ゆえに、教育の勝利《しょうり》が未来の勝利です。「教育のための社会」の構築《こうちく》へ、顧先生とご一緒《いっしょ》に、私はこれからの人生も捧《ささ》げていきたい。

この対談における顧先生の示唆《しさ》に富《と》んだお話は、多くの若い読者に未来を開く智慧を与えていくものと信じます。

日中両国の「友好《ゆうこう》の金《きん》の橋《はし》」を永遠《えいえん》ならしめるため、そしてまた、未来世界に「平和の橋」を架《か》けるため、人間教育を通して、世界市民《せかいしみん》の模範《もはん》たる青年が陸続《りくぞく》と続くことを信じつつ、顧先生との対談を締《し》めくくりたいと思います。

顧　池田先生は教育を重視《じゅうし》し、青年を大事にされ、彼らが世界平和の種《たね》となり、中日友好の使者《ししゃ》として成長することを期待されています。青年の皆さんが、私たちの事業を引《ひ》き継《つ》ぎ、平和友好の旗《はた》を高らかと掲《かか》げ、勇敢《ゆうかん》に前進してくれることを、私も心から期待《きたい》しています。最後に、この対談にご助力《じょりょく》をいただいた関係者《かんけいしゃ》の皆様に心から感謝《かんしゃ》申し上げます。

あとがき

池田大作

「文《ぶん》を以《もっ》て友を会《かい》し、友を以て仁《じん》を輔《たす》く」

若き日から心に刻《きざ》んできた『論語《ろんご》』(顔淵篇《がんえんへん》)の一節《いっせつ》です。学文《がくもん》(学問)は人を結《むす》び、友をつくります。「文」を求め、磨《みが》き合う交友《こうゆう》のなかでこそ、人間性《にんげんせい》は輝《かがや》くのです。

今、敬愛《けいあい》してやまない顧明遠先生との七度に及んだ往復書簡《おうふくしょかん》による愉《たの》しい対話を振り返りながら、私は大いなる喜びと充実《じゅうじつ》を覚《おぼ》えています。四季の節々《ふしぶし》には、梅や桜や蓮華《れんげ》や菊などの花々が、ひときわ鮮《あざ》やかに春夏秋冬の移《うつ》ろいを告《つ》げてくれるものですが、この数年にあっては、折節《おりふし》に貴重な啓発《けいはつ》と思索《しさく》の機会を与えてくださったのが、顧先生の芳《かんば》しい雁書《がんしょ》でありました。最初にまず、心から感謝を申し上げます。

海を越えた手紙の往来《おうらい》といえば、文豪《ぶんごう》・魯迅《ろじん》先生と島根出身の若き中国文学者・増田渉《ますだわたる》氏の交《こう》流《りゅう》が思い出されます。上海《シャンハイ》の地で魯迅先生に師事《しじ》した増田青年は、日本への帰国後、魯迅作品の翻訳《ほんやく》に取り組み、疑問にぶつかるたびに魯迅先生へ手紙を送り、何度も何度も質疑《しつぎ》を重《かさ》ねました。弟子《でし》の熱意《ねつい》に応《こた》え、時には時候《じこう》や近況も省《はぶ》いたかたちで詳細《しょうさい》な注釈《ちゅうしゃく》が返ってきたこともあったようです。その数多《あまた》の「対話」は、若き日の魯迅青年が仙台留学中、恩師《おんし》の藤野《ふじの》厳九郎《げんくろう》先生から丁寧《ていねい》にノートの添削《てんさく》を受けたという師弟《してい》交流のエピソードを彷彿《ほうふつ》させます。自《みずか》らが宝《たから》とする学恩《がくおん》に、次世代《じせだい》の青年を励《はげ》ますことで報《むく》いていったともいえるのではないでしょうか。

「青年を愛し、いつも青年の味方になり援助《えんじょ》をおしまなかった」(1)——増田氏が魯迅先生を回想《かいそう》した言葉です。

それは「愛情なくして教育なし」と言われる顧先生の人間教育のお姿《すがた》と、見事《みごと》に重なり合います。この未来を生きる青年への希望を共有する語《かた》らいから生まれたのが本書であります。

「教育」を主なテーマとする本対談にあって、中国教育学会会長の要職《ようしょく》にあり、世界の教育界の至宝《しほう》の存在《そんざい》であられる顧先生が紡《つむ》ぎ出される、豊《ゆた》かな経験と知識に裏づけられた一言一言は、名講義《めいこうぎ》そのものでありました。

二〇一一年三月十一日の東日本大震災《ひがしにほんだいしんさい》に際《さい》し、顧先生は、ある被災《ひさい》地域《ちいき》の青年教育者に「多難《たなん》興邦《こうほう》」の言葉を贈《おく》られ、励ましてくださいました。苦難《くなん》が多い時こそ奮起《ふんき》して国を興《おこ》そうとの意《い》義《ぎ》であります。

「人の一生というものは、つねに多くの災難《さいなん》に見舞《みま》われるものです。順風満帆《じゅんぷうまんぱん》な人生などありえず、つねに大なり小なりの災難に遭遇《そうぐう》するものです」

こう述懐《じゅつかい》される顧先生は、ご自身の人生の災難を二つ挙《あ》げられました。

一つは日本軍《にほんぐん》の侵略《しんりゃく》であり、もう一つは文化大革命《ぶんかだいかくめい》でありました。

気高《けだか》き母君《ははぎみ》の愛に包まれた幼少時代は、日本軍の侵略で残酷《ざんこく》に破壊されました。今もって、その時の恐怖《きょうふ》が夢に出るほどであるとも語られていました。さらに文化大革命では同僚《どうりょう》や信頼する教え子の裏切《うらぎ》り、重労働の強制《きょうせい》など、言語《げんご》に絶《ぜっ》する苦難に遭《あ》われています。しかし、その逆境《ぎゃっきょう》をバネに立ち上がり、顧先生は中国教育界を担《にな》って雄渾《ゆうこん》の指揮《しき》を執《と》ってこられたのです。

顧先生は、そうした経験のすべてが、「私に、正直に身《み》を持《じ》し、周《まわ》りに紛動《ふんどう》されないような信《しん》念《ねん》を定《さだ》めさせてくれた」と感謝さえされています。仏典《ぶってん》には「石《いし》はやけばはい（灰）となる金《こがね》は・やけば真金《しんきん》となる」(2)とあります。まさに自己を鍛《きた》え抜いた〝真金の人〟の至言《しげん》であり、ご自身の人生をもって教育の勝利の真髄《しんずい》を証明《しょうめい》されてきたといえましょう。

本書では、あの「五四運動《ごしうんどう》」のただ中《なか》に訪中し、近代中国の教育史上に大きな影響《えいきょう》を与えたアメリカの哲学者デューイ博士《はかせ》の教育思想にもふれています。二十世紀の大教育者・陶行知《とうこうち》先生も、デューイ博士の弟子の一人です。その陶行知先生が、デューイ博士の〝学校は一つの社会である〟との思想を、さらに「社会即《そく》学校」（社会はすなわち学校である）へと発展させたという点も語り合いました。

「人格《じんかく》を磨《みが》く」ことに教育の本質《ほんしつ》を見ていくならば、まさに社会総体《そうたい》もまた人間教育の学校ととらえ返《かえ》すことができるでありましょう。教育はたんなる手段《しゅだん》ではなく、目的《もくてき》それ自体《じたい》なのであります。

この中国において深化《しんか》した教育思想の視点《してん》は、年来《ねんらい》、私が訴《うった》えてきた「社会のための教育」から「教育のための社会」への転換《てんかん》とも響《ひび》き合います。

顧先生との対話を通し、その方向を鮮明《せんめい》に展望できたことも、うれしい限りです。

本書の表題《ひょうだい》は「平和の架《か》け橋《はし》」とさせていただきました。これには私なりの感慨《かんがい》があります。一九七四年、私は中国を初めて訪問した際《さい》に、「平和友好の〝金《きん》の橋〟を子々孫々《ししそんそん》まで盤石《ばんじゃく》ならしめたい」と申し上げました。この「橋」という言葉に、今日《こんにち》に至る平和交流《へいわこうりゅう》への思いが凝縮《ぎょうしゅく》されているからです。

「金」は永遠性《えいえんせい》の象徴《しょうちょう》です。アジアのため、世界のために、中国と日本は絶対に結び合っていかねばなりません。不朽《ふきゅう》にして不壊《ふえ》なる平和友好の「金の橋」でなければならないのです。その橋を支えゆくのが、教育交流であり、文化交流であります。民衆の交流であり、青年の交流であります。

折《おり》しも日中国交正常化《にっちゅうこっこうせいじょうか》四十周年《しゅうねん》の佳節《かせつ》に、本書を江湖《こうこ》に送ることができました。この対話が、万代《ばんだい》に架ける平和友好の「金の橋」のために、一つの礎《いしずえ》ともなるならば、これに勝《まさ》る喜びはありません。

最後に、陰《かげ》で支えてくださった北京師範《ペキンしはん》大学の高益民《こうえきみん》先生には、私からも深く御礼《おんれい》を申し上げます。連載時より優《すぐ》れた翻訳に取り組んでくださった大江《おおえ》平和《へいわ》氏、さらに創価大学、東洋哲学研究所をはじめ、本書の出版にあたって日中双方《そうほう》で編集・翻訳にご尽力《じんりょく》くださった皆様方に衷心《ちゅうしん》より御礼申し上げます。

二〇一二年七月三日

注

第1章　教育と人生――激動の時代を生きる

（1）**周総理との会見**　池田名誉会長の第二次訪中の折（当時、会長）。周総理（一八九八～一九七六年）は末期のがんで入院中であったが、「池田会長とは、どんなことがあっても会わねばならない」と医師団らの反対を押し切って会見を要望（鄧穎超夫人の証言）。総理の病状を心配した池田会長は会見を固辞したが、総理の「強い希望」であると促された。会見では両国の「平和友好条約」の早期締結への希望が確認された（七八年締結）。「民をもって、官を促す」との信念に立つ総理は、民衆のなかから湧き上がった創価学会の存在に、六〇年代初めから注目していた。会見当時、文化大革命は終息しておらず、遅れきってしまった中国の現代化と世界との平和友好のために、総理は最後の力をふりしぼっていた。会見の一年一カ月後、逝去。享年七十七。本書１０７頁に会見の写真。

（2）**日中国交正常化提言**　一九六八年九月八日、池田名誉会長（当時、会長）が創価学会の第十一回学生部総会の席上、発表。当時、東西冷戦は激しく、これを背景にベトナム戦争も続いており、中国も北ベトナムとともに米軍と戦闘していた。日本政府は米国追随と中国敵視の政策をとっていた。そうしたなか、提言では、巨大な人口をもつ中国が国連での議席もなく、世界から孤立したままでは、アジアの安定も世界の平和もないとし、この現状を打開する鍵を握っているのは、文化的にも地理的にも歴史的にも日本をおいてないと主張。①中華人民共和国の承認②国連での中国の議席回復③日中首脳会談の実現④経済・文化交流の拡大⑤日中貿易抑制を意図した吉田書簡の破棄などを提唱した。提言に対し、中国文化研究家の竹内好氏は「光りはあったのだ」という一文でたたえた。中国においても、一九六六年に始まった文化大革命の最盛期であり、これによる国際的孤立と近代化の遅れを深く憂慮していた周恩来総理は提言を高く評価した。

（3）『文明の衝突』第一部第二章。鈴木主税訳、集英社、七一頁

（4）**牧口常三郎**（一八七一～一九四四年）　新潟県出身。北海道で苦学を重ねて、一八九三年、札幌の北海道尋常師範学校（現・北海道教育大学）を卒業。一九〇一年、教職を辞して上京し、二年後、『人生地理学』を発刊。女性への通信教育事業や中国の留学生への地理学講義、文部省での地理教科書の編纂などの仕事を経て、都下の小学校校長を歴任。柳田国男らの「郷土会」にも参加した。一二年、『教授の統合中心としての郷土科研究』を発刊。二八年ごろ、日蓮正宗に入信する。三〇年十一月十八日、『創価教育学体系』第一巻を発刊し（以下、三四年までに第四巻まで発刊）、「創価教育学会」を設立。戦時下も国家神道への協力を拒否し、四三年七月、治安維持法違反ならびに不敬罪の容疑で逮捕される。獄中でも不退転の信念を貫き、四四年十一月十八日、東京拘置所内の病監で逝去。

（5）『人生地理学』「緒論」第一章「地と人との関係の概観」。第三文明社刊『牧口常三郎全集』（以下、『牧口全集』と表記）第一巻、一五頁。強調の圏点は略した。

（6）同。『牧口全集』第一巻、一五～六頁。強調の圏点は略した。

（7）『創価教育学体系』第四巻「教育方法論」第一篇第二章第四節「詰め込み主義か啓発主義か知識の構成か興味の喚起か」。『牧口全集』第六巻、二八五頁

（8）『人生地理学』第一篇第十一章「河川」第二節。『牧口全集』第一巻、一六九頁

（9）**白居易**（七七二～八四六年）　中唐の詩人。字は楽天。代表作は「長恨歌」「新楽府」など。彼の文集『白氏文集』は彼の存命中に日本に伝えられ、大きな影響を与えた。引用は、松枝茂夫編『中国名詩選』下巻、岩波文庫、二二二～三頁を一部改変。

（10）**徐霞客**（一五八六～一六四一年）　明末の地理学者、旅行家、紀行文学者。本名は徐弘祖。霞客は号。江蘇省江陰の生まれ。若くして地理書を学んだが、古典の解釈に終始する学問に反発し、自らの足で歩き、自らの目で観察しようと決意。晩年にいたるまで、約三十年間、中国各地を踏破して、見聞を記録した。こうして二百六十万字に及ぶという『徐霞客游記』が書かれたが、現存するのは六十万字余り。地理学のみならず地質学・社会学・文学などが一体となった稀有の書とされ、徐霞客は「遊聖」と呼ばれる。彼が浙江省寧海県を一六一三年に出発した五月十九日が、二〇一一年、「中国観光の日（中国旅遊日）」に決定された。

（11）**里と歩**　一里は三〇〇歩ないし三六〇歩。長さも時代によって異なる。一九三〇年以後の中国では一里（市里）が五〇〇メートル、一歩が一・六六六メートル（循環小数）。江陰城は城壁の一辺が約一一三〇メートルだったことになる。

(12) **李白**（七〇一～六二年）　盛唐の詩人。字は太白。若くして諸国を遍歴、後に出仕したが、折しも「安史の乱」に遭遇するなど不遇だった。杜甫の「詩聖」に対し「詩仙」と呼ばれる。引用は、武部利男注『新修　中国詩人選集2 李白』岩波書店、四六頁などを参照、一部改変。

(13) **蘇軾**（一〇三七～一一〇一年）　北宋の文人、政治家、書家。蘇東坡とも呼ばれる。宋代第一の詩人とされ、唐宋八大家の一人。

(14) **五四運動**　「中華民国」建国から七年後の一九一九年五月四日、北京の学生デモから始まった反日・反帝国主義運動。このころ、中国は政府に全土を統括する力がない「軍閥割拠」の状況になっており、混乱に乗じて帝国主義列強による半植民地化が進んでいた。第一次大戦後のヴェルサイユ講和会議において、日本の「対華二十一箇条要求」の「山東省への日本の権益」などを列強と民国政府が承認すると、不満が爆発し、全国的な大衆の抗議運動へと拡大した。五四運動は政治面だけでなく、封建的な旧制度・旧文化に反対して、民主主義と科学精神を追求する広範な新文化運動、社会の近代化運動となった。とくに一九一六～二一年頃までのそうした動きを「五四文化運動」と呼ぶ場合がある。

(15) **劉半農**（一八九一～一九三四年）は、中国「新文化運動」の先駆者で詩人、言語学者。一九一二年、弟の**劉天華**（一八九五～一九三二年）とともに、故郷・江陰から上海に出る。編集者となり、小説や文学評論を発表。雑誌『新青年』編集にもかかわり、陳独秀（一八七九～一九四二年、中国共産党初代総書記）や魯迅らとともに「新文化運動」を推進。一九二〇年からイギリス・フランスに留学。帰国後、北京大学国語学部の教授、中央研究院歴史言語研究所研究員などを務める。劉天華は上海で音楽理論やピアノ、バイオリン、銅管楽器などを学んだ後、故郷で音楽教育に従事。作曲も始めた。中国の民族音楽の振興を志し、民間の芸人・音楽家を歴訪して、二胡や琵琶などを学習。とくに二胡の演奏法を革新した。二二年から北京大学教授。残された作品には、故郷への愛が強く表現されているといわれる。代表作は二胡曲『病中吟』『光明行』『空山鳥語』など。末弟の劉北茂（一九〇三～八一年）も作曲家で二胡演奏家。三兄弟は貧しい読書人の家に生まれながら、ともに中国文化の革新に貢献し、「劉氏三傑」と呼ばれた。

(16) **巨賛**（一九〇八～八四年）　仏教僧。長年にわたり仏教研究に努め、「五百万字」とも呼ばれる多くの著述を残した。『巨賛法師全集』全八巻（社会科学文献出版社）がある。中国仏教協会副会長、仏教者養成機関・中国仏学院の副院長などを歴任した。

(17) **趙樸初**（一九〇七～二〇〇〇年）　二十世紀の中国の仏教指導者、書家、詩人。現代中国社会の大きな変動のなかで、一貫して仏教の護持と発展のために尽力。「愛国と愛教」の調和を追求して、信教の自由の擁護を訴えつつ、仏教による時代・社会への貢献に努めた。仏教の国際交流にも熱心で、日本をはじめ各国との国際友好にも奔走した。中国仏教協会会長、中国仏学院院長、中国人民政治協商会議副主席、中国書道家協会副主席、中国作家協会理事、中日友好協会副会長などを歴任。池田名誉会長は第一次訪中での北京郊外・頤和園（いわえん）での出会い（一九七四年六月四日）以来、趙氏と語らいを重ねた。3章・注73を参照。

（18）『雑草集——顧明遠教育随筆』福建教育出版社、二〇〇一年、二〇五頁

（19）『二十一世紀への対話』第三部第一章。聖教新聞社刊『池田大作全集』（以下、『池田全集』と表記）第三巻、五一七〜八頁

（20）**マーティン・ルーサー・キング・ジュニア**（一九二九〜六八年）は、アメリカの公民権運動の指導者。六四年、ノーベル平和賞を受賞。六八年、演説中に暗殺された。**ビンセント・ハーディング**は、米デンバー・アイリフ神学校名誉教授。一九三一年生まれ。シカゴ大学で歴史学修士、博士号を取得。五八年にキング牧師と出会い、公民権運動、ベトナム反戦運動で共戦。歴史学者、ジャーナリストとしても活躍してきた。キング記念センター初代所長。人権闘争の精神を次代に継承する活動を続けている。池田名誉会長と対談『希望の教育　平和の行進——キング博士の夢とともに』を行った（『第三文明』誌、二〇一一年二月号〜二〇一二年五月号）。引用は「聖教新聞」一九九四年一月十八日付。一部、表記を改変した。

（21）**三字経**　児童用の識字教科書。南宋の王応麟（一二二三〜九六年）の撰と伝えられるが別説もある。冒頭の「人之初、性本善（人の初め、性もと善なり）」のように三字で一小句、六字で一大句とする。韻も踏んでおり、読みやすく覚えやすい。字を覚えながら、三百七十六小句（千百二十八字）で歴史、儒教道徳、地理、天文、文学、常識が学べるように工夫してある。中国史上、最も普及した本の一つとされ、『女児三字経』『仏教三字経』『道教三字経』『医学三字経』など類書が多く出た。中国だけでなく、朝鮮、ベトナムでも類書が編まれ、日本の『本朝三字経』（一八五二年）もその一つである。これは日本の歴史を三字句を連ねて教えるもので、大橋玉（若水）編。『**孟子**』と『**大学**』は『論語』『中庸』とともに儒教の正典である四書として広く読まれた。

（22）金谷治訳注『大学・中庸』岩波文庫、三一頁、三三頁

（23）**ジャン＝ジャック・ルソー**（一七一二〜七八年）は、スイス生まれのフランスの哲学者。『**エミール**』（一七六二年）は、一人の教師が少年エミールを誕生から結婚まで教育するという小説形式で書かれた教育論。人間は生まれた時には善だが、成長すると社会の悪に染まっていくと考えるルソーは、子ども本来の善性を、子ども固有の成長の法則に即して伸ばそうとした。その主張は「子どもの発見」と呼ばれ、教育思想史上の古典である。本書4章2節、２９８頁に同書の冒頭の言葉を引用。**ヨハン・ヴォルフガン**

グ・フォン・ゲーテ（一七四九～一八三二年）は、ドイツの文学者で政治家。自然科学者でもあった。その友人であったフリードリヒ・フォン・シラー（一七五九～一八〇五年）は、ドイツの詩人、劇作家、歴史家。ジョージ・ゴードン・バイロン（一七八八～一八二四年）は、イギリスの詩人。オスマン帝国からのギリシャの独立戦争に参加中に死亡。

（24）**魯迅**（一八八一～一九三六年）　中国近代文学の基礎を築いた作家、教育者。評論や翻訳も多い。本名は周樹人。浙江省紹興市出身。弟に作家で日本文化研究家の周作人（一八八五～一九六七年）、生物学者の周建人（一八八八～一九八四年／顧明遠会長の周蕖夫人は氏の息女）がいる。日本に留学し、弘文学院（注14）、仙台医学専門学校で学ぶが、中国を救うには医学よりも精神革命が必要だと考え、文学に転向。帰国後、五四運動（注34）後の「新文化運動」の旗手として活躍。後に中国左翼作家連盟に参加。多くの論争を重ね、切れ味鋭い文章は「寸鉄人を刺し、一刀血を見る」と評された。代表作に『阿Q正伝』『狂人日記』などがある。引用の「生命の路」は第一短評集『熱風』（一九二五年）所収「随感録」六十六、竹内好訳。

（25）**周海嬰**（一九二九～二〇一一年）　魯迅と許広平（一八九八～一九六八年／3章・注73）の子息。「上海で生まれた嬰児」という意味で「海嬰」と名づけられる。七歳で父を喪う。華北大学、北京輔仁大学を経て、一九五二年、北京大学物理学部に入学。無線通信の研究をする。六〇年から現在の国家広電総局（放送・映画・テレビなどメディアを統括する機関）に勤務。カラーテレビ放送やステレオ放送開始時の部門責任者。全国人民代表大会代表を歴任。全国人民政治協商会議委員、上海魯迅文化発展センター理事長、中国魯迅研究会名誉会長、北京魯迅博物館・紹興魯迅記念館・厦門（アモイ）魯迅記念館の名誉館長、北京魯迅中学・紹興魯迅中学の名誉校長、上海魯迅記念館の顧問などを務めた。著書の邦訳に『わが父魯迅』集英社がある。本書4章冒頭、276～8頁を参照。

（26）「聖教新聞」二〇〇四年三月十二日付

（27）**マクシム・ゴーリキー**（一八六八～一九三六年）は、ロシアの作家。貧苦の生活体験から労働者階級の立場で創作した。社会的リアリズムの創始者とされ、ロシア文学からソビエト文学へと移行させた代表的作家ともいえるが、次第に政府と距離を置くようになる。スターリンの粛清時代には軟禁状態にされ、不審死をとげた。代表作は『母』『どん底』『海燕の歌』など。**フョードル・ミハイロヴィッチ・ドストエフスキー**（一八二一～八一年）は、ロシア最大の文学者の一人。「世界の文学史上、最も偉大な心理学者」とする評価もある。代表作は『罪と罰』『白痴』『悪霊』『カラマーゾフの兄弟』など。

(28)『どん底』第四幕での賭博師サーチンのセリフ。

(29)**三国志演義** 51頁に初出。明代の通俗歴史小説。後漢末からの激動期を舞台とし、蜀漢を正義とする立場で書かれている。正史の『三国志』に対して、読み物風にまとめてあるから演義という。世間に流布していた講談・説話を集大成したものとされ、作者は不明。元末・明初の施耐庵あるいはその門下ともいう羅貫中かと推定されている。『水滸伝』『西遊記』『金瓶梅』と並ぶ中国四大奇書の一つ。

(30)**巴金**(一九〇四～二〇〇五年) 四川省成都の大官僚地主の家に生まれる。五四運動に影響を受けるなか、一九二七年、フランスに留学。帰国後、生家をモデルに封建社会の家族制度の残酷さを暴き人間解放を訴えた長編小説「激流三部曲」(家・春・秋)、また「愛情三部曲」(霧・雨・電)などで文学的評価を不動にした。文化大革命で、激しい批判と迫害にあう。文革終了の翌七七年、中国作家協会主席に就任。「遺言」として『随想録』百五十篇を執筆した。二〇〇三年、百歳を前に中国政府から「人民作家」の称号が贈られた。池田名誉会長とは四回、会見している(一九八〇年、静岡と上海で。八四年、東京と上海の氏の自宅で)。1章7節、88～89頁を参照。**老舎**(一八九九～一九六六年) 満洲族出身の小説家、劇作家。北京師範学校を卒業し、教員となる。ロンドンに留学中、創作活動を始める。帰国後、日中戦争が始まると、日本軍占領下の北京市民の苦しみを描いた三部作『四世同堂』(四六年完成)など抗日を題材に多くの作品を発表した。貧しい少年時代の体験を原点に、庶民の哀歓を温かい目で描いて「人民芸術家」「語言大師」と称されたが、文化大革命の初期、迫害にあい、無念の死を遂げる。戯曲『茶館』も代表作のひとつ。

(31)**ニコライ・オストロフスキー**(一九〇四～三六年)は、ソビエト連邦の作家。ウクライナ生まれ。機関車のボイラー焚き、水夫などとして働きながら、小学校教育を終える。一九一九年、ロシア革命の内戦で赤軍に参加したが、重傷で除隊。電機工として働きつつ、党の活動に奔走した。健康が次第に悪化し、二七年には手足の自由を失い寝たきりの生活になり、翌年末には両目の視力も失われた。しかし、不屈の精神で、文学で革命に貢献しようと創作を始め、自伝的長編『鋼鉄はいかに鍛えられたか』(三二～三三年)を書く。貧しい少年が、弱者を虐げる社会体制に反抗し、全身全霊で闘争し成長する姿を描いた同作品は、社会主義圏のみならず、社会の変革を目指す各国の人々に広く愛読された。第二長編『嵐に生まれ出るもの』の執筆途中で逝去。引用は、金子幸彦訳、岩波文庫、下巻一〇二頁。主人公コルチャーギンが、革命に殉じた同志たちの墓に詣でて、自らに言い聞かせる言葉。

(32)**世界大同** 『礼記』に説かれる「大同の治」を目指した孫文の思想。5章1節、358頁ならびに2章4節、162頁以下を参照。

(33)**藤野厳九郎**(一八七四～一九四五年) 愛知医学校(現・名古屋大学医学部)卒業。一九〇一年、仙台医学専門学校(現・東北大

学医学部）に講師として赴任。〇四年七月に解剖学講座の教授に昇格した。同年九月、七歳年下の留学生・周樹人（魯迅）が入学し、〇六年三月に同校を中退するまで指導した。一五年、同校が東北帝国大学医科大学となるに当たり、帝国大学出身でない氏は教授資格なしとされて、辞任。生まれ故郷の福井県で開業医となり、仁医として住民に親しまれた。終戦直前の八月十一日、往診の路上で倒れ、亡くなった。福井県あわら市には、氏の旧宅を移築した「藤野厳九郎記念館」がある。

（34）**弘文学院**　近代化を急ぐ清国は一八九六年、十三人の留学生（一人の補欠留学生もいたとの説も）を日本に派遣した。清国公使から学生の教育を要請された西園寺公望文部大臣（外務大臣兼任）は、東京高等師範学校校長の嘉納治五郎（3章・注63）に依頼。嘉納は私塾のようなかたちで教育を開始したが、九九年、規模を広げて「亦楽書院」を開設した。それでも留学生の急増に適応できず、当時の牛込区にあった広い邸宅を借り受け（敷地三千坪、建坪百二十二坪）、一九〇二年、「弘文学院」を開いた（その後、東京の各所に分校も増設）。後に「宏文学院」と改称したのは、乾隆帝の諱（いみな）「弘暦」の「弘」を避諱する留学生が少なくなかったためという。科挙の廃止や日露戦争での日本勝利（ともに〇五年九月）の後、学生は更に増加し、〇六年の最盛期には在校生は千六百人を超えた。しかし、学生の日本での革命運動を恐れた清国政府の留学政策変更や、それを受けた日本政府の「清国留学生取締規則」への反発などの影響から、留学生が急減し、〇九年、閉校にいたる。この七年間に入学者は七千百九十二人、卒業者は三千八百十人。卒業生らによる中国近代化への貢献は大きかった。中国からの日本留学については3章5節、252頁以下を参照（253頁に関係写真）。

（35）**「悪人の敵に…」**　『創価教育学体系』第三巻・第四篇「教育改造論」第三章第二節「教員気質と其の階級」。『牧口全集』第六巻、七一頁から。原文は「悪人の敵になり得る勇者でなければ善人の友とはなり得ぬ。利害の打算に目が暗んで、善悪の識別の出来ないものに教育者の資格はない。その識別が出来て居ながら、其の実現力のないものは教育者の価値はない。教育者は飽（あく）まで善悪の判断者であり其の実行勇者でなければならぬ」。

（36）**東京の六つの小学校**　牧口常三郎は一九一三年から三一年までの十九年間に、東盛尋常小学校、大正尋常小学校、西町尋常小学校、三笠尋常小学校、白金尋常小学校、麻布新堀尋常小学校で校長を歴任した。このうち、東盛、大正、三笠、麻布新堀の各校では夜学校の校長も兼任し、弁当を持参できない児童のために、パンやみそ汁を用意したりした。約十年間校長を務めた白金尋常小学校時代、関東大震災が起こり（二三年）、牧口は被災者救援を呼びかけ、集まった二百五十人の子どもたちとともに活動した。

(37) **常書鴻**（一九〇四〜九四年） 敦煌文物研究所初代所長。敦煌研究院名誉院長。パリに留学中、セーヌ河畔の古書市で敦煌の図録に出合い、祖国の美に開眼。帰国後、一九四三年から辺境の地・敦煌に赴き、過酷な環境のなか、人類の至宝である「砂漠の大画廊」の研究と保護に生涯を捧げ、「敦煌学」の基礎を築いた。全国美術家協会・中国考古学会・壁画学会・全国文学芸術家代表大会の各理事なども務めた。

(38) 李敏誼編『顧明遠教育口述史』北京師範大学出版社、二〇〇七年、六頁、一〇頁

(39) **汪兆銘政権** 一九四〇年から四五年にかけて存在した中華民国の政権。日中戦争中、日本との妥協による和平を模索した。南京を首都としたため、日本では南京政府（南京国民政府）とも呼んだ。日本の敗戦とともに解散。行政院長（首相）は汪兆銘（一八八三〜一九四四年）。同政権は七省四特別市を管轄しており、顧明遠会長が住んでいた江蘇省はそのひとつ。

(40) **芥子園画譜** 清初に編集された絵手本。一般には門外不出であった絵師の技法が、木版多色刷版画の作品や絵画論とともに紹介されており、絵画の教科書として珍重され、普及した。三集のうち初集は、劇作家・小説家で出版人の李漁（一六一〇〜八〇年）の発案により、一六七九年刊。南京の名士・沈心友（李漁の娘婿）所蔵の明の山水画譜を基本に増補整理されたもので、書名の「芥子園」は李漁の別荘名あるいは書店名という。二・三集は花鳥の画譜で、一七〇一年刊。日本には元禄時代に渡来し、南画・文人画の一典拠となった。また版画の技術は浮世絵に影響を与えた。『芥子園画伝』ともいう。

(41) **一日為師、終身為父** 古代の児童教育書『太公家教』に「一日為君、終日為主。一日為師、終日為父（ひとたび君となったら、つねに主たれ。ひとたび師となったら、つねに父たれ）」とある。『太公家教』は広く使われたため異本が多く、この言葉の出自を「曲礼曰」三字で説明する版もある。すなわち「礼記の『曲礼』でこう言っている」との説明だが、「現行の『礼記』曲礼にはもとより、そのような句は無い。これは、民間の諺（ことわざ）を権威づけしたものであろう」という（伊藤美重子「敦煌写本『太公家教』と学校」、『お茶の水女子大学中国文学会報』第二十巻、七八頁）。古諺だけに他の古典籍にもこの言は使われている。たとえば元の関漢卿の戯曲「玉鏡台」第二折など。なお、『太公家教』は日本にも早くから伝来していたが、その後、日中双方で失われ、十九世紀末に発見された敦煌文書のなかから再び世に現れた。敦煌のさまざまな学校で使用されていたと考えられている。

(42) **西南聯合大学**（一九三八〜四六年） 日中戦争期に、戦火を避けて、雲南省昆明市に設置された。北京の北京大学と清華大学、天津の南開大学による戦時連合大学である。一九三七年に三校は湖南省・長沙に避難して「国立長沙臨時大学」と称したが、すぐに

さらに西の雲南に移動。改称して、三八年五月に開校した。五院二十六系、二つの専修科などがあった。疎開地にもかかわらず、優れた研究・教育がなされた。たとえば同大学の文学部長であった聞一多（一八九九〜一九四六年）は、長編論文「伏羲考」を書き、伝説的存在の伏羲（5章・注32）とは、妻（あるいは妹）である女媧とともに、雲南省にも多く住む苗（ミャオ）族の祖先神であったと詳論している。疎開の不便を逆用して、地の利を生かした研究であった。聞一多『中国神話』中島みどり訳注、平凡社・東洋文庫所収。**楊振寧**（一九二二年生まれ）は同大学を一九四二年に卒業。四五年にはアメリカに留学し、五七年、ノーベル物理学賞を受賞した。

（43）**戸田城聖**（一九〇〇〜五八年）石川県生まれ。北海道での教員生活を経て、一九二〇年に上京。終生の師・牧口常三郎に出会い、教育者として薫陶を受ける。二三年、牧口の教育理論を実践した私塾「時習学館」を設立。塾で使用した算数のプリントをもとに参考書『推理式指導算術』を出版するや、ベストセラーとなる。二八年ごろ、牧口に続いて、日蓮正宗に入信。また、牧口の畢生の書『創価教育学体系』の編集と財政面を担い、第一巻の発行日である一九三〇年十一月十八日をもって「創価教育学会」創立の日とした。会長になった牧口とともに、戸田は理事長として教育改革、宗教改革に奔走。しかし、戦時体制下、宗教・思想の統制を図る政府の圧迫は強まり、四三年七月、学会幹部の一斉逮捕となる。戸田も治安維持法違反ならびに不敬罪の容疑で逮捕され、二年間の獄中生活を強いられた。この間、師・牧口の獄死という痛恨事があった。戸田は獄中で法華経を読み、「仏とは生命である」との覚知と、自分が仏から悪世の広宣流布を託された「地涌の菩薩」の一人であるとの自覚を得た。出獄後、会を「創価学会」と改称し、再建を開始。五一年、会長に就任し、七年足らずで七十五万世帯まで拡大した。また東西冷戦が激化するなか、五七年九月には「原水爆禁止宣言」を発表した。

（44）**調書**『牧口全集』第十巻に「創価教育学会々長牧口常三郎に対する訊問調書 抜萃」を収録。「内務省警保局保安課『特高月報』昭和十八年（一九四三年）八月分（昭和十八年九月二十日発行）の末尾に宗教運動の研究資料として摘録されたもの」である。また『昭和特高弾圧史4 宗教人にたいする弾圧』（太平出版社）にも収録されている。

（45）論語・子罕篇第九。吉田賢抗『新釈漢文大系1 論語』明治書院、一九九頁。一部、表記を改めた。

（46）『**水滸伝**』は明代中国の伝奇小説。四大奇書の一つ。作者は施耐庵あるいは羅貫中という（注29を参照）。『**永遠の都**』はイギリスのホール・ケイン（一八五三〜一九三一年）作。『**九十三年**』はフランスのヴィクトル・ユゴー（一八〇二〜八五年）作。『**モンテ・**

クリスト伯』はフランスのアレクサンドル・デュマ（一八〇二〜七〇年）作。『**スカラムーシュ**』はイタリア生まれのイギリスの小説家ラファエル・サバチニ（一八七五〜一九五〇年）作。

(47)『十八史略』巻五。唐の二代皇帝・太宗（李世民）が、貞観一七年（六四三年）、遠慮なき諫言で知られた名臣・魏徴の死を嘆いて語った言葉。人は銅鏡によって身なりを整え、歴史の鏡によって国家の盛衰を学び、人を鏡として我が身を省みることができる。今、魏徴が死んで、この「三つの鏡」のうち、私は鏡を一つ失ってしまった、と。林秀一『新釈漢文大系21　十八史略　下』明治書院、六三五〜六頁。一部、表記を改めた。原話は太宗の言行録『貞観政要』巻二・任賢第三（原田種成『新釈漢文大系95　貞観政要上』明治書院では一一九頁）。

(48)前掲『雑草集――顧明遠教育随筆』二一二頁

(49)**大躍進政策**　一九五八年から六一年にかけて推進された農工業の大増産政策。毛沢東は「イギリスを十五年以内に追い越す」（後に「三年で米英を追い越す」とも）と豪語して、現実を無視した過大なノルマと競争を人民に課したため、報告された成果の多くは水増しされた架空の数字であった。大製鉄・製鋼運動では燃料確保のため、樹木は伐採されつくしたが、粗悪で使えない鉄がほとんどだった。この政策の結果は荒廃しきった大地と経済の大混乱であり、天災も加わって飢餓が蔓延。膨大な餓死者（実数は不明。推計三千万人から五千万人）を出すという惨憺たる悲劇に終わった。毛沢東は、やむなく国家主席を辞任し、政策は経済再建路線に転換されたが、文化大革命は、この失脚からの復権をねらって毛沢東が発動したものとの見方がある。

(50)**アントン・セミョーノヴィッチ・マカレンコ**（一八八八〜一九三九年）ソ連時代に活躍した教育者。少年院などで、いわゆる非行少年の矯正教育を行った。「人は無人島に生きているのではない」として、子どもの人格形成における集団の役割に着目。忠誠・服従・協同を重視する「集団主義教育論」は各国の教育界に影響を与えた。晩年はその理論を詩や小説形式などで出版。建国初期の中国では、彼の『共産主義の教育を論じる』『親のための本』などが翻訳されている。日本でも広く学ばれ、『マカレンコ全集』全八巻が刊行されている（マカレンコ全集刊行委員会訳、明治図書）。

(51)**資本主義の実権派**　「走資派」とも略される。大躍進政策（注49）の失敗の後、劉少奇（一八九八〜一九六九年／当時・国家主席）と鄧小平（一九〇四〜九七年／当時・副総理）らを中心に経済再建が進められ、自由市場や農産物買い上げ価格の引き上げ、農家の生産請負制度（政府と請負契約をした以上の農産物は個人のものになる制度）などが導入された。これらは生産の回復に大きく貢献した。しかし、その成功は、毛沢東の威光の相対的低下を意味した。一九六五年、毛は「走資本主義道路的当権派（資本主義の道を歩む実権派）」が問題だと発言。翌年からの文化大革命では「打倒対象」とされて、劉少奇国家主席をはじめ多くの人たちが、このレッテルを貼られ、迫害された。

(52)「聖教新聞」一九八四年五月十二日付

(53) **スターリン批判**　スターリン（一八七八～一九五三年）の死亡から三年後の一九五六年二月、ソ連共産党のフルシチョフ第一書記は、第二十回党大会において、外国代表を締め出し、秘密報告を行った。報告では、スターリンが行った大規模で残虐な粛清の事実などを公表し、個人崇拝、官僚主義、独裁政治、ソ連中心主義を批判した。これまで世界史的偉人として絶対視されてきたスターリンへの批判は、ソ連内外に大きな衝撃をもたらした。毛沢東はフルシチョフのスターリン批判や、西側との平和共存（デタント）を「修正主義」と批判し、中ソ対立が深刻化した。

(54) **林彪**（一九〇七～七一年）は国防部長、国務院副総理、党中央副主席などを歴任。六九年、文化大革命で失脚した劉少奇国家主席に代わる毛沢東の後継者として指名されるが、七一年、反乱計画が発覚したとしてソ連へ飛行機で逃亡中、モンゴル領内で墜落死したと伝えられる。**四人組**は、文化大革命を主導した**江青**（毛沢東夫人／一九一四～九一年）、張春橋（国務院副総理／一九一七～二〇〇五年）、姚文元（党中央政治局委員／一九三一～二〇〇五年）、王洪文（党中央副主席／一九三五年～九二年）の四名。中国では「四人帮（四人のギャング）」と呼ばれる。

(55) **疾風に勁草を知る**（速い風が吹いて初めて強い草が見分けられる）『後漢書』列伝第十のうち王覇（おうは）伝にある。王覇（？～五九年）は後漢の武将で、光武帝の天下統一を助けた二十八人の功臣「雲台二十八将」の一人。漢再興のための河北攻略は苦戦の連続で、逃亡兵が相次いだ。指導者の劉秀（後の光武帝）は、王覇が初戦から変わらず戦い続けている姿をたたえて、「疾風にして勁草を知る」と語ったという故事から。吉川忠夫訓注『後漢書』第三冊、岩波書店、四七六頁

(56) **整風運動**　「整風」は「三風（学風・党風・文風）整頓」の略。毛沢東によって一九四二年二月から開始され、学習・党活動・文書表現の三領域で「思想上の主観主義」「活動上のセクト主義」「表現上の空言主義」を克服するよう自己点検・自己刷新を呼びかけた。たてまえは教育運動だが、実質は反対派粛清運動であり、毛沢東による権力闘争であったとされる。長征の終着地にして革命の本拠地・延安（陝西省）を中心に展開されたので「延安整風」とも呼ばれる。多くの党員が、教条主義者・官僚主義者・独断

主義者・経験主義者などと負のレッテルを貼られ、本人だけでなく家族・親族まで迫害された。一万人以上の犠牲者が出たともいうが実数は不明。延安での運動が原型となり、四八年・五〇年・五七年と繰り返された。六六年からの文化大革命は最大の「整風運動」ともいえる。

(57)**紅衛兵**　文化大革命で先頭に立って過激な活動をした学生・青年の組織と運動。一九六六年五月結成。初級中学以下の年少のグループは紅小兵と呼ばれた。**走資派**は「実権派」(注51)と同じ。

(58)**鄧穎超**(一九〇四〜九二年)　若き日から女性解放運動に取り組む。直隷第一女子師範学校(天津)在学中、五四運動(注14)に参加するなかで、南開大学の学生であった周恩来と知り合う。一九二五年結婚。長征にも参加。全国政治協商会議主席(八三〜八八年)も務めた。池田名誉会長と八回会見している。紹介されている会見は七九年四月十二日、東京・元赤坂の迎賓館で。

(59)「開目抄」、創価学会版『新編　日蓮大聖人御書全集』(以下、『御書全集』と表記)二三七頁

(60)「**愚人に憎まれたるは…**」　前項の『御書全集』の言葉を牧口は座右の銘とし、そこから自身の信条をこう語っていたという。「**九牛の一毛…**」「獄中書簡」から。一九四三年十月二十三日付、牧口貞子(三男・洋三の妻)宛て封緘葉書。『牧口全集』第十巻、二七八頁。「お互に信仰が第一です。災難と云ふても、大聖人様の九牛の一毛です、とあきらめて益々信仰を強める事です。広大無辺の大利益に暮す吾々に、斯くの如き事は決してうらめません」とある。九牛の一毛とは「多くの牛の中の一本の毛」のように取るに足りないこと。

(61)原文は「松のしも(霜)の後に木の王と見へ」。「兵衛志殿御書」、『御書全集』一〇九五頁。「菊は草の後に仙草と見へて候、代のおさまれるには賢人見えず代の乱れたるにこそ聖人愚人は顕れ候へ」と続く。

(62)「聖教新聞」一九九〇年十一月七日付

第2章　教育と文化──多元的世界文明を求めて

(1)赤塚忠『新釈漢文大系2　大学・中庸』明治書院、二七五頁。現代表記に改めた。

（2）**トインビー博士との語らい**　一九六九年秋、アーノルド・J・トインビー（一八八九〜一九七五年、本書19頁に初出）から「現在、人類が直面している諸問題に関して、二人で有意義に意見交換できれば幸いです」との書簡が届いた。博士が高齢のため、できればロンドンで行いたいとの希望に合わせて、池田名誉会長（当時、会長）は七二年五月に博士の自宅を訪問。翌年五月にも対談は続けられた。対談集『二十一世紀への対話』（*Choose Life*）は各国で高く評価され、二〇一二年現在、二十八の言語に翻訳されている。

（3）**文明の哲学的同時代性**　『試練に立つ文明』第一章「わが歴史観」。深瀬基寛訳、現代教養文庫、社会思想社、一〇〜一三頁

（4）**東アジアの歴史的遺産**　『二十一世紀への対話』第二部第四章第二節「東アジアの役割」。『池田全集』第三巻、四三六〜七頁

（5）**ヴォルテール**（一六九四〜一七七八年）『風俗論（風俗試論）』の邦訳には『歴史哲学――「諸国民の風俗と精神について」序論』安斎和雄訳、法政大学出版局がある。

（6）**バートランド・ラッセル**（一八七二〜一九七〇年）北京大学から招かれ客員教授として一九二一年夏まで約一年間、哲学を講義した。『中国の問題』（*The Problem of China*, 1922）では、中国文明の偉大さと中国人の美質をたたえ、将来の真の独立を念願するとともに、イギリスのような帝国主義に走ることなく、平和的で創造的な力を発揮することを希望した。同書を読んだ孫文は「ラッセルこそ、中国人を理解した唯一のイギリス人だ」と述べた。邦訳には牧野力訳、理想社刊がある。引用の前半は同訳書二一八〜九頁の要約。後半は四一頁、一部要約。

（7）**中原の仰韶文化**〜　中原とは中華文化の発祥地とされてきた黄河中・下流の地域。仰韶文化（紀元前五〇〇〇?〜同二五〇〇年?）の名は、一九二一年発見の河南省・仰韶村遺跡にちなむ。アワ・キビを栽培。ブタなど家畜も飼育。彩陶土器を造った。末期には金属器も併用した。**龍山文化**（紀元前二五〇〇?〜同一七〇〇年?）は、仰韶文化とともに中国の新石器時代の二大文化。一九二八年に遺跡が出土した山東省・龍山鎮にちなむ。黒陶が特徴で、黒陶文化ともいう。後期には銅器も鋳造。ヤギ・ウシなどを飼育した。**良渚文化**（紀元前三三〇〇?〜同二〇〇〇年?）は、長江地域の新石器時代末期の文化であり、一九三六年に発掘された浙江省・良渚鎮から命名。高度で多様な玉器、養蚕・絹織・麻織があった。「鼎（かなえ）・壺・豆」をセットとする祭器は、その後の歴代王朝にも見られ、関連が指摘されている。社会の階層化が進んでおり、王の存在が推定されている。**巴蜀文化**（紀元前三〇〇〇?〜同三一六年、秦が征服）は長江上流の巴州（重慶地方）と蜀州（四川省成都地方）に栄えた文化で、広義には、近年注目されている三星堆文化などを含む。漢字系統とは異なる巴蜀文字（巴蜀記号）が青銅器などに残る。黄河文明・長江文明と

ならぶ四川文明と呼ぶ人もいる。

（8）**梁啓超**（一八七三～一九二九年）　中国の近代化のために努力し、康有為（注61）らとともに行った清朝変革運動（変法運動）に失敗すると日本に亡命。辛亥革命の後、帰国し、晩年は東西文明の融合を探究した。3章4節、243頁と同章・注54を参照。

（9）**バンドン会議**　一九五五年四月、インドネシア・ジャワ島のバンドンで開催された第一回「アジア・アフリカ会議（AA会議）」。日本を含む二十九カ国が参加し、平和五原則（領土と主権の相互尊重／相互不可侵／内政不干渉／平等互恵／平和共存）を基礎とする平和十原則が定められた。AA会議は第二回が開催されなかったため、「バンドン会議」イコール「AA会議」を意味する場合もある。

（10）「上野殿御書」、『御書全集』一五六七頁

（11）「椎地四郎殿御書」、『御書全集』一四四八頁

（12）**竜樹**（一五〇～二五〇年頃）　ナーガールジュナの漢訳名。初期大乗仏教の大論師。「空」の理論を大成した。その後の大乗仏教はすべて彼の影響下にあるため、日本では「八宗の祖」と称された。「有・無」中道（非有非無の中道）の思想は、一切の現象（諸法）は縁起の理法に従い、滅するゆえに有ではなく、生じるゆえに無でもないとし、存在と非存在の両者を否定する。これは認識論的には肯定と否定の両者の止揚ともいえる。

（13）**天台大師・智顗**（五三八～九七年）　中国天台宗の実質的な開祖。法華経を中心として、中国仏教を総合した。三諦とは「三つの真理」を意味し、竜樹の『中論』に基づいて、諸法の実相を説いた。あらゆる存在は固定的実体がなく空であるとする「空諦」（真理の否定面）、実体はないが縁起によって仮に生じているとする「仮諦」（真理の肯定面）、二つのどちらにも偏せず、両者を統合的にとらえる「中諦」がある。それぞれを体得する修行が空観・仮観・中観であり「三観」と呼ぶ。

（14）顧明遠『教育：伝統と変革』人民教育出版社、二〇〇四年、一七六頁

（15）**福沢諭吉**（一八三五～一九〇一年）　幕末から明治に活躍した啓蒙家、教育者。『文明論之概略』は一八七五年（明治八年）刊。西洋と日本の文明の発達を具体的にたどり、文明開化と個人の自主独立の必要を強調した。

（16）文化・文明概念については『伊東俊太郎著作集7　比較文明論Ⅰ』麗澤大学出版会、西川長夫『増補　国境の越え方　国民国家論序説』平凡社を参照。

(17) **張岱年**（一九〇九〜二〇〇四年） 中国の著名な哲学者、哲学史家、国学者。北京大学教授などを務めた。引用の言葉は、顧明遠『中国教育の文化的基盤』大塚豊監訳、東信堂、一五頁から。原典は張岱年・程宜山『中国文化と文化論争』中国人民大学出版社、三〜四頁。

(18)「聖人の天下を治むるや、文徳を先にして武力を後にす」に続く言葉。全体の意味は「聖人が天下を治める場合、学問文教の徳をまずはじめに施し、武力は後にする。そもそも武力を行使するのは相手が心服しないからである。学徳によって教化をしても、相手が悪い行を改めない場合はそこではじめて武力を使って討伐を行うのである」。高木友之助『説苑』明徳出版社、二三二頁

(19) **枢軸時代** ドイツの実存主義の哲学者カール・ヤスパース（一八八三〜一九六九年）が著書『歴史の起原と目標』（一九四九年）の第一部で提示した。「軸の時代」とも訳し、「世界史の基軸となる時代」の意味。ユーラシア大陸の各地で、ほぼ同時並行的に優れた思想家が輩出し、「いかに生きるべきか」を説いた。人類の精神的覚醒の時代であり、その影響が今日まで続いているとする。中国では孔子と老子（ともに紀元前六〜五世紀）、墨子（同五〜四世紀）、荘子（同四世紀）、列子（同五〜四世紀？）等の諸子百家が、インドでは梵我一如を説くウパニシャッド哲学（同七世紀〜）、釈尊（同六世紀〜五世紀頃か）が、またイランにゾロアスター（同七世紀頃）、パレスチナにエリヤ（同九世紀）、第一イザヤ（同八世紀）、エレミヤ（同七〜六世紀）、第二イザヤ（同六世紀）などの預言者、ギリシャに自然哲学者（同六世紀頃）、ソクラテス、プラトン、アリストテレスの師弟（同五〜四世紀）らが、直接の影響関係がないまま出現したとされる。

(20) **八大文明** オスヴァルト・シュペングラー（一八八〇〜一九三六年）は著書『西洋の没落』（一九一八、一九二二年）で、文化は生物のように誕生し成長し衰退するとして、八つの「高度文化（Hochkultur）」を挙げている。エジプト文化、バビロニア文化、インド文化、中国文化、古代ギリシャ・ローマ文化、アラビア文化、メキシコ文化（マヤ・アステカ）、西洋文化（欧米）である。

(21) **挑戦と応戦** 『歴史の研究』第二部「文明の発生」で論じられている。経済往来社版で第二〜四巻所収。

(22) 前掲『中国教育の文化的基盤』一七頁、二三頁。「転移」「選択」「発見」「創造」には、それぞれ英語の「transferring」「selecting」「finding」「making」があてられている。

(23)「産経新聞」二〇〇九年九月二十七日付・大阪朝刊（香港時事）

(24) 対談集『対話の文明──平和の希望哲学を語る』第三文明社、一一二頁。ドゥ・ウェイミン（杜維明）は一九四〇年、中国雲南省

生まれ。二〇〇一年、国連が「文明間の対話年」に「賢人会議」を開いた折、儒教文明を代表して参加。ハーバード大学教授。ハーバード・イェンチン（燕京）研究所所長などを歴任。現在、ハーバード大学アジアセンター上級研究員、北京大学哲学科終身教授、同大学高等人文研究所所長などを務める。

（25）**焚書坑儒**　「書を燃やし、儒者を生き埋めにする」の意味。秦の始皇帝（紀元前二五九〜二一〇年）が宰相・李斯の建議により実行した思想弾圧政策。

（26）**孔子、孟子、荀子の時代**　紀元前六〜同三世紀。春秋時代から戦国時代。

（27）**漢の武帝の時代**　戦国時代に終止符を打った秦朝は儒教を弾圧したが、前漢の第七代皇帝・武帝（在位：紀元前一四一〜八七年）の時代に、董仲舒の献策により、儒教が国家の官学となった。以後、その伝統が長く続く。

（28）**宋明理学の時代**　宋（十〜十三世紀）と明（十四〜十七世紀）の時代の儒学は、訓詁注釈ではなく、天と人を貫く「理」を探究しようとしたので、宋明理学という。単に理学とも、また新儒学とも呼ぶ。多くの派がある。儒教文化の三段階については、3章3節、207〜10頁を参照。

（29）『理想の追求』（バーリン選集4）、福田歓一他訳、岩波書店、一五頁。アイザイア・バーリン（一九〇九〜九七年）はロシア帝政下のラトビア生まれ。ロシア革命後、イギリスに移住。

（30）早稲田大学ホームページより。http://www.waseda.jp/jp/news08/080508_02_p.html

（31）**十七条憲法**　聖徳太子（五七四〜六二二年）が叔母である推古天皇の摂政として、六〇四年に制定したとされる。則るべき道徳規範を示した官人への十七カ条の訓戒。

（32）**朱子学**　宋明理学（新儒教／注28）のひとつ。南宋の朱熹（一一三〇〜一二〇〇年／朱子は敬称）が大成した。「理気論」を説き、万物を構成する「気」（人間では気質の性）には必ず普遍的理法としての「理」（人間では本然の性）があり、修養によってこの「理」を体得した人が為政者となる（修己治人＝おのれを修めて人を治む）ことによって、天下は太平となるとした。理としての名分（「君臣・父子などの関係＝名」における「忠・孝などの役割＝分」）を重視するため、現行秩序を正当化するイデオロギーとして利用された。朝鮮王朝（一三九二〜一九一〇年）、日本の徳川幕府の官学となった。

（33）**陽明学**　宋明理学（新儒教／注28）のひとつ。明の王陽明（一四七二〜一五二九年）が唱えた。朱子学が明代に入って官学として硬直化し、科挙合格のためや体制維持のための学問になったことを批判し、儒学本来の「聖人の学」に立ち返るべきだとして、「知行合一」の主張など道徳実践を重視した。日本では、近江聖人と呼ばれた中江藤樹（一六〇八～四八年）やその弟子の熊沢蕃山（一六一九～九一年）が有名。また大塩平八郎（一七九三～一八三七年）の蜂起や幕末の倒幕運動に大きな影響を与えた。

(34) **古学**　儒教の一派であるが、朱子学や陽明学などの新儒教に反発し、後世の注釈によらず、直接に論語などの経書を研究することを主張。仏教や老荘思想の影響を受ける前の古代中国の聖王の教えに立ち返ろうとした。山鹿素行（一六二二～八五年）の聖学、伊藤仁斎（一六二七～一七〇五年）の古義学、荻生徂徠（一六六六～一七二八年）の古文辞学がある。こうした古学の方法を日本の古代研究に応用したのが国学である。

(35) **近代中国最初の教育学の書**　一九〇一年発刊の雑誌『教育世界』（上海・教育世界社刊）第九～十一号に掲載された立花銑三郎講述・王国維訳の『教育学』とされている。この講述は立花が京師大学堂師範館（北京師範大学の前身）に招聘されて行ったもの。**立花銑三郎**（一八六七～一九〇一年）は福島県生まれの学者。ダーウィンの『種の起源』を日本で初めて翻訳。ロンドン、ベルリンで教育学を研究したが、帰国の船中で病没した。**王国維**（一八七七～一九二七年）は清末民初の学者で文学・美学・史学・哲学・考古学など広い分野で業績を残した。一九〇一年秋から翌年夏まで東京物理学校（東京理科大学の前身）に留学しているが、この翻訳は留学前に行ったもの。

(36) 袁行霈・嚴文明・張傳璽・樓宇烈主編『中華文明史』全四巻、北京大学出版社、二〇〇六年

(37) **西周**　紀元前十一世紀中葉～同七七一年。殷王朝を倒して建国された周王朝が都を鎬京（こうけい／現在の西安付近）に置いていた時代。周は次第に衰微して乱れ、紀元前七七〇年、東の洛邑（現在の洛陽付近／王城・成周）へ都を移した。東遷以後は東周と呼ばれ、ここから「春秋時代」が始まる。

(38) **トーテミズム**　自分たちの部族・血縁集団が、ある動物や植物などと神秘的・象徴的に特別な関係で結ばれていると信じる場合、その自然物を「トーテム／totem」といい、各集団はトーテムの名で呼ばれる。トーテムへの信仰・崇拝がトーテミズムであり、トーテムとの関係を語る神話や儀礼・タブーをもつ。

(39) **宗法制度**　宗族（祖先を同じくする父系集団／一族・一門）を規制する秩序体系。それ以前、長い歴史をもつ「原始氏族共同体制社会」では、生産手段を共有し、生産物を共同体で平等に分配したとされる。しかし次第に、剰余生産物を私有化する者が現れて

貴族となり、戦争の捕虜などは奴隷とされて、氏族共同体制は奴隷と奴隷主という階級をもつ貴族奴隷制に移行した。また、かつての母系共同体は、父系社会となり、宗法制度の国家が形成されていった。周王朝による宗法制度では宗族は嫡出の長男が世襲して、他の子には土地を分配する。大宗（本家）が小宗（分家）を統制し、祖先に対する祭祀、共同饗宴、同宗不婚などを行った。周室を共主とする各地の諸侯もその地位を世襲した。こうした身分制度によって、人間関係の礼節や祭祀・儀式の礼制、音楽演奏の決まりなどが厳格に実施され、ここから礼楽制度が発展した。

（40）**井田制・名田制**　井田制は、周で行われていたとされる土地制度（殷に始まるとの説も）。一里四方・九百畝の田を「井」の字形に九等分し、中央の一区画を公田、その周囲の八区画を私田として八家に配分し、八家が中央の公田を共同耕作して、公田の収穫のみを租税とした。『孟子』の「滕文公章句」上に理想的な制度として記されている。名田制は秦漢代に実施されていたとされる土地制度だが、実態・変遷については諸説ある。一説では、井田制に似て田地と宅地は身分に応じて与えられる。しかし、井田制では身分は世襲され、それに伴う田宅は安定していたが、名田制では身分は軍功など個人の貢献や業績によって変化し、世襲されず、降格や位の剝奪もあり、それに従って田宅の所有についても変化したという。土地の血族的所有から家（家長）の所有への転換であり、宗族を基礎とした支配から、中央集権的政府による人民の個別的支配への転換を反映しているともいわれる。

（41）**百家争鳴**　諸子百家による思想・学術活動の活況をいう。諸子百家は、春秋戦国時代を中心に出現した多様な思想家（諸子）と思想学派（百家）。司馬遷は『史記』で父・司馬談の説を引き、六家（陰陽家・儒家・墨家・名家・法家・道家）に分類した。班固は『漢書』芸文志で、劉向・劉歆（りゅうきん）父子による書籍目録『七略』の分類に基づき、四家（縦横家・雑家・農家・小説家）を加えて十家にまとめた。一般に、これらに孫子の兵家を加え諸子百家とする。対談で言及されているうちの陰陽家は世界を陰陽の気の動きから説明する学派。法家は厳格な法治主義を唱え、戦国時代の覇者・秦の統治思想となった。名家は一種の論理学を追究し、名（言葉）と実（実体）の関係を明らかにしようとした。この時代に、多くの学派が登場した背景には、戦国乱世で競い勝つための富国強兵策を各国がとった事実がある。そのために、新政策の積極的な追求と実行、身分にこだわらない人材登用、教育・学問の振興が図られた。これを可能にしたのは、鉄器を使う農業による生産性の向上である。また宗法制度（注39）の崩壊により、それまで世襲制で独占されていた学問・知識が民間に広まり、思想の自由も拡大した。諸国間の交通が増加し、学者は一国で認められなくても別の国に移動できたうえ、各派が刺激し合い、思想のレベルを上げていった。

（42）**中国への仏教伝来**　伝来の時期については諸説ある。有名なのは、後漢の明帝（在位：五七～七五年）が夢に「金人」を見て、使いを西域に送り、僧と経典を得たという伝承であるが、周代、秦代にすでに伝来していたとの説もある。前漢時代の伝来を伝えるものに、北魏の正史『魏書』の「釈老志」（仏教と道教の歴史）がある。それによると前漢の武帝が元狩二年（紀元前一二一年）に匈奴を攻撃し、匈奴の休屠王の「金人」を得て、これを礼拝したのを仏像の伝来とする。また、西域に派遣された張騫が「浮屠（仏）の教」の話を聞いたことや、哀帝が元寿元年（紀元前二年）、大月氏の使者・伊存から「浮屠経」（仏教典）を口授されたと伝える。

（43）**前にも申し上げたように**　本章1節、120頁

（44）**辛亥革命**は一九一一年（干支が辛亥の年）の十月から始まり、清朝を倒した革命。長い君主（皇帝）制から脱して、共和制の中華民国を建国した。**五四運動**については1章・注14を参照。

（45）**格義仏教**　中国での仏教受容の初期、思考類型の大きく異なる仏教思想を、そのまま理解するのは難しく、中国にすでにある固有の思想との類比で解釈しようとした。たとえば「空」の思想を老荘思想の「無」によって解釈するなどである。この方法を「格義」といい、これに基づく仏教を「格義仏教」という。西晋（二八〇～三一六年）末から東晋（三一七～四二〇年）にかけて盛んであったが、釈道安（三一四～八五年）などによって強く批判され、五世紀初頭、鳩摩羅什による大量の訳業によって仏教思想の体系的理解が進んだ後は、衰退した。

（46）**鳩摩羅什**（三四四～四一三年／三五〇～四〇九年などの説も）　インドの貴族の血を引く父と、西域・亀茲国の王族である母の間に生まれ、早くから神童の誉れが高かった。三八四年、亀茲国を攻略した呂光の捕虜となり、十八年間の囚われの生活を続ける。四〇一年、後秦の姚興に迎えられて長安に入り、わずか十年ほどの間に『妙法蓮華経』を含む約三百巻の仏典を漢訳するとともに、多くの門弟を育てた。中国仏教そして東アジアの仏教は、彼の業績によって基礎づけられたといわれている。

（47）**教相判釈**　仏教の諸経典を、その内容・形式・説法の順序などによって、教えの特徴や優劣を判定した経典解釈学。中国には諸経典が前後無関係に伝来したため、中国の仏教者はそれぞれの判断で経典を配列し、仏教の根本的真理とは何か、仏道修行の究極の目標は何かを示そうとした。天台大師・智顗による「五時八教」が有名。

（48）**法華三大部**　天台三大部ともいう。智顗（注13）が、鳩摩羅什訳の『妙法蓮華経』の深義を総論した『法華玄義』、その経文を解

釈した『法華文句』、法華経に基づき全仏教の修行を「止観」の二字で表し、体系化した『摩訶止観』の三書。どれも高弟・章安灌頂（五六一〜六三二年）が智顗の講義を筆録し、校訂を重ねたもの。

(49) **一念三千**　一念の心に、仏界も含む三千の諸法を、ことごとく具足しているという教理。『摩訶止観』で説かれ、『御書全集』には次のように引用されている（二三八頁）。「夫れ一心に十法界を具す一法界に又十法界を具すれば百法界なり一界に三十種の世間を具すれば百法界に即三千種の世間を具す、此の三千・一念の心に在り」等。5章3節、384頁を参照。

(50) 創価大学通信教育部学会編『創立者池田大作先生の思想と哲学』第三巻、第三文明社、第十章。引用は二三七頁、二三八頁。

(51) **五種姓説**　衆生の宗教的素質（種性／種姓）を五種に分け、それは先天的に決定されており、変えることはできないとする説。①声聞種性（定性声聞）②縁覚種性（定性縁覚）③菩薩種性（定性菩薩）④不定性（三乗不定性）⑤無種性（無性有情）の五種で、①②③は修行道と得られる果が決まっており、④は変更可能、⑤は何の悟りも得られないとする。この説では成仏の可能性があるのは③と④だけになるため、多くの論争を生んだ。

(52) **五常**は常に守るべき「仁・義・礼・智・信」の道徳。**五戒**は在家が護るべき「不殺生・不偸盗・不邪淫・不妄語・不飲酒」の戒。**十善**は身口意の三面での善い行為。身は「不殺生・不偸盗・不邪淫」、口は「不妄語・不綺語（無意味なおしゃべりをしない）・不悪口・不両舌（他人を不和にすることを言わない）」、意は「不慳貪・不瞋恚・不邪見」。『摩訶止観』巻六上では「『深く世法を識れば、すなわちこれ仏法なり』と。……深く五常五行を知るは、義また五戒に似たり……」等とある。『大正新脩大蔵経』（以下、『大正大蔵経』と表記）第四十六巻、七七頁中

(53) エッカーマン『ゲーテとの対話（下）』山下肇訳、岩波文庫、二七一頁。一八三〇年三月の対話。

(54) 講演「平和への王道――私の一考察」。一九八四年六月五日、六度目の北京大学訪問で。『池田全集』第一巻所収

(55) **金庸**　本書1頁と19頁に既出。香港の小説家。武侠小説の代表者であり、〝東洋のデュマ〟とも呼ばれて、世界の中国語圏で幅広い読者をもつ。一九二四年、浙江省生まれ。香港の日刊紙『明報』などを創刊。著名な言論人として内外の首脳とも対話を重ね、中国返還後の香港の在り方を決める「香港基本法」の起草委員も務めた。池田名誉会長とは一九九五年以来、五回の会談を重ね、対談集『旭日の世紀を求めて』を発刊している。

(56) 前掲『中国教育の文化的基盤』六五頁

(57)白川静『字通』平凡社を参照。

(58)竹内照夫『新釈漢文大系27　礼記　上』明治書院、三二七～八頁。新字に改め、一部、表現を改変した。

(59)**少年時代に暗誦**　1章3節、47頁

(60)金谷治訳注『大学・中庸』岩波文庫、三一頁、三三頁

(61)**康有為**（一八五八～一九二七年）　清末民初の政治家・思想家。清朝の改革を目指す変法自強（法・制度を変じて、自らを強くする）運動を推進したが、一八九八年の「戊戌の変法（3章・注54）」に失敗し、日本に亡命。その後も、あくまで「清朝の政治改革」を目指して、立憲君主制を追求。清朝打倒の革命運動には同調しなかった。代表作『大同書』で、世界が統一され、一切の差別や束縛がなくなり、全人類が自由平等となるユートピア的未来を描いた。

(62)**東西センターでの講演**　一九九五年一月二十六日。「平和と人間のための安全保障」。海外諸大学講演集『21世紀文明と大乗仏教』聖教新聞社ならびに『池田全集』第一巻所収

(63)『大智度論』巻二十七（釈初品大慈大悲義第四十二）巻頭。『大正大蔵経』第二十五巻、二五六頁中

(64)「御義口伝」、『御書全集』七六一頁

(65)「仁慈をもって、他の生命を養い、害さない。これが不殺生戒である」の意味。『摩訶止観』巻六上。『大正大蔵経』第四十六巻、七七頁中

(66)**四端説**　四端とは「四つの端緒（いとぐち、きざし、手がかり）」の意味。人はだれでも「惻隠」（あわれみ）、「羞悪（廉恥）」（悪を嫌い、恥を知る心）、「辞譲」（謙譲の心）、「是非」（正しいかどうか判断する力）をもっているとし、四つはそれぞれ仁・義・礼・智の四徳の端緒であり、これを伸ばし鍛えていけば、聖人になることもできるとする。『孟子』公孫丑章句の上に説かれる。4章2節、298頁を参照。

(67)『法華玄義』巻一上に、法華経の開示悟入について「『衆生をして仏の知見に開示悟入せしめんが為めなり』というが如き、若し衆生に仏知見無くんば、何ぞ開を論ずる所あらん。当に知るべし、仏知見は衆生に蘊在（うんざい）することを」とある。『大正大蔵経』第三十三巻、六九三頁上

(68)『増一阿含経』序品第一。『大正大蔵経』第二巻、五五一頁上

（69）前掲『中国教育の文化的基盤』二八頁

（70）第一部第一章。中国語版から翻訳。日本語版では「この新しい世界で最も幅をきかせているきわめて重要かつ危険な対立は、社会の階層や貧富などをはじめとする経済的な身分の異なる者同士のあいだで起こるのではなく、異なる文化的な統一体に属する人びとのあいだで起こるだろう」（鈴木主税訳、集英社、三〇頁）。

（71）「中国語版」への著者の序文から。

第3章　比較教育学の光——日本と中国の教育をめぐって

（1）「**勇気ある大善人…**」「羊が千匹いても、一頭の獅子にはかなわない。獅子がくれれば、羊はすぐに逃げてしまう。臆病な小善人が千人いるよりも、勇気ある大善人が一人いれば、大事を成就することができる。人材は数ではない」。辻武寿編『牧口常三郎箴言集』第三文明社、二七頁

（2）**前にもご紹介**　1章7節、１０３頁

（3）前掲『中国教育の文化的基盤』一三頁。１８０頁の引用は二九頁、１８１頁の引用は三四頁。

（4）第一篇第二章「教育学の価値的考察」の四。『牧口全集』第五巻、二七頁

（5）**前に言及**　1章6節、78頁

（6）第二巻・第三篇「価値論」第五章第一節。『牧口全集』第五巻、三三五〜六頁。同篇第一章の一。同書二一四頁

（7）比較教育学については馬越徹『比較教育学——越境のレッスン』東信堂などを参照。

（8）**胡昌度**（一九二〇〜二〇一二年）中国教育史・比較教育学の大家。一九六二年から八五年までコロンビア大学ティーチャーズ・カレッジ教授。後、名誉教授。著書に *China Its People Its Society Its Culture* や *Chinese Education under Communism* などがある。

（9）**平塚益徳**（一九〇七〜八一年）教育学者。九州大学教育学部長、ユネスコ本部教育局長、国立教育研究所長などを歴任。『平塚益徳著作集』全五巻、『平塚益徳講演集』全三巻などがある。日本比較教育学会は一九九〇年、初代会長である同氏の業績を記念し、

若手研究者の奨励を目的に「日本比較教育学会平塚賞」を創設した。

（10）前掲『中国教育の文化的基盤』二三五〜八頁

（11）**鄧小平**（一九〇四〜一九九七年）中国の政治家。文化大革命の時期を含む何度もの失脚を克服して復権し、文革後は長く中国の実質的最高指導者であった。一九七八年、現在に続く「改革開放」路線を打ち出した。池田名誉会長は氏と二回会見している（七四年十二月、七五年四月。ともに北京で）。

（12）**レオニード・ザンコフ**（一九〇一〜七七年）195頁に初出。ソ連の教育心理学者。特に障がい児教育、低学年児童の教育を専門とした。記憶と発達の関係を追究。クラスの全児童・生徒の心身ともの「全体的発達」を目指し、知力・情感・意思・資質・性格・集団主義的思想の発達のための教授法を示した。「発達性教授法」と呼ばれる。**バシリ・スホムリンスキー**（一九一八〜七〇年）は、半生をウクライナの田舎の中学校長として働き、すべての生徒を、美に感動し、知ることを楽しみ、自信と誇りと自尊心をもち、連帯を喜ぶ人間に育てたいと努力。そうした「個性の調和的発達」を実現するために、生徒とともに森や野原に出かけ、鳥や蝶、雲や風のなかに自然の秩序と合理性を見つけながら、教科書の抽象的原理を実地に確認しようとした。また、生徒はその感想を絵や童話にして、見せ合った。肥料や飼料、乗り物の模型を手作りしながら、世界認識（学習）と自己表現による世界改造（実践）を結合しようとした。学校・家庭・社会が連帯して生徒の「調和教育」に努力するというのが彼の提唱であった。著書『わが心を子どもたちに捧げる』（邦訳は『教育の仕事——まごころを子どもたちに捧げる』笹尾道子訳、新読書社）はソ連のみならず世界で愛読された。**ジャン・ピアジェ**（一八九六〜一九八〇年）は、スイスの心理学者。人間の知能や思考が発達する過程について、子どもの世界の言語・世界観・因果関係認識・空間概念・判断と推理・道徳判断・数や量の概念などを臨床的な手法で探求した。新生児からの「思考発達段階説」は有名。発達心理学を画期的に発展させ、教育学以外にも哲学、生物学、数学など多くの分野に影響を与えた。**ジェローム・ブルーナー**は、アメリカの心理学者。一九一五年生まれ。「発見学習」の提唱者として有名。五七年、ソ連が人類初の人工衛星「スプートニク1号」打ち上げに成功。これが「スプートニク・ショック」としてアメリカを襲い、科学教育をはじめ教育の見直しが開始され、五八年には「国家防衛教育法」がつくられた。五九年、教育方法改善を討議したウッズホール会議の議長にブルーナーがなり、その最終報告書をもとに『教育の過程』を出版した。同書では、学習内容の「構造」すなわち「ものごとの関連の仕方」を理解することを重視。それまで気づいていなかった諸関係の構造を発見することが「発見」の喜びをもたらし、自己の能力への自信になるゆえに、学習への興味を起こす魅力あるカリキュラムが必要であり、学習材料そのものへの興味こそ最良の「動機づけ」であるとした。そして、教材の質を高めれば、どの教科の基礎でも、どの年齢の子どもにも何らかのかたちで効果的に教えることができると結論している。「構造主義教授理論」と呼ばれる。また分析的思考だけでなく直観的思考の大切さを述べている。ブルーナーは、個人の欲求や動機づけが知覚にも影響するとする「ニュールック心理学」でも有名。**ベンジャミン・ブルーム**（一九一三～九九年）はアメリカの心理学者。彼の「完全習得学習理論」（mastery learning）は、方法次第で生徒のほぼ全員（九五パーセント以上）が学習内容を完全に習得できるとする。習得できないとしたら、個人の資質によるのではなく、学習に必要な時間をかけなかったためであるとして、学習の過程でテスト（形成的評価）を行い、目標を達成できていなければ、再学習や補充学習、学習調整（教え方や学習ペースの再考）などを個別に行う。これを繰り返す（集団的一斉授業と個別指導の組み合わせ）。ブルームによれば、「完全習得はクラスの何分の一かの生徒にしかできない」等の決めつけが、生徒の意欲を低下させ、生徒と教師の能力を抑制しているという。**範例方式教授**は一九五一年、西ドイツの「チュービンゲン会議」で提唱された。教材を、教科の本質的なもののなかから「範例」として精選し、それを深く学ぶことによって、背景にある考え方や教科構造まで学習させる教授方法。戦後の西ドイツでは、「教材の過剰投与」によって、生徒の学習意欲も学力も低下していた。そこで改革のための同会議が開かれ、教材範囲を拡大するよりも、教授内容の本質的なものを徹底することが主張され、試験も「固定的な知識の記憶」よりも「理解力」の増進を目標にすべきであるとされた。過剰な「詰め込み学習」による精神的窒息から人間的生命力を回復させるという意図が込められており、実存主義的教育学との関連を指摘する人もいる。一九五〇～六〇年代に世界的に影響を与えた。

（13）『中国の人間革命』（一九七四年、毎日新聞社刊）所収「大河のごとく」から。『池田全集』第百十八巻、二九頁

（14）前掲『中国教育の文化的基盤』二九九頁

（15）**対話の共同体**　前掲『対話の文明――平和の希望哲学を語る』一八六頁。ドゥ・ウェイミンについては2章・注24を参照。

（16）**周惇頤**（周濂溪、一〇一七～七三年）は、朱熹（朱子）によって「宋学の祖」とされた。宋学（宋明理学・新儒学）は、訓詁注釈を離れて古典を主体的に解釈し、哲学的に体系化し、聖人となるための実践を重視する（2章・注28・32を参照）。周惇頤も万人が聖人になる可能性をもつことを主張した。彼の弟子が程顥（ていこう／**程明道**、一〇三二～八五年）と程頤（ていい／**程伊

川、一〇三三〜一一〇七年）の兄弟である。兄は「春風和気のごとし」、弟は「秋霜烈日のごとし」といわれ、自然の根本にある「理」を直観でつかむことで万物と一体になるという兄の説を、弟が理論化した。あわせて二程子（二人の程先生）と呼ばれ、兄弟の詩文・語録を明末に集大成した『二程全書』六十八巻がある。兄弟に師事した楊時（一〇五三〜一一三五年）の弟子・羅従彦（一〇七二〜一一三五年）が李侗（一〇九三〜一一六三年）を教え、李侗の門から朱熹（朱子）が出た。**張載**（張横渠、一〇二〇〜一〇七七年）も二程子に出会って、門下となった。無形の「太虚」も有形の「万物」も「気」の変化したものであるという「気一元」の哲学を説いた。5章3節、382頁を参照。張載の「天地のために心を立て、生民のために道を立て、去聖のために絶学を継ぎ、万世のために太平を開かん」（『近思録』為学大要篇九五）という言葉は、その終句が日本の「終戦の詔勅」（玉音放送）に「萬世ノ為ニ太平ヲ開カムト欲ス」として引用され、有名になった。周惇頤、程明道、程伊川、張載の四人の宋の学者を「宋四子」と呼び、『近思録』（一一七六年）は、朱熹と呂祖謙（一一三七〜八一年）が彼らの著作から厳選した六百二十二章句を十四章に編集したものである。朱子学のエッセンスをまとめた書として日本でも広く読まれた。

（17）**前に論じ**　2章3節、153頁

（18）中国の地方の行政区分に「里」「郷」があり、およそ百戸を一里、十里を一郷とした（別説もある）。「**郷挙里選**」は、そのまとめ役（郷の場合は三老）が郷や里から人材を推「挙」し、その中から官吏が「選」ばれるシステム。前漢時代、武帝は郡の長官に毎年一人の有徳者の推薦を義務づけ、人材登用を図った。これが「**漢代察挙制度**」である。人物評定の科目には孝廉・賢良・方正・直言・文学・計吏などがあったが、次第に「孝廉」（親への孝順と生活の廉正）が重視されるようになった。察挙制は人材発掘のための制度だったが、推挙するのは地方の有力者なので、彼らとのつながりが決め手となるうえ、官吏に選ばれた者との癒着も続いた。こうした弊害をなくすため、魏晋南北朝時代には、人物を九段階に序列をつけて推薦する「九品中正法（九品官人法）」を実施し、公正化を図った。人材登用を地方主導から中央主導に、人事基準を徳行主体から能力主体へと移行させる意図があったが、推薦された者のなかから選ぶというシステムに情実が入りこむことはやはり避けられず、隋代に入ると、より公正な試験制度すなわち「科挙制度」に取って代わられた。

（19）「奉贈韋左丞丈、二十二韻（韋左丞丈に贈り奉る、二十二韻）」から。黒川洋一編『杜甫詩選』岩波文庫、二八頁以下。亀甲カッコ内の＝以下は編集部注。

(20)『阿Q正伝・狂人日記』竹内好訳、岩波文庫、一九頁

(21)**儒林外史**　清代中国の白話（口語）長編小説。呉敬梓（一七〇一〜五四年）作。「儒林」とは儒者仲間、儒者の世界のこと。科挙制度の矛盾と悲喜劇、読書人の腐敗を活写し、非常な評判を呼んだ。全五十五回。一貫した主人公はなく、エピソードを次々とつなげた「連環体」の構成。顧明遠会長が言及しているのは、そのうちの「范進中挙」という物語。范進は、髪の毛が白くなってもまだ貧乏な書生のままで、妻の父親からいつもののしられている。五十四歳でようやく「秀才」となる試験に合格したが、それだけでは官職に就けない。次の「挙人」の試験に行く旅費を義父に借りに行くと、また面罵されるものの、見事試験に通り、気が変になってしまうが、殴られて正気に戻る。義父もがらりと態度を変えて、「昔から素晴らしい婿だと思っていた」と、ほめたたえる。『中国古典文学大系43　儒林外史』稲田孝訳、平凡社刊の「第三回」（二六頁以下）。

(22)後藤末雄『中国思想のフランス西漸2』矢沢利彦校訂、平凡社・東洋文庫、一八二頁。**ギヨーム＝トマ・レーナル**（一七一三〜九六年）はフランスの啓蒙思想家、文芸ジャーナリスト。著書『両インド史』（『両インドにおけるヨーロッパ人の植民と貿易の哲学的・政治的歴史』全十九篇、一七七〇年）は、非ヨーロッパ地域の文物と地理・歴史・文化的風土を詳細に紹介するとともに、それらの考察を通してヨーロッパ社会を見つめ直す書ともなっている。当時のベストセラーだったが、宗教的狂信と専制主義への批判のために発禁になり、レーナル自身も逮捕から逃れて、亡命した。フランス革命を準備した思想家の一人。

(23)**ヨハン・フリードリヒ・ヘルバルト**（一七七六〜一八四一年）ドイツの教育学者。「科学的教育学の建設者」とされる。著書『一般教育学』において「教育の目的を倫理学に」「教育の方法を心理学に」求めている。すなわち、教育の目的は「品性の陶冶」であり、そのために「教授（知育）」「訓練（徳育）」そして両者を行う条件を整える「管理」の三つが必要とする。そのうち「教授」の目的を、生徒に多方面の興味（経験的・思弁的・審美的・同情的・社会的・宗教的興味）をもたせ、それらを意欲的に追求していく人格を養うこととした。従来は教授の「手段」にすぎなかった興味を、教授の「目的」に掲げたのである。また彼は教育が政治的利害に左右されないことを求めた。個々人が自分自身のために品格を陶冶しようとする教育のほうが、国家のためにも良いとしたのである。ヘルバルトの学説は世界に広がり、弟子のトゥイスコン・ツィラー（一八一七〜八二年）、ヴィルヘルム・ライン（一八四七〜一九二九年）らによって「**ヘルバルト学派**」が形成された。日本でもドイツへの留学生が同学派の理論を学んで帰国し、ラインの五段階教授（予備・提示・比較・総括・応用）説などが明治の教育界に大きな影響を与えている。そのため、日本を経由して中

国にもたらされた教育理論もヘルバルト学派が中心であった。注56を参照。

(24)前掲『中国教育の文化的基盤』一九五頁

(25)**コメニウス**（ヨハン＝アモス・コメンスキー、一五九二～一六七〇年）は、チェコ生まれの「近代教育学の父」。万人に共通な普遍的教育という理念を示し、著書『大教授学』の冒頭で「あらゆる人に、あらゆることを教授する普遍的な技法を提示する」とした。また、実物の観察を重視する直観教授法など、自然の秩序と子どもの成長に応じた教授法を考察した。彼は、宗教紛争や三十年戦争の苦悩のなかから、世界の平和を実現するには正しき教育による以外ないと考えた。この理念は現在のユネスコ（国連教育科学文化機関）にも生かされている。**ルソー**（1章・注23）の影響を受け、スイス各地で孤児や貧しい児童の教育に生涯を捧げたのが**ヨハン・ハインリッヒ・ペスタロッチ**（一七四六～一八二七年）である。知能・身体・道徳の調和的発達を教育の目的とし、そのため麦の栽培や織物などの手仕事・労働による子どもの全面的発達を追求した。4章・注22を参照。王国維（2章・注35）が雑誌『教育世界』で紹介した彼らの著書は、コメニウスの『大教授学』、ルソーの『エミール』（1章・注23）、ペスタロッチの『リーンハルトとゲルトルート』などである（前掲『中国教育の文化的基盤』一九六頁）。

(26)「随感録六十六　生命の路」伊藤虎丸訳、短評集『熱風』所収。『魯迅全集』第一巻、学習研究社、四四九～五〇頁

(27)**前にも申し上げた**　1章4節、51頁以下

(28)**ジョン・デューイ**（一八五九～一九五二年）は、アメリカの哲学者、教育学者。プラグマティズムを代表する思想家であり、その立場からの倫理学・社会心理学・美学・論理学など幅広い分野にわたる研究がある。認識論では、概念も真理も、生きていくうえでの障害を除いて環境に適応するための道具であるとする（道具主義・インストルメンタリズム）。また、ある観念はそれに基づく行動の有効性によって真偽が検証されるとする（実験主義）。子どもの生活体験を重視する教育理論は、日本にも多大な影響を与えた。

(29)**陶行知**（一八九一～一九四六年）は一九一四年、アメリカに私費留学し、イリノイ大学で学んだ後、コロンビア大学でデューイに師事。一六年に帰国した後は、南京高等師範学校（後の東南大学）で中国最初の「教育学」担当の教授となった。また新教育の推進団体である「新教育共進社」（一九年）「中華教育改進社」の結成（二一年）などに尽力した。二三年、大学を去り、北京で「平民教育推進社」（二三年結成）などを軸に平民教育の活動に従事。中国教育の最大の問題は農村教育にあるとし、農村の小学校教

師養成のために二七年、南京郊外の暁荘に試験郷村師範（翌年、暁荘学校と改称）を設立するなど、中国の民衆教育、農村改造に尽くし、生産教育の実験、戦災孤児等の学校づくりなども行った。また「生活即教育」（生活のすべてが教育である）」「社会即学校」（社会がそのまま学校）を主張した（4章1節、293頁）。「小先生制」（文字を識らない子どもや大人に就学児童が先生となって教える）を発案した。詩人としても著名。

（30）**新しき中国が生まれようとしている**　五四運動については1章・注14を参照。デューイは自ら実見した中国情勢について、若者の参加に強い印象を受けたと書き、中国における新しき文化と社会の胎動をそこに洞察している。アメリカの *The New Republic* 誌や *Asia* 誌に何度も中国に関する論説を寄せ、それらの多くは著書 *Characters and Events*（二巻、一九二九年）に収められている。論説のなかで彼は、五四運動は中国における「受け身の受取りの状態から積極的攻撃的行為の状態への転換を意味して」いるとしている（The Student Revolt in China／中国における学生反乱、*The New Republic* 一九一九年八月六日号）。また「研究と推察に対するそしてまた考察と思索に対する知的光景・情景として、中国に比べられるものは今日の世界には何もない」（Young China and Old／若き中国と古き中国、*Asia* 21 一九二一年）と注視を促している（G・ダイキューゼン『ジョン・デューイの生涯と思想』三浦典郎・石田理訳、清水弘文堂、二九六頁以下）。また、中国研究家の竹内好は書いている。「五・四運動で、学生がデモ行進に際して、みんなポケットに洗面道具を持っていたということに、デューイは非常に感動している。逮捕を覚悟しているということです。これこそ中国における新しい精神、新しい近代の芽生えであるというふうに評価しております」「見かけは進んでいるが日本は（＝近代化が外発的・移植的であるゆえに）もろい。いつ崩れるかわからない。中国の近代化は非常に内発的に、つまり自分自身の要求として出て来たものであるから強固なものであるということを当時言った。一九一九年にそういう見通しを立てた」（「方法としてのアジア」、『日本とアジア』ちくま学芸文庫、四五三頁。＝以下は編集部注）

（31）**ウィリアム・ヒアド・キルパトリック**（一八七一～一九六五年）はデューイの弟子で、彼の「**プロジェクト・メソッド**」は師の経験主義教育理論を具体化したもの。教師の指導のもと、生徒自らが「自分にとって全精神を打ち込む価値のある課題」を計画・立案し、それに取り組む。これによって、知識や技能だけではなく、自己統制能力すなわち何をなすべきかを自ら判断し、集中して実行する力が育つとした。強制ではなく、学習の内発性を重視した理論である。中国には兪子夷（一八八五～一九七〇年）らによって紹介され、江蘇省などで実行された。デューイの訪中（一九一九年～二一年）の後、教育者たちは、学んだデューイの理論を具体化する方法を熱心に求めたのである。一九二七年三月には、デューイの教え子・陶行知（注29）らの中華教育改進社の招きで、キルパトリック自身が訪中し、上海、南京、北京などで講演している。日本には大正期に紹介された。現在でも、夏休みなど長期休暇での「自由研究」や「総合的学習」に影響が残っている。**ヘレン・パーカースト**（一八八七〜一九七三年）による**「ドルトン・プラン」**は、難易度の異なるカリキュラムが準備され、生徒は月ごとに何をどこまで学ぶか、自分の学習進度や興味をもとに決定し、教師と「学習契約」を結び、その実行を自ら行う。この「個別学習」とともに、生徒同士がそれぞれの進度状況を話し合い、助け合って学習を進めていく。「自主的に自分の責任で学習する力」と「社会性」の両方を育てることを目指している。パーカーストは小学校の教師として、辺地の学校で複式学級を経験。年齢も学習ペースもバラバラな子どもたちをどう指導するのかに悩んだ結果、開発し、改良を重ねていった方法である。マサチューセッツ州ドルトンの学校で開発・実行されたので、この名がある。中国には舒新城（一八九三〜一九六〇年）らの学校で実験されるとともに、一九二五年にはパーカースト自身が中華教育改進社の招きで訪中。影響は広がり、プランを採り入れる学校は八つの省にまで広がった。彼女は何度も訪日もし、大正の自由主義教育などに大きな影響を与えた。なお、「プロジェクト・メソッド」「ドルトン・プラン」の日本での流行については『創価教育学体系』でも諸所で言及されている。

（32）**顧先生は高く評価されています**　前掲『中国教育の文化的基盤』二〇三頁

（33）てい談「人間教育への新しき潮流―デューイと創価教育―」。教育月刊誌『灯台』で二〇〇九年十二月号から二〇一一年七月号まで連載。

（34）周谷平『近代西方教育理論在中国的伝播』広東教育出版社を参照。

（35）**胡適**（一八九一〜一九六二年）一九一〇年、アメリカに留学。コーネル大学で農学を学んだ後、コロンビア大学のデューイに師事した。五四運動（1章・注14）前後の新文化運動では、難解な文語文を廃して口語文による「白話文学」をと提唱した。北京大学教授。かねてマルクス・レーニン主義を批判しており、四八年にはアメリカに亡命。五七年から台湾に移り、外交部顧問、中央研究院院長などを務めた。中国伝統哲学の研究でも著名。**蔣夢麟**（一八八六〜一九六四年）一九〇八年から一七年までアメリカに留学。カリフォルニア大学で学んだ後、コロンビア大学大学院でデューイに師事。デューイの訪中が実現した一九一九年には、**陶行知**（注29）らとともに、教育諸団体（江蘇教育会、北京大学、南京高等師範学校、中華職業教育社など五団体）の共同による

「新教育共進社」を結成し、月刊誌『新教育』を創刊。自ら編集長となって、一九二〇年代初頭の教育改革運動を推進した。後に、中華民国の教育部長（文相）、北平大学（北京大学）の校長を務める。日中戦争時には北京大学と清華大学、南開大学を疎開させて国立西南聯合大学（1章・注42）の結成と運営に尽力した。一九四九年には、台湾に移住した。

（36）毛礼鋭、瀋群主編『中国教育通史』第五巻、山東教育出版社を参照。

（37）前注・前掲書を参照。**朱其慧**（一八七六～一九三一年）は、熊希齢（一八七〇～一九三七年／中華民国北京政府の国務総理兼財政総長）の夫人で社会事業家。災害被害者や孤児・窮民救助の施設であった北京・香山慈幼院（一九二〇～四八年）などの創設にも貢献した。**陶行知**については注29を参照。**晏陽初**（一八九〇～一九九〇年）は、識字教育や郷村改造の指導者。一九一六年、アメリカのエール大学に留学。一八年にフランスに渡り、第一次世界大戦のため連合国の後方支援として送り込まれていた中国人労働者（苦力）の通訳や支援を行う。識字教育によって彼らが家族に手紙を書けるようになっていく体験に晏は感動。苦力の「苦」と秘めた「力」を知ったとして、平民教育に生涯を捧げることを決意した。アメリカのプリンストン大学を出て、二〇年に帰国してから、次々と平民学校を設立し、平民教育運動をリードした。新中国成立に際しては台湾に移住し、その後フィリピンに住んだ。二三年の「中華平民教育促進社」発足後は、朱が理事長、晏が総幹事、陶が理事会書記となった。

（38）**フリードリヒ・フレーベル**（一七八二～一八五二年）ドイツの教育学者。「幼児教育の父」。ペスタロッチ（注25）に師事して、その児童教育に啓発されつつ、より幼い子どもの教育を探求。庭師が庭園の植物をそれぞれの性質に応じて世話をし、伸ばすように、幼児の本来の個性と聖性がすくすくと育つように、教育の場は「庭園」でなければならないと考え、そこから「キンダーガルテン（Kindergarten）」（子どもたちの庭）という名称を考案した。日本語の「幼稚園」もこの翻訳である。

（39）**イヴァン・アンドレイヴィッチ・カイーロフ**（一八九三～一九七八年）ソ連の教育学者。モスクワ大学卒業。第二次大戦後、ロシア・ソビエト連邦社会主義共和国の教育科学アカデミー総裁（一九四六～六七年）にして教育大臣（四九～五六年）として、大きな影響力をもった。その主張は「階級闘争のための教育」であり、教育大学用の教科書であるカイーロフ編『教育学』では、教育は政治と不可分であり、「共産主義社会の建設」に奉仕すべきであるとしている。彼の理論は建国初期の中国の教育界で熱心に学ばれて圧倒的な影響を与え、中国でも教育学は党の路線に奉仕すべきであるとされた。また、カイーロフの「五段階評価制」は生徒の成績と素行を「1（落第）」から「5（優）」の数字で示すもので、これも中国に導入された。カイーロフをはじめとするソ連教育学はデューイのプラグマティズム教育思想と対立していたため、中国でもデューイ教育学は強い批判にさらされた。しかし、中ソ対立とともに、カイーロフ理論は「修正主義教育思想」として否定されるようになった。

(40) 前掲『中国教育の文化的基盤』二三八～二四四頁、とくに二四三頁

(41) **素質教育** 試験合格のためだけの教育（応試教育）ではなく、生徒の個性や人間性を総合的に開発していこうとする教育。くわしくは4章、とくに3節・３１６頁以下を参照。

(42) **以前にも述べました** 1章4節、55頁

(43) **チェルヌイシェフスキー**（一八二八～八九年）はロシアの哲学者、経済学者、文学評論家。ツァーリの専制と農奴制の非人道性を強く批判した。一八六二年に逮捕され、シベリアで約二十年間の流刑生活を送る。その間に著した長編小説『何をなすべきか』（一八六三年）は独立と自由を渇望する女性ヴェーラ・パーヴロヴナを主人公にして、民衆の悲惨な現実を描くとともに、専制に対して戦う「新しき人たち」が誕生しつつあることを示して、革命への機運を大いに高めた。発禁になりながらも六百万部も流布したとされている。レーニンも愛読し、同名の書まで著している。**ドストエフスキー**（1章・注27）、**アントン・チェーホフ**（一八六〇～一九〇四年）、**アレクサンドル・プーシキン**（一七九九～一八三七年）、**レフ・トルストイ**（一八二八～一九一〇年）は、ともに帝政ロシア時代の文学者。**ミハイル・ショーロホフ**（一九〇五～八四年）は、若くして革命に参加。故郷である南ロシアのドン地方に住みながら執筆活動を行い、激動する歴史と運命に翻弄されながら生き抜いていく民衆の姿を描き続けた。代表作に四部作の長編『静かなドン』、『開かれた処女地』、短編『人間の運命』などがある。一九六五年にノーベル文学賞を受賞した。池田名誉会長（当時、会長）はショーロホフと七四年九月十六日に、モスクワにある氏の自宅（アパートの四階）で会見した（本書２２９～３０頁を参照）。会見当時、氏は故郷の村で療養中であったが、わざわざモスクワまで出向いて名誉会長を迎えた。**トレチャコフ美術館**（一八五六年開館）はロシア美術の宝庫。イコン画、古代ロシア美術をはじめ十一世紀から現代にいたる十三万点のコレクションを誇る。

(44) 顧明遠・薛理銀『比較教育導論（序論）――教育と国家の発展』人民教育出版社、一九九六年、二二四～五頁

(45) **「組織的…」**『創価教育学体系』第三巻・第四篇「教育改造論」第六章（乙）第一節「教育研究所の価値」。『牧口全集』第六巻、一三二頁から現代表記。**「実際教育…」** 前掲『牧口常三郎箴言集』一三七頁

（46）森本達雄訳「モファ」から。『タゴール著作集』第二巻（詩集Ⅱ）、第三文明社、一一六頁。**ラビンドラナート・タゴール**（一八六一～一九四一年）は、アジア人初のノーベル賞受賞者（文学賞）。

（47）以下、日本の教育史についての主な参考文献は次のとおり。梅根悟監修・世界教育史研究会編『世界教育史大系1　日本教育史Ⅰ』講談社、久木幸男『日本古代学校の研究』玉川大学出版部、斎藤昭俊『日本仏教教育史研究―上代・中世・近世―』国書刊行会、海後宗臣『日本教育小史』講談社、井上光貞他校注『日本思想大系3　律令』岩波書店

（48）**才容貌人に秀で**　前掲『日本教育小史』二五頁。「才」とは学問や芸能。「容貌」とは顔かたちだけでなく姿全体からにじみ出る教養・品格。たとえば、「とりかへばや物語」には、主人公の一人の若君（実は姫君）をたたえて「才（ざえ）かしこくて……琴笛の音も、天地（あめつち）を響かしたまへるさまいとめづらかなり。読経うちし、歌うたひ、詩など誦（ずん）じたまへる声……かかる御才、容貌（かたち）すぐれたまへること、やうやう世にきこえて」云々とある（『新編 日本古典文学全集39　住吉物語 とりかへばや物語』小学館、一七四～五頁）。

（49）「法門申さるべき様の事」、『御書全集』一二七二頁。カッコ内は注記。

（50）**鎌倉幕府**　その成立時期については、以下のような諸説がある。▼一一八〇年：源頼朝が先祖ゆかりの地・鎌倉に居を構え（大倉御所）、関東武士を統率する侍所を設けて、鎌倉殿（武士団の代表）と称された（東国支配権を確立）。▼一一八三年：朝廷が頼朝に東国（東海道・東山道）における荘園・公領からの官物・年貢納入を保証（東国支配権を朝廷が承認）。▼一一八四年：行政担当の公文所（後の政所）、司法担当の問注所を設置（行政・裁判機構の成立）。▼一一八五年：平家が滅亡。諸国への守護・地頭職の設置・任免権を得る（全国の軍事・警察権、平氏の旧領の支配権を獲得）。▼一一八九年：奥州藤原氏を滅ぼす（対抗武家勢力の消滅）。▼一一九〇年：頼朝が右近衛大将（律令制での常設武官の最高職）に任じられる（すぐに辞任）。政所開設を公認される（統治機構としての合法性を獲得）。日本国惣追捕使となり、諸国の惣追捕使（後の守護）の任免権を得る。日本国惣地頭となり、諸国の地頭の任免権を得る。▼一一九二年：頼朝が征夷大将軍に任じられる（全国の武士に対する軍事指揮権の公認）。▼一二二一年：承久の乱に勝利（治天の権の掌握、全国とくに西国支配の完成）。このように幕府は段階を踏んで形成・確立されてきたと考えられているが、なかでも一一八五年の「守護・地頭の設置」を重視する学者が多い。

（51）前掲『日本仏教教育史研究―上代・中世・近世―』八九～九〇頁

（52）**町人は算用**　たとえば井原西鶴（一六四二～九三年）の『日本永代蔵』（巻五の四）に「公家は敷島の道、武士は弓馬、町人は算用こまかに、針口の違はぬやうに、手まめに当座帳付くべし」（公家は和歌の道、武士は弓馬の道を励み、町人は算用を細かにして天秤の量り方を間違わぬようにし、手まめに出納帳をつけるがよい）とある。谷脇理史他校注・訳『日本古典文学全集40　井原西鶴集　三』小学館、二二九頁

（53）**新式の海軍**　日清戦争の前、清国の北洋艦隊の規模は定遠、鎮遠という七千トン級の当時の世界最大級戦艦をはじめ、東洋一と目されていた。ただし、砲弾などの装備は十分でなかった。日本軍は巡洋艦が中心だったが、新式艦の速力、艦隊運動、砲撃での発射速度・正確さなどで勝利したとされている。

（54）**百日維新**　一八九八年（光緒二十四年／明治三十一年）の四月二十三日（太陽暦六月十一日）から八月六日（九月二十一日）の約百日にわたり行われた政治改革運動。この年が干支の戊戌（ぼじゅつ）の年に当たるところから「戊戌の新政」とか「戊戌の変法」と呼ばれる。変法とは「変成法」の略で、成法は祖宗以来の政治のあり方。すなわち、政治制度をはじめとした国家システム全体の変革を意味し、近代的な「学制」「軍制」「議会制度」「運輸通信施設」「農工商業の振興」などの実現を志向した。これ以前、一八六〇年代初めから長く洋務運動（西洋の技術を取り入れて国力増強を図る運動）が行われてきたが、日清戦争の敗北で、その限界が明らかになり、より抜本的な改革が急務とされたのである。しかし、反対派の巻き返しが起こり、西太后（一八三五～一九〇八年）による「戊戌の政変」で挫折。改革を支えた光緒帝（一八七一～一九〇八年）は幽閉され、康有為（2章・注61）、梁啓超（2章・注8）らは日本に亡命。譚嗣同（一八六五～九八年、立憲君主制を主張）ら改革派六人は処刑された。

（55）**森有礼**（一八四七～八九年）　明治政府の初代文部大臣（一八八五～八九年）。小学校令、中学校令、帝国大学令、師範学校令などを発布して、中央集権的・国家主義的教育の体制を整えた。引用は、森文相が閣議に出した教育意見書から。「人民護国ノ精神忠武恭順ノ風ハ亦（また）祖宗以来ノ漸磨陶養スル所、未タ地ニ堕ルニ至ラス。此レ乃（すなわ）チ一国富強ノ基ヲ成ス為ニ無二ノ資本至大ノ宝源」とある（「閣議案」、『森有禮全集』第一巻、宣文堂書店、三四五頁。新字に改めた）。教育の目的は自国の「富強」の実現にあるとし、国民教育を通して愛国心という「気力」を養い、それをもって学を修め、智を磨き、文明を進め、生産に努め、障害を乗り越えて、国運の進歩を速める。その精神力を培養するための最高・最大の資源は日本人民のもつ古来の「護国ノ精神忠武恭順ノ風」であるとする。こうした「国家のための教育」という理念を端的に示したものに、森文相が直轄学校長らに対

して文部省で行った演説がある。そこでは「諸学校ヲ通シ学政上ニ於テハ生徒其人ノ為メニスルニ非スシテ、国家ノ為ニスルコトヲ始終記臆（ママ）セサル可ラス」「学問教育に職を奉スル者ノ本尊ハ国家ニシテ、国家ヲ本尊トスル心志ノ浅乏ナル者ハ其職員タル資格ヲ有セス」と述べられている（一八八九年＝明治二十二年一月二十八日。同全集同巻、六六三頁。新字に改めた）。

（56）**「内心の自由」…　ヘルバルト**については注23を参照。彼は教育の目的を「道聴的品性の陶冶」に置いたが、その品性は五つの理念によって導かれるとした。自己を支配すべき「内心の自由」と「完全性」の理念、他者との関係を支配すべき「好意」「正義」「公平」の理念である。しかし、個人主義的なヘルバルトの理念は、日本で国家主義的変容を加えられていった。これに対して、牧口常三郎は『創価教育学体系』で「国民あつての国家であり、個人あつての社会である。個人の伸長発展は軈（やが）て国家社会の繁栄であり、充実であり、拡張であり、これに反して個人の縮小は即ち国家の衰微であり、勢力の減退である」（第二篇「教育目的論」、『牧口全集』第五巻、一一四頁）と書くなど、「国家のための個人」という思想に一貫して反対した。

（57）『牧口全集』第五巻、八頁

（58）**稿を改めたい**　４章１節、２７８頁以下を参照。

（59）**阿倍仲麻呂と唐の詩人**　阿倍仲麻呂（六九八？～七七〇年）は七五三年、在唐三十六年にして帰国を許され、その時、多くの詩人が送別の詩を彼に贈った。包佶（ほうきつ）や趙驊（ちょうか）、王維の詩は『全唐詩』などに収録されている。このうち『唐詩選』にも採録されている王維の「秘書晁監の日本国に還るを送る」が有名だが、秘書晁監とは「秘書監の晁」の意味で、晁は仲麻呂の中国名が晁衡（朝衡とも）であったことから。秘書監は仲麻呂の官職名。宮廷の秘書省（図書館）の長官とされ、それまでも文学に関係する官人であったことから詩人たちとの交友が多かったと推測されている。仲麻呂の若き日（二十七歳頃）にも、儲光羲（ちょこうぎ）から詩「洛中にて朝校書衡に貽（おく）る　朝は即ち日本人也」を贈られている。朝衡（仲麻呂）の官職・校書（左春坊司経局校書）とは皇太子の図書係（図書の校正・刊行・保管）。仲麻呂自身も詩人として認められていたらしく、日本への帰国に当たり友人たちに贈った詩「命（めい）を銜（ふく）んで国に還るの作」は『全唐詩』に収録されている。送別の後、仲麻呂を乗せた船が難破して彼が死没したと聞いた李白は「晁卿衡を哭（こく）す」を詠んで悼んだ。これは誤報で、仲麻呂は安南（ベトナム）に漂着しており、帰国をあきらめて、長安に戻ってきた。杜甫との親交もあったのではないかと推測する学者もいる。

（60）**菩提僊那**（ボーディセーナ Budhisena　七〇四～六〇年）　奈良時代の渡来僧。インドのバラモン出身とされ、青年時代に入唐。中国五台山の文殊菩薩の霊験を慕ってのことだったとも伝えられている。長安で出会った遣唐使らの要請に応えて、二人の僧・仏哲(林邑国＝現在のベトナム出身)と道璿(どうせん)らとともに七三六年(天平八年)に来日した。行基(六六八?～七四九年)らに迎えられて平城京の大安寺に入り、子弟を指導した。七五一年(天平勝宝三年)、僧正となり、翌年の東大寺大仏開眼供養の導師をつとめた。婆羅門僧正、菩提僧正とも呼ばれる。

(61)**朱舜水**(一六〇〇～八二年) 浙江省生まれの儒者。明朝が滅亡し、新王朝・清が成立する激動期に、明朝再興運動に奔走したが、志を果たせず、一六五九年冬、長崎に亡命した。彼の評判を聞いた柳川藩の**安東省庵**(一六二二～一七〇一年)は、長崎に赴いて弟子となり、自身の乏しい俸禄の半分を六年にわたり捧げて支えた。朱舜水は六五年には水戸藩の賓客となり、藩主・**徳川光圀**(一六二八～一七〇〇年)は舜水を江戸に招いて、自ら門弟の礼をとった。舜水は水戸にもしばしば足を運び、大義名分を重視する彼の「尊王攘夷」史観は、水戸藩の事業『大日本史』の編集方針ならびに「水戸学」の形成に大きな影響を与えた。舜水自身が、「明室という文明(中華)の中心を護るため、満洲族(清室)という夷狄(いてき)を攘(はら)う」という大義名分を掲げて苦闘してきた人であった。舜水は、日本の南北朝史についても南朝を正統とし、天皇を護るために東国武士という「夷」と戦った楠木正成(一二九四?～一三三六年)の顕彰文を書いた。舜水の死後、光圀はその撰文を「嗚呼(ああ)忠臣楠子之墓」(現在、神戸市・湊川神社内)に刻んだ。頼山陽(一七八一～一八三二年)の『日本外史』などによって楠木正成は勤皇のシンボルとなり、尊王攘夷を主張する水戸学の普及とあいまって、幕末史を大きく動かした。

(62)**経学** 儒教の聖典である四書五経の研究・注釈をする学問。四書は『大学』『中庸』『論語』『孟子』、五経は『易経』『書経』『詩経』『礼記』『春秋』。

(63)**嘉納治五郎**(一八六〇～一九三八年) 日本の柔道家、教育者。講道館柔道の創始者で、日本のオリンピック初参加(一九一二年、ストックホルム五輪)などスポーツ振興に貢献し「日本の体育の父」とされる。大日本体育協会(現・日本体育協会)の創設者・初代会長。アジア人初のＩＯＣ(国際オリンピック委員会)委員。東京高等師範学校(現・筑波大学)校長。中国人留学生のための弘文学院(1章・注34)を設立。

(64)**秋瑾**(一八七五～一九〇七年) 清朝末期の女性革命家、詩人。一九〇四年、夫と子どもを置いて単身日本に留学し、清国留学生会館の日語講習会で学ぶ。また、実践女学校で教育学、看護学などを学んだ(一時帰国の後、再入学)。〇五年九月、孫文が率いる革命団体「中国同盟会」(5章・注4)に参加し、浙江省の責任者となる。同年十一月、清国留学生に対する日本政府の取り締まりが強化され、留学生らが反発。授業のボイコット運動が起き、秋瑾は全員帰国を主張。自ら帰国した後は、雑誌『中国女報』を創刊して女性解放運動を推進。また浙江省の紹興に革命拠点・大通学堂を開校し、「光復軍」を結成したが、武装蜂起の計画が密告によって発覚して逮捕され、〇七年七月、三十一歳の若さで斬首刑となった。秋瑾の処刑は、民衆の巨大な怒りを呼び起こし、革命運動は激化。処刑から四年余りで清王朝は崩壊した。魯迅の作品集『吶喊(とっかん)』(二三年)には彼女をモデルにした小説「薬」が収録されている。夏衍作の戯曲「秋瑾伝」(三六年)は八三年に映画化された(謝晋監督。日本公開タイトル「炎の女・秋瑾」)。

(65)**(光緒)新政** 一九〇一年以降に、西太后の主導で進められた政治改革。清朝最後の改革であり「清末新政」ともいう。「戊戌の変法」(一八九八年/注54)の後、光緒帝は幽閉されたままであり、「光緒帝による新政」ではなく「光緒年間(一八七五~一九〇八年)の新政」の意味。具体的には、立憲君主制への移行、教育改革、新軍の創設、殖産興業などであり、戊戌の変法の内容の焼き直しであった。義和団事件(一九〇〇年)の結果、列強による半植民地化が急速に進んだ危機感から行われたもので、纏足禁止令(〇二年)など近代化を急いだ。〇五年、日本が日露戦争に勝利してからは、ますます改革は加速し、科挙を廃止し(〇五年)、〇八年には「憲法大綱」が公布されて、九年後の国会開設を公約した。しかし同年、光緒帝と西太后が相次いで死去。三年後の一一年、辛亥革命によって清朝の命脈は絶たれる。

(66)銭曼倩・金林祥主編『中国近代学制比較研究』広東教育出版社を参照。

(67)**癸卯学制** 「(光緒)新政」(注65)開始直後の一九〇二年、近代的学校制度の最初の規定である「欽定学堂章程」が公布された。農暦の壬寅(じんいん/みずのえとら)の年なので「壬寅学制」と呼ぶが、反対が多く、実施はされなかった。そのため、張之洞、張百熙、栄慶らが、これを大幅に改定し、一九〇四年に「奏定学堂章程」が発布された。これが実質的に最初の近代的学制規定となる。この年が農暦の癸卯(きぼう/みずのとう)の年なので「癸卯学制」と呼ぶ。日本の学制にならって、初等教育から大学教育までの「正系(縦方向)」と、普通・師範・実業の各学校などの「傍系(横方向)」の組み合わせから成っていた。義務教育の普及を強く意図し、「邑(むら)に不学の戸なく、家に不学の童なからしめ」と述べている。これは一八七二年(明治五年)に出された日本の「学事奨励ニ関する被仰出書(学制序文)」にある「自今以後……必ス邑ニ不学ノ戸ナク家ニ不学ノ人ナカラシメン事ヲ期ス」に似ている。癸卯学制では、「初等小学堂」を設けて満七歳入学と定め、就学しない場合は父母を懲罰すること、府や州の長官の責任を問うことなども決められたが、初等小学堂の数も入学者もなかなか増えなかった。資金も不足し、教育の必要に対する社会の意識も低かったためである。その上、かたちは近代化されても、教育内容は四書五経を学ぶ伝統的な「経学」を重視していたため、全体の授業時間も長く、修学年数も初等教育だけで九年（初等小学堂で五年、高等小学堂で四年）と長かった。まだ科挙も存続していた（廃止は一九〇五年）。癸卯学制は、あくまで中国の伝統的学問を根本として、西欧の科学・技術を使おうという「中体西用」の考え方に基づいており、そこに限界があったとされている。

（68）**前にもふれた**　1章4節、58～60頁

（69）**先に言及**　1章4節、61頁

（70）**松本亀次郎**（一八六六～一九四五年）日本語教師、国語学者。静岡県生まれ。佐賀師範学校在職中の一九〇二年、日本初の地域語辞典『佐賀県方言辞典』を刊行。翌年、嘉納治五郎（注63）の要請で、清国からの留学生を教える弘文学院（1章・注34）に赴任する。学院が迎えた最初の留学生の中に周樹人（後の魯迅）がいた。また、清国留学生会館の日語講習会で、秋瑾（注64）に日本語の個人指導をし、彼女の死後、中国で墓参もしている。松本は日本語教育に熱心に取り組み、多くの優れた教科書も作成した。〇八年、招かれて北京の京師法政学堂（北京大学）教習（教授）となった。辛亥革命（一一年）の翌年、帰国。弘文学院はすでに閉校していたが、中華民国の成立で再び中国人留学生が増加し、要請を受けて日本語の補習会を重ねた。人員の増加で収容できず、一四年、私財を投じて、日華同人共立「東亜高等予備学校」を設立（神田神保町）。一七年ごろの教え子に十九歳の周恩来もいた。一八年春、松本は周ら留学生を京都・奈良への修学旅行に引率したという。また、周の帰国と南開大学進学についても、親身に相談にのったという（武田勝彦『松本亀次郎の生涯』早稲田大学出版部）。東亜高等予備学校は関東大震災（二三年）で焼失したが、松本は留学生を救助しつつ、一月余で仮校舎での授業を再開した。二五年、日華学会と合併（後に東亜学校と改称）。松本は校長から教頭（後に名誉教頭）へと退いたが、教壇に立ち続けた。三〇年、中国の教育事情を視察。日本の中国侵略について厳しく批判した。著書『中華留学生教育小史』（『中国近現代教育文献資料集』第一巻、佐藤尚子他編、日本図書センター）には、両国親善について「中国の親日、排日の感情は日本の政治家の政策・発言によるところが大きい」「国民同士は一時的な政治・経済の紛争に惑わされることなく、広い心で親しみをもち続けてほしい」（要旨）などと記している。三五年、日中両国語の雑誌『日文研究』を刊行（六号まで）。題辞を郭沫若（注73）が書き、魯迅が正岡子規・厨川白村らからの漢訳稿などを連続して寄稿した。

（71）**宮崎寅蔵**（滔天／一八七一～一九二二年） 熊本県生まれ。自由民権運動などの社会活動家であった兄たちの影響下、帝国主義に荒らされたアジアと世界に自由と人権を取り戻すために働くことを決意。一八九七年、孫文と出会って、その思想と情熱に打たれ、生涯、中国の革命運動を援助した。一九〇〇年、孫文の恵州挙兵にも参加したが失敗し、浪曲師となって身を立てるとともに、自叙伝『三十三年之夢』を出版。同書は孫文について書かれた部分を中心に漢訳され、中国の大衆に広く読まれて革命の機運を高めた。日本にあった中国革命諸派の間を何度も往復し、それらが合同した「中国同盟会」（5章・注4）の結成（〇五年）に尽力。辛亥革命の成功まで、同盟会指導による蜂起に参画するとともに、武器調達などに努力した。革命後も死の前年まで訪中を重ねた。また、フィリピンの独立運動や朝鮮近代化運動も支援している。

（72）外務省『日本と中国「戦略的互恵関係」の構築に向けて』のデータを要約。

（73）**西園寺公一**（一九〇六～九三年） 元老・西園寺公望の孫として生まれ、戦後、参議院議員。一九五八年、北京に移住し十二年間滞在。日中交流の「民間大使」といわれた。**井上靖**（一九〇七～九一年） 作家。日中文化交流協会の設立（五六年）に尽力し、自らも八〇年から会長を務めた。五七年から二十数回訪中。中国の歴史や人物をテーマにした作品も多い。巴金をはじめ中国の文学者とも友好を重ねた。池田名誉会長と共著『四季の雁書 往復書簡』を発刊した。**郭沫若**（一八九二～一九七八年） 中国の近代文学・歴史学の先駆者。中日友好協会初代名誉会長。一九一四年に日本へ留学。二八年から三七年まで日本に亡命。新中国で中国科学院院長、全国文学芸術連合会主席。五五年、中国学術視察団を率いて訪日。氏が初代学長を務めた**中国科学技術大学**から池田名誉会長に二〇〇二年、「名誉教授」称号が贈られた。**内山完造**（一八八五～一九五九年） 一九一七年、上海内山書店を開店。同店を拠点に日中の文化人が交流し、内山の紹介で魯迅と長谷川如是閑、金子光晴、鈴木大拙、横光利一、林芙美子、武者小路実篤、岩波茂雄、増田渉らが出会う。内山は、官憲の追及から魯迅、陶行知（3章・注29）、郭沫若らを何度もかくまった。二八年には、郭沫若の日本亡命を援助。東京・神田の「内山書店」の扁額は郭の筆による。上海内山書店は魯迅の編著書の代理発売元にもなった。『魯迅全集』の編集顧問。戦後、日中友好協会の設立（五〇年）に加わり、同協会理事長に就任。五九年、訪問先の北京で逝去し、遺言により上海万国公墓に埋葬された。八一年、上海市民により内山書店の跡地に記念碑が建てられた。**許広平**（一八九八～一九六八年） 魯迅の伴侶。周海嬰（1章・注25）の母。北京女子師範大学在学中、学園自由化運動の渦中で魯迅と出会う。魯迅の死後、『魯迅全集』の刊行に精魂を傾けた。日米戦争開始直後の一九四一年十二月十五日、上海日本憲兵隊本部に連行され、二カ月余間、拷問を受ける（許広平『暗い夜の記録』安藤彦太郎訳、岩波新書）。内山完造が彼女の救出に尽力。新中国では中華全国婦女連合会副主席。婦人代表団などを率いて諸外国を歴訪した。五六年、原水爆禁止世界大会で来日。六一年には、仙台に建立された「魯迅之碑」（碑銘：郭沫若）の除幕式に中国婦人代表団一行とともに訪れた。本書277頁に写真。**廖承志**（一九〇八～八三年）中国の政治家。日本生まれ。父は孫文の盟友で国民党の要人・廖仲愷。長征にも参加。対日関係の中心者で、中日友好協会では一九六三年の設立時から死去まで会長。五四年、新中国初の訪日代表団となる中国紅十字会代表団の副団長として訪日。六二年、「中日長期総合貿易覚書（LT貿易覚書）」に調印。平和友好条約締結（七八年）にも大きな貢献があった。七九年、「中日友好の船」訪日代表団団長として日本各地を訪問。池田名誉会長（当時、会長）の初訪中を北京空港で出迎え（七四年五月）、以来、深い友好を結んだ。**趙樸初**　1章・注17を参照。中国仏教協会会長。中日友好協会副会長。「仏教は両国人民をつなぐ架け橋である」として文化交流を促進。一九六二年、鑑真入寂千二百年を記念して、ゆかりの大明寺に鑑真記念堂建立を決定（江蘇省・揚州、七三年完成）。八〇年、奈良・唐招提寺の国宝・鑑真像の「里帰り」を実現させ中国で展示。五五年以来、中国仏教界を代表して広島での原水爆禁止世界大会に参加を続けた。**松村謙三**（一八八三～一九七一年）政治家。厚生大臣、農林大臣、文部大臣などを歴任。日本の一部勢力からの強い反対のなか、日中国交正常化に取り組み、一九五九年以来、五回訪中。中国の指導者層と会談を重ね、信頼関係を築いて、交流の道を開拓した。七〇年、八十七歳での最後の訪中は車イスでの出発であった。5章・注54を参照。**高碕達之助**（一八八五～一九六四年）政治家、実業家。電源開発初代総裁、大日本水産会会長、経済企画庁長官、科学技術庁長官、通産大臣などを歴任。戦前、満洲重工業開発総裁。一九五九年、松村謙三は周総理に、日中友好を担える人物として高碕を推挙。総理も五五年のバンドン会議（2章・注9）で高碕と会っていた。松村は訪中から帰国後、高碕に訪中を促し、翌年、高碕は経済界代表とともに訪中。六二年にも、経済使節団団長として訪中し、廖承志との間で「日中長期総合貿易に関する覚書」（二人のイニシャルをとって「LT協定」と呼ばれた）に調印した。ここから半官半民の大規模な交易が始まり、国交正常化まで続いた。逝去の五カ月前の六三年九月、池田名誉会長（当時、会長）と会見し、「私の時間は限られている。新しい力が必要だ。日中友好の力になってもらいたい」「ぜひ、訪中を」と語った。

（74）**前にも申し上げた**　3章2節、191頁

（75）**横山宏**（一九二一～二〇〇一年）中国の遼寧省に生まれ、北京大学農学院を卒業。心ならずも日中戦争に従軍し、同窓の友をは

じめ愛する中国の人々と戦わされた苦悩を原点に、生涯、日中友好に情熱を注いだ。戦後日本の社会教育運動のパイオニアであり、日本社会教育学会の創設、『月刊社会教育』編集、社会教育推進全国協議会の結成に尽力した。また、公民館運動、生活記録づくり、自分史の運動にも貢献した。一九四六年に日本に帰国して文部省社会教育局に入省し、五八年から国立教育研究所に勤務。『日本近代教育百年史』編纂に携わる。八五年から早稲田大学客員教授。八〇年、文部省の派遣として在外研究のため訪中し、顧明遠会長と出会う。八三年から九六年にかけて文化交流と友好のための社会教育訪中団を推進。また、九一年に発足した「日中教育研究交流会議」の代表を務め、同会議は氏の逝去後、「横山宏記念学術奨励賞」を設けた。同会議は現在、「日中現代教育学会」へと発展している。魯迅研究でも著名で、七〇年代から「魯迅を読む会」を主宰。顧明遠著『魯迅―その教育思想と実践』を翻訳した(同時代社、一九八三年)ほか、『対訳・魯迅画文選集』(同時代社、二巻)も刊行した。

(76)**大塚豊**　広島大学大学院教育学研究科教授。一九五一年生まれ。広島大学、米ジョージ・ピーボディ教育大学(現・ヴァンダービルト大学)大学院などで学ぶ。博士(教育学)。中国をはじめアジア諸国の教育や開発問題について比較的・歴史的観点から研究している。北京師範大学国際・比較教育研究所、華中科学技術大学、浙江大学教育学院の客員教授を務める。近著に『中国大学入試研究―変貌する国家の人材選抜』(東信堂、二〇〇七年)などがある。顧明遠会長の著作『中国教育の文化的基盤』の監訳者。二〇〇八年から日本比較教育学会会長。

(77)大山定一訳「ゲーテ格言集」、『ゲーテ全集11』人文書院、一六四頁

(78)池田名誉会長と胡錦濤国家主席との会見は、二〇〇八年五月八日、東京で。名誉会長は、胡主席が提唱する「調和世界」のビジョンに賛同し、そのためにも、さらなる青年交流をと念願。また、目前に迫っていた北京五輪の大成功を祈る心情を伝えた。胡主席は「国交正常化提言(一九六八年)」など両国友好に注がれた名誉会長の勇気と識見を高く評価した。本書2章3節、143~4頁を参照。それ以前、八五年三月には、中国青年代表団の団長として来日した胡主席(当時、中華全国青年連合会主席)を名誉会長は東京の聖教新聞本社で歓迎。「両国の『美しい将来』のために努力する」ことを誓い合っている。また国家副主席に就任直後の来日となった九八年四月にも東京都内で会見し、両国の「永続的友好」へ青年交流の重要性を確認し合っている。温家宝総理とは、二〇〇七年四月十二日、東京都内で会見。温総理は、「創価」の思想とは「慈悲」と「創造」と理解していると共感を表明。名誉会長は民衆同士の心の交流のために「文化交流」を一段と進めていく決意を語った。胡主席と温総理は、ともに中国の「第四

世代の指導者」と呼ばれる。名誉会長は第一世代の周恩来総理、第二世代の鄧小平氏、第三世代の江沢民主席とも会見しており、「四世代」すべてのリーダーと友好を結んでいる。

第4章 「創造的人間」を育てる――創価教育と素質教育

(1)「科学史教篇」伊東昭雄訳、『魯迅全集』第一巻、学習研究社、五四頁。魯迅の留学時代後期、仙台医学専門学校を中退して、東京で書いた初期評論の一つ。一九〇八年、清国留学生による文芸雑誌『河南』に発表。作品集『墳』(一九二七年)所収。

(2)**諸葛孔明**(一八一~二三四年)は三国時代、蜀漢の丞相。引用は、その「論交友」(交友論)の言。「勢利之交、難以経遠。士之相知、温不増華、寒不改葉、能貫四時而不衰、歴夷険而益固」(『御覧』巻四百六・叙交友)。中林史朗『諸葛孔明語録』(明徳出版社、一〇二頁)の書き下しは「勢利の交は、以て遠きを経(へ)難し。士の相知るや、温にも華を増さず、寒にも葉を改めず、能く四時を貫きて衰へず、夷険を歴(へ)て益々固し」。〝勢力や利益を目的とした功利的な交友は長続きしない。有徳の人の交友は、温暖の時もとりたてて華を増すことはしないし、寒冷の時も葉を落としはしない。四季を通じて衰えず、順境と逆境を経れば経るほど、いよいよ堅固になる〟との意味。宮川尚志『諸葛孔明 「三国志」とその時代』桃源社、二一八頁(講談社学術文庫版では二三二頁)も参照。

(3)**文化偏至論** 魯迅の留学時代後期の論文(注1を参照)。『墳』(一九二七年)所収。文化は前代の偏向を正すことで発展するものであり、欧州でも十九世紀末には、それまでの物質万能主義への反動が起こった。それにもかかわらず、中国の欧化主義者は今なお物質主義を西洋文明の基盤と勘違いしていると主張する。引用されている「争存天下、首在立人」は論文の結論部分に次のようにある。「しかし、ヨーロッパやアメリカの強国が、いずれもこの物質の力によって世界に燦然と輝いているのは、その根柢が人間にあればこそであって、物質は現象の末節にすぎない。本源は深くて見えにくく、美しい花は誰の眼にもはっきりと見えるのである。この故に、天地の間に生存して、列国と競争して行くには、まず第一に、人間を確立することが大切である。人間が確立して後、始めてあらゆる事がその緒に就く。而して、その方法としては、何よりも個性を尊重して精神を作興することが必要である」

（松枝茂夫訳、『魯迅選集』第五巻、岩波書店、二九〜三〇頁）。また「非物質」「重個人」については、論文のねらいを述べた箇所で「ここに述べるのは、次の二つの事にとどめたい。すなわち、物質万能の否定、個人の尊重、これである」とある（同、一八頁）。

（4）**前にも申し上げましたが**　1章4節、52頁。同章・注25を参照。

（5）「聖教新聞」二〇〇四年三月十三日付

（6）**英知を磨くは　何のため**　東京の創価中学・高等学校校歌「草木は萌ゆる」の一番の歌詞に「英知をみがくは　何のため／次代の世界を　担わんと／未来に羽ばたけ　たくましく」とある。また、創価大学の開学の日に創立者・池田名誉会長が贈った指針のひとつに「英知を磨くは何のため　君よ　それを忘るるな」があり、学内のブロンズ像の台座に刻まれている。

（7）『公立学校における学校問題検討委員会』における実態調査の結果等について」、平成二十年九月十八日発表、東京都教育委員会ホームページ

（8）**前にも申し上げた**　3章3節、234頁

（9）遠藤哲夫『新釈漢文大系42　管子　上』明治書院、四九頁

（10）**章開沅**　本書1頁に初出。一九二六年生まれ。歴史学者。華中師範大学元学長。プリンストン大学客員研究員、中南地区辛亥革命史研究会理事長などを歴任。言及されている部分は対談集『人間勝利の春秋——歴史と人生と教育を語る』第三文明社、一二〇頁。陶行知については、3章3節、218頁、同章・注29を参照。

（11）**性善説・性悪説**　トインビーとの対談集『二十一世紀への対話』では第三部第三章第一節。季羨林らとのてい談『東洋の智慧を語る』（東洋哲学研究所刊）では第五章第一節で語り合っている。**季羨林**（一九一一〜二〇〇九年）は、言語学、歴史学、仏教学、インド学、比較文学など広い分野で業績がある。北京大学副学長、中国言語学会会長、中国比較文学学会会長、中国敦煌トルファン学会会長などを歴任。

（12）『エミール（上）』今野一雄訳、岩波文庫、二七頁。本書1章・注23を参照。

（13）**トマス・ホッブズ**（一五八八〜一六七九年）　近代政治思想の源流に位置する英国の思想家。主著『リヴァイアサン』において、人間の自然状態は「万人の万人に対する闘争」であり「万人は万人に対して狼」であるとして、個人間の契約によって主権者たる国家をつくり、これに万人が従うことで平和がもたらされると主張した。

(14)**孟子の性善説**　引用は、小林勝人訳注『孟子（上）』岩波文庫、一四一頁。四端説（2章・注66）を述べた箇所。後半の引用は同書一九九～二〇〇頁。庠は周代の学校、序は殷代の学校。

(15)荀子の引用は、金谷治訳注『荀子（上）』岩波文庫、六四～六五頁

(16)**告子**　中国・戦国時代の孟子と同時代の思想家。名は不害ともいう。人の本性について孟子と論争。孟子の性善説に対し、「性には善なく不善なし」と主張し、民衆が名君に導かれれば善を行い、暴君のもとでは悪に染まるように、善悪は導き方次第であるとした。『墨子』の公孟篇、『孟子』の告子章句篇や公孫丑章句篇などに登場している。

(17)引用は性悪篇から。金谷治訳注『荀子（下）』岩波文庫、一八九～一九三頁。次の荀子の引用は礼論篇から。同書、一〇二頁

(18)『孟子』の告子章句篇上。小林勝人訳注『孟子（下）』岩波文庫、二二〇～二二二頁

(19)**ジョン・ロック**（一六三二～一七〇四年）はイギリス経験論の代表的哲学者。政治思想家としても、名誉革命（一六八八年）を人間の自然権・抵抗権・社会契約説に基づいて擁護し、民主主義思想を前進させた。彼の経験論哲学を譬喩的に表現したのが、「**タブラ・ラーサ**（tabula rasa）」で、ラテン語で「（何も書かれていない）白い石版」のこと。その石版には後から何でも書くことができる。すなわち、人間には生まれつきもっている観念というものはなく、すべての観念・知識は生後の経験によって得られるという思想である。

(20)**以前も話題に**　2章2節、135頁以下

(21)『創価教育学体系』第一巻・第一篇「教育学組織論」第二章第四節「創価教育学樹立の必要」。『牧口全集』第五巻、三八頁

(22)**ルソー**は1章・注23、**コメニウス**、**ペスタロッチ**は3章・注25を参照。三者とも、教育は人間の自然な発達の順序に従うべきことを主張した。『創価教育学体系』で牧口常三郎は、詰め込み主義など子どもを苦しめることの多かった旧来の教育に対する「救済方法を見出さうとして奮起したものが、ルッソー、コメニユース、ペスタロッチ等の教育改革家の先輩であつたのである。御蔭に依て世界の青少年は牢獄の如き学習の苦痛から現在の楽しき学校を得た訳である。医学上の大発見の価値と同様であるのみならず、その恩沢に浴する範囲が数の多き青少年であるだけ、その価値は非常に大きなものである」（第四篇「教育改造論」、『牧口全集』第六巻、二八～九頁）と書いている。このうち、ペスタロッチについては第四篇「教育改造論」第三章第四節（『牧口全集』第六巻、八〇～七頁）を使って彼の功績を論じ、当時の教育が「知識の伝達注入をのみ目的として居たのに対して、実物によつて教授し、

而して知識の啓発を目的としての教育を提唱した」「教育方法上の工夫研究」にその真骨頂を見ている。そして「教育学を深き哲学的根本原理の上に、即ち人間性の法則の上に基ける」ことに苦心し、自らの経験の上に教育の理論的解明をも目指した点を称賛するとともに、彼の後継者が師の演繹的方法を踏襲して、遂には「実際に縁遠い哲学的」教育学に陥ったことを批判。科学的教育学建設のために牧口自身が「教育の事実から帰納して教育の原理に到達せんとする研究方法を採った所以である」と述べている。このペスタロッチのもとを訪ねて、その児童教育の実践に感銘し、そこから体系的な教育学を発展させたのがドイツの**ヘルバルト**（3章・注23・56）であった。イギリスの**ハーバート・スペンサー**（一八二〇～一九〇三年）は、功利主義的教育観を主張。人生の目的は幸福を意味する「完全な生活（complete living）」であるとし、そういう生活を送る人間を育成するのが教育の目的であるとした（『教育論』）。また「子どもの権利」について論じた。**デューイ**（3章・注28）の次の言葉は、教育思想における「児童中心主義」宣言とされる。「いまやわれわれの教育に到来しつつある変革は、重力の中心の移動である。それはコペルニクスによって天体の中心が地球から太陽に移されたときと同様の変革であり革命である。このたびは子どもが太陽となり、その周囲を教育の諸々のいとなみが回転する。子どもが中心であり、この中心のまわりに諸々のいとなみが組織される」（『学校と社会』宮原誠一訳、岩波文庫、四五頁）。**経験主義哲学**は、**ジョン・ロック**の「タブラ・ラーサ」（注19）のように、すべての知識は後天的な経験に由来すると考える。スコットランドの**デイヴィッド・ヒューム**（一七一一～七六年）もこれを受け継いだ。経験主義哲学からは「教育次第で、人はいかようにも変わることができる」という考え方が出てくる。また「知識は力なり」の言葉で知られるイギリスの**フランシス・ベーコン**（一五六一～一六二六年）は、人間が正しい知識に到達するために、「実験」を重ねて、少しずつ偏見を脱していくという帰納法を明示した。経験的事実に基づいて仮説を検証し実証していこうという思想は、フランスの**オーギュスト・コント**（一七九八～一八五七年）らによって強調され、実証主義と呼ばれた。コントは、人間の精神は「神学的段階」から「形而上学的段階」へ、そして「実証的段階」へと進化すると説いた。コントが新しい学問として構想した社会学を確立したのは、フランスの**エミール・デュルケム**（一八五八～一九一七年）であった。『創価教育学体系』では彼の『教育と社会学』『社会学と哲学』『社会分業論』から多くの引用がなされている。社会学を教育学と結びつけたところに創価教育学の特徴がある。デュルケムを引いて、「教育は個人を社会化すること」とも書いている（第二篇「教育目的論」第三章第一節「教育の目的と社会生活」、『牧口全集』第五巻、一四二頁）。アメリカ社会学の父と呼ばれる**レスター・フランク・ウォード**（一八四一～一九一三年）は、社会改良を目指す応用社会学を唱えて、差別と不平等の解消を目指した。社会進化論が流行し、適者生存・弱肉強食という非人間的な競争に結びつきがちだった時代にあって、「知性平等主義」を主張。「知性の発達によってこそ、社会問題は解決できる」として、教育の機会均等を強く訴えた。彼自身、ほとんど独学で大学者となった人物だった。

(23) **イマヌエル・カント**（一七二四〜一八〇四年）は、『純粋理性批判』『実践理性批判』『判断力批判』の三批判書を通して批判哲学を提唱した。牧口常三郎は逝去の一カ月前にも「カントノ哲学ヲ精読シテ居ル」と書いている（「獄中書簡」から。一九四四年十月十三日付、妻・牧口クマと牧口貞子宛てはがき。『牧口全集』第十巻、三〇〇頁）。**新カント派**は、一八七〇年代から一九二〇年代にドイツで興った「カントに帰れ」という哲学運動であり、そのうち西南ドイツ学派（バーデン学派）の代表が**ヴィルヘルム・ヴィンデルバント**（一八四八〜一九一五年）と、彼の弟子である**ハインリヒ・リッケルト**（一八六三〜一九三六年）である。新カント派は、論理学・倫理学・美学・宗教哲学などの哲学の各分野を「価値」という言葉で統一的に考察し、ここから独自の価値哲学を論じた。ヴィンデルバントは、「真・善・美・聖」という普遍的価値が道徳・芸術・宗教等の根底にあるとした。これに対し、牧口常三郎は「美・利・善」の価値体系を樹立した。リッケルトは「価値を離れた自然」と「価値を帯びた文化」とを区別し、文化が体現している価値を文化価値、文化価値をもつ現象を対象とする研究を文化科学と呼んだ。これを踏まえて、牧口常三郎は、かつて自身が取り組んだ地理学も、教育学も、ともに研究対象は価値現象であるとし、「余の学問の対象が常に生活を離れない」ゆえに価値問題から離れることができなかったと述べている（『創価教育学体系』第二巻・第三篇「価値論」序、『牧口全集』第五巻、二〇六〜七頁）。経済学での「**客観価値説**」とは「財＝商品の中に客観的な価値がある」つまり「財そのものに付着する価値がある」とする説。「労働価値説」（財の交換価値＝価格は生産に投入された労働量あるいは労働時間の大きさで決まる）がこれで、イギリスの**デヴィッド・リカード**（一七七二〜一八二三年）が発展させ、**カール・マルクス**（一八一八〜八三年）が大成した。これに対し、「**主観価値説**」は「価値は人が財に対して抱く主観によって決まる」つまり「一人ひとりの主観的な満足度の大きさで決まる」とする。「効用価値説」（財の交換価値は効用＝満足度の大きさで決まる）がこれで、オーストリアの**カール・メンガー**（一八四〇〜一九二一年）やイギリスの**ウィリアム・スタンレー・ジェヴォンズ**（一八三五〜八二年）が唱えた。**価値とは生命と対象との関係性**　「価値の概念は評価対象と主観の関係を意味することは前陳の通りである。その対象の中でも人間の生命の伸縮に関係のない性質のものには価値は生じない。故に価値を人間の生命と対象の関係性といふ」（『創価教育学体系』第二巻・第三篇

「価値論」第四章第二節「関係性及関係力」。『牧口全集』第五巻、二九三頁）

(24) **以前にも少々述べましたが**　3章1節、186頁

(25)『創価教育学体系』第一巻・第一篇「教育学組織論」第一章「緒論」の冒頭の言葉。『牧口全集』第五巻、一三頁

(26)『創価教育学体系』第一巻・第一篇「教育学組織論」第五章第三節「教育方法の区分」。『牧口全集』第五巻、一〇二頁以下

(27) **創価教育の六大指標**　『創価教育学体系』第三巻・第四篇「教育改造論」の巻頭に掲示されている。『牧口全集』第六巻、一二頁

(28) **体育と知育**　『創価教育学体系』第一巻・第一篇「教育学組織論」第五章第三節「教育方法の区分」。『牧口全集』第五巻、九六頁

(29) 前掲『中国教育の文化的基盤』二七二頁

(30) 前掲『中国教育の文化的基盤』二七七頁、三〇一～二頁

(31) 中華人民共和国基本法（一九九五年九月一日施行）第五条（基本法第一章「総則」の一条）

(32) **葉聖陶**（葉紹鈞／一八九四～一九八八年）中国の作家、教育家、編集・出版人、社会活動家。「五四運動」（1章・注14）のなかで、新文学の提唱者の一人として活躍。茅盾らとともに「文学研究会」を設立した。小説「倪煥之（げいかんし）」（一九三〇年）は、青年教師・倪煥之が封建的現実と格闘する姿を写実的に描いた。満洲事変（三一年）以後は「文芸界反帝抗日大連盟」に参加した。新中国設立後は、人民教育出版社社長、中国教育部副部長、第六期全国政治協商会議副主席などを歴任。アンデルセン童話の紹介や自身の創作などを通して、中国児童文学を開拓した一人。

(33) **学而優則仕**　『論語』子張篇第十九。孔子の弟子・子夏の言葉。「(仕えて優なれば則ち学び) 学びて優なれば則ち仕う」。仕官した者は公務のほかに余力（ゆとり）があれば、なお学問して見識を広め、学問する者は学問が十分進んで余力があれば仕官して、学んだことを実行せよの意。この後半の句が、学問を仕官のための手段とするという功利的な意味にとられ、孔子が「読書做官（書を読みて官吏となる）」ことを主張しているように見なされた。

(34) **ハンス・ヘニングセン**　デンマーク・アスコー国民高等学校（フォルケホイスコーレ）元校長。一九二八年生まれ。デンマーク教員育成大学協会理事長、全国フォルケホイスコーレ・農業学校連盟書記長、デンマーク文化協会運営委員長などを歴任。文部大臣の任命による「教員教育への新法律準備委員会」の初代委員長も務める。引用は池田名誉会長との対談集『明日をつくる〝教育の

聖業〟――デンマークと日本 友情の語らい――』潮出版社、一〇六頁。

(35)「**教師の仕事は…**」『創価教育学体系』第三巻・第四篇「教育改造論」第二章第二節「教育機関の進化論的考察」。『牧口全集』第六巻、五一頁。「**目下教師の…**」「**教材それ自身をして…**」同第三章第一節「教師の本務の進化論的考察」。同書、五三頁

(36)「**教師は、自分のように…**」『創価教育学体系』第四巻・第一篇第二章「教育方法論建築の基礎に横はる先決問題」第四節。『牧口全集』第六巻、二八六頁から現代語訳。原文は「おれが如く偉くなれといふような傲慢の態度を示して、子弟を率ひるのではなくして、余が如きものに満足してはならぬ、更に偉大なる人物を目標として進まねばならぬ。といふ謙遜の態度を以つて子弟を導き、それが為には余と共に、余が進みつゝあるが如くに進めと、奨励するこそ、教師のなさねばならぬ正当の途である」。「**学校は苗代…**」前掲『牧口常三郎箴言集』一〇七頁

(37)**韓愈**（七六八～八二四年）は中唐の詩人、文章家。引用は、星川清孝『新釈漢文大系70　唐宋八大家文読本　一』明治書院、八四～五頁。伝道・授業（原文は受業）・解惑の三つの職責を果たす人であれば、身分の貴賤や年齢の上下はまったく関係がないとし、それが誰であろうと、「道」があるところに「師」があると主張する。

(38)**これまでの対談のなかでも**　1章5節、67～68頁

(39)前掲『教育：伝統と変革』一〇五頁

(40)『論語』述而篇第七。書き下しは、前掲『新釈漢文大系1　論語』一六三頁を参照。

(41)**従藍而青**　『荀子』の巻頭（勧学篇第一）に「君子曰く、学は以て已（や）むべからず。青は之を藍より取りて、藍よりも青く、氷は水之を為（な）して、水よりも寒（つめた）し」とある。荀子は性悪説から、後天的努力の必要を強調し、あくことなく学び続けよと教えたもの。藤井専英『新釈漢文大系5　荀子　上』明治書院、一五頁。新字に改めた。『摩訶止観』巻第一上に、同書をまとめた章安大師灌頂の長文の序があり、天台大師について「為従藍而青」（藍よりして、しかもより青しとやせん）とする（序文・縁起）。『大正大蔵経』第四十六巻、一頁上

(42)**前にも申し上げましたが**　1章5節、71頁以下

(43)ラリー・ヒックマン教授とジム・ガリソン教授（米バージニア工科大学／ジョン・デューイ協会前会長）との、てい談「人間教育への新しき潮流――デューイと創価教育」（教育月刊誌『灯台』二〇〇九年十二月号～二〇一一年七月号）の連載第三回での発

言（二〇一〇年二月号、六二頁）。

（44）『論語』為政篇第二。書き下しは前掲『新釈漢文大系1　論語』四三頁から。「弟子」には若者、「先生」には父母の意味もある。

（45）ラテン語「Amicus Plato, Amicus Aristotle, sed Magis Amicus VERITAS」。英語では「Let Plato be your friend, and Aristotle, but more let your friend be truth」となる。大学のモットーを一言で表現する場合はVeritas（Truth）。

（46）原文は「よき師と・よき檀那と・よき法と此の三寄り合いて祈を成就し国土の大難をも払ふべき者なり」。「法華初心成仏抄」、『御書全集』五五〇頁

（47）**我以外皆我師**　作家・吉川英治（一八九二～一九六二年）が座右の銘とした言葉。残された揮毫には「我以外皆我師也」「吾以外皆吾師」などの表記もある。『新書太閤記』の「大坂築城」の章には、秀吉の人生観として「我れ以外みな我が師也」とある。

（48）前掲『雑草集――顧明遠教育随筆』二一三頁

第5章　教育と平和――東洋の精神文化の使命

（1）洪自誠『菜根譚』神子侃・吉田豊訳、徳間書店、一二〇頁

（2）**梅屋庄吉夫妻と孫文**　梅屋庄吉（一八六九～一九三四年）は、日本の実業家で長崎県生まれ。一八九五年、写真館を開いていた香港で孫文と出会い、革命への熱誠に感銘。「君は兵を挙げたまえ。我は財を挙げて支援す」と約し、以来、現在の価値で一兆円とも二兆円ともされる巨額の資金援助を行った。映画産業でも活躍し、日本活動写真株式会社（日活の前身）の創設者の一人。辛亥革命が起こるや、撮影隊を派遣して革命の記録映画を製作し、収益を孫文に送った。庄吉の妻・トク（一八七五～一九四七年）も、孫文と宋慶齢（一八九三～一九八一年）との結婚（一九一五年）の実現に尽力するなど、孫文夫妻の生活を支え続けた。孫文の結婚披露宴も、新宿・百人町の梅屋庄吉邸で行われている。孫文の死後、その功績を後世に顕彰するため、庄吉は四体の銅像を中国に寄贈。広州（中山大学と黄埔軍官学校跡）、南京、マカオに現存している。その後、日中関係の悪化に伴い、友好に奔走する庄吉は憲兵隊に召喚されるなど非国民扱いを受けたこともあった。また、「人としての価値は魂にある（富貴在心）」を信条とする庄

吉は、〝孫文への支援は若き日の盟約ゆえに為したことであるから、一切口外すべからず〟と遺言し、そのため長く詳細は知られることがなかった。彼は、フィリピンやインドの革命家も支援していた。

（3）**王枢之（鈴江言一）著『孫文傳』** 改造社の「偉人傳全集」第二十二巻として一九三一年、発刊された。著者の実体験に裏付けられた名著として、戦後の一九五〇年、岩波書店から再刊され、版を重ねた。鈴江言一（一八九四〜一九四五年）は、中国革命史研究家。一九一九年三月、北京に渡り、五四運動（1章・注14）に共感して、中国革命に参加。日中戦争開始後は和平に奔走した。著書には他に『中国無産階級運動史』（一九二九年。後に『中国解放闘争史』として石崎書店から再刊）、『支那革命の階級対立』（一九三〇年。後に『中国革命の階級対立』として平凡社・東洋文庫で再刊。全二巻）。

（4）**中国同盟会** 一九〇五年、清朝打倒を目指して東京で結成された。当初は中国革命同盟会と称した。革命のためには大同団結が必要だとの認識から統一組織をつくったもので、孫文が中心の興中会（広東省系）をはじめ光復会（浙江省系）、華興会（湖南省系）などが合併し、孫文を会の総理に選んだ。同盟会は、三民主義を具体化した四大綱領「①韃虜（だつりょ／清朝）を駆除して②中華を回復する《民族主義》③民国を創立する《民権主義》④地権（土地所有権）を平均にする《民生主義》」を採択した。

（5）「人民網日本語版」二〇一一年十月十日付

（6）外務省調査部編『孫文全集』下巻、原書房、九〇七頁。現代表記に改めた。

（7）**李鴻章**（一八二三〜一九〇一年）は清朝の政治家。一八六〇年代以降、清朝改革のための洋務運動を推進。日清戦争（一八九四年七月〜九五年三月）終結後、全権を担う欽差大臣として、講和条約である下関条約の調印を行った（九五年四月）。日清戦争直前の一八九四年六月、二十八歳の医師であった孫文は、約八千字の政治改革案（上李鴻章書）を李に送り、面会を求めたが、かなわなかった。上書では、ヨーロッパの富強の根本は「堅船・鋭砲・堅塁・強兵」だけにあるのではなく、「人が才能を尽くし」「土地が利益を尽くし」「物品が用途を尽くし」「財貨が流れを通じ」ているからであり、この四事こそ富強の大道・治国の根本であるとし、中国の復興のために、人材育成への教育制度、農業・鉱工業・商業振興への計画と実行をと提言している。

（8）『三民主義（上）』安藤彦太郎訳、岩波文庫、九二頁、一二三頁

（9）内野熊一郎『新釈漢文大系4 孟子』明治書院、二五〜六頁

（10）前掲『新釈漢文大系2 大学 中庸』四四〜五頁。新字に改めた。

(11)孫文の引用は、前掲『三民主義（上）』一二四頁、一三六頁。**以前も論じあった** 2章4節、163頁以下

(12)公冶長篇第五。前掲『新釈漢文大系1　論語』一一一～二頁

(13)前掲『新釈漢文大系4　孟子』四九一頁。以下の恵王との対話は同書七～八頁を、宣王との対話は四八～九頁を参照。「**諸侯の宝…**」は同五〇一頁、「**丘民に…**」は同四九一頁。

(14)**袁世凱**（一八五九～一九一六年）清末民初の軍人・政治家。日清戦争に敗北した後、陸軍の近代化を推進し、その軍事力を背景に清朝の要職を歴任した。辛亥革命（一九一一年）後、中華民国の臨時大総統・初代大総統に就任したが、一五年には帝政を復活させ、「中華帝国」皇帝に自ら即位。翌年、反帝政運動により失脚した。

(15)離婁章句の上。前掲『新釈漢文大系4　孟子』二五九頁

(16)香港大学の**王賡武**元学長は、アジアを代表する国際的知識人。専門は歴史学だが、哲学、経済、文学などにも深い造詣をもつ。一九三〇年、インドネシア生まれ。幼少期はマレーシアで学び、十九歳で国立マラヤ大学の歴史・経済・英文学の学位を取得。ロンドン大学に留学し、二十七歳で哲学博士となっている。その後、母校・マラヤ大学や、オーストラリア国立大学で教鞭をとり、八六年、香港大学学長に就任。香港では公害環境問題顧問委員会主席、文芸家協会主席、行政局議員なども歴任した。池田名誉会長とは、八八年以来、八度の語らいを重ねている。シンガポール国立東アジア研究所の所長を経て、現在、同研究所理事長。

(17)「人民網日本語版」二〇一一年八月十七日付。香港の英字紙「サウスチャイナ・モーニングポスト」の同年八月十二日付から転載。

(18)**墨家**は中国戦国時代の諸子百家の一つ。墨子（紀元前五～四世紀。孔子の後、孟子の前の時期あたりに活躍したと推定されている）によって興った。墨子は、儒家の仁愛は自分に近しい人を優先する差別的な愛であり、差別こそ「天下の害」のもとであると批判。平等に万人を愛する「兼愛」（ひろく愛する）の実行こそ天の意思であり、これによって互いの福利を増進する（交利）こととなり、皆が幸福に生きる「天下の大利」が得られると主張した。墨子はまた、戦国時代にあって戦争に反対し、「非攻」を主張。他国への侵攻を否定しただけでなく、侵攻を困難にするため、小国の防衛に努め、城砦の補修その他の土木工事や防御兵器の開発・製造、防衛戦の指揮などを依頼に応じて請け負った。守城のために建築・冶金・医術・農業などの高い技術、人心洞察のための教養、説得のための論理学まで学んだ。墨家の守りの堅固さから「墨守」の語ができたともいう。また工事や器具製造に、大工のように墨を使ったので「墨家」とされたとの説もある。戦国時代に儒家と並ぶ勢力となったが、秦の中国統一の後、消滅。清朝末期にその

博愛主義が注目されるまで長く忘れられた。

(19) **杜甫**(七一二～七〇年)は盛唐の詩人。李白の「詩仙」に対して「詩聖」と称される。科挙に及第せず、ようやく仕官しても戦乱や政争に巻き込まれて長く続かず、生涯、辛酸の多い放浪生活を重ねた。社会の実相を詠んだ詩が多いため、その詩は「詩史」(詩による史書)と呼ばれる。戦争の悲惨を嘆いた詩も多い。代表的作品に、安史の乱(七五五～六三年)の頃の世相を描いた六篇「三吏三別」がある。官吏が若者を徴兵していく光景を描いた「新安吏」、敗戦で多くの兵士が溺死したと伝える「潼関吏」、男手が無くなり老婆まで徴用していく現実を記録した「石壕吏」の三吏、結婚まもなく夫を戦争にとられる新妻の嘆きを歌った「新婚別」、子や孫がみな戦死し、老妻を残して出征する老人の独白「垂老別」、兵役のために家庭ももてず、帰郷すると母の遺骸が埋葬もされずに朽ちようとしているという「無家別」の三別である。また、それ以前の作品「兵車行」には、民の嘆きをよそに外征をやめようとしない為政者への怒りがこめられている。池田名誉会長は北京大学での二度目の講演「平和への王道――私の一考察」(一九八四年)で同詩に言及している(前掲『21世紀文明と大乗仏教』二八三～四頁、『池田全集』第一巻、三六〇～一頁)。その他、「国破れて山河在り」と歌った「春望」(本書50頁を参照)など杜甫には多くの厭戦・反戦詩がある。

(20) **闘諍言訟**　『大集経(大方等大集経)』巻五十五に説かれる。釈尊滅後の時代を五百年ずつ区切って述べたうち、第五の五百年の時代相をいう。「我が滅後に於いて……次の五百年は、我が法中に於いて闘諍言訟して白法隠没し」と。『大正大蔵経』第十三巻、三六三頁上・中

(21) 外務省調査部編『孫文全集』中巻、原書房、三一八～九頁。現代表記に改めた。

(22) 「光明日報」二〇一一年十月一日付、馬敏「孫中山実業思想のメッセージ」

(23) **孫文記念館**　明石海峡大橋のたもと、神戸市垂水区の舞子公園内にある。日本、神戸と孫文のかかわりを中心に遺品・遺墨などを展示している。神戸に住んだ中国人貿易商・呉錦堂(一八五五～一九二六年)の松海別荘にあった楼閣「移情閣」が中心部分の前身。孫文は一九一三年三月に公式に来日し、松海別荘を訪れて神戸の中国人や政財界有志による歓迎昼食会に臨んだ。二年後、呉錦堂は八角三層の楼閣を建て「移情閣」と命名した。八三年、日中国交正常化十周年などを記念して兵庫県に寄贈され、翌年十一月十二日、孫文生誕の日に「孫中山記念館」として一般公開。明石海峡大橋の建設にともない、解体・修復工事をして現在地に移転(二〇〇〇年、移築完了)。二〇〇五年、「孫文記念館」と改称された。建物は現存する日本最古のコンクリートブロック造りの

建造物で、国と県の重要文化財。
（24）第十三巻「金の橋」の章。『新・人間革命』聖教新聞社、七頁。聖教ワイド文庫版、七頁
（25）『私の釈尊観』文藝春秋、一～二頁
（26）**北条時頼**（一二二七～六三年）鎌倉幕府第五代執権（在職：一二四六～五六年）。三浦氏・千葉氏など北条氏以外の有力御家人を排除して、北条氏専制体制を確立。その一方で、御家人による京都大番役の勤務期間短縮や、御家人の所領に関する裁判の公正・迅速のために「引付」を新設するなどして、彼らの支持を得た。執権を辞して出家してからも幕政に関与したため、執権（当時は時頼の義兄の北条長時）と得宗（北条氏惣領の嫡流である時頼）との分離が始まり、執権体制から北条得宗体制への移行に道を開いた。
（27）**前にもふれましたが**　2章4節、167頁
（28）『御書全集』三一頁
（29）学而篇第一。前掲『新釈漢文大系1　論語』二一頁。現代表記に改めた。
（30）「立正安国論」に使われた「くに」の字は七十二文字。その約八割にあたる五十七文字に、この字が使われている。なお、国がまえ（囗）の中の「玉」は「王」の意味であり、「或」は「戈を手にして国境と国土を護る」との意味が込められている。
（31）『人生地理学』第三十章「生存競争地論」第二節「生存競争形式の変遷」。『牧口全集』第二巻、三九九頁
（32）**羲農の世**とは、伏羲と神農の両者の名を一字ずつ組み合わせ、両者が民を指導していた時代をいう。伏羲も神農も通例、古伝承にいう三皇五帝のうちの「三皇」の一人に数えられる（三皇の他の一人については、女媧とする説、祝融とする説、黄帝とする説などがある）。両者は神話学上の「文化英雄」といえ、ギリシャ神話のプロメテウスや中米神話のケツァルコアトル、日本神話の大国主命・少彦名命のように、民衆にさまざまな文化や制度を教えた。伏羲は、天地人の理法を観察して八卦をつくり、網を作って漁労を教え、火種を与えて調理を教え、家畜の飼育、文字、楽器（三十五弦の瑟）、婚姻の制度などをもたらしたという。妻あるいは妹である女媧とともに人首蛇身とされる。庖犠（包犠）、太皞（太昊・太皓）ともいう。神農は、農業と医薬を教えた。鋤や鍬の作り方、五穀の栽培法、土地の利用法、また薬草の利用法と毒草の見分け方など百草の効能を伝え、市（交易）の運営まで教えたという。牛首人身とされる。日本でも古来、尊崇されてきた。『御書全集』には「一天安穏なりし事・神農の昔にも異ならず」（一〇三一頁、「曾谷入道殿許御書」）ともあり、ここでも神農の時代が平和の理想として描かれている。「羲農の世」とは、文化へ

の開眼によって民衆が物心ともに進歩した時代といえる。**唐虞の国**とは、「唐尭（とうぎょう）」（尭）と「虞舜（ぐしゅん）」（舜）の両者の名を一字ずつ組み合わせたもので、二人の治めた国のこと。尭・舜ともに伝説上の聖天子であり、三皇五帝の「五帝」の一人に数えられる（五帝の他の三人については諸説ある）。唐尭とは、尭がはじめ唐侯となり、天子となってからは陶を都としたので「陶唐氏」の称をもつため、こう呼ぶ。虞舜も、舜が虞に都し「有虞氏」ともいうところから。尭は黄帝の子孫とされ、仁徳は天のごとく、智は神のごとしとたたえられた。貧しい労働者として苦労していた舜を見出して、摂政とし、やがて帝位を譲った。舜が父と継母から虐待されても孝行を貫いて人望が高かったからという。舜もまた善政を行い、洪水を治めることに成功した禹（う）に帝位を譲った。尭も舜も、後世のように世襲をしなかったことが、聖天子として長く尊敬されてきた要因のひとつである。

（33）「如説修行抄」、『御書全集』五〇二頁

（34）泰伯篇第八。前掲『新釈漢文大系1　論語』一八八～九頁

（35）**正嘉の大地震**　正嘉元年八月二十三日（一二五七年十月九日）に起きた。マグニチュード七・〇～七・五、震源は北緯三五・二度、東経一三九・五度の関東南部と推定されている（国立天文台編『理科年表』）。震央が相模湾内部と、鎌倉のすぐそばであることから、その被害は甚大であった。『吾妻鏡』には以下の記載がある。「戌の刻（午後七～九時）大地震。音有り。神社仏閣一宇として全きこと無し。山岳頽崩し、人屋顚倒（転倒）す。築地皆悉（ことごと）く破損し、所々の地裂け水湧き出る。中下馬橋の辺地裂け破れ、その中より火炎燃え出る。色青しと」。その後、九月になっても余震は止まず、十一月八日には、八月二十三日と同規模の大地震があったと『吾妻鏡』は伝えている（「十一月八日　己未　大地震、如去八月廿三日（去る八月二十三日の如し）」。

（36）『御書全集』一七頁

（37）**オゾン層の空洞**　オゾン層は、「オゾン（Ozone）」の密度が高い層であり、とくに地上二十五キロメートルほどが濃度が最大。地球に降り注ぐ有害な紫外線の多くを吸収し、地上の生物を守っている。しかし一九八〇年代初め、南極上空ではオゾンが薄くなった「オゾンホール」が観察された。これは、六〇年代から、本来は自然界に存在しない「フロン」（冷蔵庫やクーラーの冷媒、電子回路などの洗浄剤、クッションやウレタンなどの発泡剤、スプレーの噴射剤などに広く使用）など「塩素を含む化学物質」が大量に生産されて、大気中に排出された結果、オゾンを分解する塩素原子が増加し、オゾン層の破壊が進んだものとされている。地上に届く紫外線の増加により、皮膚がんや白内障の増加、動植物プランクトンへの打撃、農産物の減少など深刻な影響が危惧され

てきた。オゾンホールの消失へ、フロン生産の全面禁止など規制が進められている。
(38)「人民網日本語版」二〇〇六年十月十二日
(39)国連人口部による推計（UN, World Population Prospects：The 2010 Revision）から。総務省統計局のまとめ。
(40)前掲『東洋の智慧を語る』九五頁。『池田全集』第百十一巻、四四〇頁
(41)前掲『対話の文明――平和の希望哲学を語る』二一五頁、二二二頁
(42)今井宇三郎他『新釈漢文大系63　易経　下』明治書院、一八〇三頁。現代表記に改めた。
(43)阿部吉雄他『新釈漢文大系7　老子　荘子　上』明治書院、五二一～三頁。現代表記に改めた。
(44)「諸論」第三章「如何に周囲を観察すべきか」。『牧口全集』第一巻、二八頁。強調の傍点は略した。
(45)「三世諸仏総勘文教相廃立」、『御書全集』五六三頁
(46)「一生成仏抄」、『御書全集』三八四頁
(47)**妙楽大師・湛然**（七一一～八二年）は智顗を初祖として中国天台宗の第六祖。引用は『摩訶止観輔行（ぶぎょう）伝弘決』第一の二から。『大正大蔵経』第四十六巻、一五二頁上
(48)『人生地理学』「緒論」第二章「観察の基点としての郷土」。『牧口全集』第一巻、二三頁。〝郷土という限られた地域であっても、そこには無限の材料が網羅されており、広大な天地の状態を映している。万国地理の複雑な現象の概略も郷土の観察から説明できる。それにもかかわらず、人間の直接的経験の世界である郷土の観察を怠って、ただ書籍にのみ頼るのは、砂上に楼閣を築くようなものである〟との趣旨。
(49)詩「同志に」から。『草野心平全集』第三巻、筑摩書房、三三二頁
(50)一九九二年十月十四日。前掲『21世紀文明と大乗仏教』ならびに『池田全集』第二巻所収。
(51)**前に顧先生は**　2章1節、123頁
(52)**以前にも紹介**　2章4節、163頁以下
(53)二〇〇六年十月七日、北京師範大学の名誉教授称号授与式（16頁に写真）の謝辞において発表。日中間にはすでに「日中環境保護協力協定」があり「日中友好環境保全センター」の活動も進められているが、その流れを加速させるために「百年先の長期展望に

立った、包括的かつ実効的な『日中環境パートナーシップ（協力関係）』の構築を」と提言し、①汚染防止②循環型社会への転換③環境教育の三点を柱に、韓国とも協力して、環境調査・技術協力・人的交流・人材育成等を推進することを訴えた。

（54）**「百万の味方を得た」** 提言に対する松村謙三氏（3章・注73）のこの発言は池田名誉会長（当時、会長）の耳にも届いた。その後、一九六九年九月、八十六歳の氏は議員生活を引退。「生涯をかけた悲願」である「日中両国関係改善」に力を集中すると宣言した。半年後の七〇年三月十一日、名誉会長は氏と会見（東京・渋谷）。氏は名誉会長の訪中を強く要望した。その九日後、氏は戦後五回目にして最後の訪中で、周恩来総理と会見し、名誉会長のことを伝えた。会見の同席者から名誉会長に「総理は『池田会長に、どうかよろしくお伝えください。訪中を熱烈に歓迎します』と述べておられました」と伝えられた。

（55）**前に申し上げたとおり**　1章7節、97頁

（56）**前にふれました**　2章1節、121頁

（57）**これまでも言及**　1章1節、21頁

（58）一九五二年二月十七日、約四百人が集った創価学会「第一回男女青年部研究発表会」の席上で発表。「わたくし自身の思想を述べますならば、わたくしは、共産主義やアメリカ主義では絶対ありません。東洋民族、結局は地球民族主義であります」（『戸田城聖全集』第三巻、聖教新聞社、四六〇頁）。当時は、朝鮮戦争（韓国動乱、一九五〇年六月～五三年七月）の渦中であった。

（59）一九九六年六月十三日の講演『「地球市民」教育への一考察』。引用は、『池田全集』第百一巻、四二〇～一頁。

（60）「現代の平和万葉集」として高い評価を受けている反戦出版「**戦争を知らない世代へ**」（パートⅠ、Ⅱ）は、池田名誉会長の「戦争体験の証言集を残してほしい」という願いに応えて始まったもの。一九七四年の第一巻『打ち砕かれしうるま島』（沖縄編）から始まり、十一年の歳月をかけて、全八十巻が完結。全都道府県編が刊行された。三千四百人におよぶ戦争体験者の証言、手記を収め、取材対象となった人はその二倍を超え、四千人が編集に携わった。そこには、空襲や学童疎開の記録、戦時下の庶民生活、外地からの引き揚げなどの被害体験のみならず、「加害者」としての証言も含まれている。和歌山県青年部による『中国大陸の日本兵』は、日本兵が中国で何をしたかの証言集。多くの兵士が「永久に胸に秘めておこう」と決めてきた〝忌まわしい過去〟であり、取材は困難をきわめた。やっと取材に応じてくれた一人の元兵士は、取材を契機に、夜ごと苦悶の叫びをあげるようになったという。しかし、「真の日中友好を考えるならば、たとえ目を背けたい歴史であっても、真摯に凝視しなければならない」との趣旨から、

編集は進められたのである。また、婦人部の婦人平和委員会による反戦出版シリーズ「平和への願いをこめて」は、八一年に第一巻『あの星の下に』(引揚げ編)が発刊され、十年をかけて、全二十巻を刊行。四百七十一編の貴重な証言を収めた。携わった人のほとんどが取材・編集作業は未経験で、家事や育児をやりとげながらの挑戦であった。その後も、婦人平和委員会による『OKINAWA(オキナワ)――平和をつくる』などのジュニア版や、女子部の女性平和文化委員会による『NO MORE WAR――娘たちがみた戦火』などが刊行されている。二〇〇三年には、沖縄・長崎の青年部が、シリーズのなかから厳選した証言記録を『命(ぬち)どぅ宝――沖縄戦・痛恨の記憶』『平和への祈り――長崎・慟哭の記録』として再録。また広島青年部は新たに聞き取り取材を行い『舞え！ HIROSHIMAの蝶々――被爆地からのメッセージ』を刊行した。こうした反戦出版は、英語、ドイツ語、フランス語、ルーマニア語等に抄訳され、海外にも反響を広げている。〇六年には、婦人部の女性平和委員会が、被爆や沖縄戦などの戦争体験の証言をまとめたDVD『平和への願いをこめて』を作成。さらに被爆体験を抜粋・再編集した五言語版DVD『平和への願いをこめて――広島・長崎 女性たちの被爆体験――』も作られ、これらは貴重な映像記録として、平和学習に役立てられている。

(61) **饒宗頤** 漢学者、書画家、詩人であり、仏教学・儒学・考古学・敦煌学・言語学など業績は多岐にわたる。一九一七年、広東省生まれ。香港中文大学名誉教授。香港大学名誉博士。米エール大学、フランス国立社会科学高等研究院、ソルボンヌ大学、京都大学などの客員教授を歴任。中国研究に対してフランス学士院より「ジュリアン賞」を受賞。中国国務院国家古籍整理委員会顧問。引用は、てい談『文化と芸術の旅路』潮出版社、三八二～三頁。

(62) 国連の「持続可能な開発のための教育の十年」(二〇〇五～一四年)は、「持続可能な開発の原則、価値観、実践を、教育と学習のあらゆる側面に組み込むこと」で人々に行動の変化を促すことを目的にしている。これは、二〇〇二年に南アフリカで行われた「環境開発サミット(持続可能な開発に関する世界首脳会議)」で採択されたもの。同会議に向けて、国連では準備会合を重ね、世界のNGOにも意見を求めてきた。SGIでは、池田SGI会長のそれまでの提言などをもとに、意見書を提出。インドネシアで行われたサミットの第四回準備会合で、この提案は「実施計画」の最終草案に盛り込まれた。また同サミットに寄せたSGI会長の環境提言「地球革命への挑戦――持続可能な未来のための教育」でも重ねて提唱されている。サミットでは、SGIをはじめNGOの提言を受けた日本政府が提案国となり、その後、国連総会での採択を経て実現した。その後、SGIは提唱団体として、環境教育の普及のため、環境展「変革の種子——地球憲章と人間の可能性」など世界各地で展示活動等を推進。ＳＧＩが制作協力した環境映画「静かなる革命」の上映も支援している。さらに、二〇一二年六月にブラジルで行われた国連の「持続可能な開発会議（リオ＋20）」に寄せた環境提言「持続可能な地球社会への大道」のなかで、ＳＧＩ会長は、現在の「教育の十年」を発展的に継承する形で、一五年からの「持続可能な地球社会のための教育プログラム」を提案している。

(63) **前に語り合った**　3章5節、264頁以下

(64) **ジャワハルラール・ネルー**（一八八九～一九六四年）独立インドの初代首相。一九五二年十月、娘のインディラ・ガンジー（一九一七～八四年／のちインド首相）とともに来日。池田名誉会長は日記（十月七日）に記している。「インドのネール首相来日中。慶応義塾大学と早稲田大学にて、『青年は〝明日の世界〟だ』と呼びかけ、世界平和と人類愛についての演説あり、と」（『若き日の日記』、『池田全集』第三十七巻、一七四頁）。

(65) **先ほども引用**　5章2節、368頁

あとがき

(1) 増田渉『魯迅の印象』角川書店、一二二一頁

(2)「兄第抄」、『御書全集』一〇八三頁

以下の頁に掲載の写真は聖教新聞社提供。

16・17・60・88・107・109・115・192・229・246・258・260・267・268・277・286・287・300・317・357・359・385・404 頁

平和の架け橋　人間教育を語る

二〇一二年（平成二十四年）十月十五日　第一刷発行
二〇一二年（平成二十四年）十一月十八日　第三刷発行

著者　池田大作
　　　顧　明遠
発行人　川田洋一
発行所　公益財団法人　東洋哲学研究所
〒一九二-〇〇〇三
東京都八王子市丹木町一-二三六
電話　〇四二（六九一）六五九一
振替　〇〇一三〇-七-一二二三九四

印刷・製本　共同印刷株式会社

© Daisaku Ikeda and Gu Mingyuan
ISBN978-4-88596-076-5 C0030
Printed in Japan 2012